中国民生建设研究

（1949~1956）

王美玉◎著

知识产权出版社
全国百佳图书出版单位

图书在版编目（CIP）数据

中国民生建设研究：1949～1956 / 王美玉著. —北京：知识产权出版社，2016.7
ISBN 978-7-5130-3141-7

Ⅰ.①中… Ⅱ.①王… Ⅲ.①社会保障—研究—中国—1949～1956 Ⅳ.①D632.1

中国版本图书馆 CIP 数据核字（2014）第 262468 号

内容提要

1949～1956 年是新中国成立并逐步向社会主义社会过渡的特殊社会变革时期，中国共产党带领全国人民克服重重困难，在战争的废墟上，在恢复发展生产和变革生产关系的过程中极其重视民生建设，积极改善人民的生活，取得了举世瞩目的成就。本书通过对 1949～1956 年民生建设的社会历史条件的分析，阐述了新中国成立初期民生建设理论的总体构想，考察了民生建设的历史实践。在对新中国民生建设进行了历史反思的基础上，分析了其中的成功经验，实事求是地指出了存在的失误和不足，总结探讨了这一历史时期的民生建设对于当前推进民生建设的启示和借鉴。

责任编辑：杨晓红　　**责任出版**：孙婷婷

中国民生建设研究（1949～1956）
王美玉　著

出版发行：知识产权出版社有限责任公司　　**网　址**：http://www.ipph.cn
社　址：北京市海淀区西外太平庄 55 号　　**邮　编**：100081
责编电话：010-82000860 转 8114　　**责编邮箱**：1152436274@qq.com
发行电话：010-82000860 转 8101/8102　　**发行传真**：010-82000893/82005070/82000270
印　刷：北京中献拓方科技发展有限公司　　**经　销**：各大网上书店、新华书店及相关专业书店
开　本：787mm×1092mm　1/16　　**印　张**：19.25
版　次：2016 年 7 月第 1 版　　**印　次**：2016 年 7 月第 1 次印刷
字　数：360 千字　　**定　价**：59.00 元
ISBN 978-7-5130-3141-7

目　录

导　论 ………………………………………………………………… 1
一、问题的提出和研究意义 …………………………………………… 1
（一）问题的提出 …………………………………………………… 1
（二）研究意义 ……………………………………………………… 3
二、基本概念的梳理与界定 …………………………………………… 4
（一）民生概念 ……………………………………………………… 4
（二）广义与狭义民生 ……………………………………………… 5
（三）民生的内涵与外延 …………………………………………… 6
（四）新中国成立初期的民生界定 ………………………………… 8
三、研究现状述评 ……………………………………………………… 9
（一）几个突出的民生热点问题 …………………………………… 9
（二）当前研究中存在的问题 ……………………………………… 14
四、研究思路与方法 …………………………………………………… 16
（一）研究思路 ……………………………………………………… 16
（二）研究视角与方法 ……………………………………………… 17
第一章　新中国民生建设的社会历史条件 …………………………… 18
第一节　理论渊源：新中国成立初期民生建设理论的继承和扬弃 ………… 18
一、理论内核：马克思主义民生思想 ………………………………… 18
（一）马克思、恩格斯的民生思想 ………………………………… 18
（二）列宁的民生理论与实践 ……………………………………… 22
二、文化基因：中国传统民本思想 …………………………………… 26
（一）春秋战国时期诸子百家对民生思想的发展 ………………… 26
（二）秦汉以后封建社会对民本思想的继承和发展 ……………… 31
三、合理借鉴：近代农民和资产阶级民生思想 ……………………… 33
（一）近代农民阶级的民生思想 …………………………………… 33
（二）资产阶级改良派的民生观 …………………………………… 34
（三）资产阶级革命派的民生观 …………………………………… 35

第二节　实践基础：新民主主义革命时期艰辛探索 …… 40
一、组织革命战争，改良群众生活 …… 40
二、解决土地问题，建立民生第一功 …… 44
三、大力发展生产，确立民生建设的有效途径 …… 49
（一）大生产运动实现了“自己动手，丰衣足食”的民生目标 …… 50
（二）“精兵简政”，克服困难，发展民生的重要前提 …… 52
四、发展社会事业，探索社会保障建设 …… 54
（一）发展文化教育 …… 54
（二）重视妇女权利和医疗卫生建设 …… 56
（三）救助弱势群体 …… 57
（四）创设社会保障 …… 58
第三节　现实困境：新中国成立初期民生建设的严峻形势 …… 59
一、新中国成立初期民生困境的原因 …… 59
（一）“劫收”——丧失民心的开始 …… 59
（二）币制改革失败导致物价飞涨——民心丧尽 …… 60
（三）生产停滞，百业萧条 …… 61
（四）难以为继的艰难民生 …… 62
二、新中国成立初期民生困境的形势 …… 63
（一）农村经济凋敝，农产品产量急剧下降 …… 64
（二）工业基础薄弱，且受到严重破坏 …… 64
（三）失业增加，“包下来”政策造成严重财政压力 …… 66
（四）自然灾害严重，灾民亟待救济 …… 68
（五）庞大的战争开支，导致通货膨胀 …… 69
三、新中国成立初期民生建设的特点 …… 71
（一）民生建设的艰巨性与长期性并存 …… 71
（二）民生建设的迫切性与矛盾性同在 …… 72
第二章　新中国民生建设理论的总体构想 …… 74
第一节　民生建设的总体目标：“两个转变” …… 74
一、“两个转变”的提出 …… 74
二、“两个转变”的辩证关系 …… 77
三、发展壮大国有经济是经济保障 …… 79

四、从工业化到现代化的提升 …………………………………………………… 81
第二节 民生建设的根本途径：解放和发展生产力 ………………………… 83
一、转移工作重心，恢复发展经济 ……………………………………………… 85
二、贯彻“四面八方”政策，调动各方积极性 ………………………………… 86
三、提出“三年准备，十年建设”战略构想 …………………………………… 90
第三节 民生建设的基本原则：统筹兼顾 ……………………………………… 93
一、统筹兼顾原则的形成及实施依据 …………………………………………… 94
二、与民生建设相关的几个重要关系 …………………………………………… 98
（一）农业、轻工业、重工业的关系 ……………………………………… 98
（二）国家、集体和个人的利益关系 ………………………………………… 105
（三）积累和消费的关系 ……………………………………………………… 109
第三章 建立稳定秩序：确立民生建设的基本前提 ………………………… 114
第一节 稳定物价，统一财经 ……………………………………………………… 114
一、稳定物价，为统一财经创造条件 …………………………………………… 114
（一）通货膨胀的原因及后果分析 …………………………………………… 114
（二）治理通货膨胀的积极措施 ……………………………………………… 117
（三）成功地抑制通货膨胀、稳定市场的原因 ……………………………… 120
二、统一财经，巩固物价稳定 …………………………………………………… 125
第二节 治理失业，救济灾民 ……………………………………………………… 126
一、治理失业 ………………………………………………………………………… 126
（一）中国共产党治理失业的指导思想 ……………………………………… 127
（二）采取的政策措施 …………………………………………………………… 129
（三）实施成效及意义 …………………………………………………………… 135
二、救济灾民 ………………………………………………………………………… 136
（一）成立各级救灾组织，把救灾作为党和政府的一项重要工作 ……… 137
（二）采取各种抗灾救灾措施及时施救 ……………………………………… 139
（三）抗灾救灾方针的特点 ……………………………………………………… 145
第三节 剿匪、禁毒、禁娼，稳定社会秩序 …………………………………… 146
一、新区的剿匪斗争 ………………………………………………………………… 146
（一）剿匪斗争的形势与目的 …………………………………………………… 146
（二）剿匪斗争的方针与策略 …………………………………………………… 148

（三）随时指导剿匪斗争的发展进程……149
（四）剿匪斗争的胜利成果……151
二、禁毒斗争……151
（一）鸦片的毒害……152
（二）旧中国烟毒屡禁不止的原因……153
（三）中共领导的禁烟斗争……154
（四）禁烟斗争成功的原因……156
三、禁绝娼妓制度……159
（一）消灭妓院的两种模式……159
（二）改造妓女的两种形式……164
（三）消灭娼妓制度的成功经验……167
第四章　恢复发展生产：奠定民生建设的物质文化基础……169
第一节　土地改革，解放和发展农村生产力……169
一、土改中保护民生的方针政策……169
二、土改取得的民生建设成就……173
（一）废除封建土地所有制，真正实现了“耕者有其田”的奋斗目标……173
（二）从根本上解放了生产力，极大地激发了农民发展生产的积极性……175
（三）有利的农产品价格和低赋税政策……176
第二节　调整工商业，促进城乡交流……179
一、私营工商业困难原因……180
二、调整私营工商业的措施及成效……182
三、稳定市场，扩大城乡交流……186
第三节　发展文化教育，建立社会保障……190
一、《婚姻法》的制定与实施……190
（一）《婚姻法》的制定……191
（二）《婚姻法》把婚姻自由作为基本原则……193
（三）《婚姻法》体现男女平等及保护妇女权益……194
（四）新中国第一部《婚姻法》的宣传和执行……196
二、扫盲运动的开展……199
（一）扫盲运动的开展……200
（二）新中国成立初期扫盲运动的特点……202

（三）扫盲运动的得失 …………………………………………………………… 208
三、社会保障制度的建立 ……………………………………………………… 209
（一）建立城镇保险制度 …………………………………………………… 210
（二）建立农村“五保”供养制度和合作医疗制度 ………………………… 215
（三）发展社会福利事业 …………………………………………………… 217
第五章 总路线和“一五”计划：确立民生建设的制度保障 ………… 221
第一节 “一五”计划：初步奠定民生建设的物质基础 ………………… 221
一、“一五”计划的民生内容 ………………………………………………… 222
二、“一五”计划的民生成就 ………………………………………………… 223
第二节 “三大改造”：民生建设的制度基础 ……………………………… 224
一、农业合作化的民生动因 ………………………………………………… 225
（一）避免两极分化，使农民摆脱贫困 …………………………………… 225
（二）搞互助合作是粮食增产的主要方法 ………………………………… 228
（三）为配合工业化和对资本主义工商业改造的需要 …………………… 230
二、合作化过程中关注的民生重点 ………………………………………… 232
（一）检验合作社办得好坏的主要标准是看是否增产 …………………… 233
（二）农业生产是农村压倒一切的工作 …………………………………… 235
（三）强调要照顾个体农民发家致富的积极性 …………………………… 236
（四）坚持自愿互利的原则 ………………………………………………… 239
第三节 八大前后新探索：民生建设的新起点 ……………………………… 241
一、探索的社会历史条件 …………………………………………………… 241
（一）社会主义改造基本完成，开始集中力量探索社会主义建设道路 …… 241
（二）借鉴苏东社会主义建设的教训，中国更加重视民生建设 ………… 242
二、解决三大改造的民生后遗症 …………………………………………… 245
（一）农业方面 ……………………………………………………………… 246
（二）手工业方面 …………………………………………………………… 247
（三）工商业方面 …………………………………………………………… 249
三、探索社会主义建设中的民生新问题 …………………………………… 252
（一）探索计划与市场的关系 ……………………………………………… 252
（二）探索如何解决副食供应不足之道 …………………………………… 254
（三）探索经济建设和人民生活关系 ……………………………………… 256

第六章　新中国成立初期民生建设的历史反思 …… 259
第一节　新中国成立初期民生建设的成功经验 …… 259
一、重视人民利益，时刻警惕腐化堕落 …… 260
二、大力发展生产力，构建民生建设的物质基础 …… 263
三、突出公平公正原则，使广大人民普遍受益 …… 266
四、革命与民生建设统筹考虑，全面推进 …… 269
第二节　新中国成立初期民生建设的不足与教训 …… 271
一、过快改变生产关系，导致生产力难以适应 …… 271
二、过多强调政治动员，频繁使用群众运动方式 …… 275
三、过分强调公平，造成公平与效率的失衡 …… 278
四、低水平窄覆盖，造成二元民生 …… 279
第三节　对新时期新阶段民生建设的启示 …… 282
一、改善民生是社会主义的本质要求和根本目的 …… 282
二、发展生产力是解决民生问题的根本途径 …… 283
三、解决民生问题要靠切实的制度保障 …… 285
四、善于吸收借鉴国外的成功经验和失败教训 …… 287
结 束 语 …… 289
参考文献 …… 291
后　记 …… 300

导 论

一、问题的提出和研究意义

（一）问题的提出

民生问题历来是一个国家和社会发展的根本问题，也是世界各国政党治国理政的首要问题，更是中国共产党人始终关注、不懈探索和追求的重大问题。改革开放以来，中国经济发展取得了令人瞩目的辉煌成就，随之而来的是城乡人民生活得到了巨大的改善。但是在耀眼的成就背后，还有许多涉及人民切身利益的严重问题存在。比如，城乡二元化差距拉大，社会收入分配不公，就业压力增加，教育资源失衡，社会保障水平过低且不普及，房价过高超过人民承受能力，生态环境遭到严重破坏等。如果对这些隐藏在经济发展背后的民生问题等闲视之，不想方设法缓解甚至从根本上解决的话，长期下去不仅会影响社会经济的发展，使现代化事业停滞不前，而且会造成人民群众对党和国家的信任危机，导致社会矛盾激化、社会冲突加剧，直至政局动荡。

中国共产党人历来十分重视民生，一直把解决民生问题当做“为人民服务”的重要内容。自诞生之日起，党就在自己的章程上明确规定了中国共产党是中国人民利益的忠实代表，由此开始了对民生问题的不懈探索。以毛泽东为代表的中共第一代领导集体，根据马克思主义历史唯物主义原理，始终把“一切为了群众，一切依靠群众”和“全心全意为人民服务”作为党的宗旨，在一穷二白的基础上，大力发展生产力，进行了卓有成效的民生建设。十一届三中全会以后，以邓小平为核心的党的第二代中央领导集体，在开辟建设中国特色社会主义新道路的过程中，高度重视民生问题，强调社会主义的本质是“解放生产力，发展生产力，消灭剥削，消除两极分化，最终达到共同富裕”。以江泽民为代表的党中央领导集体提出了“始终代表中国最广大人民的根本利益”的民生理念。进入21世纪以来，“民生”一词以较高的频率出现在党和国家的文件、各种媒体舆论中：2002年十六大报告明确把“社会更加和谐”列为全面建设小康社会的一个重要目标。十七大着重对以改善民生为重点的社会建设做了全面部署。胡锦涛总书记报告中提出的“努力使全体人民学有所教、劳有所得、病有所医、老有所养、住有所居，推动建设和谐社会”的“五有”目标立即成为各级政府施政的重点。十八大把“提高人民物质文化生活水平”确立为改革开放和社会主义现代化建设的根本目的，提出要多谋民生之利，多解民生之忧，解决好人民最关心、最直接、最现实的利益问题。

在中国共产党领导全国人民进行民生建设60多年的实践中，新中国成立初期的1949—1956年虽然只有短短的七年，但这一时期在中国近现代历史上却是一个翻天覆地的历史转折时期，是一个承上启下的重要阶段，也是新中国各项方针、政策、制度的草创时期，它对后来共和国的发展有着奠基和开创性的作用。这一阶段具有如下几个标志性的特点。

第一，新中国的成立为中国民生建设翻开了崭新一页。各级人民政权建立，人民当家做主，为改善民生提供了政治保证；恢复与发展经济，实行土地改革，实现耕者有其田，为改善民生奠定了物质基础；三大改造的完成、社会主义制度的建立，为改善民生创造了根本的制度前提；“一五”计划的完成为民生改善提供了一定的物质条件。

第二，执政党地位和执政条件发生了巨大变化。新中国成立之前，中国共产党作为革命党，自成立以来就确立了全心全意为人民服务的宗旨，为实现推翻三座大山、建立独立民主的共和国不懈努力，也为此付出了巨大牺牲，终于赢得了国家独立、人民解放，成为掌控全国政权的执政党。新中国成立初期，错综复杂的政治形势、落后的经济状况、急剧的社会变革，无不要求中国共产党迅速制定新的全局性民生理论方针政策来顺应新的执政需求。

第三，作为新中国的执政者，没有任何现成的经验可以采用。在半殖民地半封建社会中主要依靠武力打拼出来的中国共产党，在治国理政，尤其是经济建设方面基本上是盲区，唯一可以借鉴的就是当时苏联的一些经验和根据地短暂、局部的实践。从民生建设理念、民生建设内容、民生建设人才来说，原来在被国民党分割包围的、分散小块根据地的民生实践远远不能满足新中国五亿人口民生建设需要，迅速制定出适应新情况、解决新问题的、系统的民生建设方针政策尤为迫切。

第四，从民生建设的效果来看，1949—1956年新中国民生建设的成就有目共睹：在短短七年的时间内不仅完成了由新民主主义社会向社会主义社会的过渡，在中国确立社会主义制度，从根本上铲除了造成贫富两极分化的制度基础，同时在发展生产力、民生建设方面也取得长足的进步，人民的生活水平比新中国成立前有了翻天覆地的变化。这一阶段成为从新中国成立到改革开放之前，经济建设效益最好、民生改善最显著、人民得到实惠最多的一个时期。因此，回顾、研究、总结这一历史时期的民生建设经验，对新时期、新阶段的民生建设具有重要的启示和借鉴作用。

从上述四个特点看，这一阶段的民生建设具有独特的研究价值，无论是它的成功经验还是失误与不足，对于以后几十年共产党执政条件下的民生建设发展、完善、创新都有特殊、重要的意义。迄今为止，公开发表的论文和学术专著中，还没有一篇（部）是专门针对这一阶段民生建设而进行系统研究的，因而本书的写作对此问题的研究有所裨益。

（二）研究意义

选择1949—1956年新中国民生建设这个论题，从理论和实践两个方面都有重要意义。

第一，有利于进一步拓宽中国共产党历史、中华人民共和国史，特别是马克思主义中国化历史的研究。民生建设作为中国共产党领导的经济建设和社会建设的一个重要方面，在社会主义革命和建设中都占据着十分重要的地位，而长期以来，学术界对经济史、社会史等均有人专门研究，但尚未有人系统地从中国共产党民生建设专题史的角度予以重视。本书尝试探讨中国共产党如何以马克思主义理论作为指导，借鉴国际共产主义运动的经验教训，结合中国实际情况，探索中国特色民生建设道路，以及它在马克思主义中国化中的地位和作用。

第二，有利于加深对中国共产党从革命党到执政党转型问题的深入研究。中共从革命党向执政党转型是近年来学术界和理论界研究和探讨的重大问题。本书以1949—1956年新中国民生建设为研究对象，这个时期恰好是中国共产党实现这一转型的重要阶段。无论是新中国成立前后强调工作重心从乡村转移到城市，还是中共八大明确提出社会主义社会的主要矛盾和主要任务的正确结论，都印证了中国共产党的这种转变是实实在在的。探索这种转变发生的历史条件及其在民生建设方面的表现以及这种转变对民生建设的影响等，对于分析理解什么是执政党、执政党的转变条件、民生建设的成效对巩固党的执政地位产生了什么影响等问题的深入研究都有重要的启示作用。

第三，有利于为新时期、新阶段民生建设提供重要的启示和借鉴。1949—1956年的民生建设虽然还处于起步阶段，但是这一阶段处于社会转型期，既要解决旧社会遗留的问题，又面临新社会产生的新问题，民生问题非常突出。党和政府是在借鉴当时苏联已有的经验教训的基础上，在本国民生实践中逐步摸索出来的，其中有成功的经验，也有不足和失误。而当今民生建设也面临着由计划经济向社会主义市场经济的重大转型，民生建设既有历史遗留问题，又有市场化、全球化形势下产生的新问题。以新中国成立初期民生建设为考察对象，对于我们吸取和借鉴新中国成立初期民生建设方面的经验和教训、更好地探索新的历史条件下的民生建设之路有着重要的现实意义。

二、基本概念的梳理与界定

（一）民生概念

对“民生”概念有一个比较合理、恰当、准确的界定，是一件十分重要的事情，因为这直接影响着具体民生政策的制定和实施。而对于本书来说，对“民生”概念的界定更决定着主题的确立和内容的取舍，甚至决定着本书立论最终能否站得住脚。

真正现代意义上的民生问题研究是由伟大的民主革命先行者孙中山先生开启的，他认为“民生就是人民的生活——社会的生存，国民的生计，群众的生命便是。”① 孙中山的民生思想包含了多个层面，既有“民生”的基本层面（人民生活的衣、食、住、行等方面的需要），又有“国计”的社会层面（土地所有、社会分配、社会福利等）。更重要的是，孙中山把民生问题上升到政治历史的高度，认为民生是政治的中心、经济的中心和社会历史的重心，并在此基础上建立了民生主义理论体系。此后的民生研究也多是在此基础上展开的。

近年来，由于研究者的视角不同，形成的观点也各有差异。现在关于现代意义上的“民生”概念界定，学术界最有代表性的主要有八种观点：一是均利说。陈媚林认为，民生问题往往就是一个国家中利益均衡的问题，也就是利益和谐的问题②。二是基本说。吴忠民指出，所谓民生，主要是指人民的基本生存和生活、基本发展机会、基本发展能力、基本权益保护等状况③。三是需求说。王国发从经济学角度给出了民生概念的内涵，那就是人民的主观需求④。四是权益说。何玉春认为，民生就是人民的生存和发展，它关系到人们在经济、文化、社

① 孙中山选集．人民出版社，1981年，第802页．

② 陈媚林．民生问题是构建和谐社会的基点．求实，2008年第8期．

③ 吴忠民．民生的基本内涵与特征．中国党政干部论坛，2008年第5期．

④ 王国发．把握民生本质真正改善民生．中共贵州省委党校学报，2008年第5期．

会等各方面的现实权益和未来权益[1]。五是法权说。邓慧强则从法律层面出发，把民生权利视为民生的法治表达[2]。六是整体样态说。黄克亮把民生之本，由原来的满足人们的衣食住行等物质层面的东西，上升为人民政治形态与精神文化等既有物质需要也有非物质需要层面的整体样态[3]。七是三层次说。马千里把民生分为三个层次：一是狭义的民生，指满足吃穿用住行和生学病老死等生存需要的生产、生活条件；二是中义的民生，在狭义的基础上增加精神文化娱乐消费；三是广义的民生，是在中义的民生基础上，增加公民的人权、自由、尊严和社会的公平、正义等民主、民权内容[4]。八是动态说。著名民生问题专家郑功成认为提出民生是一个动态的、持续发展的概念，在经历了一个满足人民低层次温饱需求的阶段后，现阶段的民生问题包括教育、就业、收入分配、社会保障、医疗卫生乃至公平正义、民主法制等，从而是全方位的、高层次的民生问题[5]。

由于现代民生概念不仅仅是局限于物质层面，而是上升为以物质层面为基础包括精神层面和制度层面在内的系统工程。基于这一认识，面对如此纷繁复杂的民生概念，解释与界定既不能过于简单，而要把它的内涵、本质、核心等描述清楚，也不能过于烦琐，以至于内容太庞杂而不具有概括性。尽管上述各种观点从各自研究的角度出发各有其合理性，但有些定义过于简单或是没有抓住本质特征或是不够准确。笔者认为，民生是指人民的生存、生活、生计，是人民的生存权、发展权和社会福利权的保障，是政府必须提供的一种公共服务和制度保障。

（二）广义与狭义民生

广义民生的概念是指凡是与民生有关的，涵盖了直接相关与间接相关的所有民生范围的内容，其范围可以涉及经济、政治、社会、文化等任何一个方面，进一步延伸至历史观方面的问题。而且不同的学科背景对民生概念的界定也各不相同：从经济学角度看，民生包括了与人民经济利益相关的收入分配、就业、消费等方面，反映的是人民群众最关心、最直接、最现实的经济利益问题。而在政治学的意义上，民生问题是政府必须提供的一种公共服务和制度保障，其解决的好坏则直接体现为政府执政能力强弱和执政地位是否稳固。从社会学角度看，民生则是关系到社会各阶层如何和谐相处的问题。因此，民生问题解决得好坏和程

① 何玉春. 对民生问题的几点认识. 商业文化，2009 年第 5 期.

② 邓慧强. 民生权利：民生的法治表达. 遵义师范学院学报，2008 年第 5 期.

③ 黄克亮. 民生问题的马克思主义解读. 探求，2007 年第 3 期.

④ 马千里. 关注民生：走向当代的马克思主义民生思想. 皖西学院学报，2009 年第 2 期.

⑤ 郑功成. 解决好民生问题始终是政府的核心任务. 南方周末，2007 年 3 月 1 日.

度，直接关乎社会的公平正义和长治久安。这个概念的最大优点是充分考虑到民生问题的重要性和综合性，但其明显的不足在于：首先概念范围太大，不仅不易操作和把握，而且容易冲淡人们对于直接、切身、具体、真正的民生问题的关注和改善，使民生问题难以同改善民生的具体政策和措施配套吻合。其次由于各自从不同的学科出发，研究对象也不是指向同一客体，无法在同一话语体系中展开交流研究。所以，除非要从宏观层面强调民生的全面性和包容性，一般研究中很少使用广义的民生概念。

狭义民生概念指与广大人民群众生存和发展权益直接相关的基本的民生问题。主要是从社会建设层面上着眼的，主要是指广大民众的基本生存和生活状态，以及民众的基本发展机会、基本发展能力和基本权益保护的状况。狭义的民生同人民生活和切身利益息息相关，这是广大人民群众关注的中心问题，也是民生方针政策的施政重点。狭义上的民生概念相对于广义民生论比较集中、准确，在实践中操作起来也较易把握，容易同具体层面上的民生政策配合。我们平时所使用的民生概念一般都是狭义的民生概念，本书也正是在这个基础上展开立论的。

（三）民生的内涵与外延

关于民生的内涵，实际上马克思主义经典作家早就对此有所论述，他们认为人的需要包括由低到高的三个基本层次：生存需要、享受需要、发展需要。因此，人的生活资料相应分为生存资料、享受资料和发展资料。他们指出：“通过有计划地利用和进一步发展一切社会成员现有的巨大生产力，在人人都必须劳动的条件下，人人也都将同等地、愈益丰富地得到生活资料、享受资料、发展和表现一切体力和智力所需的资料。”[①] 所以，我们今天所说的民生问题不仅是物质生活层面，即当年孙中山概括的衣食住行四要素，还包括了精神生活层面的问题，即人民群众的精神文化生活，而这个“文化”，又是涵盖文化、教育、卫生、体育等领域的“大文化”概念。

立足理论和实际的现状，本书从以下三个方面进行认知：

第一，基本的生存状态，即民众基本生计状态的底线。目的是解决温饱，保障生存。民生问题以民众基本的“生存状态”为主要内容，即国家要保证每一个社会成员都享有作为人所应该具有的权利和尊严，主要包括社会救济、基础性的和最低程度的社会保障、义务教育、基础性的公共卫生、基础性的住房保障。

---

① 马克思恩格斯全集（第 41 卷）. 人民出版社，1979 年，第 330 页.

第二，民生是民众基本的发展机会和发展能力。为了使社会上的每个人有尊严地生存下去，有能力生存下去，就必须解决好关乎民众基本的“生计来源”问题，就应考虑其基本的发展能力和发展机会问题，为民众提供基本的发展平台和发展条件，主要内容包括尽可能地保障充分就业、进行基本的职业培训、消除歧视问题、提供公平合理的社会流动渠道，以及与之相关的基本权益保护问题（如劳动权、财产权、社会事务参与权等）。

第三，民生是民众基本生存线以上的社会福利状况。从这一意义上民生问题主要侧重民众基本的“生活质量”问题，即当一个社会解决了前面两个基本民生问题之后，随着经济社会发展水平不断提高，随着现代社会制度的全面确立，着重应该考虑的问题，是广泛全面地提升全体社会成员的生活质量，主要包括民众应当享受到较高层面的社会福利，比如未来各类公立学校的学生应当得到免费的教育；医疗和养老普遍覆盖且水平逐步提高；住房公积金应当普及每一个劳动者；社会成员的各项权利应当得到全面的保护等。

外延是内涵的表现，由民生内涵确定的外延范围，其主要内容包括什么，在学术界也有多种说法，主要的有：

三元说。龙佳解认为，民生包括人民的基本发展机会、基本发展能力和基本权益的状况①。

四元说。窦孟朔认为，民生主要有四个方面的规定：满足人民的生命、生存、生产、生活及其生态环境的需要是基本前提；全面提升人民的精神文化生活是重要内容；实现人民基本的民主权益是主要标志；促进社会公平正义和人的全面发展是最高目标②。

六元说。王国发认为，教育、就业、分配、保障、健康、稳定这六个方面构成了民生最基本的内容③。

系统说。吴宁认为，民生是由多种要素按一定的法则构成的一个复杂体系。在政治生活中，人民群众正当的政治权利得以保障；在经济生活中，人民群众日益增长的物质需要得以实现；在文化生活中，人民群众合法的文化权益得以落实；在社会生活中，人民群众享受一系列公共服务④。

① 龙佳解，罗泽荣. 胡锦涛民生思想初探. 学术论坛，2009 年第 2 期.

② 窦孟朔，苏献启. 论中国特色社会主义民生观. 河北师范大学学报（哲学社会科学版），2009 年第 1 期.

③ 王国发. 把握民生本质真正改善民生. 中共贵州省委党校学报，2008 年第 5 期.

④ 吴宁. 民生：马克思主义哲学中国化的现实问题和理论维度. 贵州师范大学学报（社会科学版），2009 年第 1 期.

整体说。甄永亮认为，民生确切地讲应该是包含了生命生存、生产生活、自由幸福、全面发展等方面的相互联系的整体。生命生存是民生的第一要义；生产生活是民生的基本要求；自由幸福是民生的更高需要；全面发展是民生的终极目标①。

从上述对民生外延的概括，可以看出有些说法还是停留在广义民生的范畴，有些则太抽象不好把握，还有些内容具有包含关系，不符合外延的定义。因此，笔者认为现代民生的基本内容应该包括：就业是民生之本，教育是民生之基，分配是民生之源，社会保障是民生之依，稳定是民生之盾。

（四）新中国成立初期的民生界定

针对新中国成立初期我国生产力水平极端落后、人民生活极度困苦的现状，党和政府领导全国人民克服重重困难，采取一系列果断措施，抑制通货膨胀、统一财经，治理失业、救济灾民、剿匪、禁毒、禁娼，稳定社会秩序；接着开展全国规模的土地改革、调整工商业，在改善人民物质生活的同时，大力发展文教卫生事业，提高人民的文化生活水平和社会保障水平。仅仅用了三年时间，恢复国民经济的任务胜利完成，主要工农业产品产量即已超过了历史最高水平。在生产发展的基础上，人民生活有所改善，就业人数逐年增加，全国职工总数增加近一倍，职工年平均工资比 1949 年提高 70%，农民平均每户的实际收入增加 30%以上。随着过渡时期总路线的提出和国民经济发展的第一个五年计划的实施，我国确立了社会主义制度，它为进一步发展生产力，逐步改善民生奠定了可靠基础。

因此，从上述民生基本概念出发，参考现代民生内涵和外延，结合新中国成立初期的实际状况，笔者认为 1949—1956 年的民生建设的基本情况是：首先是在民生建设的理论架构方面，提出了改善民生的总体目标、根本途径、基本方针；其次，在具体民生建设措施方面，保障人民基本的生存状态，保障生存底线，力争解决温饱；再次，尽可能利用社会制度的优越性为民众创造基本的发展机会和发展能力的条件，在现实的经济条件和社会条件下建立起一定的社会福利制度。其内容包括：一是为稳定社会秩序、恢复发展生产力和改善民生所进行的各项经济文化及社会保障工作；二是过渡时期总路线和“一五”计划中规划的民生建设工作；三是在八大前后，对民生建设的新探索。

---

① 甄永亮．马克思主义视域中的民生问题及其当代价值．辽宁工业大学学报（社会科学版），2009 年第 1 期．

三、研究现状述评

党的十六大以前，对于中国民生问题的研究散见于中华人民共和国经济史、土地改革史、农业合作化史、新中国社会保障史以及相关的专题研究著作和有关的档案文献资料中。还没有一部系统地研究民生问题的专著，研究与民生相关的问题也没有明确使用“民生”这个名词概念。党的十六大提出建设和谐社会，特别是十七大提出推进以改善民生为重点的社会建设以来，民生问题研究成为学术界关注、研究的热点。据不完全统计，近十年来，国内已出版近百部研究民生问题的专著，发表论文数千篇。

近年来，对1949—1956年的民生问题研究也形成了一个小高潮，原因是这个时期处于新旧制度转变过程中，国民党政府的腐败统治、长期战争破坏和落后的半殖民地经济造成的民生问题非常突出。为了稳定局势、巩固新政权，中国共产党采取了一系列坚决措施，卓有成效地缓解了严重的民生危机，扭转了局面，赢得了广大人民群众的拥护。其中当时的一些民生热点问题引起了广大学者的关注，主要集中在新中国成立初期突出的几个具体民生热点问题和成功经验这两个方面。

（一）几个突出的民生热点问题

1. 抑制通货膨胀，稳定物价

贺水金从对新中国成立初期通货膨胀发生的原因分析入手，对政府治理通货膨胀的主要举措及成效进行了评析，认为战胜通货膨胀的治本之策是平衡财政收支，减少货币发行；努力恢复生产，增加社会有效供给是物价全面稳定的物质基础；而采取有力措施，加快人民币占领全国市场是全国物价能走向稳定的货币因素①。董辅礽总结了稳定市场物价的斗争五条经验，即：加强金融管理；加强市场管理；集中抛售，打击投机资本；紧缩通货措施；市场的稳定和物价的平抑②。邹荣庚充分肯定陈云在平抑物价过程中的重要作用，把平抑物价的历史启迪概括为：抓住生产建设这个中心，把眼光放在发展经济上；加强中央权威，维持必要的集中统一；坚持物价基本稳定和财政收支平衡的方针，发挥国营经济的

① 贺水金．试论建国初期的通货膨胀及其成功治理．史林，2008年第4期．

② 董辅礽．中华人民共和国经济史（上）．经济科学出版社，1999年，第41—45页．

领导作用；坚持发展农业生产是头等大事，按人民的利益和要求进行决策。[①]

2. 治理失业

吴承明等从经济史的角度分析了造成新中国成立初期严重失业的原因，概括了失业人数庞大、失业范围广、失业类型复杂和危害巨大等特点，重点总结了解决失业问题的成就与经验[②]。李小蔚则着重从社会救助的视角把失业人员分成工人、知识分子、旧职员、贫民四种类型，针对不同的人员分别采取以工代赈、转业训练、介绍就业、生产自救、发放救济金、还乡生产、移民屯垦等救助措施[③]。姚力则以陈云作为第一代领导集体的代表分析了中国共产党在新中国成立初期治理失业问题的思路和决策[④]。

3. 抗灾救灾

康沛竹从宏观角度抓住了新中国成立初期救灾体制的建立、党和政府救灾指导思想的确立两个中心工作，总结了“以防为主，防救结合”“以生产自救为主，政府救济为辅”和“以救人为第一”“依靠科学技术救灾”等思想，表明其研究由一般意义的救助措施上升到了政策和制度层面的分析，具有相当高的理论深度[⑤]。李小蔚从社会救助理念出发，把抗灾救灾分成思想意识、制度、实践三个层面来考察其措施与效果，也有其独特的视角[⑥]。张凤翱则通过对新中国成立初期陈云救灾思想和实践的分析，把其社会意义概括为：执政党把发展经济，提高人民生活水平摆在重要地位，党和政府高度整合、调控等执政能力是救灾成功的关键，公开灾情以激发人民群众参与赈灾的积极性，积极的政策和措施使灾民克服了单纯依赖救助的心理[⑦]。随着对新中国成立初期抗灾救灾问题的深入研究，一些学者选择以单个省份作为研究对象，采用“解剖麻雀”的个案研究方法，对当时重灾省份颇具典型性的救灾工作加以梳理，提出有针对性的抗灾救灾措施[⑧]。

---

① 邹荣庚．其功不下于淮海战役——建国前后陈云平抑物价的历史启迪，上海党史研究，1995 年第 3 期．

② 吴承明，董志凯．中华人民共和国经济史（1949—1952）．社会科学文献出版社，2010 年．

③ 李小蔚．新中国建立初期的社会救助研究．社会科学文献出版社，2012 年，174－177 页．

④ 姚力．陈云与建国初期的反失业治理．第二届陈云与当代中国研讨会论文，2008 年 6 月．

⑤ 康沛竹．中国共产党执政以来防灾救灾的思想与实践．北京大学出版社，2005 年，第 147－156 页．

⑥ 李小蔚．新中国建立初期的社会救助研究．社会科学文献出版社，2012 年，第 136 页．

⑦ 张凤翱．建国初期陈云的救灾思想与实践．南京理工大学学报（社会科学版），2008 年第 1 期．

⑧ 刘恩云．建国初期农村赈灾的历史考察——以湖北为例．学理论，2010 年第 29 期．张富文，陈红宇．建国初期河北省的灾荒及其应对．河北师范大学学报（哲学社会科学版），2010 年第 5 期．张富文．建国初期山东省的生产救灾初探．山东农业大学学报（社会科学版）．高冬梅．建国初期自然性弱势群体社会救助研究——以河北省为例．中国经济史研究，2010 年第 2 期．

新中国成立初期水灾是所有灾害中危害最重的一种，兴修水利是治理水灾的一项重要措施。不少学者分别就治理淮河、荆江分洪工程等水利设施的建设进行了专门研究。康沛竹通过对毛泽东、周恩来等领导人治水思想的研究得出结论：党和政府把兴修水利作为安邦兴国的百年大计，突出了水利在国民经济恢复和民生建设中的特殊作用①。施立业从淮河流域水灾救治研究的角度，通过分析淮河流域水灾的状况，总结了新中国成立初期治理水灾的三项措施，并特别强调新中国已开始注重对灾民心理的关注②。韩媛媛从对荆江分洪工程筹划、建设、启用三个阶段的描述，揭示了党和政府治理长江水患的决心和魄力，并最终得到了“一载未雨绸缪，百年临危不乱”的效果③。

4. 扫除文盲

宋洁分析了农村扫盲运动的两个鲜明的特点：把扫除文盲作为党在农村工作的一项重点来抓；全民来扫盲——党领导下的，统一规划而又灵活多样的群众运动。认为新中国成立初期的扫盲运动，迈出了中国社会主义新农村建设最初的步伐④。储诚炜认为：新中国成立初期党和政府从巩固国家政权和发展经济的角度出发，开展了历史上规模最大、持续时间最长、最具有系统性和针对性的扫盲识字运动。其意义在于极大提高了农民群体的文化水准和综合素质，解放了其封闭落后、自我禁锢的落后状态，促进了其完善自我、发展生产和建设祖国的内在动力。把扫盲运动与农村干部教育相结合，具有效果的实用性和形式的多样性、差异性特点下施教模式的多元化等特点⑤。苏海生则从总结经验教训的角度分析了轰轰烈烈的扫盲运动背后的局限所在，即：强大的政治动员机制在扫盲运动中暴露出了消极的一面；中国复杂的国情造成各地扫盲运动存在种种差异并呈现出不平衡性；教育实践过程的偏差性⑥。

5. 农业合作化运动

农业合作化运动是新中国成立初期一场影响广泛而深远的社会变革。长期以来，这个问题受到普遍关注，特别是 20 世纪 80 年代农村广泛实行联产承包责任

---

① 康沛竹. 中国共产党执政以来防灾救灾的思想与实践. 北京大学出版社，2005 年，第 163－167 页.

② 施立业，刘长生. 建国初期（1949—1957）淮河流域水灾救治研究. 安徽大学学报（哲学社会科学版），2008 年第 6 期.

③ 韩媛媛. 荆江分洪三部曲. 中国档案，2010 年第 9 期.

④ 宋洁. 建国初期农村扫盲运动的特点. 党史文苑（学术版），2006 年第 6 期.

⑤ 储诚炜. 新中国农民教育发展研究. 西北农林科技大学博士论文，2010 年 3 月.

⑥ 苏海生. 1950－1956 年新中国扫盲运动的局限分析. 学理论，2010 年第 33 期.

制以来，对农业合作化运动的反思一度成为热点。20 世纪 90 年代以来，这一问题的研究随着人们再次对“三农”问题的关注而逐渐升温，研究成果颇丰。

（1）农业合作化起因

作为一场全国范围社会变革的发生必然有其深刻的多方面原因。广大研究者都能立足当时的历史条件揭示其发生的历史必然性。顾晓静把实行农业社会主义改造归因为实现农民共同富裕的需要①。汪青松指出首要动因在于农业生产力本身的发展要求，解放和发展生产力是其根本目的②。董悦华等则认为农业合作化是当时优先发展重工业经济发展战略的必然选择③。刘庆旻总结了合作化具有防止两极分化、积累公共财产、促进农田水利建设、实现机械化和低水平上保证城乡人民生活的四大显著成绩④。张一平从产权变动与生产要素配置的角度来考察国家与农民的关系，认为农村土改后迅速转入农业合作化的原因有：传统社会主义理论和苏联模式的影响，国家工业化战略对农业经济集体化的推动，对阶级关系认识的失当和传统公有思想的影响⑤。

（2）农业合作化运动加速的原因

农业合作化运动在 1955 年夏季以后迅速进入高潮期，之后仅用一年时间迅速完成，对其原因的分析也是一个相对的热点问题。高化民指出，毛泽东多次批评中央农村工作部关于“要从小农经济的生产现状出发”领导互助合作运动的指导思想，导致了其被迫放弃该思想，这是农业合作化运动一再加快的一个理论原因⑥。温小雁则分析认为，毛泽东对农村两极分化的忧虑是造成农业合作化步伐不断加快的原因之一；另一个重要根源与新中国成立后毛泽东深受经验主义的束缚，与新民主主义合作社的实践经验和延安大生产运动成功经验的影响有密切关系⑦。邢乐勤认为，当时党对农村土改后出现的中农化趋势和一定范围内的贫富差异做了严重的误判，这种认识偏差是造成 20 世纪 50 年代农业合作化运动过急过快失误的直接原因。⑧ 刘德萍则从经济原因上分析得出结论：解决粮食危机是

① 顾晓静．家庭联产承包责任制是农业社会主义改造的继承和发展．党史研究与教学，1993 年第 6 期．

② 汪青松．农业合作化运动评价的新视角．党史研究与教学，1996 年第 5 期．

③ 董悦华．农业合作化运动与家庭联产承包责任制的实施比较研究．当代中国史研究，1998 年第 4 期．贾少红．我党对工业化与农业合作化关系的认识．理论探索，2004 年第 2 期．

④ 刘庆旻．建国初期农业合作化运动及其评价．当代中国史研究，1995 年第 4 期．

⑤ 张一平．农业合作化生成的历史分析．江西财经大学学报，2008 年第 3 期．

⑥ 高化民．农业合作化运动始末．中国青年出版社，1999 年，第 195－230 页．

⑦ 温小雁．对农业合作化速度过快原因的分析．历史教学，2000 年第 7 期．

⑧ 邢乐勤．论土改后中国农村社会阶级的分化．浙江学刊，2003 年第 3 期．

加快农业合作化进程的直接经济原因，满足工业化的需要是加快农业合作化进程的主要经济原因，建立农业集体经济是加快农业合作化进程的根本经济原因[①]，刘恩云对此也持相同的观点[②]。

有的研究者从心理学角度分析了农业合作化运动过快的原因。王炳林等认为，广大群众对资本主义的直观否定代替理性分析，从而形成了资本主义消灭得越早越好的心理，急于向社会主义过渡的社会心理和当时已经出现的，对党的领导有相当高程度的崇拜和依从心理，对于推动私人资本主义走上绝种之路也产生了重要影响。这一切导致一些未经科学验证和实践检验的认识很快变成了人们普遍的行动，就必然使改造快得出人意料[③]。

（3）关于农业合作化运动的总体评价

农业合作化运动不仅是一次经济运动，更是一场政治运动，因此，对于它的评价就难免受到政治意识形态的影响，其结论很难客观、自然、真切。对于先前的研究，有人把它分为搞快论、搞早论和搞错论[④]，也有人把它分为肯定论、否定论和基本肯定论[⑤]。刘庆旻认为其总体上是成功的：实现了土地公有，消灭了产生剥削制度的经济基础，避免了两极分化；在部分地区发展起集体企业，积累了公共财产；促进了农田水利基本建设和农业机械化；在低水平上保证了城乡人民对农产品的需求，为国家工业化做出了贡献，为资本主义工商业改造创造了有利条件。但后期也存在问题：错误估计了农民的两种积极性；把合作化与发展商品经济对立起来；用直接管理国有企业的方法管理合作社，不能调动群众的积极性；农村单一的公有制与落后的生产力发展水平状况极不适应等[⑥]，闫素娥等持相同观点[⑦]，董国强在分析农业合作化运动中的若干失误时指出，农业合作化运动并不是新中国成立初期中国农村经济关系的必然产物，因而带有很大程度的主观考量[⑧]。李安增、陈招顺强调，评价农业合作化运动必须从改造过程及其以后客观效果为评判依据，并以实际数字为依据得出结论：改造在农村经济的发展、

① 刘德萍. 论毛泽东加快农业合作化进程的经济原因. 河南大学学报（社会科学版），2009 年第 19 期.

② 刘恩云. 粮食危机、统购统销与农业合作化步伐加快. 经济研究导刊，2011 年第 11 期.

③ 王炳林，马荣久. 从社会心理看私人资本主义在中国头七年的历史命运. 中共党史研究，2006 年第 2 期. 温锐，杨丽琼. 社会心理与高潮迭起. 历史教学，1994 年第 8 期.

④ 叶扬兵. 中国农业合作化运动研究. 知识产权出版社，2006 年，第 12 页.

⑤ 邢乐勤. 论土改后中国农村社会阶级的分化. 浙江学刊，2003 年第 3 期.

⑥ 刘庆旻. 建国初期农业合作化运动及其评价. 当代中国史研究，1995 年第 4 期.

⑦ 闫素娥. 关于 20 世纪 50 年代农业合作化运动的再评价. 史学月刊，2012 年第 7 期.

⑧ 董国强. 试论农业合作化运动中的若干失误. 南京大学学报（哲学社会科学版），1996 年第 4 期.

农民生活水平的提高方面是不成功的，其原因是农业合作化运动实际上把改造当做头等重要任务，失落了发展生产力这一真正目的和永恒主题；并且指出“大跃进”是农业合作的直接继续和必然结果；同时认为改造还存在着谋求的目标不完整和确立的模式存在弊端的问题①。

6. 新中国成立初期改善民生的历史经验

侯德邻概括了新中国成立初期民生建设的历史经验，有三条：迅速恢复和发展国民经济是和谐社会建设的物质基础；坚持和发展人民民主统一战线是和谐社会建设的一个重要方面；解决突出的民生问题是和谐社会建设的重点②。瞿晓琳从解读毛泽东新中国成立后民生建设思想入手得出结论：民生问题是社会问题、经济问题，也是政治问题；解决民生问题，国家的制度安排很重要；还要有克服一切困难的勇气和决心。郑云天虽然也是着眼于毛泽东的民生思想，但其侧重点则有所不同：他分析了毛泽东民生思想具有的鲜明时代性，既肯定了其巩固党的执政地位，为完成各项任务奠定基础、为新时期保障和改善民生积累了经验的成功之处，也如实地指出了其照搬苏联模式、各级政府重视不够、实践中准备不足的时代局限③。也有人探讨了马克思主义大众化视域下毛泽东在新中国成立初期民生建设思想，认为其对当代的启示是：人民群众根本利益是民生建设的出发点和归宿；民生建设应与经济发展水平和市场经济化进程相协调；建立健全社会保障体系是民生建设的基础性内容④。

（二）当前研究中存在的问题

综观对民生建设的研究，学界已经取得了较丰硕的成果，但也存在着不容忽视的问题，需要我们在今后进一步研究中逐步解决。

1. 从研究内容来看，存在着“两多一少”不均衡现象

研究民主革命时期的论文相对较多，改革开放以来，特别是针对十七大以来的现实民生问题的研究更多；研究新中国成立头三十年的少，关于新中国成立初期的民生建设研究也不多。目前学界关于民生建设的研究主要集中在两个方面：

一是对民主革命中某一时期的民生状况、党的民生政策及其历史经验等进行研究，主要体现在土地革命时期、抗日战争时期，特别是延安时期的民生问题研

① 李安增，陈招顺．对农业社会主义改造的再评价．经济评论，1998 年第 6 期．

② 侯德邻．建国初期和谐社会建设的历史经验．中共四川省委省级机关党校学报，2007 年第 3 期．

③ 郑云天．1949—1956 年毛泽东关于民生问题的思想和实践．党的文献，2012 年第 3 期．

④ 宋严．马克思主义大众化视域下毛泽东建国初期民生建设思想初探．理论界，2012 年第 12 期．

究较多。通过检索近年来的学术论文，查阅结果反映了这一研究现状。

二是针对改革开放以来，特别是十七大以来的现实民生问题研究更多。改革开放虽然只有三十多年的时间，但是这三十多年却是我国民生状态发生翻天覆地变化的时期，中国人民从尚未解决温饱发展到现在的奔向全面小康。以胡锦涛为代表的中央领导集体提出了“以人为本”的科学发展观，首次把保障和改善民生提到了发展战略的理论高度。学术界对改革开放三十多年来的民生研究非常活跃，专著、论文也集中在这一阶段，占到研究民生问题的70%以上。

从上述梳理中可以看出，研究者们更关注现实民生问题，而以新中国成立初期头七年作为研究对象的文章不多，从某种程度上说，是个薄弱环节。

2. 对于中共几代领导集体个人研究较多，针对各代领导集体的研究较少

比如对毛泽东、周恩来、陈云、刘少奇、邓小平、江泽民、胡锦涛等领导人的个人民生思想研究都比较集中，而对于每一代领导集体的民生思想关注得不够，这样就给人一种印象：更多地突出个人，而没有反映党作为一个整体的集体领导，未能反映出代际差异性。

3. 对国外民生研究主要集中于单个福利较好的国家，没有全面展开

近几年对国外社会保障、福利事业（国外没有民生这个概念，与之相关的是社会保障和福利事业）的研究也在不断展开，但重点是分别讲各国的具体实践，没有从整体上来研究某些国家板块，比如欧共体国家、东南亚国家有什么共同的方针政策，形成了怎样的整体特点。也没有把世界上各种类型国家的民生问题作全面研究，进行比较研究的也不多。充其量是把国外的经验叙述一遍，然后就得出结论：中国应该从别国借鉴些什么经验。对国外福利制度研究的较多，但都是照搬西方国家的理论体系，没有形成中国人自己的体系。比如大都是从福利国家这个角度来研究，没有开发出自己独特的理论视角。

4. 重微观轻宏观

具体到1949—1956年的民生建设，大部分研究者主要把精力放在某项具体民生政策上，较少从宏观上探究这一时期民生政策产生的背景、形成的原因、解决问题的效果、对当前民生建设借鉴作用等。尤其是对这一时期的民生建设的理论体系几乎无人涉及，难免给人以零星、浮在表面没有理论深度的感觉。

5. 加强研究方法上的创新

迄今为止，绝大部分研究成果使用的均是文本研究法，其优点是从最基本的史料出发，易于把握历史的真实。但这也使研究成果具有极大局限性，因而难出新意，因此研究方法的创新也迫在眉睫。

四、研究思路与方法

（一）研究思路

本书第一章从研究新中国民生建设的社会历史条件开始，把马克思主义民生观、中国传统民生思想以及近代中国农民阶级和资产阶级的民生思想作为借鉴，说明新中国民生建设是在汲取古今中外民生理论优秀成果和借鉴已有社会主义国家的民生实践基础上展开的。接着分别从土地政策、发展生产、加强文化教育、重视社会保障四个方面分析中国共产党在领导革命根据地建设过程中对民生建设的艰辛探索，为1949—1956年中国共产党领导下的新中国民生建设的开展奠定了理论和实践基础。与此形成鲜明对比的是国统区的民生困境，分析了造成这种困境的原因，揭示了国民党统治下民不聊生、民生凋敝、民怨沸腾是其最终失去民心的根源所在，同时警示了共产党人要想赢得民心必须立即着手解决现实的民生困境。

第二章阐述了1949—1956年新中国民生建设的理论架构。从中国共产党关于革命转变的理论出发，分析了由新民主主义向社会主义转变和由农业国向工业国转变内在的辩证关系，发展壮大国有经济是实现“两个转变”的经济保证，发展生产力是民生建设的根本途径，并在此基础上提出现代化的奋斗目标。论述了配合这种转变在民生建设方面形成了怎样的方针政策，要顺利地实施这些方针政策达到改善民生的目的必须正确处理的几对重要关系。

第三、四、五三章是本书的重点。层层递进地分析了中国共产党在1949—1956年是如何把这些方针政策变成民生建设具体实践的。第三章阐述了稳定物价、统一财经；治理失业，救济灾民；剿匪、禁毒、禁娼，稳定社会秩序一系列措施的实施。完成这一切只是巩固政权，为民生建设创造了基本前提。而解放和发展生产力才是改善民生的根本路径，所以第二个层面也就是第四章，着眼于解放生产力、恢复发展生产这个角度。从土地改革，解放和发展农村生产力；调整工商业，调动私营企业积极性；发展文教卫生，改善人民文化生活三方面具体展开民生建设的内容。在稳定秩序、发展生产、人民物质文化生活有所改善之后，才谈得上第三个层面，也就是第五章制度层面的建设。过渡时期总路线的提出和“一五”计划的实施就是从制度层面为民生改善提供了保障。其中工业化是改善民生的奋斗目标，“一五”计划的实施初步奠定改善民生的物质基础，三大改造的完成确立改善民生的制度基础。八大前后民生建设的新探索既部分地解决了三大改造遗留问题，又开始了社会主义建设新时期民生建设的探索，成为中国特色社会主义民生建设的历史源头。

第六章分析 1949—1956 年新中国民生建设成败得失。分析成功经验、教训与不足，最终概括总结出对当今民生建设的启示和借鉴。

（二）研究视角与方法

（1）以辩证唯物主义和历史唯物主义为指导，把 1949—1956 年新中国民生建设放在中国共产党由革命党转变成执政党、中国社会由半殖民地半封建社会经过新民主主义社会向社会主义社会转变这个特殊背景下展开，揭示中国共产党在这个特殊时期民生建设理论体系的确立及其民生建设措施实施的特点，视角比较独特。

（2）历史与逻辑统一的方法。从历史角度论述新中国成立初期中国共产党民生思想的理论渊源、新民主主义时期民生建设的艰辛探索、新中国成立初期民生建设理论构架的确立；从逻辑的角度把握民生建设措施的展开与实施，最后总结其经验教训，概括出对当今民生建设提供的有益启示。脉络清晰、层次分明，环环紧扣。

（3）比较分析研究方法。在与苏联东欧社会主义国家、国民党政权统治下民生困境的对比中，论述了中国共产党如何吸取历史经验教训，结合新中国成立初期的特殊国情制定出具有鲜明特色的民生建设方针政策和措施。

（4）实证数据分析方法。民生建设取得的成就仅用一般的文字描述会显得苍白无味、缺乏说服力，本书通过对历史数据的对比分析（既有与苏联、国统区数据的对比，也有同一时期与世界经济数据的对比，还有前三年与后四年发展的对比），使得出的结论更客观、更有说服力。

第一章　新中国民生建设的社会历史条件

新中国的民生建设是在特殊的社会历史条件下展开的，从理论渊源上来说，纵向可追溯至中国古代的民本思想，横向上则是马克思主义中国化的产物；从实践基础看，中国共产党领导下的根据地民生建设是其主要的实践来源；从新中国成立初期的民生现实看，国民党统治下民不聊生的民生困境是其民生建设无法回避的现实基础。正是在这历史与现实交错的坐标上，新中国的民生建设开始了。

第一节　理论渊源：新中国成立初期民生建设理论的继承和扬弃

新中国民生建设的实践虽然开始于 1949 年，但中国民生建设的理念却源远流长，从古代的民本思想，到马克思主义的民生理论，再到以孙中山为代表的资产阶级民生观，这些历史上曾经出现过的民生思想及观念无一不对新中国民生建设产生影响。中国共产党正是在继承和扬弃这些历史遗产的基础上创造出了全新的民生建设理论与实践。

一、理论内核：马克思主义民生思想

在马克思主义的经典文献中，虽然没有关于民生概念的直接或明确的表述，但是只要我们从“民生”的内涵——“人民的生存、生活、生计，是人民的生存权、发展权和社会福利权的保障”出发，就不得不承认马克思主义的著作中蕴含着丰富而深刻的民生思想，是一座难得的民生思想理论宝库。

（一）马克思、恩格斯的民生思想

1. 民生的出发点：满足人民群众的需要

马克思在创造唯物史观之时就认识到了人的需要在人类历史发展中的重要性。他充分肯定：历史发展的第一个前提是“人们的存在就是他们的实际生活过程”“人们为了能够‘创造历史’，必须能够生活。但是为了生活，首先就需要衣、食、住以及其他东西。因此第一个历史活动就是生产满足这些需要的资料，

即生产物质生活本身。而且正是这样的历史活动，是一切历史的一种基本条件，人们单是为了能够生活就必须每日每时去完成它，现在和几千年前都是这样。”[①] “现实世界中个人有许多需求”“他们的需求即他们的本性。”[②] 对这一马克思主义唯物史观，恩格斯深表赞同，他指出：“历史破天荒第一次被安置在它的真正基础上；一个很明显而以前完全被人忽略的事实，即人们首先必须吃、喝、住、穿，就是说首先必须劳动，然后才能争取统治，从事政治、宗教和哲学等，这一很明显的事实在历史上应有的权威此时终于被承认了。”[③] 人类的这种需要不仅首先存在，而且还是多层次的。它体现在：首先是生活资料的需要，即生存需要。其次，享受资料的需要，其目的是提高生活质量、改善生活条件的需要。最后，发展资料的需要，包括人在劳动实践基础上形成的自然素质、社会素质、精神素质三个方面的全面发展。而且从人需要的长期过程看，它呈现出明显的由低需求层次逐渐向高需求层次发展的过程。

正因为人们生存生活的多种需要，推动了社会生产力不断得到发展，而生产不断发展的目的最终是为了满足人类永不停歇的需要。由此可见，关注民生问题是马克思创立唯物史观的前提。一部人类社会发展史，就是一部不断满足人的需要，不断改善民生的历史。

2. 民生的实现对象：人民群众是历史的创造者，也是利益的享有者

唯物史观从社会存在决定社会意识、生产方式决定社会发展的基本观点出发，强调社会历史首先是物质生产发展的历史，是人民群众创造的历史。人民群众从质上说是指一切对社会历史发展起推动作用的人们，从量上说是指社会人口中的绝大多数。人民群众最稳定的主体部分始终是从事物质资料生产的劳动群众及其知识分子。

人民群众是社会历史发展的主体，也是历史的创造者。马克思、恩格斯在《神圣家族》中指出：“历史什么事情也没有做，它‘并不拥有任何无穷无尽的丰富性’，它并‘没有在任何战斗中作战’，创造这一切、拥有这一切并为这一切而斗争的，不是‘历史’，而正是人，现实的、活生生的人。”[④] 人民群众首先是通过物质生产活动，并且通过在这个基础上所进行的阶级斗争、社会革命、社会改革以及精神领域等方面的活动来创造历史的。正如马克思所指出的：“历史活动

---

① 马克思恩格斯全集（第 1 卷）．人民出版社，1995 年，第 78—79 页．

② 马克思恩格斯选集（第 1 卷）．人民出版社，1995 年，第 78 页．

③ 马克思恩格斯选集（第 3 卷）．人民出版社，1995 年，第 41 页．

④ 马克思恩格斯文集（第 1 卷）．人民出版社，2009 年，第 194 页．

是群众的事业，随着历史活动的深入，必将是群众队伍的扩大。”① 人民群众直接创造的社会物质财富，是整个社会得以存在和发展的物质基础。人民群众的这一创造作用同生产力是社会发展的最终决定力量这一原理在逻辑上是完全一致的，因为作为人民群众主体的劳动群众，理所当然是生产力的体现者。与此同理，人民群众也是社会精神财富的创造者。总而言之，人民群众是先进生产力和先进文化的创造主体，更是社会变革的主体，同时也是实现自身利益的根本力量。

既然人民群众是历史的创造者，毫无疑问他们也应该是社会财富的拥有者和享受者。社会就应给予创造它的群众以现实的关照和回馈，而这里的“关照”和“回馈”便是给群众以关怀——关注民生。马克思本人在青年时期就十分关注民生问题。他在《莱茵报》工作期间，于 1842 年年初遭遇了第六届莱茵省议会关于林木盗窃法的辩论，他在这里遭遇到“真正的现实生活问题”。马克思为“捡枯枝是盗窃林木的行为”进行辩论，他认为穷苦农民为了生存需要而去捡拾林木中的枯枝败叶，是不得已而为之，如果这样的行为也要被视为盗窃的话，“那么法律就是撒谎，而穷人就会成为合法谎言的牺牲品了”②。他还愤怒地谴责林木所有者颠倒黑白，混淆是非。恩格斯作为工厂主有机会更多地接触贫苦的工人。他在《英国工人阶级状况》一书中深刻揭露了资本家对工人阶级的残酷剥削，对他们的生活状况表示深切的同情。正因为有了对广大人民群众贫困生活的切身体会，才推动他们把群众的物质利益作为自己的研究对象。

所谓“利益”，就是指能满足人或团体需求的事物。首先，既然利益具有满足人们的各种需要的功能，所以追求利益是人类一切社会活动的动因。马克思深刻地揭示了利益的这个实质：“人们奋斗所争取的一切，都同他们的利益有关”③。其次，利益产生和实现的社会基础是生产关系。物质利益不管能否被人们自觉地意识到，它本身都是客观存在的。恩格斯说：“每一个社会的经济关系首先是作为利益表现出来”④。生产关系实质上就是人们之间的物质利益关系。再次，人们对物质利益的追求最终导致了社会制度的更替。物质利益不仅是人们发展生产力的刺激因素，更是推动人们改造社会、改革同生产力发展要求不相适应的社会制度的直接动因。

---

① 马克思恩格斯文集（第 1 卷）. 人民出版社，2009 年，第 287 页.
② 马克思恩格斯全集（第 1 卷）. 人民出版社，1995 年，第 244 页.
③ 马克思恩格斯全集（第 1 卷）. 人民出版社，1995 年，第 187 页.
④ 马克思恩格斯选集（第 2 卷）. 人民出版社，1995 年，第 537 页.

共产主义社会是一个社会财富极大丰富，能够满足人们多种需要的理想社会。为了实现这个伟大理想，就必须彻底推翻少数人剥夺多数人的物质利益的剥削制度。为此无产阶级必须在自己政党的领导下用暴力推翻现存的剥削制度，争取自身应得物质利益。在此基础上进一步发展生产力，逐渐使社会财富达到极大丰富的程度。这个理想社会之所以能实现，是因为“过去的一切运动都是少数人的，为少数人谋利益的运动。无产阶级的运动是绝大多数人的，为绝大多数人谋利益的独立运动。”① 在这场运动中的共产党人“没有任何同整个无产阶级的利益不同的利益。”② 因此，理所当然得到人民的真心支持和拥护，它的最终胜利也使得历史的创造者——民生的主体——人民群众获得自由和解放，并为实现人的最终自由和全面发展创造条件。

3. 民生的最终实现目标：人的自由和全面发展

马克思主义利益观是为无产阶级解放而服务的，其最高的理想是实现人的自由而全面发展，即在共产主义社会，每个人自由充分的发展是社会发展的前提条件。未来理想社会的本质规定，就是实现人的全面和自由发展。

马克思指出：“人的本质并不是单个人所固有的抽象物。在其现实性上，它是一切社会关系的总和。”③ 当马克思把观察的视野真正转向现实中的人的时候，他发现了现实人的真实处境——异化。无产阶级和劳动人民在物质生活上处于“贫困化”境地，在政治生活上处于被统治的地位，在精神生活上处于被奴役状态。针对资本主义的异化现象，马克思提出了他一生所追求的未来社会的理想目标：消除异化，解放无产阶级乃至整个人类，实现每个人的全面而自由的发展。“代替那存在着阶级和阶级对立的资产阶级旧社会的，将是这样一个联合体，在那里，每个人的自由发展是一切人的自由发展的条件。”④ 在马克思主义看来，社会发展的最终目的是实现人自由而全面的发展，并把它作为衡量社会发展和解决民生问题的最高价值标准。

马克思和恩格斯从唯物史观出发，以人为中心论述了人的自由而全面发展思想。马克思指出：“任何人的职责、使命、任务就是全面地发展自己的一切能力”“个人的全面发展……这也正是共产主义者向往的。”⑤ 马克思和恩格斯据此得出结论：人的自由而全面的发展是人的本质决定的，是人的本质的内在要求。只有

① 马克思恩格斯全集（第1卷）. 人民出版社，1995年，第283页.
② 马克思恩格斯全集（第1卷）. 人民出版社，1995年，第285页.
③ 马克思恩格斯选集（第1卷）. 人民出版社，1995年，第56页.
④ 马克思、恩格斯. 共产党宣言. 人民出版社，1997年，第50页.
⑤ 马克思恩格斯全集（第3卷）. 人民出版社，1995年，第330页.

所有人都自由、全面发展的社会即共产主义社会才是最理想的社会。每个人的“自由发展”，是指每个人都有权力、有能力支配自己作为社会主体的存在方式。这里“自由发展”指的是人们活动的真正自主性，即摆脱了人对人的依赖性和人对物的信赖性，人们生活于自觉创造历史的状态中，人们活动的最高目的就是发展自己的本质能力。“全面发展”，作为一种生存状态，就是“自由发展”。

马克思所设想的未来社会人的自由全面发展的生存状态，是这样一种生存状态：对物的占有只是一种手段，劳动成了第一需要，人本身能力的发展成为目的。在这里，“每个人都无可争辩地有权全面发展自己的才能”。[①] 人们不再受分工的约束，工作不再职业化。也就是说，人们的活动不会因私有制或分工的原因而必须局限在特定的领域，人们可以自由地在各个领域工作，从而发展自身多方面的能力。就像马克思、恩格斯所描绘的：“在共产主义社会里，任何个人都没有特定的活动范围，每个人都可以在任何部门内发展，社会调节着整个生产，因而使我们有可能随我自己的心愿今天干这事，明天干那事，上午打猎，下午捕鱼，傍晚从事畜牧，晚饭后从事批判，但并不因此就使我成为一个猎人、渔夫、牧人或批判者。”[②] 这就是人类脱离异化的存在状态而进入自由全面发展状态的真实写照，也是马克思、恩格斯对未来理想社会的大胆追求，更是他们民生思想的终极目标。

由此可见，马克思、恩格斯的理论具备了关于民生问题的基本思想。“满足人民群众的物质需要”是他们民生思想的基本出发点；“人民群众既是物质财富的创造者，也应是物质财富的享有者”是他们民生实现的基本对象；“人的自由全面发展”是他们民生思想的最高目标。

（二）列宁的民生理论与实践

列宁作为布尔什维克党的创始人，俄国社会主义革命和建设的主要领导者，他不仅把马克思、恩格斯关于未来社会的设想从理论变成了现实，创建了世界上第一个社会主义国家，还在实践中发展马克思、恩格斯关于民生建设的思想，形成了独具特色的列宁主义民生建设理论与实践。

1. 保障人民生存权利是最基本的民生

早在建党之初，列宁就非常关心人民群众的基本生存问题，他要求社会民主工党在起草党纲时“必须把‘贫困、压迫、奴役、屈辱、剥削的程度不断加深’

---

① 马克思恩格斯全集（第 2 卷）．人民出版社，1995 年，第 614 页．

② 马克思恩格斯选集（第 1 卷）．人民出版社，1995 年，第 85 页．

这句话加到纲领中去”,[①]并且在党纲中要具体体现工农的民生诉求，比如：对工人的限定八小时工作、禁止夜工夜班等，对农民的废除赎金、把 1861 年从农民手中夺去的土地归还农民等，社会民主工党的这一反映当时民生要求的纲领，为他们赢得了人民群众的广泛拥护，最终取得了十月革命的伟大胜利。十月革命的胜利和苏俄政权的建立为实现公民的民主和自由权利提供了政治保障，也使民生改善有了制度保障。由于长期的封建压迫和战争破坏，保障人民群众的生存权利，解决人民生存问题，把人民从饥饿、疾病和困苦中解放出来就成了苏俄国家建立之初的主要任务。因此列宁认为“在一个经济遭到破坏的国家里，第一个任务就是成就劳动者，全人类的首要生产力就是工人、劳动者。如果他们能够活下去，我们就能成就一切，恢复一切”。[②] 因为“要使每个人都有面包吃，都能穿上结实的鞋子和整洁的衣服，都有温暖的住宅，都能勤勤恳恳地工作”,[③] “这是唯一走向社会主义胜利的道路，社会主义胜利的保障，战胜一切剥削和一切贫困的保障!”[④] 为此，在 1917 年 11 月 8 日（十月革命胜利的第二天），就颁布了土地法令，从法律上保障了占全国人口最多农民的生存权利。《土地法令》明确宣布：“立刻废除地主土地所有制，不付任何赎金。地主的田庄以及一切皇族、寺院和教会的土地，连同所有耕畜、农具、农用建筑和一切附属物，一律交给乡土地委员会和县农民代表苏维埃支配，直到召开立宪会议时为止。”[⑤] 此法令满足了农民迫切要求土地的愿望，获得广大农民的热烈拥护，农民群众的生存权有了切实的保障。发展生产是保障民生的基础，列宁指出：“现在我们主要的政治应当是：从事国家的经济建设，收获更多的粮食，供应更多的煤炭，解决更恰当地利用这些粮食和煤炭的问题，消除饥荒，这就是我们的政治。”[⑥] 在列宁领导下，新生的苏维埃政府先后发布了《关于八小时工作制》《劳动法》等一系列重要法令，为全国劳动人民包括丧失劳动能力的人获得基本的物质生活保障确立了法律依据。

2. 审时度势制定正确的经济政策改善现实民生

1918—1920 年期间，由于反对外国武装干涉和进行国内战争，苏俄政权实行了余粮收集制和禁止自由贸易等“战时共产主义”政策。但是这些政策在一定

---

① 列宁全集（第 4 卷）. 人民出版社，1984 年，第 190 页.
② 列宁全集（第 36 卷）. 人民出版社，1985 年，第 347 页.
③ 列宁选集（第 3 卷）. 人民出版社，1995 年，第 382 页.
④ 列宁选集（第 3 卷）. 人民出版社，1995 年，第 379 页.
⑤ 列宁选集（第 3 卷）. 人民出版社，1995 年，第 349 页.
⑥ 列宁选集（第 4 卷）. 人民出版社，1995 年，第 370—371 页.

程度上损害了劳动群众的利益，特别是损害了农民的利益。从1920年年底开始，苏俄农村的一些地方发生骚乱，列宁意识到企图在经济文化十分落后的情况下直接过渡到社会主义的方针政策是错误的。为此他果断地决定放弃“战时共产主义”政策，改行向资本主义退却的“新经济政策”，其主要内容包括三个方面：农业方面，通过《关于以实物税代替余粮征集制》法令，规定农民缴纳粮食税之后，余粮和其他农产品可以自由买卖，而且粮食税的税额低于余粮征集数额的30%～50%①。这样，不仅农民的负担大大减轻，调动了他们的积极性，既战胜了饥荒，又缴纳了大量的粮食税，极大地满足了人民群众尤其是农民的利益要求，对于恢复国民经济，为苏维埃国家改善民生状况做出了重要贡献。在工业方面，鼓励和发展私营小工业和手工业企业，将部分国有企业以租借制和租让制的形式转变为国家资本主义企业。根据租让法令，苏维埃政权租让了许多无力开发的森林、土地和矿山。这样使苏俄获得了必需的粮食和工业品，为改善民生创造了有利的条件。此外，列宁要求中央委员会成立一个专门的工作机构，负责改善工人群众生活状况紧急措施的贯彻落实。甚至准备动用国家的一部分黄金储备，从国际市场上购买粮食和其他日用消费品，满足工人群众生活急需。在商业流通方面，允许通过市场进行商品买卖，实行国家调节商业和货币流通。列宁认为：“商业就是千百万小农与大工业之间唯一可能的经济联系”，② 通过农产品和工业品的商品交换，工人和农民获得了各自需要的农业和工业产品，工农生活状况大为改善。

3. 加强社会建设是改善民生的重要途径

在领导苏俄社会主义建设过程中，列宁十分重视社会建设，并把它作为改善民生的重要途径。首先在收入分配方面，列宁强调要充分发挥人民群众的主体作用，对生产和分配进行严格的全民监督，他号召“大家亲自来计算和监督产品的生产和分配吧，这是唯一走向社会主义胜利的道路，社会主义胜利的保障，战胜一切剥削和一切贫困的保障！因为俄国有足够的粮食、铁、木材、羊毛、棉花和亚麻，可以满足全体人民的需要，只是必须正确地分配劳动和产品，对这种分配建立切实可行的全民监督”。③ 其次在社会保障方面，列宁提出了国家保险的主张，其核心是社会保险由国家承担责任主体。早在十月革命之前的1912年社会

---

① 黄立茀．新经济政策时期的苏联社会．社会科学文献出版社，2012年，第79页．

② 列宁全集（第42卷）．人民出版社，1987年，第249页．

③ 列宁专题文集·论社会主义．人民出版社，2009年，第57—58页．

民主工党第六次全国代表大会上，列宁就提出："最好的工人保险形式是国家保险"，① 实施社会保障是社会主义国家义不容辞的责任，因为仅靠个人和团体的力量难以使社会保障实现其功能的社会化，只有依靠国家政权的威力、国家的经济实力以及国家立法形式来实施，才能保证社会保障制度的统一性、均衡性和有效性，使全体人民共同享有安全的社会保障网络。列宁非常重视社会保障工作的领导，不仅成立了专门负责社会保障的机构——社会保障人民委员会，而且出台了大量的相关法律条文：仅从 1917 年 11 月到 1922 年的 5 年内，由他签署和审批的有关社会保障的法令就有 100 条之多。通过这些政策和法规的颁布和实施，苏俄初步形成了以国家保险为主体的社会主义社会保障模式，这是一项基础性的民生工作。再次，在住房保障方面，1919 年颁布法令规定，所有居民不分年龄一律人均 8 平方米，而市有住房的房租先减后免，由此实际上市有住房的使用具有公共福利性质，无须付费。免费使用住房政策的实施，将劳动群众从十月革命前昂贵的房租费用中解放出来，显示了社会主义制度的优越性。1919 年的党纲规定，布尔什维克党将"尽一切力量来改善劳动群众的居住条件"，其主要措施是：一方面将市有住房发还原主变为私房，由个人管理；另一方面，国家将绝大多数市有住房租赁给住房和租赁合作社集体管理；最后是国家法令允许个人和集体在国家规定的范围内建房，合同到期后，土地连同其上的房屋再归还国家。最后，在教育方面，十月革命胜利后苏维埃政权开展了扫除文盲的工作，仅仅三年以后，就有数百万人通过扫盲教育摘除文盲的帽子。到 1925 年，全国 9 岁以上居民中识字人数已经占总人数的 51%；工人中的文盲基本被扫除②。列宁认为要提高教育水平还必须增加教育投入，重视提高教师的地位和待遇。他指出："首先应当削减的不是教育人民委员部的经费，而是其他部门的经费，以便把削减下来的款项转用于教育人民委员部。在今年这个粮食供应还比较不错的年份，不要再舍不得增加教师的面包配给额了。""应当把我国国民教师的地位提到在资产阶级社会里从来没有，也不可能有的高度……而最最重要的是提高他们的物质生活水平。"③

作为第一个社会主义国家的开创者和主要领导人，列宁关于改善民生问题的理论和实践，既继承了马克思、恩格斯的唯物史观理论，又在苏俄社会主义实践中进行了卓有成效的探索和创造，为中国共产党新中国成立初期的民生建设提供

① 列宁全集（第 21 卷）. 人民出版社，1990 年，第 155 页.

② 李建国. 列宁保护和教育劳动者的思想对当代中国的启示. 马克思主义研究，2010 年第 10 期.

③ 列宁专题文集·论社会主义. 人民出版社，2009 年，第 344—345 页.

了可资借鉴的宝贵经验。但在此后，斯大林领导时期，把国家的主要经济力量放在发展重工业和国防建设上，忽视了民生建设，造成了严重的后果，这是我们应该吸取的教训。

二、文化基因：中国传统民本思想

我国民生思想有着深远的历史渊源，自古以来我国就有以民为本、重视民生、安众养民的政治主张和民生理念。对民生的重视可以从“民生”一词的起源说起，有学者考证“民生”一词最早起源于中国最早一部文献汇编《尚书》，在其《夏书》和《大禹谟》中均出现了“正德、利用、厚生”之说，这里的“厚生”即是“厚民生”的略语，说明“厚生”一词已包含了“民生”观念[①]。但大多数学者认为，“民生”一词正式在一起被连用最早见于《左传・宣公十二年》中，提出“民生在勤，勤则不匮”。这两种说法都表明在两千多年前的战国时期“民生”一词已经被提出来了。

（一）春秋战国时期诸子百家对民生思想的发展

西周统治者吸取商朝“自绝于天，结怨于民”的教训，主张“以德配天”和“敬德保民”，认为只有道德高尚、爱护百姓的君王才能得到上天的庇佑。春秋战国时期连年征战，统治者更从战争的成败中认识到依靠人民力量的重要性。而诸子百家在乱世中成就政治和学术地位，纷纷著书立说阐述自己的民生主张，为治国理政开出药方。

1. 儒家的“以民为本”思想

儒家坚持济世救民的现实主义，对民生问题十分关注。先秦儒家的主要代表人物孔子、孟子、荀子等无不重视民生问题。他们的民生思想主要包括以下几个方面：

（1）“民水君舟”的贵民思想

孟子是儒家人物中最重视民众地位和生计的思想家。他非常明确地提出民本思想，“民为贵，社稷次之，君为轻”，把“民众”“国家”“君主”按其重要程度从高到低明确地排列出来了，民众的地位无可争议地排在了首位。同样，儒家的另一位思想家荀子就把君民之间关系比喻为“舟水”关系：“君者，舟也，庶人者，水也。水则载舟，水则覆舟。”（《荀子・王制》）把治理天下比作治水，这种

---

① 程潮，张金兰. 先秦民生概念与民生思想初探. 现代哲学，2011 年第 6 期.

“水性”就是人性，荀子看到人民的颠覆性力量，警告统治者要顺势而为，不能逆潮流而动，主张实行“爱民”“利民”和“裕民”的“宽政”，以取得老百姓对政权的支持。管仲也说过：“政之所兴，在于顺民生；政之所废，在于逆民心”，[①] 把民心所向看成是施政的关键。把民本思想提高到关系国家兴亡的高度来认识，足见儒家谙熟治国理政之道。

（2）提倡安民、惠民的社会保障

儒家创始人孔子以“仁爱”为其思想基础，是中国历史上最早明确提出“德政”的思想家，把“安民”“恤民”“养民”“惠民”作为德政的重要内容。孔子认为治理国家“道之以政，齐之以刑，民免而无耻；道之以德，齐之以理，有耻且格。”（《论语·为政》）要使民众生活幸福，首要因素是保持社会稳定，避免战乱，最大限度地减轻社会危机和自然危机对民众的危害。因此，《周礼》一书就制定十二种救济灾荒和六种救济贫困的政策，而且历代封建王朝设有常平官，负责赈灾和平稳粮价。同时儒家还提倡轻徭薄赋，孔子有一次路过泰山，见到一位妇人在墓前痛哭，子路打听到妇人的公公、丈夫、儿子均葬身虎口，孔子发出了“苛政猛于虎也”（《礼记·擅弓下》）的感叹！此外，为政者必须关注弱势群体。孔子主张“老者安之，朋友信之，少者怀之”（《论语·公冶长》）；“五疾（指鳏、寡、孤、独、废疾者——本文作者注），上收而养之，才而事之，官施而食之，兼覆无疑。”孟子认为，“凶年饥岁，君之民，老弱转乎沟壑，壮者散而之四方者，几千人矣；而君之仓廪实、府库充，有司莫以告，是上慢而残下也。”（《孟子·梁惠王下》）在孟子看来，民众得不到救济，则是统治者的一种失责行为。由此可见，早在两千多年前中国就出现社会保障制度的雏形。

（3）富民、教民之策

在国计民生的诸多事务中，儒家认为民生问题是首要之事。鲁哀公问政于孔子，孔子曰：“政之急者，莫大乎使民富且寿也。”（《孔子家语·贤君》）子贡曾问政于孔子，“子曰：足食、足兵，民信之矣。”老百姓首先要丰衣足食，然后才有能力保护政权的稳定。因此，孔子提倡“藏富于民”，他认为“治国之道，必先富民。民富则易治，民贫则难治也”。[②]孟子进一步提出为了让百姓安心生活，前提是他们要有自己的恒产，“若民，则无恒产，因无恒心。苟无恒心，放辟邪侈，无不为已。及陷于罪，然后从而刑之，是罔民也。焉有仁人在位，罔民而可为也。”（《孟子·梁惠王上》）由此他对统治者提出的要求是，“明君制民之产，

① 梁运华校点．管子．辽宁教育出版社，1997年，第2页．

② 梁运华校点．管子．辽宁教育出版社，1997年，第136页．

必使仰足以事父母，俯足以畜妻子，乐岁终身饱，凶年免于死亡；然后驱而至善，故民之从之也轻。”

“仓廪实而知礼节，衣食足而知荣辱”。儒家非常重视礼仪教化对治理国家的作用。孟子也认为教育的作用甚至超过善政：“善政不如善教之得民也。善政民畏之，善教民爱之；善政得民财，善教得民心。”（《孟子·尽心上》）特别是孔子在教化民众中提出“有教无类”（《论语·述而》）的平民教育理念。他从30岁左右就开始兴办私学，致力于将文化知识传播给下层民众，从而逐渐打破了当时“学在官府”的局面，促进了教育平民化。孔子主张根据学生的资质特点施教，不依门第和出身来招收及教育学生，使普通民众获得了与贵族同等接受教育的权利和改变自己命运的机会。

2. 墨家的“兼爱”“节用”思想

墨家学者大多是平民出身，他们对底层民众的生活状况、愿望要求、内心感受十分了解。墨家创始人墨翟自称“北方之鄙人”，人称“布衣之士”。正因为如此，墨家常常站在底层民众的立场上为他们的利益而大声疾呼，为民请命。墨家的民生观具有以下特点：

（1）主张消除“三患”，关心民众基本生存

墨子把当时人民面临的基本生活难以保障的现状概括为“三患”：“饥者不得食，寒者不得衣，劳者不得息，三者，民之巨患也。”（《墨子·非乐》）为了改变这种状况，墨子认为：首先，统治者应该为民着想，为天下兴利除害。所以他说：“仁人之所以为事者，必兴天下之义，除去天下之害，以此为事者也。”（《墨子·兼爱下》）。其次，提倡劳动创造财富。“今人与此异者也，赖其力者生，不赖其力者不生。”通过发展农业以满足民众衣、食等基本的民生需求。“凡五谷者，民之所仰也，君之所以为养也。故民无仰则君无养，民无食则不可使。故食不可不务也，地不可不力也，用不可不节也。”（《墨子·节用中》）最后，强调发展生产力要做到人尽其能，物尽其用。墨子在《节用中》指出：“凡天下群百工，轮、车、鞄、陶、冶、梓匠，使各从事其所能。”合理分工，各尽所能，将每个人都置于最适合的岗位工作，这样才能使整体利益最大化。

（2）提倡“兼爱”“非攻”，反对战争的民生道德观

墨子对战争造成的破坏痛心疾首，他分析造成这一切的原因是人与人之间不相爱。墨子认为人生而平等，这是上天赋予人的一种不可被剥夺的权利，统治者和平民之间应该是平等的关系。所以，墨子提倡“兼爱”，所谓兼爱是不分远近亲疏地爱一切人。就是为所有人谋利益，而不去损害他人利益。与之相对的就是

“别爱”。实际上就是为了自身的利益恃强凌弱。怎样才能做到这一点呢？墨子开出的药方是“视人之国若视其国，视人之家若视其家，视人之身若视其身”（《墨子·尚贤下》），尤其强调的是统治者要“爱利万民”。（《墨子·尚贤中》）“兼相爱，交相利”是一种“投之以桃，报之以李”式的互助互利的人与人之间的关系。

墨子体察到下层的民情，代表小生产者及广大百姓的利益，提出了“非攻”的主张。对不义之战非常痛恨。《墨子·公输般》里记载了一个故事：当时著名的能工巧匠公输般为楚国设计制造大型的云梯，准备攻打宋国。墨子凭借自己对攻防器械的熟练掌握，在战争开始之前通过模拟战的形式与公输般博弈，“公输盘之攻械尽，子墨子之守圉有余。”成功地化解了一场大国攻打小国的不义之战，避免了很多无辜百姓的伤亡。因此他坚决反对一切不义之战，斥之为“天下之巨害”（《墨子·非攻下》）。

(3) 倡导“节用”“非乐”思想，反对奢靡之风

墨子生活的时代生产力水平较低，但是当时的国君和贵族却盛行奢靡之风。针对这种不良的社会风气，墨子提出了“节用”“非乐”和“薄葬”的主张。墨子在《节用中》指出“凡足以奉给民用，则止。诸加费不利于百姓，圣王弗为”。墨子倡导“节用”论，主要是针对当时的统治阶层而言的。提倡一切以够用为原则：“为衣服之法，冬则练帛之中，足以为轻且暖；夏则絺绤之中，足以为轻且清，仅此则止。”（《墨子·辞过》）“其为食也，足以增气充虚，强体适腹而已矣。”（《墨子·节用下》）

“非乐”是“节用”在精神消费上的体现，主要是反对当时统治者制造各种高级乐器，搞大规模的宴乐，享受作乐。“今王公大人，虽无造为乐器，以为事乎国家，非直掊潦水，折壤坦而为之也，将必厚措敛乎万民，以为大钟、鸣鼓、琴瑟、竽笙之声。”（《墨子·非乐上》）墨子从本质上来说并不反对音乐，只是把音乐变成掠夺百姓生计的行为，他就不赞成了。由此可见，他是从珍惜民力的角度来考虑问题的。

反对儒家的“厚葬”“久丧”之风，他认为棺椁墓室豪华、随葬品太多造成浪费，杀人殉葬既野蛮又损害劳动力，长期“守丧”和“久哀”损害劳动力，“必扶而能起，杖而能行”。三年守丧不同房，影响生育人口。饥寒交迫的百姓整天劳累不堪，还是吃不饱，穿不暖，许多人是上无片瓦、下无寸土，有什么条件来实现厚葬呢？

3. 道家的“道法自然”思想

道家学说的核心思想是“无为而治”，体现在对于民生问题的认识上就是

“道法自然，顺势而为”。也就是要求统治者要顺应自然，把民众的利益放在首要的位置上，并应尊重民众的意志和愿望。他说：“圣人无常心，以百姓心为心。”（《老子·第49章》）由此可见，道家的民生观内涵就是以民为本，关爱民生。具体表现在以下三个方面：

（1）“上善若水”“无为而治”

老子说：“上善若水，水利万物而不争，处众人之所恶，故几于道。”执政治国，亦应当顺其自然，实行“无为而治”。在民生问题上，老子也宣扬自然无为，认为“我无事而民自富”是最高的治国理政之道。民间贫穷是政府税收太多的缘故，主张休养生息、轻徭薄赋，反对制定各种法律来约束民众，“法令滋章，而盗贼多有。是以圣人之言曰：我无为，而民自化；我好静，而民自正；我无事，而民自富；我无欲，而民自朴。”（《老子·第57章》）这个思想颇具当代西方经济学中的自由主义经济学派的观念，政府（君主）只当守夜人，保境安民，由那只“看不见的手”来调节经济发展。这比起当时用“看得见的手”，即君主专制对民众“诛求无已”、横征暴敛的手段无疑要宽松得多，这样的方式暗示着执政者应该严格自律，在经济活动中不与民争利，“民各甘其食，美其服，安其俗，乐其业。”

（2）自然节俭，反对奢侈

老子把节俭视为国家之根本，“我有三宝，持而保之：一曰慈，二曰俭，三曰不敢为天下先。”这里的“慈”和“俭”是指对民众仁慈和节俭，也就是说要轻徭薄赋，节省开支。“民之饥”就会引发百姓的反抗，出现“民之轻死”“民之难治”的局面，整个社会就会紊乱失控。民之所以会有不足，皆因为统治者通过苛捐杂税对老百姓进行掠夺，所以统治者应当“取天下常以无事，及其有事，不足以取天下”（《老子·第47章》），体察民情，关怀民生，控制自己的聚敛财富的行为。统治者要“见素抱朴，少私寡欲”“甚爱必大费，多藏必厚亡”“俭，故能广”。

（3）社会公平，反对贫富分化

老子强调“以正治国”，提倡公平正义。他认为“以正治国，以奇用兵，以无事取天下”（《老子·第57章》）。奉行公正就是“天道”。“天道”本来是公正的，那么作为“天道”的产物——社会，自然应体现公正。“天之道，损有余而补不足；人之道则不然，损不足以奉有余。”老子认为人间君主的贪欲，违反了天道。因此，“是以圣人方而不割，廉而不刿，直而不肆，光而不耀”（《老子·第58章》）。庄子对世俗社会颠倒黑白的礼、法、权、势更是进行了颠覆性的批判，甚至提出了“圣人不死，大盗不止”，“窃钩者诛，窃国者侯”的精辟见解。

由此可见，道家学说虽然看起来清静无为，但实际上是要求统治者要顺应天道，尊重民意，公平正义，“损有余而补不足”，清净寡欲，人民就能安居乐业，幸福生活。这是道家无为而治哲学思想在民生问题上的必然反映，也是民众所期盼的社会和谐稳定状态。

（二）秦汉以后封建社会对民本思想的继承和发展

由于董仲舒提出“罢黜百家，独尊儒术”的主张得到历代帝王的采纳，因此秦汉以后的正统民生思想主要是在儒家学说的框架内发展。但历代封建统治者也从历史的教训中看到了民生问题与国家兴亡、政权稳定，存在唇齿相依、唇亡齿寒的关系，在一些开国明君或中兴之主统治时期更是强调休养生息，轻徭薄赋政策，中国封建时代的所谓“太平盛世”从汉代的“文景之治”、唐代的“贞观之治”“开元盛世”到清代的“康乾盛世”无一不是重视民生的结果。

西汉初年的政论家贾谊总结秦朝灭亡的历史教训，在《过秦论》中提出陈胜不过是“瓮牖绳枢之子，氓隶之人”，居然最后把庞大的秦帝国给灭了，其根本原因就在于：“仁义不施，而攻守之势异也。”因此，他提出“闻之于政也，民无不以为本也，故国以民为安危，君以民为威侮，吏以民为贵贱，此之谓民无不为本也”、“民无不为命”、“民无不为功”、“民无不为力”、“民者万世之本”[①] 等理念，贾谊认为只要统治者能够为民众着想，“忧民之忧者，民必忧其忧；乐民之乐者，民亦乐其乐”。[②] 由于当时的生产力水平低下，因此他对农业发展特别重视，写下了文字激扬的《论积贮疏》，论证了“积贮者，天下之大命”的主题，向最高统治者陈明了一个浅显而深刻的道理：要想安邦治国，必须把发展农业生产，积贮粮食作为基本国策。这种以民为本，利民安民的思想，为“文景之治”的形成奠定了基础。董仲舒则继承发展了儒家思想中的“民本”因素，认为“天立王，以为民也”，向武帝建议除暴政，“薄赋敛，省徭役，以宽民力”的治国良策[③]。东汉思想家王符在《潜夫论·务本篇》中明确提出“为国者，以富民为本”的观点。他说“帝以天为治，天以民为心，民之所欲，天必从之。”（《潜夫论·遏利》）认为必须以民为主，政则以富民为本，只有民心安乐，才能顺天意，天下才能太平，这实际也是对“民贵君轻”思想的继承和发展。

---

① 贾谊，扬雄．贾谊新书扬子法言．上海古籍出版社，1989 年，第 63—64 页．

② 徐超，王洲明译注．贾谊文选译．巴蜀书社，1991 年第 110 页．

③ 董仲舒集．学苑出版社，2003 年，第 35 页．

作为中国封建统治者的“典范”，一代明君唐太宗李世民，更是从亲眼目睹隋炀帝穷奢极侈、穷兵黩武导致丢失江山的教训中，清醒地意识到“民本”思想的重要性，他深谙“民水君舟”的道理，认为“为君之道，必须先百姓，若损百姓以奉其身，犹割股以啖腹，腹饱而身毙”。[①] 因此，他在经济上实行均田制和租庸调制，使农民有可能安定生产，耕作有时，促进了经济的发展。带头“戒奢从简”，节制自己的享受欲望；革除“民少吏多”的弊政，利于减轻人民的负担。其结果成就了“贞观之治”的盛世，也为后来的“开元之治”奠定了物质基础。

北宋时期，著名理学家程颢、程颐继承先秦儒家传统“仁政”思想，认为治理天下最根本的一条就是实行“王道”，而“王道”的根本就是“仁政”，统治者的“为政之道，以顺民心为本，以厚民生为本，以安而不扰为本”。[②] 同时认为爱护民力是治国的重要因素，“养民之道，在爱其力。民力足则生养遂，生养遂则教化行而风俗美，故为政以民力为重也。”出身贫民、靠农民起义起家的明朝开国皇帝朱元璋对此更是深有体会，认为治国必先安民，施政的首要目标是争取民心，富国的前提是富民。“民者，国之本也”。“凡治以安民为本，民安则国安”“为政以得民心为本”“民穷则国不能独富，民富则国不能独贫”（《明太祖实录》256 卷）。以满族而入主中原的清政府为了收买民心也把民生放在重要地位。康熙施行严禁圈地、“永不加赋”等顺从民心的政策。他认为，“为人君者，但能为天下民生忧心。”“圣王在上，制田里，广树蓄，省刑而薄敛，崇本而抑末，使天下之民，家给人足，有俯仰之乐，而无危之患。”“以天下之耳目为耳目，以天下之心思为心思。”（《康熙政要·论君道》）

上述这些思想无论是有远见的思想家，还是国家的实际统治者君主都强调，统治者要爱惜民力，轻徭薄赋，实行惠民、利民、安民、富民政策，以安定社会，发展民生。他们的思想主张和政策措施构成了我国传统文化中民生观的精华。除此之外，中国传统文化中还有一些诸如大同社会思想、济贫救助、灾害救助以及佛教的善恶观及劝善理论都在不同程度上宣传了关注民生疾苦以及行善救济等理念，它们和以上各种思想流派以及历代统治者的民本思想共同构成了中国传统文化中的民生思想，为中国共产党人形成具有中国特色的民生思想提供了丰富的文化素养。当然，由于时代和阶级的局限性，这些古代的民生思想虽然看到了人民群众的重要作用，其根本目的却是为统治阶级服务的，正如毛泽东指出的，“剥削阶级的‘爱民’同爱牛差不多”，为的是用牛耕田和挤奶，“他们讲

① 吴兢. 贞观政要. 上海古籍出版社，1978 年，第 7 页.

② 景印文渊阁四库全书：集部二八四总集类. 台湾尚无印书馆，1983 年，第 643 页.

‘爱民’是为了剥削，为了从老百姓身上榨取东西”。①

善于“以史为鉴”的中国共产党人，以马克思主义为指导，批判地继承了中国古代民生思想的“合理内核”，赋予了它新的时代精神，使之成为1949—1956年新中国民生思想的重要来源，他们提倡的以民为本、公平正义、利民富民、关注弱势群体等思想，在新中国成立初期的民生建设实践中都得到了不同程度的继承和超越，成为中国共产党在这一时期民生思想的重要来源之一。

三、合理借鉴：近代农民和资产阶级民生思想

鸦片战争以后，西方近代社会政治学说纷纷传入中国，对中国传统民本思想向近代民生思想的演变起了催化作用。各个阶级和政党派别针对中国“三千年未有之大变局”，根据各自的阶级立场，提出了各式各样的政治主张，使中国传统民本思想得到进一步发展。

（一）近代农民阶级的民生思想

鸦片战争以后，国内阶级矛盾、民族矛盾日益激化，广大人民群众生活在水深火热之中。以洪秀全为代表的农民阶级首先揭竿而起，希望用革命手段推翻清王朝之后，构建一个“有田同耕，有饭同食，有衣同穿，有钱同使，无处不均匀，无人不饱暖”的人间天国，为此在民生问题上进行理论和实践上的积极探索。

洪秀全创立“拜上帝教”，用“共食天禄”动员群众入教，提出“有饭同食，有衣同穿”的口号，把“拜上帝”信仰与人民的现实需求结合起来，收到了意想不到的效果，广大贫苦农民竞相入教。由此，洪秀全逐渐认识到物质利益，尤其是土地问题对农民的吸引力。因此，得到沿途广大农民群众的热烈拥护和支持。起义队伍在短短两年多的时间内由2万人发展到50万人之多，并取得攻克南京的重大胜利。定都天京后，太平天国农民政权颁布了《天朝田亩制度》，它规定废除封建土地所有制，实行土地国有，其分田办法是按照土地单位面积产量的高低，分为九等，依照人口多少分配；土地肥瘦搭配；男女平等，均可分得同样数量的土地；16岁以下减半。尽管在现实中这种空想和绝对平均主义的方案难以实现，但不可否认在太平天国运动初期，这种平分土地的主张对许多农民来说确实有很大的吸引力，对动员广大农民起到了巨大的鼓舞作用。后期太平天国领导人适应当时的政治军事形势，从脱离实际的空想平分土地到承认现实照旧纳税，

① 毛泽东文集（第3卷）. 人民出版社，1996年，第58页.

在条件成熟的地区颁发给农民土地权证，事实上逐渐解决农民的土地问题，虽然看起来是土地政策的退步，却在一定程度和一定区域内部分改变了封建生产关系，这对农民来说无疑是个实实在在的福音。

此外，关注、重视、保护弱势群体的利益也是其民生政策的重要方面。在《天朝田亩制度》里有这样一条规定："鳏寡孤独废疾免役，皆颁国库以养。"①《资政新篇》中关于社会保障和社会救助的内容就更多了。比如提出了举办"医院""跛盲聋哑院""鳏寡孤独院"② 等社会福利事业的方案。太平天国还对处于封建社会底层的妇女给予了特别的重视关注：《天朝田亩制度》规定，婚姻不论财产，禁止买卖婚姻，禁缠足，禁娼妓，禁私蓄奴婢，在参军作战、应试作官等方面，妇女和男子享有同样的权力。

对太平天国的民生思想，孙中山曾说他所创立的民生主义是太平天国平均土地的继承，孙中山评价说："民生主义，即贫富均等，不能以富者压制贫者是也。但民生主义，在前数十年，已有人行之者。其人为何？即洪秀全是。"并把它同俄国十月革命相类比，指出："洪秀全建设太平天国，所有制度……即完全经济革命主义，亦即俄国今日之均产主义。"③ 毛泽东首先肯定："洪秀全、康有为、严复和孙中山，代表了在中国共产党出世以前向西方寻找真理的一派人物。"④ 中国共产党对太平天国实行的平分土地政策既有继承也有批判，继承了它废除封建土地所有制的做法，批判了它的平均主义空想，先后在根据地和全国进行土地革命和土地改革，成功地实现了"耕者有其田"，没有人剥削人、人压迫人的理想社会。

（二）资产阶级改良派的民生观

继洪秀全之后，资产阶级改良派康有为、梁启超等人继续努力探寻国家的出路和人民的幸福。康有为对理想社会的探索集中在他的大同思想中。他在《礼运注》中描述了未来"大同"世界应是一种"无贵贱之分，无贫富之等，无人种之殊，无男女之异""无所谓君，无所谓国，人人皆教养于公产"⑤ 的太平盛世。其后具有"大地震"效应的《大同书》更加详细地描绘了他的理想王国的蓝图，这是康有为对社会民生问题思考的重点。他主张在政治上，人人平等。这是康有

① 天朝田亩制度. 江苏人民出版社，1979年，第409—413页.

② 中国近代经济思想资料选辑（上册）. 中华书局，1982年，第277—278页.

③ 孙中山选集. 人民出版社，1981年，第508页.

④ 毛泽东选集（第4卷）. 人民出版社，1991年，第1469页.

⑤ 康有为. 孟子微礼运注中庸注. 中华书局，1987年，第236—240页.

为大同思想的一个突出特点，也是其精髓之所在。他说："无邦国，无帝王，人人相亲，人人平等，天下为公，是谓大同。"[①] "大同之道，至平也，至公也，至仁也，治之至也。"[②] 康有为的平等观中把男女平等、各自独立之权作为去"九界"进入"太平之世"的起点。经济上，废除生产资料私有制，实行公有制、计划经济、按劳分配制度。社会生活上，科技高度发达，人们有足够充裕的时间休闲娱乐，追求至善至美的享乐生活而无后顾之忧。

作为康有为学生的梁启超，他推崇社会主义，并认为社会主义是最讲国计民生的。他说："讲到国民生计，社会主义自然是现代最有价值的学说。"梁启超重视孟子"为民置产"的思想，认为"中国古代井田制度，正与近世社会主义同一立脚点"。[③] 他看到了资本主义的问题："科学愈昌，工厂愈多，社会遍枯亦愈甚。富者愈富，贫者益贫。"[④] 贫富分化导致阶级对立，迟早要爆发社会革命。他反对国民党提出的"节制资本"，他主张在中国首先发展资本主义，而在发展过程中实行"劳资协调"。梁启超看到了社会主义的美好前景，向往社会主义，但是他却认为当时的中国由于生产力不发达，还不能实现社会主义，只能进行改良，发展资本主义。

康有为、梁启超的大同思想和社会主义思想并不完全是科学社会主义，他们希望通过变法改良来实现其理想，也未能找到一条通向大同社会的正确途径和依靠力量，走的是一条缺乏群众基础的上层路线，结果失败了。正如毛泽东指出的："康有为写了《大同书》，他没有也不可能找到一条到达大同的路。"[⑤] 但是他们的思想在当时却是先进的，他们对人民生活尽善尽美的描述也表明了在打开国门后，中国人眼界开阔，吸收了西方的民主思想，将古代的民本思想发展到了近代的民生思想。他们对无阶级、无剥削、无压迫、无私有财产的崭新理想社会的大胆追求为后人向更新的社会制度发展提供了一个前进方向。

（三）资产阶级革命派的民生观

作为中国近代伟大的革命家、思想家，孙中山在"规抚"欧洲各国学说、"因袭"我国传统儒学思想的基础上，从中国特殊国情出发，抱着为大多数人谋幸福的宗旨，对解决我国民生问题进行了积极大胆的理论探索与思考，形成了具

① 康有为. 大同书. 中州古籍出版社，1956 年，第 71 页.
② 康有为. 大同书. 中州古籍出版社，1956 年，第 158 页.
③ 梁启超全集（第 1 册）. 北京出版社，1999 年，第 392 页.
④ 梁启超全集（第 5 册）. 北京出版社，1999 年，第 2971 页.
⑤ 毛泽东选集（第 4 卷）. 人民出版社，1991 年，第 1471 页.

有“独见”和“创获”的系统民生思想。其内容包括：

1. 解决民生问题的关键是“平均地权”“节制资本”，实行国家资本主义

孙中山对中国民生问题的理解是从中国实际出发的，他认为近代中国的问题是“贫且弱”，而造成这一切的原因是人们对“土地及资本”占有之有无造成的，因此他把改造中国社会的办法归结为：“第一个是平均地权，第二个是节制资本”，自信“只要照这两个办法，便可以解决中国的民生问题”。①

首先，地主阶级凭借土地剥削农民是农民贫困的根源，因此解决农民的土地问题是解决民生的关键所在。孙中山认为解决土地问题，最好方法是实现土地国有化，进而实行耕者有其田，这样不仅解决了中国的贫弱和人民的衣食住行问题，而且又防止贫富分化及社会革命的发生，而要实现土地国有化，“平均地权”便是最佳方法。“盖酿成经济组织之不平均者，莫大于土地权之为少数人所操纵。故当由国家规定土地法、土地使用法、土地征收法及地价税法。私人所有土地，由地主估价呈报政府，国家加价征税，并于必要时依价收买之，此则平均地权之要旨也。”② 可见，他“平均地权”思想的要旨在于通过核定地价、照价纳税、照价收买和涨价归公的办法，把社会发展所导致的地价增值部分收归国有，归全民共享。这一主张在某种程度上触及了封建土地所有制这个重大课题，在制止地主阶级垄断土地、改善民生方面起着积极作用，但并未付诸实施就遭失败。晚年实现国共合作，孙中山将旧三民主义发展为新三民主义，在土地问题上，他公开亮出了“耕者有其田”的旗帜，国民党一大宣言提出：“农民之缺乏田地沦为佃户者，国家当给以土地，资其耕作，并为之整顿水利，移植荒徼，以均地力。”具体的政策是①征重税；②限地；③减租。甚至为了实现这一目的不惜动用武力，这样“从前被人抢去了的利益，便可以争回来；若争不回来，或者被人压迫，便可以设法来自卫，或者是抵制。”③ 孙中山明确主张用政治、法律甚至武装手段把土地分给农民，这就从根本上为解决农民土地问题指明了方向。

孙中山一生对土地所有权先后有三种不同的表述（指平均地权、土地国有、耕者有其田），顺应了时代潮流，反映了孙中山对民生问题不断研究和实践的深化而不断升华。正如毛泽东在《论联合政府》中所肯定的：孙中山先生提出了“平均地权”和“耕者有其田”的主张，可惜“在他掌握政权的时候并没有主动

① 孙中山选集．人民出版社，1981 年，第 826 页．

② 孙中山全集（第 9 卷）．中华书局，1986 年，第 120 页．

③ 孙中山选集．人民出版社，1981 年，第 932 页．

地实行过土地制度的改革"①。

其次，孙中山认为中国的资本主义发展尚处于初始阶段，还没有出现两极分化，只有大贫和小贫。因此，只需采用"节制资本"而无须采用"剥夺资本"的方法。节制资本的具体做法是："凡本国人及外国人之企业，或有独占的性质，或规模过大为私人之力所不能办者，如银行、铁道、航路之属，由国家经营管理之，使私有资本制度不能操纵国民之生计，此则节制资本之要旨也。"② 节制私人资本最终是为了预防"私人之垄断，渐变成资本之专制，致生出社会之阶级、贫富之不均"。③

再次，实行国家资本主义。孙中山既想利用资本主义的优点，又想规避它的弊端，便把目光锁定于当时被人忽视的国家资本主义，将中国的资本主义发展道路定格于对国家资本主义的扶持和扩张，这是孙中山民生思想的独特创造，体现了他为发展民生、"振兴中华"探求一条既"循常"又"超越"的社会发展道路所做的设计。其做法就是由国家控制一切有关国计民生的资源，"国家一切大实业，如铁道、电气、水道等事务皆归国有，不使一私人独享其利"④，"凡天然之富源，如煤铁、水力、矿油等，及社会之恩惠，如城市之土地、交通之要点等，与夫一切垄断性质之事业，悉当归国家经营，以所获利益，归之国民公用"。其结果正是孙中山所希望的："以国家实业所获之利，归之国民所享，庶不致再蹈欧美今日之覆辙，甫经实业发达，即孕育社会革命也。"⑤ 这样既能利用国家政权的力量发达国家资本，又能节制私人资本的垄断，并将这些财富造福于全体人民，为解决民生问题打下坚实的物质基础。

2. 解决民生问题的途径是发展农业，"振兴实业"

国以民为本，民以食为天，中国之所以没有解决吃饭问题，"其中最大的原因就是农业不进步，其次就是由于受外国经济的压迫"。⑥ 所以如何解决四万万中国人的吃饭问题，是孙中山重点考虑的问题，他深入考察农业生产，提出了七项如何增加粮食产量的方法，其中他最推崇机械化，他说："中国几千年来耕田都是用人工，没有用过机器。……若是用机器生产，便可以养八万万人。"⑦

---

① 毛泽东选集（第3卷）. 人民出版社，1991年，第1075页.
② 孙中山选集. 人民出版社，1981年，第593页.
③ 孙中山全集（第5卷）. 中华书局，1985年，第135页.
④ 孙中山全集（第2卷）. 中华书局，1982年，第323页.
⑤ 孙中山全集（第5卷）. 中华书局，1985年，第135页.
⑥ 孙中山全集（第9卷）. 中华书局，1986年，第396页.
⑦ 孙中山选集. 人民出版社，1981年，第850—851页.

振兴实业主要指兴办工商企业。孙中山辞去临时大总统后，主动请缨抓经济建设，提出"建立 20 万公里铁路计划"，并开始"振兴实业"的实践。为此他专门制定了《实业计划》，内容涉及开放交通、振兴工业、发展农业、兴修水利、营造森林、移民垦边等多项建设事业。主张通过振兴实业，创造就业机会，增加社会财富，解决民生问题。为了实现这一庞大计划，他认为依靠我国丰富的自然资源、充足的人口资源和广阔的市场，加上实行开放政策利用外资，"则数年之后，吾国实业之发达，必能并驾欧美矣"。[①] 由此可见他非常重视经济问题，在一定程度上认识到把发展生产力作为改善人民生活的前提条件。

作为民生主义的两大经济纲领，平均地权着眼于以土地为中心对封建主义生产关系进行变革，而节制资本则是以资本为中心对资本主义生产关系进行调整，二者既注重从效率的角度去调动农民和资产阶级的积极性，同时又通过国家按平均地价购买地权和限制资本过度扩张的方式兼顾了公平，使民生的两个基本方面在民生主义的理论层面得到了很好的结合和诠释。

3. 民生目标是实现社会公平，人民同享幸福

孙中山认为民生主义的实现就是要让人民无忧无虑、幸福快乐地生活，这也是他终身为之奋斗的目标，"民生主义关系国民生计至重，非达到不可。使大多数人享大幸福，非民生主义不可。"[②]

孙中山认为要从根本上解决民生问题，不仅要发展生产，更要注重分配。孙中山在《三民主义》中讲道："民生主义即贫富均等，不能以富者压制贫者是也。"[③]他明确指出："我们所注重分配的方法，目标不是在赚钱，是要供大家公众来使用。""民生主义和资本主义根本上不同的地方，就是资本主义是以赚钱为目的，民生主义是以养民为目的。"[④] 辛亥革命胜利后，他颁布了一系列解救人民痛苦的法令。仅 1911 年至 1913 年间，他作过 58 次讲演，其中就有 33 次全部或部分谈论实行民生主义，迫切希望革命胜利后，通过平均地权、节制资本使理想中的民生主义付诸实施，使全国人民都有恒业，大家能过上幸福生活。他反复强调，革命的目的，"就是要除去人民的那些忧愁，替人民谋幸福。"[⑤] 他还把未来的共产社会作为民生主义的理想："到了共产时代，大家都有面包和饭吃，便不至于争，便可以免去人同人争。所以共产主义就是最高的理想来解决社会问题的。"

① 孙中山全集（第 5 卷）. 中华书局，1985 年，第 135 页.
② 孙中山文集（上册）. 中国团结出版社，1997 年，第 36 页.
③ 孙中山选集. 人民出版社，1981 年，第 508 页.
④ 孙中山全集（第 9 卷）. 中华书局，1986 年，第 409、410 页.
⑤ 胡锦涛. 在孙中山诞辰 140 周年纪念大会上的讲话. 人民日报，2006 年 11 月 13 日.

他认为民生主义和共产主义在奋斗目标上是殊途同归："我今天来分别共产主义和民生主义，可以说共产主义是民生的理想，民生主义是共产的实行；所以两种主义没有什么分别，要分别的还是在方法。"①

从太平天国的"四有二无"理想，到康有为的大同学说，到梁启超的空想社会主义学说，再到孙中山的民生主义理想，体现了近代以来不同阶级对民生建设的独特探索，反映了中国人民对黑暗现实的不满和对幸福生活的渴望，其中体现的民生关怀符合当时社会发展的客观要求。但由于他们的阶级局限，未能找到其实现的物质基础和阶级力量，最终只能停留在虚幻的空想之中。

1949—1956 年这一时期中国共产党人对他们的继承和超越主要体现在：

首先，在重视民生理念上的传承。中国共产党对民生的关注和重视是一贯和坚决的，并且是付诸了实施，赢得了人民的拥护和欢迎的。新中国成立之初，面对国民党反动统治造成的民生凋敝、民不聊生、民怨沸腾的现状，中国共产党抓住了当时人民最关心的物价问题，仅用了一年多的时间就扭转了国民党统治多年无法控制的物价飞涨，实现了统一财政物价稳定。接着又采取多种措施救济灾民，治理失业，稳定经济秩序，剿匪反霸、禁毒禁娼，迅速稳定社会秩序。

其次，在民生措施上的借鉴、继承和超越。新中国成立后进行的全国性土地改革，从根本上废除了封建地主土地所有制，真正实现了孙中山梦寐以求的"耕者有其田"的理想。而没收官僚资本归新民主主义国家所有，建立国有经济；把私人资本主义纳入国家资本主义的轨道，对其进行限制、利用和改造政策更是孙中山"节制资本"、实行国家资本主义在新的条件下的实施。对此，毛泽东清醒地认识到"在革命胜利以后一个相当长的时期内，还需要尽可能地利用城乡私人资本主义"，"认为可以抛弃'节制资本'的口号，这是完全错误的。""对内的节制资本和对外的统治贸易"，是人民共和国"在经济斗争中的两个基本政策"。②

再次，在实现改善民生途径上的践行。孙中山认为中国经济文化落后，民生主义的实现要花大力气发展经济，振兴实业。中国共产党清醒地认识到中国一穷二白的面貌，不可能一蹴而就迅速改变，而必须脚踏实地进行艰苦的奋斗才能逐步实现。在新中国成立初期，为恢复国民经济，调动了包括私人资本主义经济在内的各方面积极性，尽快恢复和发展生产，争取财政经济状况的根本好转。随后提出了过渡时期总路线和"一五"计划，把发展生产力，实现工业化和三大改造改变生产关系紧密结合在一起，把孙中山的发展农业、"振兴实业"变成了农业

① 孙中山全集（第 9 集）. 中华书局，1986 年，第 381 页.

② 毛泽东选集（第 4 卷）. 人民出版社，1991 年，第 1432、1433、1434 页.

合作化、对工商业的社会主义改造和实现工业化的具体行动。

最后，在民生奋斗目标上的认同。孙中山的民生思想吸收了中国古代“大同”社会理想和西方空想社会主义的思想精华，把民生的理想目标定位于实现社会公平，让全体国民同享幸福生活。把自己的奋斗目标定位在“经过人民共和国到达社会主义和共产主义，到达阶级的消灭和世界大同”。[①] 中国共产党是最高纲领和最低纲领的统一者，既有远大理想，又在新中国成立初期脚踏实地为建设新民主主义社会和向社会主义社会转变而不懈努力。

由此可见，中国共产党在民生思想上对前人的借鉴、继承和发展是全方位的，其超越也是多方面的，无论是价值理念、制度设计、依靠力量、实现手段，还是本质属性、具体措施都有所突破和创新，显示了中国共产党人海纳百川、博大宽广的胸襟和不断创新、与时俱进的开拓精神。这正体现了毛泽东对传统文化的“剔除其封建性糟粕，吸取其民主性精华”的一贯立场，正如他在《中国共产党在民族战争中的地位》中所言：“今天的中国是历史的中国的一个发展，我们是马克思主义的历史主义者，我们不应当割断历史。从孔夫子到孙中山，我们应当给以总结，承继这一份珍贵的遗产。”[②]

第二节　实践基础：新民主主义革命时期艰辛探索

中国共产党从 1921 年成立之日起，就把改善民生，实现社会公平正义作为一项重要的政治任务和奋斗目标，从此开始了一个马克思主义政党探索改善民生的征程。在新民主主义革命阶段，中国共产党把广大人民的利益放在首位，确立了全心全意为人民服务的宗旨，根据国内外形势的变化，及时制定发展民生、改善民生的方针政策，最大限度地满足人民群众的利益诉求，极大地激发了广大人民的阶级主体意识，充分调动了他们支持革命、参加革命的积极性，经过 28 年艰苦卓绝的斗争，赢得了民族独立和人民解放，建立了新民主主义的社会制度，也最终为改善民生创造了新的制度条件和物质基础，并且为新中国成立初期的民生建设积累了许多成功的经验。

一、组织革命战争，改良群众生活

中国共产党把全心全意为人民服务作为根本宗旨，确定民主革命时期民生建

① 毛泽东选集（第 4 卷）．人民出版社，1991 年，第 1471 页．

② 毛泽东选集（第 2 卷）．人民出版社，1991 年，第 534 页．

设的指导方针是革命战争为民生建设创造条件，民生建设为革命战争提供支援，民生建设是革命取得胜利的必要保证，把解决农民土地问题放在中心地位。

新民主主义革命是中国共产党领导下的人民革命，用武力夺取革命胜利是党的最高目标，而要取得革命胜利就必须调动人民的积极性。对人民群众在历史上的作用，毛泽东从唯物史观出发，提出了“人民，只有人民，才是创造世界历史的动力。”① 如何在发动群众的基础上组织革命战争呢？他明确地提出把两者结合起来，“组织革命战争，改良群众生活，这是我们的两大任务。”② 要完成这两大任务，必须把人民群众的当前利益和长远利益结合起来，既要动员他们支援战争，又要满足他们的利益需求，切实改善他们的物质生活条件。在土地革命战争时期，毛泽东在《必须注意经济工作》一文中指出，虽然“革命战争是当前的中心任务”，但是那种“以为革命战争的环境不应该进行经济建设的意见，是极端错误的”。③ 因为“世界什么问题最大？吃饭问题最大。”④ 毛泽东还严肃批评那种认为革命战争已经忙不过来，哪有闲工夫搞经济工作的同志，使他们明白：“只有开展经济战线方面的工作，发展红色区域的经济，才能使革命战争得到相当的物质基础，才能顺利地开展我们军事上的进攻，给敌人的‘围剿’以有力的打击；才能使我们有力量去扩大红军……使我们的红军减少自己找给养的这一部分工作，专心一意去打敌人；也才能使我们的广大群众都得到生活上的相当的满足，而更加高兴地去当红军，去做革命工作。”⑤ 强调“这是一个伟大的任务”，是物质基础和必要条件，因为“一切空话都是无用的，必须给人民看得见的物质福利。”⑥

如何才能把重视民生、改善民生落到实处呢？毛泽东认为要从百姓的实际生活入手，“我们要胜利，一定还要做很多工作。领导农民的土地斗争，分土地给农民；提高农民的劳动热情，增加农业生产；保障工人的利益；建立合作社；发展对外贸易；解决群众的穿衣问题，吃饭问题，住房问题，柴米油盐问题，疾病卫生问题，婚姻问题。总之，切合群众的实际生活问题，都是我们应当注意的问题。”⑦ 陈云也在艰苦的斗争实践中反复提醒：“我们不应该忽视群众的政治、经

① 毛泽东选集（第3卷）. 人民出版社，1991年，第103页.
② 毛泽东选集（第1卷）. 人民出版社，1991年，第139页.
③ 毛泽东选集（第1卷）. 人民出版社，1991年，第120页.
④ 毛泽东早期文稿. 湖南出版社，1990年，第292页.
⑤ 毛泽东选集（第1卷）. 人民出版社，1991年，第120页.
⑥ 毛泽东著作选读（下册）. 人民出版社，1986年，第563—564页.
⑦ 毛泽东文集（第1卷）. 人民出版社，1999年，第136—137页.

济、文化地位的任何细小的可能的改善”，并用准确无误的言语表明“我们党是主张改善民生的”① 鲜明立场。这种关心甚至细致到群众修桥、小孩上学、生疮害病。毛泽东还通过自己亲身调查的实例证明关心民众疾苦、解决民生问题的重要性：“长冈乡有一个贫苦农民被火烧掉了一间半房子，乡政府就发动群众捐钱帮助他。有三个人没有饭吃，乡政府和互济会就马上捐米救济他们。去年夏荒，乡政府从二百多里的公略县搬了米来救济群众。才溪乡的这类工作也做得非常之好。这样的乡政府，是真正模范的乡政府。”② 在苏区至今都流传着毛泽东带领大家挖“红井”、改天窗，周恩来、张闻天等带头帮助红军家属砍柴、挑水，邓小平等带头下田帮助农民插秧收稻、除草拉犁等动人故事③。

具体而言，各个革命阶段民生建设的方针随着形势的变化有所变化。建党和大革命时期，由于年幼的中国共产党处于秘密状态，主要是从理论上认清中国民主革命的基本问题，配合国民党北伐。在实际工作中成立劳动组合书记部，积极领导工人运动，部分实现工人提出的增加工资、减少工时、改善劳动条件等经济要求；建立农民协会，打击土豪劣绅贪官污吏，提出“耕地农有”和“一切权利归农会”的口号，使农村的封建政权受到了很大冲击。土地革命时期，在井冈山和中央苏区既受敌人反复“围剿”，战事激烈，又有稳定的中央政权的环境下，毛泽东提出：“我们经济政策的原则，是进行一切可能和必要的经济方面的建设，集中经济力量供给战争，同时极力改良民众的生活，巩固工农在经济方面的联合，保证无产阶级对于农民的领导，争取国营经济对私人经济的领导，造成将来发展到社会主义的前提。”④ 为了争取动员最广大的农民支持革命战争，毛泽东提出了“我们的经济建设的中心是发展农业生产，发展工业生产，发展对外贸易和发展合作社”。⑤ 不断改进、完善土地法，形成了完整的土地革命路线和方针政策，开展轰轰烈烈的土地革命，真正实现了千百年来农民梦寐以求的“耕者有其田”的愿望，发展工农业生产，打破国民党的经济封锁进行红白贸易，彻底改善了人民生活，正如毛泽东在全国中华苏维埃第二次代表大会上所做的总结：“农民生活有了很大的改良。农民推翻了地主与国民党的剥削，生产结果落在自己的手里，因此现在农民生活比较国民党时代至少是改良了一倍。”⑥ 由此激发

① 陈云文选（第1卷）. 人民出版社，1995年，第159页.

② 毛泽东选集（第1卷）. 人民出版社，1991年，第136—138页.

③ 余伯流，凌步机. 中国共产党苏区执政的历史经验. 中共党史出版社，2010年，第231—233页.

④ 毛泽东选集（第1卷）. 人民出版社，1991年，第130页.

⑤ 毛泽东选集（第1卷）. 人民出版社，1991年，第130—131页.

⑥ 中央革命根据地史料选编（下册）. 江西人民出版社，1983年，第321—322页.

了他们参军参战保卫根据地的积极性。中央红军长征出发时约 86 859 人，其中赣南籍子弟竟有 5 万～6 万人；赣南为革命牺牲的有名有姓的、民政部登记在册的革命烈士有 10.82 万人，占江西省革命烈士总数的 43%，占全国革命烈士总数的1/16。仅兴国县就有革命烈士 23 200 余人，全县平均每 4 人就有 1 人参加红军，每 10 人就有 1 人为革命牺牲[①]。这就是党和苏维埃政府真心实意为民谋利益的必然回报。

抗日战争时期，面对日寇的疯狂进攻，为了维护全民族利益，巩固抗日统一战线，最终取得民族战争的胜利，在减租减息土地政策的基础上，中国共产党制定了以“发展经济、保障供给、改善人们生活、争取抗战胜利”为主要内容的发展经济、改善民生的指导方针。

首先，发展经济必须解决农民土地问题，减租减息是在民族矛盾上升为主要矛盾的情况下，为团结抗日既要减轻作为抗日主体的农民的封建压迫和剥削，又要把地主团结在统一战线之下而采取的统一战线策略（详见土地政策部分）。其次，为了发展根据地经济、克服困难，中共中央还采纳了民主人士李鼎铭先生的建议，在根据地开展了大规模的“精兵简政”运动，从 1941 年年底至 1944 年，边区政府和敌后各抗日根据地的机关、事业部门、军队经过精简，达到了“精简、统一、效能、节约和反对官僚主义”[②] 的目标。在大生产运动中，提出了“自己动手，自力更生，艰苦奋斗，克服困难”的口号，积极推行各种形式的农业合作运动，如耕田队、劳动合作社等，调剂农具和劳动力。这些措施极大地提高了农村的劳动生产率，保障了农业生产的顺利进行，既保障了抗战的顺利进行，又切实改善了农民的生活。针对生产发展后怎样处理公私营经济的关系，毛泽东提出了“公私兼顾”[③] 原则，认为“只有实事求是地发展公营和民营经济，才能保障财政的供给”。[④] 公营经济解决了数万党政军的主要生活费用，而民营经济无疑是发展生产、改善群众生活的主力，两者相互配合，各自发挥自身的优势，共同为发展根据地经济、争取抗战胜利做出贡献。

解放战争时期是中国革命的大决战时期，尽管战事激烈，中共中央始终把解决民生问题与取得解放战争的胜利紧密联系起来，先后提出了“发展生产，保障供给，集中领导，分散经营，军民兼顾，公私兼顾，生产和节约并重”和“发展

① 余伯流，凌步机．中国共产党苏区执政的历史经验．中共党史出版社，2010 年，第 236 页．
② 毛泽东选集（第 3 卷）．人民出版社，1991 年，第 895 页．
③ 毛泽东选集（第 3 卷）．人民出版社，1991 年，第 894—895 页．
④ 毛泽东选集（第 3 卷）．人民出版社，1991 年，第 895 页．

生产，繁荣经济，公私兼顾，劳资两利”等发展经济、保障民生的方针。

中国共产党从人民利益出发，在和平谈判过程中，不轻言牺牲人民利益，竭力争取在改善民生的前提下和平建国；在国民党挑起内战之后，勇敢面对，领导中国人民用革命武装争取保卫胜利成果，在各根据地开展轰轰烈烈的土地改革，真正实行耕者有其田的政策，为最终取得战争胜利赢得了民心。通过积极发展工业，发展生产，自己解决布匹和其他日用品的需要，使“中国解放区的全体人民都有饭吃，有衣穿，有事做”。[①] 不仅如此，1947 年 12 月在杨家沟村召开的十二月会议上，为夺取全国革命胜利，提出了新民主主义的三大经济纲领，强调只没收官僚垄断资本，“对于小官僚和地主所办的工商业，则不在没收之列。一切民族资产阶级经营的企业，严禁侵犯。”[②] 随着人民解放军转入战略大反攻，开始了中国共产党农村包围城市、夺取城市斗争阶段。为了适应新形势，我们党又制定了“发展生产，繁荣经济，公私兼顾，劳资两利”的新民主主义国民经济指导方针，这个方针不仅为解放战争后期的发展生产、促进城乡经济交流、改善人民生活指明了方向，而且也成为新中国成立初期的新民主主义社会的经济指导方针。

在整个民主革命时期，中国共产党在极端困难的条件下，尽最大努力，始终关注着人民群众基本的生存和生活问题，并根据人民群众利益的需求变化，不断调整自己的路线方针政策，以更好地满足广大民众的基本生活需求，改善人民的生活水平。

二、解决土地问题，建立民生第一功

中国自古以来就是一个以农业立国、农民人口占绝大多数的农业大国。新民主主义革命时期中国共产党在农村建立革命根据地，必然要取得农民的支持和帮助，“谁能赢得农民，谁就能赢得中国，谁能解决土地问题，谁就能赢得农民。”[③] 中国共产党一成立，就把解决农民土地问题视为自己义不容辞的历史重任，其所领导的农村土地革命，经历了一个长时期的理论探索和实践奋斗过程。

1922 年 7 月，党的《第二次全国大会宣言》主张制定限制田租率的法律。1923 年 6 月，党的三大通过了中国共产党历史上第一个《农民问题决议案》，提

① 毛泽东选集（第 4 卷）. 人民出版社，1991 年，第 1024 页.

② 毛泽东选集（第 4 卷）. 人民出版社，1991 年，第 1324 页.

③ ［美］埃德加·斯诺. 斯诺文集（第 1 卷）. 新华出版社，1984 年，第 208 页.

出“以保护农民之利益而促进国民革命运动之必要”。[①] 其实早在1921年9月，中共早期党员沈玄庐就在家乡浙江萧山衙前村领导农民建立农民协会；1922年，被瞿秋白称为“农民大王”的彭湃已开始在家乡广东海陆丰地区组织农会，发动农民进行减租斗争。彭湃本人出生于大地主家庭，但他投身革命后毅然把家中田契当众烧毁，把自家的土地全部分给农民，所以农民说：彭湃所做的事，是牺牲了自己的利益为农民谋幸福的。早期共产党负责人蔡和森曾经说过，“农民问题，即土地问题，亦即吃饭问题，生活不能解决，革命断难成功。解决经济问题，即是解决农民土地问题。”[②] 1925年10月，中国共产党明确提出：“中国共产党对于农民的要求，应当列成一种农民问题政纲，其最终的目标，应当没收大地主军阀官僚庙宇的田地交给农民。”“如果农民得不着他们最主要的要求——耕地农有，他们还是不能成为革命的拥护者。”[③] 1926年10月，国共合作的国民党中央各省联席会议提出“二五减租”，以此作为解决农民土地问题的实际步骤。农民出身的毛泽东对农民更是具有特殊深厚的感情，通过实地考察，他在1927年3月发表的《湖南农民运动考察报告》更是强调要依靠贫农，团结中农和其他可以争取的力量，建立农民协会和农民武装，进行减租减息，分配土地等斗争。中共五大开过不久，就确定了没收地主土地分配给农民的主张。

第二次国内革命战争之所以又被称为“土地革命战争”，就是因为在这一时期我们党把解决农民的土地问题视为这场革命所要解决的基本问题和中心内容，形成了比较成熟的土地革命总路线和总政策，在根据地开展了轰轰烈烈的土地革命，基本上解决了农民的土地问题。大革命失败后，党的“八七”会议明确提出了土地革命的总方针，认识到“土地革命问题是中国的资产阶级民权革命中的中心问题”。[④] 1927年11月，临时中央政治局通过的《中国共产党土地问题党纲草案》提出：“一切地主的土地无代价地没收，一切私有土地完全归组织成苏维埃国家的劳动平民所共有。”[⑤] 11月23日，在陆丰召开的工农兵代表大会通过了《没收土地案》，决定立即开展土地革命，至此中国共产党领导的土地革命帷幕正式拉开了。

1928年6—7月，党的六大重点讨论了农民问题和土地问题，通过了《土地问题决议案》和《农民问题决议案》等文件，确立了土地革命路线，提出了一些

---

① 中央档案馆．中共中央文件选集（第1册）．中共中央党校出版社，1989年，第51页．

② 蔡和森文集．人民出版社，1980年，第767页．

③ 中共中央文件选集（第1册）．中共中央党校出版社，1989年，第462页．

④ 中共党史教学参考资料（一）．人民出版社，1978年，第95页．

⑤ 中央档案馆．中共中央文件选集（第3册）．中共中央党校出版社，1989年，第501页．

解决土地问题的政策，要求发动农民自下而上地解决土地问题。会议规定要没收大地主和中地主的土地，没收一切所谓公产的祠族庙宇等土地，分给佃农及无地的农民。1928 年 12 月，毛泽东经过深入农村调查，在总结井冈山革命斗争经验的基础上颁布了《井冈山土地法》，宣布“没收一切土地归苏维埃政府所有”，并规定了主要以乡为单位、以人口为标准分田的具体实施办法，这个土地法否定了封建地主土地所有制，把人民群众在土地革命斗争中创造的经验用法律形式固定下来。由于没有经验，这个土地法也存在一些问题：一是没收一切土地而不限于地主阶级的土地；二是土地所有权归政府，农民只有使用权而没有所有权；三是禁止土地买卖。1929 年 4 月，毛泽东总结赣南土地革命经验，颁布了《兴国土地法》。根据“六大”决议精神，将《井冈山土地法》中“没收一切土地”改为“没收公共土地及地主阶级土地”，毛泽东称这是“一个原则的改正”。同年 7 月，中共闽西第一次代表大会通过了《关于政治决议案》和《关于土地问题决议案》，提出不没收自耕农的田地；区别对待大地主与中小地主；不过分打击富农；对大小商店应该采取不没收的、一般的保护政策。规定土地的分配方法应以乡为单位，以“抽多补少”为原则，按人口进行平均分配。闽西一大所制定的正确政策得到广大群众的积极拥护，很快出现了“收拾金瓯一片，分田分地真忙”的大好形势。

随着土地革命的深入进行，一个亟待解决的问题摆在了党中央面前，这就是农民土地所有权问题。按照马克思主义的一般原理，土地国有作为“走向社会主义的一个步骤”，无疑是消灭封建土地制度的最彻底的方法之一，苏联在十月革命后执行了一条土地国有、农民只有土地使用权的路线。在土地革命初期，受共产国际和苏联经验影响，党在制定政策时也提出了土地国有的政策。这个政策最主要的问题是农民对共产党的土地政策不放心，认为反正是国有的，担心有一天再被收回去了。对土地开发、使用采取了短期行为，对农业生产的发展产生了直接的影响。为此，1931 年 2 月 8 日，中共苏区中央局发出了《土地问题与反富农策略》的第 9 号通告，明确指出：农民是小私有者，他们热烈地起来参加土地革命的目的，不仅要取得土地的使用权，主要的还要取得土地的所有权。目前土地国有只是宣传口号，尚未到实行的阶段。必须使广大农民在土地革命中取得他们唯一热望的土地所有权，才能加强他们对于土地革命和争取全国苏维埃胜利的热烈情绪，才能使土地革命更加深入。2 月 27 日，毛泽东写信给江西省苏维埃政府，肯定了农民对土地的所有权。3 月，江西省苏维埃政府发布文告，正式宣布：“土地一经分定，土地使用权、所有权通通归农民。”由此农民吃了一颗“定心丸”，毫无后顾之忧，全身心投入到土地开发过程中，粮食产量增加，生活也得到改善。苏区农民回忆说：“土地革命前，每亩收粮食100斤左右。而分土地后的1933年和1934年，每亩就收到200斤至300斤粮食，增产1至2倍。那几年是大丰收，吃干饭也吃不完，自己也可以杀猪过年。”①

到1931年年初，基本形成了一套比较切实可行的土地革命路线、政策和方法。这就是依靠贫农雇农，联合中农，限制富农，保护中小工商业者，消灭地主阶级，变封建半封建的土地所有制为农民土地所有制。以乡为单位，按人口平均分配土地，在原耕地基础上，抽多补少，抽肥补瘦，满足无地少地农民的土地要求。在这条土地革命路线的指导下，各革命根据地完成了土地制度的深刻变革。

1936年“西安事变”和平解决，全国团结抗战局面逐渐形成，中央及时作出决定，暂时停止执行分配地主土地的政策。对于这一政策的改变，毛泽东对此的解释是：“在抗日战争时期，为着和国民党建立抗日统一战线和团结当时尚能反对日本的人们起见，我们党主动地由抗日以前的没收地主土地分配给农民的政策，改变为减租减息的政策，这是完全必需的。”② 减租减息的实质是在确保土地所有权的前提下，一方面要减租减息以削弱封建剥削，减轻农民负担，改善农民生活，激发农民抗战和生产的积极性；另一方面减租减息后，农民要交租交息，以便团结地主共同抗日。减租减息政策的实行，调动了农民群众的积极性，使共产党的政策深入人心。此外的杂役、劳役和各种形式的高利贷一律取缔。实践结果证明，中国共产党在抗日期间实施的减租减息政策，削弱了地主的剥削，减轻了农民的负担，改善了农民生活，激发了他们生产积极性，促进了生产事业的发展。如晋察冀的北岳区，从1937年到1943年，农民恢复被占耕地、修整滩地55万亩，凿井开渠，变旱地为水田44.7万亩，使粮食获得丰收。冀西区42个村子1944年产粮达68 918石，1945年增加到99 099石。③

减租减息虽然没有改变封建土地关系，却促进了土地关系的变化，由于减租减息，有些地主感到出租土地收益小，于是开始典卖一些土地投资工商业，一些农民开始买地。减租后农民的土地增加了，地主的土地减少了，土地由集中走向分散。而地主用卖地所得投资工商业，减少了封建剥削，增加了资本主义经济成分，促进了工商业经济发展。

解放战争时期的土地政策，更明显地表现为随着形势变化而灵活变化的特

---

① 林超．川陕革命根据地历史长编．四川人民出版社，1982年，第102页．

② 毛泽东选集（第4卷）．人民出版社，1991年，第1250页．

③ 谭克绳．中国革命根据地史（下册）．福建人民出版社，2007年，第611页．

征。1946年5月之前处于国共和谈、争取和平民主阶段，中共土地政策主要是延续抗战时期的减租减息；随着国民党发动内战阴谋日益暴露，国内阶级矛盾再度上升为主要矛盾，农民对土地的要求也日益迫切，从1946年5月4日发出《关于清算减租及土地问题的指示》，决定将减租减息政策改为没收地主土地分配给农民的政策，表明抗战时期的由削弱封建剥削向废除封建剥削土地制度的转变，从此真正在共产党领导的地区全面开始了土地革命。1947年夏，人民解放军由战略防御转入战略进攻，战争形势发生根本性变化，为了进一步发动广大农民投身解放战争，1947年9月全国土地会议召开，《中国土地法大纲》正式颁布，至此中国共产党在解放战争时期的土地政策正式形成。

《中国土地法大纲》规定：第一，废除封建性及半封建性剥削的土地制度，实行耕者有其田的土地制度。第二，按乡村全部人口，不分男女老幼，统一平均分配，使全乡人民均获得同等的土地，并归个人所有。第三，保护工商业者的财产及其合法的营业不受侵犯。保证农民群众利益是这次土改的一个突出表现，这不仅体现在对贫农、雇农的土地要求给予最大限度的满足，而且从维护中农的利益出发，注意中农的意见，强调“容许中农保有比一般贫农所得土地的平均水平为高的土地量”，甚至还明确提出：在分配牲畜、农具、房屋、粮食及其他财产时，“分给地主同样的一份”，[①] 保证地主的基本生产资料权益。由此可见，这次土改真正站在全体农民的民生利益立场，从保护生产力发展的角度，并不因为地主是打击对象，就像土地革命时期“左”倾错误所做的那样“地主不分田，富农分坏田”，过分强调阶级性，剥夺地主富农的基本生存权利，这个进步在当时的战争条件下是难能可贵的。所以，《中国土地法大纲》颁布实施后，解放区掀起了波澜壮阔的土改运动。到全国解放时，约有1.6亿人口的地区完成了土改，土改取得了巨大成就。

解放战争时期的土地改革，摧毁了封建统治，消灭了封建剥削制度，农民真正成了生产资料的主人，劳动积极性被充分调动起来了，各地翻身农民纷纷组织互助生产，兴修水利，开垦荒地，迅速掀起了发展农业生产的热潮，在东北解放区，1947年农业收获量每垧地产750公斤，1948年为900公斤，1949年虽遭旱灾，仍提高到1 000公斤。

综上所述，民主革命时期，以毛泽东为代表的中国共产党人在领导中国广大农民进行伟大的土地革命斗争中，坚持一切从实际出发的原则，制定了基本正确

---

① 中央档案馆. 中共中央文件选集（第16册）. 中共中央党校出版社，1992年，第548页.

的土地政策，调动人民革命和生产积极性，为取得新民主主义革命胜利奠定了思想基础和物质基础，同时也在很大程度上发展了生产，改善了农民生活，为新中国成立之后的土地改革和互助合作积累了宝贵经验。

总结土地革命时期中共制定实施土地政策的经验，主要有：第一，正确处理了土地革命和改善民生的关系。土地革命的最终目的是废除封建土地制度，发展农业生产，让广大农民过上好日子。而民生的改善又调动了人民投入革命的积极性，使土地革命有了坚实的人力基础和物质基础。第二，根据国际国内形势和中国社会主要矛盾的变化而制定的相应的土地政策，既不拘泥于马克思主义的个别词句，也不照搬照抄共产国际指示和苏联的现成经验，实施了灵活而务实的土地政策。第三，充分考虑中国农民的特点，在制定土地政策时，设身处地从农民利益出发，坚定农民土地所有权，对中农、富农的利益给予充分考虑，给地主生活出路，表现出了一个马克思主义政党时刻为民谋利的唯物主义立场。

正如学者龚忠武所言："中国广大的农村是中国社会的基础，从古到今，谁能够解决农民问题，谁就能够控制农村，谁就能够统治中国，就能使中国长治久安。当然，毛泽东和中国共产党早就敏锐地看到了中国政治上的这个诀窍，这个千古不易的中国历史规律，所以中国共产党胜利了，国民党失败了。"①

三、大力发展生产，确立民生建设的有效途径

民生问题之所以成为民主革命时期中国共产党关心的重要问题，主要是因为它是人民安身立命的根本。在中国这个极其贫困落后的半殖民地半封建大国，生产力极端落后，人民时刻在穷困和死亡的边缘挣扎，因此要解放人民，首先必须从发展生产力入手，而当时的根据地大都在几省交界的贫困山区，发展生产的任务尤其迫切。

在井冈山革命根据地时期，为了解决劳动力缺乏问题，广泛发动妇女参加农业生产，动员战士支援农业生产；帮助农民兴修水利，修牛路，组织换工互助。为了打破敌人的经济封锁，毛泽东下令清除了官府和靖卫团沿路所设的所有税卡，制定了"保护工商业"的政策，改造了"草林圩场"，新建"大陇红色圩场"，设立公卖处、公营商店和合作社，广泛开展赤白贸易。农业是各根据地的基础，毛泽东在第二次全国苏维埃代表大会的报告中就指出："在目前的条件之下，农业生产是我们经济建设工作的第一位，它不但需要解决最重要的粮食问题，

① 龚忠武. 向中国农村的贫穷开战·引言. 中国社会科学出版社，1997年，第1页.

而且需要解决衣服、砂糖、纸张等日常用品的原料，即棉、麻、蔗、竹等的供给问题。森林的培养，畜产的增殖，也是农业的重要部分。”① 为了发展农业，1934年毛泽东在瑞金提出“水利是农业的命脉”。还设立了山林水利局，这是中国共产党领导建立的历史上第一个负责水利建设事业的领导机构。在苏区党和政府的领导下，广大军民开渠筑坝，打井抗旱，车水润田，水利事业得到很大的发展，为农民增产增收创造条件，支持了前方打仗，为根据地的巩固和发展做出了巨大贡献②。为了支持农业，还建立国家农业银行，为农民提供低息的小额农业贷款，解决农民资金缺乏的问题；开展劳动竞赛，调动人民生产积极性。

对私营经济不仅不歧视，反而提出“我们对于私人经济，只要不出于政府法律范围之外，不但不加阻止，而且加以提倡和奖励。因为目前私人经济的发展，是国家的利益和人民的利益所需要的。”③ 这种重视私营经济的思想在当时盛行“左”倾思想的根据地可谓是坚持真理、实事求是的典范。此外在根据地还开展了对外贸易，搞活根据地的商品流通；成立了粮食调剂总局，收购粮食，储存粮食，调剂粮食，组织出口，起到了平抑粮价，抵制奸商盘剥，确保军民用粮，这一切对根据地战胜敌人四次“围剿”，改善人民生活起到了重要作用。

抗日战争不仅是一场军事战争，更是一场争夺民心、较量耐力的消耗战争。为了战胜日本侵略者，克服国民党的动摇和封锁，战胜自然灾害，在中央统一指挥和带领下，我党在各根据地开展了减租减息、大生产运动和精兵简政，其目的就是尽最大可能减轻至少是不增加人民负担，通过发动军队和政府工作人员发展生产、精简机构解决军队和政府的物质困难，进而改善人民生活。

（一）大生产运动实现了“自己动手，丰衣足食”的民生目标

1939年2月2日，中共中央在延安召开生产动员大会，毛泽东在会上发出“自己动手，自力更生，艰苦奋斗，克服困难”的号召。11月，中共陕甘宁边区第二次代表大会通过了《关于继续发展边区经济改善人民生活的决定》，要求边区人民“继续发展边区经济，使边区全体人民丰衣足食，使边区能在抗战建国的过程中奠定克服困难与自给自足的基础”。由此可见，党中央开展大生产运动的目的是使广大边区人民生活不仅不能因为军队和机关的消耗而降低水平，而且希

① 毛泽东选集（第1卷）．人民出版社，1991年，第131页．

② 党旗飘扬，治水兴邦——透过文献看中国共产党的水利民生情怀．中国水利，2011年第13期．

③ 毛泽东选集（第1卷）．人民出版社，1991年，第133页．

望通过大生产运动达到军队和政府自给自足，人民丰衣足食的目的。由于根据地一般都处在几省交界的贫瘠山区，平时人民生活就很艰难，加上敌人的多次扫荡，再一下子涌入大量的军队和机关工作人员，如果这些负担全部由边区人民来承担，毫无疑问将会出现严重的“鱼大水小”的局面，广大边区人民将不堪重负。对人民的沉重负担，毛泽东看在眼里疼在心里，他掰着指头算了一下当时陕甘宁边区人民的负担：1940 年提供粮食 9 万石，1941 年突然增至 20 万石，此外又负担了运公盐和出公盐代金，1941 年还买了 500 万元公债[①]。但要战胜强大的敌人又必须保持一定数量的军队和机关人员，如何在不增加边区人民负担的前提下解决这个矛盾呢？唯一的办法就是通过发动军队和机关发展生产，最大程度上达到自给自足以解决自身的物资供应，尽可能减少对人民的税收和其他负担。所以毛泽东认为只有通过发展公营经济、开展大生产运动增加部队和机关自给自足的能力来解决。“我们的自给经济愈发展，我们加在人民身上的赋税就可以愈减轻。”他乐观地估计，如果军队开展大生产运动，两年后，“人民负担又可减轻了，民力又可得到休养了。”[②] 因此，大生产运动就应运而生了。

在大生产运动中，不仅是机关部队动员起来了，还调动了广大边区人民的积极性。政府采取了许多具体发展农业的措施，主要有：鼓励移民开垦荒地，规定移民、难民开公荒可以取得土地所有权；垦私荒三年不交租；移民、难民三年不交公粮。边区的耕地面积 1942 年为 28 万亩，1943 年多达 77 万多亩。开展劳动互助运动，到 1944 年，组织在各种互助组中的劳动力，占全边区劳动力总数的 70% 左右。此外，还举办农业贷款、改良种子，奖励劳动模范；引进、培养各种科技人才。

在中央的号召和陕甘宁边区的带动下，各根据地结合各地情况，开展了各种特色鲜明的生产运动。晋冀鲁豫抗日根据地在根据地建设中十分重视科技推广的作用，最早开展科技兴农工作，以科技促进农业发展成为经济建设中的一个显著特点。他们通过各种方式招募了一批农业科技人才，成立了专门的农业科研机构，克服当时困难条件向农民推广从美国引进的西红柿和玉米等品种[③]，在根据地内部初步形成了从农业科学研究到成果推广的一条龙体系。在太行区大生产运动中，根据地政府提出了一个响亮的口号：“组织起来，由穷变富。”[④] 为此邓小

---

① 毛泽东选集（第 3 卷）. 人民出版社，1991 年，第 893 页.

② 毛泽东选集（第 3 卷）. 人民出版社，1991 年，第 894 页.

③ 太行革命根据地史总编委会. 太行革命根据地史料丛书之六：财政经济建设（上）. 山西人民出版社，1987 年，第 28 页.

④ 晋冀鲁豫边区农民生产增加负担减轻. 解放日报，1941 年 9 月 11 日.

平提出六条解民困、排民忧的措施：①低利借贷；②提倡生产事业、工商业；③开荒；④办学校，增加教育经费；⑤节省开支；⑥严禁游击队向民众索粮索款[①]。这些措施体现了邓小平珍惜民力、保护民生、减轻人民负担、改善人民生活的早期思想。

毛泽东高度评价大生产运动，认为这是中国历史上从未有过的奇迹，是我们不可征服的物质基础。它不仅粉碎了日伪顽反动势力把解放区军民“困死”“饿死”的企图，而且通过充分发掘边区自身的生产潜力，摆脱了对外部的依赖，在短时间内实现了工农业产品的大部分自给。1945 年陕甘宁边区粮食总产量高达 184 万石，除去自己消耗 160 万石外，净剩 20 多万石，粮食余额达 70 万石以上，农民手里第一次有了这么多的余粮，创造出西北地区粮食生产史上的奇迹。1943 年，人均粮食的消费量较内战时期增加了将近 2 倍[②]。农民的生活水平在一天天地提高，负担不断减轻，增强了人民群众的向心力和自信心，为抗战取得最后胜利奠定了物质基础。

（二）“精兵简政”，克服困难，发展民生的重要前提

对于根据地面临的困难，毛泽东作了实事求是的描述：“我们曾经弄到几乎没有衣穿，没有油吃，没有纸，没有菜，战士没有鞋袜，工作人员在冬天没有被盖。国民党用停发经费和经济封锁来对待我们，企图把我们困死，我们的困难真是大极了。”[③] 为了克服这样严重的困难局面，实际上在李鼎铭提出议案前中央就已经意识到了问题，并于 1940 年 8 月发出《关于各抗日根据地内节省人力物力坚持长期抗战的指示》，明确规定了脱产军政人员与人口的比例[④]。精兵简政开始后，从中央到各抗日根据地纷纷行动起来，通过动员宣传、制定具体实施方案、确立制度、群众监督等步骤，到 1944 年基本完成。仅陕甘宁边区直属机关由 35 个减至 22 个，各厅、处、院的内部机构，裁并了 1/4；各分区专属及县政府的内部机构减少了 50%以上，避免了头重脚轻的积弊，达到了政减民便的目的[⑤]。晋冀鲁豫边区规定脱产的党政民及各团体人员不得超过总人口的 1%。经

---

① 中共中央文献研究室，中国人民解放军军事科学院．邓小平军事文集（第 1 册）．中央文献出版社、军事科学出版社，2004 年，第 111 页．

② 冯斐．试论陕甘宁边区大生产运动的“双面效应”．延安大学学报（社会科学版），2008 年，第 3 期．

③ 毛泽东选集（第 3 卷）．人民出版社，1991 年，第 892 页．

④ 中央档案馆．中共中央文件选集（第 12 册）．中共中央党校出版社，1991 年，第 470 页．

⑤ 王晋林，秦生．新民主主义模型——陕甘宁革命根据地史．中共党史出版社，2007 年，第 146 页．

过精简，边府本身“裁减人员 48%，节省经费 46%”。仅太行区，“7 个月内即节省公粮 7 000 石，经费 60 万元”①。

在精兵简政中，减轻民众赋税负担，也是改善民生的必要举措。1941 年 6 月，边区发生了农民借雷电劈死人骂毛泽东的事件，对此毛泽东不仅没有批评那个骂他的农妇，反而由此引起了他的深思。毛泽东认为：“我们一方面取之于民，一方面就要使人民经济有所增长，有所补充”，“使人民有所失时又有所得，并且使所得大于所失，才能支持长期的抗日战争”。② 鉴于根据地大多处于穷乡僻壤之地，本身民力匮乏，毛泽东坚决反对那种不顾人民困难，只顾政府和军队需要的错误观点，指出这种“竭泽而渔，诛求无已”的思想是国民党的思想，我们绝不能承袭。虽在困难时期，“我们仍要注意赋税的限度，使负担虽重而民不伤。而一经有了办法，就要减轻人民的负担，借以休养民力。”③ 因此，在税制的设定上，各地根据实际情况，从征税范围、计算标准、起征点以及税率等方面，充分考虑到不同社会群体的实际情况，对于因天灾人祸而产量减少或孤寡鳏弱等贫苦无力耕种而歉收的，给予一定的减免，使各阶层纳税负担趋于公平、合理，人民的负担相对减轻。

关于节约民力方面，1942 年延安、绥德两县动用民力 60 025 个，1943 年为 28 493 个，减少了 31 532 个；边区征收公粮数逐年下降，由 1941 年征收的 20 万石，下降至 1943 年的 18 万石，1944 年又降为 16 万石，1945 年降为 12 万石④。晋绥地区 28 个县统计，精简后每年可减轻人民负担：白洋 283 594.60 元，小米 12 645.96 石（每石 260 斤），马料 364 536 斤，马草 911 340 斤⑤。由此，大大减轻了人民群众的负担，很大程度上克服了根据地“鱼大水小”的局面。“精兵简政”和减租减息、大生产运动构成了抗战时期党领导的根据地改善民生的主题。

在整个民主革命时期，中国共产党在极其有限、极端困难的条件下，始终关注着人民群众基本的生存和生活问题，并根据人民群众利益的需求变化，不断调整自己的路线方针政策，以更好地满足广大民众的基本生活需求，最大程度改善人民的生活水平。

---

① 河南省档案馆，河南省财政厅. 晋冀鲁豫抗日根据地财经史料选编（河南部分）. 档案出版社，1985 年，第 621 页.

② 毛泽东选集（第 3 卷）. 人民出版社，1991 年，第 893—894 页.

③ 毛泽东选集（第 3 卷）. 人民出版社，1991 年，第 895 页.

④ 王晋林，秦生. 新民主主义模型——陕甘宁革命根据地史. 中共党史出版社，2007 年，第 147 页.

⑤ 谭克绳. 中国革命根据地史（下册）. 福建人民出版社，2007 年，第 599 页.

四、发展社会事业，探索社会保障建设

（一）发展文化教育

文化教育关系到一个民族的兴衰，是一项重要的民生建设工程。早在1923年，中国共产党第三次全国代表大会上通过的《中国共产党党纲草案》中，就提出了教育方面“实行义务教育，教育与宗教绝对分离。全国教育经费应严重保证。教员应享受年功加俸；到相当年龄应享受养老年金。”① 中国虽然是有着悠久历史的文化古国，但是处于底层的劳动人民受教育权常常被剥夺，文盲遍地是当时中国社会的真实写照。而新民主主义时期的根据地大多处于偏僻的闭塞之地，不仅经济落后，交通不发达，文化教育事业也极端贫乏，人民的文化素质普遍较低。土地革命刚开始，1927年9月颁布的《江西省革命委员会行动政纲》中就提出：“实行普及教育，提高革命文化”，还规定了具体措施：“一、实行免费的强迫的，普遍的和公益的教育，以培植全体男女儿童。二、建立一般未达入学年龄的机关（如儿童养育院、幼稚园等），以利增进社会教育和为妇女解放的目的。三、极力增进工人农民及一般平民的知识和娱乐，开办校外的教育机关（如图书馆、平民学校、阅报室、科学讲话、电影、新剧……）。”② 井冈山时期十分重视政治宣传和文化建设。为培养军事人才，创办了红军军官学校和士兵短训班，以提高军队的战斗力。与此同时，还不遗余力地大办群众性文化教育活动，先后创办了多所“列宁小学”，开展群众教育和群众文化活动。毛泽东甚至不顾军务繁忙，亲自审阅了边区自编教材。

在中央苏区时期，把人民群众有权接受教育明确写进了《中华苏维埃共和国宪法》，指出：“在进行国内革命战争所能做到的范围内，应开始施行完全免费的普及教育，首先应在青年劳动群众中施行并保障青年劳动群众的一切权利，积极地引导他们参加政治和文化的革命生活，以发展新的社会力量。”③ 确定了文化教育的中心任务是：“厉行全部的义务教育，是发展广泛的社会教育，是努力扫除文盲，是创造大批领导斗争的高级干部。”④ 正因为有了法规保证和教育方针的指导，苏区的教育工作成绩斐然。首先，所有苏区儿童都实行免费义务教育。

---

① 中央档案馆．中共中央文件选集（第1册）．中共中央党校出版社，1989年，第142页．

② 中央革命根据地史料选编（下册）．江西人民出版社，1982年，第3页．

③ 中华苏维埃共和国法律文件选编．江西人民出版社，1984年，第8页．

④ 中华苏维埃共和国法律文件选编．江西人民出版社，1984年，第331页．

据毛泽东在中华全国苏维埃第二次代表大会报告中所列举的江西、福建、广东三省的统计，在 2 931 个乡中，有列宁小学 3 502 所，学生 89 710 人；有补习夜校 6 462 所，学生 94 597 人。鄂豫皖革命根据地的适龄儿童入学率很高，其中心地区达 90%以上，偏僻地区也达 70%。其他革命根据地也大体相当，即使在国民政府统治下教育发达的江浙地区也是望尘莫及的。其次，开展了大规模的扫盲识字运动。仅中央革命根据地就有“夜校、补习学校 4 562 所，学员 108 000 人；识字组 23 286 个，组员 120 000 人。俱乐部 1 917 个，工作人员 83 000 人。”① 毛泽东看到日渐增加的报纸发行量，曾十分欣慰地称赞群众文化水平得到了迅速提高。最后，干部教育、职业教育、红军教育也纷纷建立。

抗战时期仅在陕甘宁边区就先后创办了中央党校、抗日军政大学、陕北公学、鲁迅艺术学院、医科大学、自然科学研究院等十几所大学和研究机构，到 1941 年 8 月前，为党政军共培养人才 2 万多人②。抗战 8 年中，仅抗大就为党培养 10 余万名革命干部。当时的抗日根据地大多在几省交界的山区，文化教育很不发达。在陕甘宁边区的“一般县份，100 人中识字者难有一人。又如华池、盐池等县 200 人中仅 1 人识字”。③ 尽管当时经费紧张，但是各根据地还是节省其他开支支持教育，如 1942 年陕甘宁边区的绥德地区各县的教育经费占该地区各县全部经费开支的 11%，其中清涧县达 15.4%。晋察冀边区到 1939 年，有小学 7 000所，小学生 40 余万人。为了解决教育经费困难，让更多的孩子能上学，各根据地还积极扶持民办公助这种新形式的办学模式，即由群众自己集资办学，政府在方针上加以指导，在物质上给予一定的补助。这种办学形式深受广大劳动人民的拥护，从而有力地促进了教育事业的发展。社会教育是国民教育的一个重要组成部分，在抗日民主根据地建设中，认真贯彻毛泽东提出的按照群众需要和自愿的原则，创办了各种教育形式，如读报识字组、冬学运动、半日校、夜校、民校等切合群众实际的办学模式。此外，各根据地还创办了各种报纸杂志，出版了各种书籍，仅华北各抗日根据地发行的大小报纸就有 150 种以上，杂志 140 种以上。1939 年 12 月，延安新华广播电台建成并首次播音，能收听到中共中央和国内外的新闻，成为根据地人民文化生活中的新鲜事物。各种文艺团体纷纷活跃在乡间地头，呈现出为工农兵服务的可喜局面。当代中国的一些长盛不衰的优秀作品，如歌剧《白毛女》、钢琴协奏曲《黄河》、合唱《八路军军歌》、合唱《在太

① 红色中华. 第 239 期.

② 中共盐池县委党史办. 陕甘宁边区概述. 宁县人民出版社，1988 年，第 232 页.

③ 中共盐池县委党史办. 陕甘宁边区概述. 宁县人民出版社，1988 年，第 229 页.

行山上》、小说《小二黑结婚》等就是当时晋察冀根据地原创的。

解放战争时期随着解放区面积不断扩大且连成一片，党的工作重心由农村转入城市，为即将成立的新中国建设做准备，解放战争后期各解放区先后召开教育会议，如东北解放区在 1948 年 8 月召开第三次教育会议，会后东北行政委员会颁布了《关于教育工作的指示》，提出要拿出相当大力量来办大学、中学和师范，及工农各业的专门学校；加强对国民教育的领导，培养新国民；有计划地开展社会教育，动员人民大众积极参加生产建设，支援战争[①]。由此可见，这一时期的教育工作具有前瞻性，为新中国建立后的教育工作奠定基础。

（二）重视妇女权利和医疗卫生建设

对于千百年来备受压迫的妇女，中国共产党从成立开始就十分重视，从中央到各级地方组织都设有妇女工作委员会或妇女部；在政治上让她们彻底翻身，与男子一样依法享有选举权与被选举权，根据地大批妇女被提拔到领导岗位，在中华全国苏维埃第二次代表大会上，有 17 名妇女当选为中央执行委员和候补执行委员，童养媳出身的李坚贞担任中央妇女部部长。经济上，妇女和男子一样分到了土地，实行了男女同工同酬。照顾女性特殊权益，不满十八岁和哺乳期女工严禁做夜工，所有从事体力劳动的女工，产前产后休息 8 个星期等。1931 年 11 月通过了《中华苏维埃共和国婚姻条例》，规定实行婚姻自由，反对买卖婚姻，实行一夫一妻制，禁止一夫多妻。在离婚、子女抚养、财产分割等方面都做了保护妇女权益的规定。为了提高妇女的文化水平，针对妇女家务劳动繁忙，专门创办了妇女半日学校。总之，根据地的妇女获得了从未有过的尊重和幸福。

医疗卫生方面，抗日根据地创办了白求恩医科大学、中国军医大学等培养医护人员，研究中医，创办中医训练班，发展制药厂，建立医药合作社、卫生所。陕甘宁边区政府还颁布了《陕甘宁边区卫生行政系统大纲（草案）》，成立民政厅卫生处，根据实际需要与可能，设立训练班、药厂、休干所、医院等卫生设施。建立了陕甘宁边区医院，它“不因金钱的有无来决定病人的诊视，它是一个真正维护人民健康的机关，在抗战中起了伟大的作用”。[②] 对根据地人民原先存在的迷信、不卫生的行为方式进行教育纠正，培养他们对身体、衣着、住宅、饮食、便溺等的清洁卫生习惯。

---

① 中央教育科学研究所．老解放区教育资料（三）．教育科学出版社，1991 年，第 167 页．

② 中央档案馆等．陕甘宁边区抗日根据地（文献卷）（下册）．中共党史资料出版社，1990 年，第 470 页．

（三）救助弱势群体

抗战时期由于战争、灾荒等因素，抗日根据地的灾民、难民问题非常严重。《抗日救国十大纲领》中就明确指出，为改良人民生活，要“救济失业，调节粮食，赈济灾荒”。[①] 对于灾民这个弱势群体，中国共产党要求党员、干部“以儿子对待母亲的态度”对待灾区人民，把帮助灾民恢复生产作为救灾的重点：通过发放农贷给贫苦农民，保证其能购买耕牛、农具、种子等基本生产资料，以解来年生产之忧。同时将生产与生活结合起来，实行以工代赈，兴办工厂，兴修水利，以保证难民生活。妥善处理和安置移民、难民。首先鼓励他们开垦荒地，免除一定时期的公粮，移民、难民从移入垦区居住耕种之日起，对运输公盐、公粮、修公路等义务劳动，第一年全免，第二、第三年根据家庭经济情况酌减；积极帮助他们解决住房、寻找工作、减免医疗费，在政治上拥有与一般居民平等的民主权利。同时，还积极与慈善机构合作，争取外援。

此外，对于因公牺牲、病故或致伤致残的军政人员及其家属，除按规定标准发放抚恤金外，还定期组织机关部队和社会团体慰问、帮助耕种土地、收割庄稼、照顾老幼。1944 年，边区为避免边币贬值影响，重新确定抚恤金标准，以当地小米市价发给。

对于根据地的一些特殊公民，比如烟民、二流子等也采取了关爱照顾的政策。首先倡导禁烟，边区严禁种植、贩卖、藏匿各种毒品，违者严惩。各地政府和各地卫生机关，帮助烟民配制戒烟药丸，按瘾发放，帮助戒烟。同时政府设强民工厂，专收贫苦烟民，进厂免费施戒，提供其食宿，并按其作业出品，酌给工资，等到瘾绝艺成，始准出厂，戒烟所需经费统一由政府划拨。在戒烟的同时培养其生产劳动技能，使其一旦进入社会有一技之长谋生，避免再次复吸。对于懒汉、二流子，边区采取了堵、劝、拉、帮等方法，让其能通过自己劳动生活，逐渐改掉好吃懒做的毛病。

积极救助孤老病残人员。对有生产资料而无劳动能力的，通过发动群众或组织代耕队的方式予以帮助；对无生产资料也无劳动能力的，根据地政府发给一定的赈款、赈物。尽管当时条件有限，提供的社会救助不仅项目少，而且标准水平低，但是它体现了中国共产党在艰苦的战争岁月里对民生的关怀。

---

① 中共中央文件选集（第 10 册）. 中共中央党校出版社，1985 年，第 318 页.

（四）创设社会保障

社会保障是现代社会和国家为了公民的基本生存生活权利，根据国家法律给予的物质及精神帮助。而在三座大山压迫下的旧中国，广大人民根本没有政治地位，连基本的生存权都无法保障，更不用说其他社会保障权利了。可是在共产党领导的各个时期的根据地，尽管物质条件异常艰苦，还是在尽可能大的范围内实施了社会保障，不得不说这是一个奇迹。早在 1922 年 5 月 1 日，在广州召开的全国第一次劳动大会上，就把争取和实现社会保险制度作为工人运动的主要内容之一，规定“一切保险事业规章之订立，均应合劳动者参加之，俾可保障政府、公共及私人企业中劳动者所受到的损失，其保险费完全由雇主或国家分担之，不得使被保险者担负。”① 中共三大将“制定强迫的劳工保险法（灾病死伤的抚恤等）”，将“救济失业之工人”正式写入《中国共产党党纲》。五大通过表决的《政治形势与党的任务议决案》，明确提出：“为实现工人在革命中的领导权起见，应当为工人力争下列的要求之实行：（一）八小时工作；（二）足够供给生活的工资；（三）劳动保护法；（四）救济失业，并为失业者觅得工作；（五）劳动保险及恤老金；（六）保护女工与童工。”由此可见，虽然当时中共还没有执掌任何政权，但是为劳动人民提供社会保障的理念已经形成。在中央苏区时期，关于劳动政策的法令就有 8 个，其中包括《劳动保护法》《中华苏维埃共和国劳动法》《中华苏维埃共和国中央执行委员会关于实行劳动法的决议案》等，尤其是 1933 年 10 月 15 日，中华苏维埃共和国中央执行委员会重新颁布了经过修改的《中华苏维埃共和国劳动法》，主要内容包括：第一，社会保险对象。包括一切受雇用的劳动者。第二，社会保险基金的筹集和管理。第三，包括失业、疾病、死亡、受伤、怀孕生产、家属补贴等多个方面及免费的医药帮助等社会保险项目。这实际上已经契合了现代保险理念，其内容也涵盖了医疗、养老、伤残、生育、失业、家属补贴等现代社会保险制度的基本项目。由此可见，中国共产党在有限的执政范围内最大限度地保证人民的各项基本民生权益，体现了其思想的前瞻性和对人民利益的全面保护性。

综上所述，在整个新民主主义革命时期，中国共产党在未执政的建党和大革命阶段主要是从理论上探讨民生问题的重要性及实施的必要性、可能性。在土地革命、抗日战争、解放战争局部执政阶段则从实践出发，制定了符合实际情况的

---

① 周华孚，颜鹏飞. 中国保险法规暨章程大全（1865—1953）. 上海人民出版社，1992 年，第 585 页.

发展民生、改善民生的具体措施，并不断总结经验，为新中国成立后执掌全国政权奠定了基础。新民主主义革命阶段的宝贵经验是我们党通过自己的实践总结出来的，更具有中国特色和可操作性。比如“耕者有其田”的土地政策，就成为新中国成立后全国土地改革的延续和发展；通过发展生产力作为改善民生的途径，演变成新中国成立后的实现工业化目标和“一五”计划；开展冬学、扫除文盲等发展文化教育的措施在新中国成立后也成为行之有效的手段；关心弱势群体、实施社会保障更成为新中国成立后社会救助、健全社会保障的优良传统。总之，正是有了新民主主义革命时期的经验积累和干部培养储备，才有了新中国成立后得以以较短时间顺利转入社会主义改造和建设的正轨，也才有了中国共产党一脉相承的民生建设思想。

第三节　现实困境：新中国成立初期民生建设的严峻形势

一、新中国成立初期民生困境的原因

中华人民共和国是在国民党统治千疮百孔的烂摊子基础上建立起来的，当时国民党遗留下来的旧中国民生状况的真实写照是：民生凋敝、民不聊生、民怨沸腾。造成这一切的根本原因，可以从国民党统治覆亡的历史中去寻找。

（一）“劫收”——丧失民心的开始

抗战胜利后，国民党政府的威信一度上涨到了顶点，广大人民忍受种种艰难困苦，终于盼来了抗战的胜利，以为从此可以过上和平民主稳定的生活。但是，令广大民众万万没想到的是：“想中央，盼中央，中央来了反遭殃”。在国民党接收大员的操纵下，“胜利接收”很快演变成了“疯狂劫收”，这一点连当时的北平行营主任李宗仁也坦然承认：“当时在北平的所谓‘接收’，确如民间报纸所讥讽的，实在是‘劫收’。这批接收人员吃尽了抗战八年之苦，一旦飞入纸醉金迷的平、津地区，直如饿虎扑羊，贪赃枉法的程度简直骇人听闻。”[①] 甚至为了掠夺平民财产，动不动就把普通百姓的财产指认为敌伪财产而无偿没收，时人愤怒地称这些接收大员们“三洋开泰”（捧西洋、爱东洋、要现洋）“五子登科”（抢车

① 李宗仁口述，唐德刚撰写．李宗仁回忆录．华东师范大学出版社，1995 年，第 627 页．

子、房子、金子、女子和馆子），还把其贪污行为总结为“八仙过海”，即抢、占、盗、偷、漏、吞、诈、咬。此外，国民党政府又规定以法币 1 元兑换伪币 200 元的比价变相抢夺人民财产，据估计，仅通过这种掠夺式的货币兑换手段，国民政府就从“收复区”人民手中攫取了 2 亿美元。《大公报》评论此举是“随胜利而来的财富大转移”，这种行为“几乎把京沪一带的人心都丢光了”[①]，这场劫收是抗战胜利后国民党丧失民心的起点。

蒋介石国民政府为了一己私利，冒天下之大不韪，公然撕毁《双十协定》和《政协决议》，悍然发动企图消灭共产党的内战，不得人心的战争必然导致失败的结果，伴随着国民党在战场上的节节败退，国统区的民生也日益陷入困境：币改失败，物价失控；生产停滞，百业凋零；百姓生活陷入绝境。

（二）币制改革失败导致物价飞涨——民心丧尽

财政金融是维系一个政府正常运转的关键，关系到国家的命运，百姓的生计。可是国民党政权一意孤行，肆意发动反共反人民的内战，把大量的国家财富消耗在炮火之中，致使连续八年抗战后本来已经耗尽的家底雪上加霜，濒临崩溃。国民政府战后每年的军费占财政收入的比例分别为：1946 年 62.1%，1947 年 67.6%，1948 年 66.3%，财政赤字也逐年增加，1946 年为 70.2%，1947 年为 70.7%，1948 年上半年就达到了 76.5%[②]。为了弥补巨额的财政赤字，支撑内战，维护政权运转，国民党政府采取了滥发货币的拙劣做法。纸币的贬值，导致了其购买力迅速下降，由此造成的物价飞涨远远超出了人们的想象。以法币 100 元购买力为例，在 1937 年能买两头牛，到 1947 年只能买 1 个煤球，而到 1948 年就只能买 1/500 两大米了。法币的急速贬值，造成了社会和民生的巨大混乱。

在蒋介石看来，经济问题直接关系到“戡乱”的成败。1948 年 8 月 19 日，国民党为了解决通货膨胀，终于找到了孤注一掷的办法——发行金圆券，实行所谓币制改革。当时规定：以 3 000 000∶1 的比价，限期将法币兑换成金圆券，同时限期收兑民间的黄金、白银、银币及外国币券，这是以合法的外衣非法洗劫国民党统治区各阶层人民的财产；限期登记管理本国人民存放在国外的外汇资产，又是对民族工商业资产的变相掠夺。通过这些办法，财富进一步集中到四大家族官僚资本的手中。为了严格执行币制改革的法令，蒋介石派蒋经国坐镇全国金融

① 莫失尽人心!. 大公报，1945 年 9 月 27 日.

② 杨荫溥. 民国财政史. 中国财政经济出版社，1985 年，第 173 页.

中心上海“督导”，亲自指挥“戡乱建国大队”这支“打虎队”，并且号称“只打老虎，不打苍蝇”。他首先打倒一批工商界著名人士，当他逮捕了杜月笙这位“上海青红帮老大”之子杜维屏时，杜月笙马上指责孔令侃的扬子公司违法更严重，要求调查扬子公司所囤积纱布等货物，不彻查不足以服人心，蒋经国查办的结果是遭到宋美龄的庇护，非但拿孔家无可奈何反而自己铩羽而归。由此，限价令名存实亡，金圆券贬值，市场混乱异常。金圆券发行后3个月就迅速突破了当初预计的20亿元限制，到1949年6月累计发行量超过了原定发行量的6.5万倍，相当于币制改革前货币流通量的65万倍。这次国民政府发行金圆券，仅凭国家暴力机关的政治压力，国库没有足够的储备金，市场更没有充足的流通货物，完全不顾经济规律。一旦政治措施失灵，军事危机扩大，货币就会像脱缰的野马，一发不可收拾，经济更快地落入彻底崩溃的深渊。对此，当时就有明眼人预言，“只要为支付庞大军费的通货膨胀不停止，游资不纳入生产事业，物价绝对没有不上涨的道理”。[①] 同年11月1日，政府不得不宣布取消限价令，货币发行更是无章可循，瞬息万变。到1949年，中国近代货币史上竟然出现了绝无仅有的、空前绝后的60亿面额纸币，预示着国统区财政金融的最终崩溃，仓促上马的币制改革以失败而告终。

眼看着江山即将易手，蒋介石打着“取之于民、用之于民、用作戡乱、以慰民望”的旗号，策划实施了一个“釜底抽薪”的计划，从1948年11月至1949年年底，从大陆、海外抢运往台湾的金银外币折合黄金共约800万两[②]；另有中国航空公司、中央航空公司、中国银行、交通银行等29个国家垄断企业的部分财产、物资及专业人员被撤走。他们将数十年中国人民的辛苦所得和积累疯狂席卷而去，而置国民经济崩溃于不顾，使中国人民继续陷入通货膨胀、民不聊生的痛苦之中。这种歇斯底里的掠夺不仅使民众进一步领教了国民党的敛财手段，民心也因此丧失殆尽。而且也抽掉了旧中国仅有的一点可怜家底，使新中国丧失了大量经济恢复和建设的宝贵资金，加重了新中国成立初期民生建设的困难。

（三）生产停滞，百业萧条

伴随着财政经济崩溃的是生产停滞，百业凋敝。首当其冲的是工商业衰退，仅1948年上半年，当法币急剧贬值之时，平津两地的民营工厂就倒闭了70%～

① 笪移今. 物价往哪里去?. 观察，1946年，第2期.

② 朱汉国. 1949——历史选择了共产党. 山西出版集团，山西人民出版社，2009年，第177－179页.

80％；广东省400余家工厂中，有300余家歇业；四川省参加产业联合会的1 200家工厂，关闭了80％[①]。由于大批工厂倒闭歇业，工业生产大幅下降。1949年，全国轻工业产量比战前减少30％，重工业产量减少70％，煤产量减少50％，生铁和钢产量分别减少80％[②]。

农业的现状同样不容乐观。抗战爆发以来，中国农业生产力，横遭敌伪和蒋匪军的摧残破坏，损失极巨。老解放区因受敌伪反复“扫荡”，损失尤为严重。第一，劳动力大量减少。第二，牲畜锐减。第三，农具损失破坏。第四，耕作方法的更加粗放，施肥减少和作物品种退化。第五，战争不只破坏了生产，而且破坏了正常的交通关系和贸易关系。最后是灾荒频仍[③]。农民无法生活，大批离土出逃，大批被饿死。在著名的黄泛区，从1938年黄河改道到1946年时，江苏淮安等20余县即有52.9万人死亡，有68万人外出逃荒，耕地损失达660多万亩；河南20余县，死亡32万人，逃亡117万人，损失耕地917万亩；安徽24县，逃亡298万人，损失耕地478万亩[④]。战争期间，为补充兵源，政府派人到农村强迫农民去当兵或服劳役，劳动力大大减少，严重破坏了农业生产。1946年国民党征兵总额为50万人，1947年为150万人，1948年为150万人。征夫当差也不在少数，青壮年农民时常四下躲避，直接影响农业生产。仅华北一地农业劳动人口比抗战前减少了1/3。全国农用牲畜也比抗战前减少了1/3，主要农具减少了30％。农田水利设施年久失修，而且战争使得大量河堤被损，加重了各种灾害尤其是水灾造成的损失。加上灾荒频仍，土地荒芜，农村一片萧条，大批农民死于饥荒。“土地荒芜，路断行人，家有饿妇，野无壮丁”的凄凉景象成了各地农村的普遍写照。

（四）难以为继的艰难民生

民族工商业纷纷宣告破产，工业体系瓦解，工业产量大幅下降，城市失业人数陡增，广大工人、市民濒临无法生存的境地。大量失业百姓成为流民乞丐，有的逃荒在外，有的流落街头。在职职工工资也不断下降，1946年4月，天津启新洋灰公司工人的工资只有1936年的26.47％，1947年4月下降至20.34％，

① 丁永隆，孙宅巍．南京政府的覆亡．河南人民出版社，1987年，第228页．

② 张岂之．中国历史——晚清民国卷．高等教育出版社，2001年，第420页．

③ 中国社会科学院，中央档案馆．中华人民共和国经济档案选编·综合卷（1949—1952）．中国城市经济社会出版社，1990年，第69－70页．

④ 石柏林．凄风苦雨中的民国经济．河南人民出版社，1993年，第439页．

1948 年 4 月更下降至 17.14%[①]。据国民党北平市政府 1948 年 6 月统计，全市 12 岁以上人口共 151.8 万多人，其中无业人口达 48.6 万多人，占 30.02%。此外，还有大量半失业人口。这些人生活无保障，终日挣扎在死亡线上[②]。知识分子的生活也十分悲惨。北方的冬天煤炭是过冬必备之物，当时的煤炭不但一般市民买不起，连高校的知名教授也对此犯了难。当时的学术界泰斗、德高望重、被人们尊称为"教授的教授"的陈寅恪先生，到了冬天，和普通平民一样连买煤取暖的钱都没有[③]。成都的小学教师，一个月工资不到 100 万法币，而当地的物价，寄一封平信要 5 000 元，喝一碗茶要 8 000 至 12 000 元。结果，500 多名小学教师不得不忍饿罢教，上街请愿。因为物价飞涨，各地掀起了抢购风潮，为了将手中纸币出手，人们已经达到几乎疯狂的地步，人们不仅抢购生活必需品，连青霉素这样的高端西药也被苦力抢购。在农村，缴不起赋税的农民，不是被扣押吊打，就是财产被查封充公，广大农村饥民遍地，饿殍载道。城市纷纷出现抢粮、抢米风潮。国统区爱国学生的反饥饿、反内战、反迫害运动此起彼伏。总之，国统区是民不聊生，民怨沸腾。

国民党的倒行逆施，最终导致了国统区民生的大倒退，连蒋介石自己也不得不承认："为政二十年对于社会改造与民众福利着手太少，而党政军事教育人员，更未注意三民主义之实行，今后对于一切教育，皆应以民生为基础。亡羊补牢为时已晚也。"[④] 国民党在战场上的失败，加上政治上的腐败，经济上的崩溃，导致了国民政权的最终倒台，中国人民终于迎来了推翻三座大山，获得独立民主解放，开始了在中国共产党领导下进行建设社会主义社会的新征程。可是，工业严重破坏，农村衰落凋敝，财政金融破产，投机活动异常猖獗，人民生活极度恶化的现状留给新中国人民政府的民生压力极大。

二、新中国成立初期民生困境的形势

新中国成立之初，面临着最严酷的民生环境：通货恶性膨胀，金融投机猖獗，失业率居高不下，灾害频繁，财政赤字飙升。新解放的农村生产凋敝，大中城市工商业受到极大破坏，市场混乱，人民难以维持最低生活水平；老解放区由于长期战争的巨大开支也非常困难。国内外敌对势力的军事、经济封锁加剧了市

① 南开大学经济研究所. 启新洋灰公司史料. 生活·读书·新知三联书店，1963 年，第 293 页.
② 周鸿. 北京社会主义革命与建设史. 北京师范大学出版社，2000 年，第 6 页.
③ 季羡林. 东方赤子·大家丛书·季羡林卷. 华文出版社，1998 年，第 126 页.
④ 谢春涛. 历史的轨迹：中国共产党为什么能?. 新世界出版社，2011 年，第 24 页.

场的波动与资金的匮乏。正如邓小平后来回忆所言：“新中国成立以后，我们从旧中国接收下来的是一个烂摊子，工业几乎等于零，粮食也不够吃，通货恶性膨胀，经济十分混乱。”[①] 所有这些都考验着执政的中国共产党。

（一）农村经济凋敝，农产品产量急剧下降

中国是个农业大国，农村经济的状况决定着中国整个经济形势，新中国成立之时，农业生产由于战争、灾荒、农田水利设施连年失修等原因，耕地抛荒严重，粮食等农作物产量较低，农村劳动生产力水平也很低。1949 年粮食作物总产量从 1936 年的 15 000 万吨下降至 11 218 万吨；棉花产量由 1936 年的 84.9 万吨下降至 44.4 万吨；油料产量由 1933 年和 1934 年的 507.8 万吨下降到 1949 年的 256.4 万吨，大牲畜存栏头数由 1935 年的 7 151 万头下降到 1949 年的6 002万头。[②] 中国历史上是一个农业文明古国，农耕技术曾经处于世界领先水平。但新中国成立前夕，大多数地区的农业生产依然沿袭古老的耕作方式，劳动生产率低下，在不同时期所进口的拖拉机共计只有 300～400 台，化肥的年产量不到1 万吨，10 个农业人口才有一头牲畜，农业还停留在手工耕作、靠天吃饭，有的地方还停留在“刀耕火种”的水平上[③]。粮食生产严重不足，即使时有进口，仍要“糠菜半年粮”。彭德怀在 1950 年 1 月《关于西北工作情况的报告》中讲道“过去在国民党反动统治剥削下，人民的经济生活陷于极端贫困的状态，许多地方人民冬天没有裤子穿。”[④]

（二）工业基础薄弱，且受到严重破坏

旧中国国民经济中，旧式农业和手工业的比重占 90％左右，现代工业仅占 10％。因此，在新中国成立前夕，工业整体上处于手工作业的状况，根本谈不上体系，工业产品更是少得可怜；交通运输工具落后，数千年前就已经使用的畜力车和木帆船等民间运输工具仍然在大量使用；邮电通信技术设备非常落后，电话电报多用手工方式操作，约有一半左右的县没有自动电话，约有 1/4 的县不通电报和长途电话，中西部地区普遍处于十分闭塞的状态；市场上商品严重匮乏，大

---

① 邓小平文选（第 3 卷）．人民出版社，1993 年，第 63 页．

② 吴承明．中华人民共和国经济史（第 1 卷）．中国财政经济出版社，2001 年，第 67 页．

③ 萧国亮，隋福民．中华人民共和国经济史（1949—2010）．北京大学出版社，2011 年，第 33 页．

④ 中国社会科学院，中央档案馆．中华人民共和国经济档案选编·综合卷（1949—1952）．中国城市经济社会出版社，1990 年，第 83 页．

多数人民的温饱问题还没有解决①。

长达八年的日本侵华战争和国民党政府的财政经济总崩溃，更使原本就十分落后的工农业生产大大倒退。在天津、上海、重庆、广州这样一些重要的工业中心解放时，75%以上的工业企业已经瘫痪②。从工业生产的状况来看，1949 年同历史上的最高年产量相比，工业总产值减少一半，钢产量减少 80%，仅为 15.8 万吨，煤减少 48%，为 3 243 万吨，粮食减少 25%，为 11 318 万吨，棉花减少 48%，为 44.4 万吨。总的来讲，工业生产平均减产近一半。各地的铁路、公路等交通运输，由于长期的战乱而遭到严重破坏，城乡交流近乎隔绝，市场萧条。新中国成立前，全国有 20 000 公里铁路、3 200 多座桥梁和 200 多个隧道，因受到严重破坏而无法使用。津浦、京汉、粤汉、陇海、浙赣等主要铁路干线，多年不能全线通车。全路的机车有 1/3 受到破坏而无法行驶。以新中国成立前夕的上海海运为例，可使用的船舶只有 14.5 万吨，仅为原有吨位的 12.7%。

由此，在新中国诞生之际，中国共产党面对的是国民经济的严重衰退和全面萎缩的严峻形势。这种国民经济的萎缩和萧条，在当时全国最富庶的上海和江浙地区，表现得最为突出。由于资金和物资严重匮乏，大批民族资本企业甚至到了连简单再生产都无法维持的地步。在大工业城市上海，刚解放之时，全市煤的存量只够用一个星期，棉花和粮食的存量不足维持一个月的消费。全市 13 647 家私营工厂中，开工户数只占总数的 1/4。相对景气的棉纺织业，每星期也只能开工三个昼夜③。1949 年在工农业总产值中，现代工业产值只占 17%，根据联合国亚洲及太平洋社会委员会统计，1949 年中国人均国民收入 27 美元，不及整个亚洲平均 44 美元的 2/3，不足印度 57 美元的一半，居亚洲倒数第一位④。

此外，国民党军队撤退时，还进行了丧心病狂的破坏活动——炸了堤坝，践踏了几万公顷农田，带走或炸毁了火车机车和车厢，毁坏了发电站和仓库，破坏了交通、电报和无线电通信设施，凿沉了船只。1949 年 5 月他们撤离上海时，毁坏了国际无线电台，炸毁了江南造船厂的主要车间和江湾机场的汽油库，凿沉了 4 艘油船、10 艘轮船。从无锡逃跑时他们焚烧了 1 000 多辆满载从上海送来的工业设备的卡车。从武昌到广州的一百多座铁路桥被炸掉了 90 多座。1949 年 5 月 14 日，在国民党高级将领白崇禧的亲自监督下，在汉口毁坏了 30 多只船，炸

① 谢春涛．历史的轨迹：中国共产党为什么能?．新世界出版社，2011 年，第 27 页．

② 沈志华．斯大林、毛泽东与朝鲜战争．广东人民出版社，2003 年，第 130 页．

③ 上海社会科学院经济研究所．上海资本主义工商业的社会主义改造．上海人民出版社，1980 年，第 71 页．

④ 胡绳．中国共产党的七十年．中共党史出版社，1991 年，第 289 页．

毁了连接武汉三镇的所有铁路桥梁[①]。1949 年 9 月 2 日撤离重庆时，国民党特务在山城市中心陕石街纵火，大火整整延续了 12 个小时，焚毁了 30 多条大街小巷，16 个大小仓库堆栈，20 多家银行钱庄，死伤人数多达 2 万余人[②]。这一系列的数字说明当时国民党的故意破坏活动也给新中国民生带来了困难。

（三）失业增加，“包下来”政策造成严重财政压力

失业问题是一个历史遗留的问题。长期的动荡，在中国社会上造成了严重的失业现象。1949 年的难民是抗战胜利以后最多的一年，难民数与天灾人祸的严重程度成正比。整个中国从北方到南方，从城市到乡村，从沿海到内地，到处都是流民的影子。新中国成立之初，各地工商业由于物价的不稳定及其他种种原因，发生了相当严重的萧条现象，不少工厂停工、商店倒闭，导致原已存在的失业工人雪上加霜。尤其是上海遭帝国主义、国民党军队飞机的轰炸，工商业遭受到直接危害，困难表现得更为突出：在 1950 年“四月危机”前后，失业工人达 13 万人，连同家属在内，将近 50 万人。失业人数的增加，失业人员的生活困难，引起人心浮动，劳资关系紧张，不少资本家抽出资金，逃往香港等地[③]。不仅上海、天津等城市如此，许多中小城市也未能幸免。据统计，新中国成立后不久，失业的人数还有增加的趋势。1950 年 1—4 月，在 14 个城市中，有 2 945 家工厂关门，在 16 个城市中有 9 347 家商店歇业，全国新增失业人口达 38 万～40 万人。根据统计，截至 1950 年 9 月底，全国城镇失业人口达到 472.2 万人，失业率高达 23.6%[④]。以北京为例，根据 1949 年北京市公安局的统计，当时全市人口约2 004 807人，其中失业、无业人口有 40 万～50 万人，占 20%～25%[⑤]。在失业高峰中，失望和不满的情绪在一部分工人和城市贫民中迅速蔓延，因生活无着而自杀、骚乱等事件时有发生，给社会造成巨大震动，激化了社会矛盾。正如当时上海市市长陈毅所报告的，1950 年 3—4 月上海人心浮动，匪特乘机活动，市面上发生了吃白面、分厂、分店、抢糕饼、打警察、聚众请愿和捣毁会场

① 柳随年，吴群敢．中国社会主义经济简史（1949—1983）．黑龙江人民出版社，1985 年，第 15 页．

② 沈志华．斯大林、毛泽东与朝鲜战争．广东人民出版社，2003 年，第 130 页．

③ 龚青．建国初期对失业工人的救济和就业安置；袁志．解放初期出现工人失业的原因．党史研究资料，1998 年第 9 期．

④ 国家统计局社会统计司．中国劳动工资统计资料（1949—1985）．中国统计出版社，1987 年，第 109 页．

⑤ 中共北京市委党史研究室．社会主义时期北京党史纪事（第一辑）．人民出版社，1994 年，第 135 页．

等事件。由此可见，民生问题已严重地影响到了社会的安定。

解放战争战略决战以来空前规模的革命进军，对于一切不再抵抗的旧军队与旧人员采取一律“包下来”、实行“三个人的饭五个人匀着吃”的政策。对旧人员实行包下来的政策是在东北接管城市过程中总结出来的经验，但曾经由于在执行中没有处理好，出了些问题。一是北平和平解放后，遣散傅作义将军旧部军官1.8万人回绥远，虽然每人发了三个月的薪水，但是他们怨天恨地，有些人回去就成了和平解放绥远的阻力；二是南京、上海、杭州解放后当地军管会也裁撤了2.7万余旧人员，引起波动。成都起义部队中甚至出现了“三个月不发饷，不如找老蒋”的怪话。上述情况引起中共中央高度重视。为此中央多次发指示提出对旧人员应安置下来，不要轻易裁员。9月16日，毛泽东在其为新华社撰写的社论中公开提出：“对于国民党的旧人员，只要有一技之长而不是反动有据或劣迹昭著的分子，一概给予维持，不要裁减。十分困难时，饭匀着吃，房子挤着住。已被裁减而生活无着者，收回成命，给以饭吃。国民党起义的或被俘的，按此原则，一律收留。凡非首要分子，只要悔罪，亦须给以生活出路。”[①] 这在当时是必须的，如果他们衣食无着，国家也得救济，所需费用与“包下来”也差不多，并且还导致这些人对共产党产生不满、绝望，增加社会混乱。“包下来”政策从表面上看增加了财政负担，但实际上既有利于新生政权巩固，也有利于社会经济恢复。正如毛泽东所指出的那样：“只有这样才是对人民有利的。”[②] 在新中国成立前后新旧政权交替过程中，党和人民政府对旧政权遗留下来的600余万公职人员（包括官僚资本企业职工）采取了“包下来”政策，进行了妥善安置。按1949年概算标准人均4 000斤小米计算，600万人需要240亿斤。这项支出也成为新中国成立初期人民政府的一项巨大开支。

大量失业人员的存在，不仅仅是普通的民生问题，更是严重的政治问题。能否解决失业问题，对共产党治理国家稳定政权是一场严峻的考验。“不能稳定工人群众的情绪，争取工人群众对我们的坚决无保留的拥护，将会造成我们在城市工作中的重大困难，甚至可以动摇到城市中人民政权的基础”。[③] 特别是对于这些旧人员，再多的大道理也比不上小小一碗米饭来得实惠有效，谁对他们好，谁对他们差，他们心中有杆秤。正如陈云所言：“现在是我们管理国家，人民有无

① 毛泽东选集（第4卷）．人民出版社，1991年，第1512页．

② 建国以来毛泽东文稿（第1卷）．中央文献出版社，1987年，第174页．

③ 中国社会科学院，中央档案馆．中华人民共和国经济档案资料选编·劳动工资和职工福利卷（1949—1952）．中国社会科学出版社，1994年，第157页．

饭吃就成了我们的责任……这个包袱不能不背，不能光从财政着想。”①

（四）自然灾害严重，灾民亟待救济

1949年灾害频繁，其原因是当年夏秋雨量之多，为十几年来所未见。沿海台风，也较平常严重。此外人为原因更为明显，越是在新解放区和收复区，水灾就越严重。这是因为国民党统治之下，不进行必要的水利建设，导致河堤常年失修，千疮百孔，一触即溃。鉴于顽固抵抗的需要，国民党军队恣意破坏河堤，砍伐树木，挖掘战壕；甚至于溃退时有意破坏江堤河防阻止我大军南进。如安徽安庆分区长江圩堤全遭敌毁，洪水来袭，抢救无效，几乎全部溃决。又如平原省黄河以南地区，多次遭受国民党军队蹂躏，连续数年。一度放水归故，后又以飞机炸堤，历次抢劫烧毁，民财破坏无余，以致灾情加重。新区灾重的另一原因，就是封建土地制度的束缚。例如湖北江汉地区，地主恶霸在湖北泄口处借势围垸，各堵一方，形成小垸鳞片分割，湖水泄路迂缓。如川汉之瑞湖垸筑成，使上面彭公垸十余万亩尽成湖沼。监利各垸不开闸，使潜江监利百余里长地区，年有水患。只顾私利，以邻为壑，致使灾情转重。全国合计，受灾程度不同的农田12 795万亩，灾民共约4 000万人。其中集中的大块重灾区共2 800余万亩，最需要救济的重灾民约有700万人②。1949年因水灾、旱灾减产粮食150亿斤以上。据不完全统计，仅湖北省受灾人口近300万人，其中灾情最严重的黄梅一县即有60%的土地被淹，监利淹地57%，其他如沔阳、潜江等地也有部分地区受灾，全省受灾田地达400余万亩，减产粮食折合大米11.6148亿斤③。河北省的天津、唐山、沧县、通县、保定五个重灾专区，几乎普遍受灾，其中的宁河等13县的生态环境几近遭到毁灭性的打击，灾民生活陷入严重危机，1950年1月，因灾而荒导致唐山专区“无食者约180 000人”，如不采取措施，“春耕时没吃者将有700 000人，麦收时没吃者将有1 000 000人”，通县专区“不能生活者80 000余人”，唐山、天津、通县三个专署群众因没饭吃而逃荒者共460 000人④。即便是向来称为“鱼米之乡”的苏南地区，也因1949年下半年的灾情而在1950年出现了罕见的春荒。由于饥寒交迫，灾民的抗病力极差，1950年2月初瘟疫也开始流行，主要有天花、瘟疹、黑热病、脑炎、恶性疟疾、痢疾等，致病

---

① 陈云文选（第1卷）. 人民出版社，2005年，第15页.

② 陈云文选（第2卷）. 人民出版社，2005年，第79页.

③ 刘恩云. 建国初期农村赈灾的历史考察——以湖北为例. 学理论，2010年，第29期.

④ 中国社会科学院，中央档案馆. 1949—1952中华人民共和国经济档案资料选编·农业卷. 社会科学文献出版社，1991年，第62页.

者多达 30 余万。在皖北宿县专区，灵璧县患有各种传染病的有 2 万余人，宿县已有 500 余人死亡。五河县城的 1 万多居民中，在 1950 年年初患上天花的儿童就有2 000余人①。

更为严重的是 1950 年全国先后在华北、东北、华东、中南、西北等省部分地区发生雹灾。据 6 月底的统计，受灾面积达 1 200 余万亩。山西受灾最严重，其次平原、河北、山东也相当严重。仅山西一省先后在 64 县发生 110 次雹灾，受灾面积达 410 万亩。各地砸死不少人畜，毁坏不少房屋②。华东的皖北和苏北又发生了严重的水灾，皖南和山东也相继受淹。此外还有旱灾，包括湖北、山东、河北等地都发生了严重的旱灾。湖南省也告急："饥荒几遍及全省，各地区 25%以上的贫雇农及手艺工人处在缺粮断炊的情况中。"③

如何帮助灾民渡过灾荒，成为新中国成立后党和政府迫切需要解决的重要问题之一，"关系到几百万人的生死问题，是新民主主义政权在灾区巩固存在的问题，是开展明年大生产运动，建设新中国的关键问题之一"。④

（五）庞大的战争开支，导致通货膨胀

如前所述，国民党统治后期币改失败，货币系统崩溃，通胀激烈，导致物价像脱缰的野马一路狂奔。不过，中国共产党接下这个烂摊子后，除了通胀的惯性、投机商的操控之外，还有当时的客观原因：由于反动派的长期破坏，交通必须恢复，战争阻塞了城乡交流，税收甚微，支出很大，新政府曾不得不暂时仍旧依靠发行钞票来弥补庞大的财政赤字。因此，在解放初期的一段时间，通货膨胀依然十分严重。

1948 年 12 月 1 日，中国人民银行宣告成立，发行中国人民银行券（简称人民币），作为华北、华东、西北三大解放区的法定统一货币。此时人民解放战争不断深入，中共管辖的地区越来越大，维持军政开支和修复战时设施、救济灾民等工作需要的开支也越来越多，而收入却由于各解放区各自为政，而没有统一起来使用；新解放区一时还收不上税来，导致入不敷出、财政赤字飙升。据当时粗略计算，1949 年全国财政赤字占支出总数的 46.4%。要弥补这么巨大的财政赤

① 张凤翱. 建国初期陈云的救灾思想与实践. 南京理工大学学报（社会科学版），2008 年，第 1 期.

② 中国社会科学院，中央档案馆. 中华人民共和国经济档案选编·综合卷（1949—1952). 中国城市经济社会出版社，1990 年，第 26 页.

③ 中国社会科学院，中央档案馆. 中华人民共和国经济档案选编·综合卷（1949—1952). 中国城市经济社会出版社，1990 年，第 28 页.

④ 政务院关于生产救灾的指示. 新华月报，第 1 卷第 3 期.

字，当时唯一的方法就是多发货币。对此，陈云坦率地承认："差不多是支出三元，收入一元，赤字二元。这不敷的数目靠什么来解决？靠发钞票！"① 据统计，从 1948 年年底到 1949 年 8 月底，"关内货币发行数额已经从一百八十五亿增加到四千八百五十一亿元，即增加了二十五倍。"② 新中国成立后，人民币的发行量仍不断增大。11 月底，发行总额近二万亿元，12 月又增发一万亿元；截至 1950 年 1 月下旬，"发行累计数为四万一千亿元"。由于人民币发行量急剧增加，市场物价也迅速上涨。以 1949 年 12 月底为基期，至 1950 年 1 月 19 日止，"全国物价平均上涨百分之三十"。③ 另有资料表明，从 1949 年 1 月到 1950 年 2 月，全国 13 个大城市批发物价指数上涨 91.11 倍④。在人民币流通较早的天津市，自 1949 年 2 月至 1950 年 2 月，一年的时间内，面粉、小米、小麦、20 支纱、白细布五种商品价格综合上涨了 103.7 倍。由此可见，1949 年通货膨胀、货币贬值的速率是十分惊人的。货币的过量发行表面上应付了国家急需的支出，但由于没有相应的物资去回笼、抵销巨额数量的货币，必然造成币值下跌，因为通货膨胀的实质就是纸币的发行量超过商品流通中实际需要的货币量而引起的货币贬值、物价上涨的经济现象。对此陈云曾经非常痛心地算了一笔账："通货贬值中，人民损失了一百六十五亿斤小米，等于抗战前银洋八亿二千五百万元。为时只有一年即损失这么多，是一个极大的数字。这是人民生活水平降低的一个具体材料。这样下去，人民将很难支持。"⑤

人民币的过量发行，导致普通民众的恐慌心理，加上投机奸商的推波助澜，导致了从 1949 年 4 月到 1950 年 2 月，全国掀起了四次大规模的物价上涨风。如果任其继续，不仅对人民正常生活造成极大不安定，而且对中国共产党政权稳定构成严重威胁，国民党因无法控制通货膨胀而失败的前车之鉴更是时刻提醒着党中央和人民政府。因此，能否迅速抑制通货膨胀、安定和保障人民生活、稳定和发展社会经济，就成为对中国共产党执政能力的严峻考验。正如陈云所言："老百姓不仅在军事上、政治上看我们，他们还透过经济看我们，看物价能不能稳定，还饿死不饿死人。这些问题是老百姓关心的，也是对我们的考验。"⑥

此外，全国新解放区还没有进行土地改革，国民党撤退时留下的国民党特

---

① 金冲及，陈群. 陈云传（上册）. 中央文献出版社，2005 年，第 651 页.

② 中共中央文献研究室. 陈云文集（第 2 卷）. 中央文献出版社，2005 年，第 4 页.

③ 陈云文选（1949—1956）. 人民出版社，1984 年，第 54 页.

④ 武力. 中华人民共和国成立前后的货币统一. 当代中国史研究，1995 年，第 4 期.

⑤ 陈云文选（1949—1956）. 人民出版社，1984 年，第 57 页.

⑥ 陈云文选（1949—1956）. 人民出版社，1984 年，第 60—61 页.

务、武装土匪约有 200 万人以上，其中中南区和西南区最多。新中国成立初期，这些土匪武装十分猖獗，危害极大，或破坏交通道路，偷袭车辆和船只，抢劫运输物资；或袭击新生的人民政府机关，杀害干部、解放军指战员和农民积极分子；或扰乱社会治安，奸淫妇女，煽动群众，组织反革命的武装暴乱。各种旧社会的丑恶现象，比如吸毒贩毒、卖淫嫖娼、散兵游勇、乞丐流民等还在持续。社会环境依然恶劣，人民生活基本没有改变。这一切表明，新中国成立初期的民生问题依然十分严重。

三、新中国成立初期民生建设的特点

正因为处于新旧社会交替之际，因此，新中国成立初期的民生建设也有自身鲜明的特点。

（一）民生建设的艰巨性与长期性并存

中国共产党带领全国人民经过 28 年的浴血奋斗终于迎来了新中国的建立，全国人民对新生活充满了希望。但是当开国大典的礼炮声渐渐远去的时候，我们面临的却是一百多年殖民地、两千多年封建统治加上几十年战乱造成的极端落后的国民经济和民生状况。

1949 年中国的总人口为 54 167 万人，人口出生率为 36‰，平均寿命为 35 岁，是当时世界平均寿命最低的国家之一；人口死亡率为 25‰～33‰，高时超过 40‰。而根据统计，美国 1950 年的人均死亡率是 9.6‰，日本为 10.9‰，这从某种程度上说明中国医疗卫生条件较差。工农业总产值为 466 亿元；国民收入为 358 亿元；社会商品零售总额为 140.5 亿元；原煤为 0.32 亿吨；发电量为 43.08 亿度；原油为 12.18 万吨；钢为 15.84 万吨；布为 18.9 亿米；糖为 20 万吨；粮食为 1 132 万吨；棉花为 44.5 万吨；油料为 256.4 万吨；水产品为 45 万吨。其中几项重要的工业产品指标比历史上最高年份低了许多。如钢产量仅为最高年份的 17%，生铁产量为 13.9%，电力为 72%，原油为 38%，水泥为 31%①，这表明了战争对当时经济的破坏程度。日用工业产品中：缝纫机 2 000 台，收音机4 000台，自行车 14 000 辆。由此可以轻易得出年人均数据，从中不难了解 1949 年中国社会的落后状况和贫困程度：1949 年，中国年人均工农业总产值只有 86 元；年人均国民收入只有 69.29 元，年人均粮食只有 209 公斤。再细算一下，就

① 巫宝. 十年赶上英国. 上海人民出版社，1959 年，第 49 页.

会得出：生活在1949年的中国人，每人每天只能得到0.572公斤粮食；0.013公斤（13克）油料；0.017公斤（17克）肉；0.0023公斤（2.3克）水产品。

随便拿其中主要的几项数据与当时其他国家相比较一下，就可以看出其中的差距：1949年，中国生铁产量仅为25.2万吨，不及英国1835年产量的1/4[①]。钢产量为15.84万吨，人均占有钢产量0.29公斤。同时期，美国一年生产7 074万吨钢，日本生产311万吨，中国大约是美国的0.2%，日本的5%。电力产量为43.08亿度，平均每人仅为8.6度，而当时世界发电量已经达到7 690亿度，美国为345.6亿度。中国的发电量仅为美国的12.5%。中国的边远省区和广大农村依然处在点蜡烛和油灯的时代。中国的原油产量仅为12.18万吨，而美国为2.52亿吨，与美国相比，中国的原油产量微乎其微。当时所需要的石油产品，几乎全部依赖“洋油”，连点灯照明的煤油也不例外[②]。即使到了国民经济恢复时期结束的1952年，与同时成立社会主义的苏联，甚至与同为殖民地时间较长的印度相比，其数据仍然低得可怜。

1952年的中国与1928年的苏联工业发展水平比较，中国1952年现代工业在工农业产值中占26.6%，重工业在工业总产值中占35.5%，而1928年苏联开始工业化起步时这两项指标分别是45.2%和39.5%。1952年中国与美国重要工业产品人均产量比较，钢产量中国为2.37公斤，发电量为2.76度；美国分别为538.3公斤和2 949度，中国只是美国人均数的零头[③]。当时这种极其低下的生产力水平，不但与先进的资本主义国家无法相比，甚至离独立不久的原英国殖民地印度的发展水平还有很大的差距。1949年，印度的发电量是中国的1.14倍，原油是2.08倍，水泥是2.82倍，生铁是6.56倍，钢则是8.67倍。如果考虑到当时印度人口比中国少（印度3.5亿，中国5.4亿），中国的人均占有水平比印度更低了[④]。由此可见，面对当时这种极端落后的经济状况和庞大的人口基数，新中国的民生困境不是在短时间内可以轻易克服的，其长期性和艰巨性可想而知。

（二）民生建设的迫切性与矛盾性同在

旧中国给中国人民带来了巨大的灾难，人民长期生活在水深火热之中，他们

---

① 毛磊等．中西500年比较．中国工人出版社，1989年，第553页．

② 萧国亮，隋福民．中华人民共和国经济史（1949—2010）．北京大学出版社，2011年，第29—35页．

③ 课程教材研究所，历史课程教材研究开发中心．义务教育课程标准实验教科书·中国历史（八年级下册）．人民教育出版社，2002年，第15页．

④ 汪海波．新中国经济史．经济管理出版社，1986年，第26页．

迫切希望迅速改变当时贫困落后的面貌，过上生活安定富足的日子。中国共产党的领导和人民民主专政国家制度的确立为实现民生的根本好转创造了可能的条件，可是现实的落后生产力状况又成为改善民生的重要障碍，如何克服社会制度的先进性与生产力的落后性，成了新中国领导人面临的亟待解决又难以解决的问题。

首先，如前所述，生产力遭到严重破坏，人口众多，自然灾害加上社会变革导致失业人口庞大。其次，1949 年中华人民共和国成立以前，战乱频仍，社会动荡，人口素质有待提高，城市化水平低。1949 年全国人口 5.42 亿多。其中，农村人口约 4.8 亿多，城市人口约 5 800 多万。从人口素质看，中国农村人口绝大部分是文盲或半文盲，具有高中以上文化程度的人口只占总人口的 1%左右①。1949 年全国高等学校只有 205 所，在校生人数为 11.7 万人，专任教师 1.6 万人；中等学校 5 216 所，在校生人数为 126.8 万人，专任教师 8.3 万人；小学 34.68 万所，在校人数为 2 439 万人，专任教师 83.6 万人。幼儿教育更为落后。高等学校多集中在几个大城市和沿海地区，在边远省份和地区寥寥无几②。各级各类学校在校生人数占全国人口比重尚不到 5%。从 1912 年到 1949 年的 30 多年里，中国高等院校毕业生总数仅为 21.08 万人，远远低于西方发达国家③。最后，人民对共产党的期待和共产党执政经验的缺乏是一对矛盾。中国共产党通过长期的武装斗争夺取了新民主主义革命的胜利，长期深受三大敌人压迫剥削的广大人民群众对共产党充满了无比的信任和无限的期待。这种信任和期待来自过去革命战争年代中国共产党的业绩，对革命和战争，中国共产党自然是驾轻就熟，经验丰富；可是面对着五亿人口大国的经济恢复发展，仅靠过去那点根据地和解放区局部执政的经验显然是远远不够的，如何能够不辜负人民的希望和重托，领导人民迅速恢复发展生产，尽快地过上人民所期盼的好日子就成了中国共产党肩上的重任。

如此严重的民生困境，摆在既无全国执政经验，又无可资凭借的物质基础的中国共产党面前，只有依靠人民群众，从实际出发，制定切实可行的民生方针政策，迅速实施解决民生困境的实际措施，才能稳定全国秩序，巩固政权，改善民生，并最终实现中国共产党在七届二中全会上制定的目标。

---

① 国家统计局. 中国的国民经济和人民生活. 中国统计出版社，1958 年，第 5 页.
② 中国教育年鉴：1949—1981. 中国大百科全书出版社，1984 年，第 9 页.
③ 国家统计局. 新中国五十年（1949—1999）. 中国统计出版社，1999 年，第 9 页.

第二章　新中国民生建设理论的总体构想

1949年10月，中华人民共和国成立标志着中国共产党全面执政的开始。在新中国建立之前中国共产党对即将建立的新民主主义社会就有了一个总体的基本设想，其中也包含了对民生建设的设想，这就是对民生建设的总体目标、根本途径的设定，但尚未形成一个完整的理论体系，真正建立民生建设的理论体系是在新民主主义社会的不断实践中逐渐完善的。

第一节　民生建设的总体目标："两个转变"

民生建设是社会建设的一个重要方面，它是建立在一定的社会制度和经济发展基础上的。中国共产党从成立的那一天起，就把推翻资产阶级专政，消灭私有制作为自己的奋斗目标。1922年7月召开的中国共产党第二次全国代表大会确立了党的最低纲领和最高纲领。把反帝反封建确立为党在民主革命阶段的主要纲领，而党的最高纲领是实现社会主义、共产主义。此后，毛泽东在《中国革命和中国共产党》《新民主主义论》等著作中，进一步明确了中国革命分两步走的正确前途。与此相适应，"由新民主主义革命向社会主义革命转变""由农业国向工业国转变"的民生建设目标也随之确立。

一、"两个转变"的提出

1944年5月，毛泽东在边区工厂厂长及职工代表会议上讲话指出："要打败日本帝国主义，需要工业。要使中国的民族独立有巩固的保障，就需要工业化。我们共产党是要努力于中国工业化的。"① 刘少奇也把实现工业化作为中国共产党的崇高使命，他认识到"我们将来的责任，就是要把中国由农业国变成工业国……使中国变成工业国是我们奋斗的远大目标。"② 虽然当时还处于抗日战争的困难时期，但是中国共产党两位主要领导人不约而同地预见到工业化在经济发展中的地位和作用，提出了由农业国转为工业国的奋斗目标。1945年4—6月召开

---

① 毛泽东年谱（1893—1949）中卷. 中央文献出版社，2002年，第514—515页.

② 刘少奇选集（上卷）. 人民出版社，1981年，第302页.

的中共七大把建立一个“新民主主义的中国”作为政治路线确定下来。这里所说的新民主主义的中国，就是由半殖民地半封建社会向社会主义社会过渡的新民主主义社会，强调“中国工人阶级的任务，不但是为着建立新民主主义国家而斗争，而且为着中国的工业化和农业近代化而斗争。”七大制定的方针政策解决了中国由新民主主义革命向社会主义革命转变，为由农业国转变为工业国做了思想准备。一年后毛泽东在晋绥干部会议上再次明确了新民主主义革命是为工业化扫清障碍创造条件的，“消灭封建制度，发展农业生产，就给发展工业生产，变农业国为工业国的任务奠定了基础，这就是新民主主义革命的最后目的[①]。”

随着解放战争的胜利发展，中国共产党战胜国民党掌握全国政权的结果已成定局，1949 年 3 月，中共七届二中全会决议分析了新民主主义社会的经济状况和基本矛盾，进一步明确了“迅速地恢复和发展生产，对付国外的帝国主义，使中国稳步由农业国转变为工业国，把中国建成一个伟大的社会主义国家”的奋斗目标。”[②] 这是毛泽东首次明确地把工业化的奋斗目标和走社会主义道路紧密地联系在一起。在新中国成立前夕，作为代宪法的《中国人民政治协商会议共同纲领》虽然没有把中国的社会主义前途写进去，当时的考虑主要是“因为要在中国采取相当严重的社会主义步骤，还是相当长久的将来的事情。”但是非常明确地指出：“发展新民主主义的人民经济，稳步地变农业国为工业国的发展方向。”新中国成立，从根本上“造成由农业国变为工业国的先决条件”[③]，才有可能实现国家工业化。至于何时转入社会主义，毛泽东和党中央其他领导同志在新中国成立前后都曾表示，要让私人资本主义工商业发展“一个相当长的时期”，比如说 15 年，至少 10 年，多则 15 年或 20 年等，然后再向社会主义过渡。由此可见，中华人民共和国在社会制度上是由新民主主义发展到社会主义，在经济上是由农业国发展到工业国。

1953 年 10 月，在酝酿提出过渡时期总路线的过程中，关于工业化问题，毛泽东先是提出“实现国家的工业化”，后将其明确改为“实现国家的社会主义工业化。社会主义工业化就是使中国由工业不发达的国家变成工业发达的国家”。在这里，毛泽东特别强调了工业化的社会主义方向。

为什么一定要强调实现这两个转变，尤其是工业化的社会主义方向呢？这是同旧中国“落后就要挨打”的屈辱记忆相联系的。近代以来，中国屡遭帝国主义

---

① 毛泽东选集（第 4 卷）. 人民出版社，1991 年，第 1316 页.
② 毛泽东选集（第 4 卷）. 人民出版社，1991 年，第 1437 页.
③ 毛泽东选集（第 4 卷）. 人民出版社，1991 年，第 1375 页.

侵略，虽然其间不乏人民群众和爱国官兵的英勇抵抗，但总是以失败而告终，究其原因，从中国内部因素来分析，主要是以下两个方面："一是社会制度腐败，二是经济技术落后。"[①]刘少奇也分析了旧中国劳动人民很穷困、生活水平很低两个方面的原因："一个原因，是中国近代化的机器工业、运输业和农业还很少……生产力很低，耗费劳动力很大，不能生产出大量的物质资财来供人民享受"。"另一个原因，是外国的帝国主义者和中国的封建地主、官僚、买办阶级在中国的长期统治"。[②] 毛泽东、刘少奇的概括把中国贫困落后、屡遭侵略的原因分析得非常透彻，要从根本上解决这两个问题，只有尽快实现"两个转变"。这是因为由新民主主义转变为社会主义表明我国的社会制度的根本性转变，而由农业国转变为工业国表明我国的生产力发展水平的大幅度提高，没有这两项作为保障，新中国的民生建设就没有社会制度基础和经济基础。社会主义制度为工业化提供了制度保障，而工业化又为社会主义制度的稳固奠定了物质基础。当时中国的经济结构中，现代工业占10%左右，农业和手工业占90%。这90%左右的分散的个体农业经济和手工业经济，还是很落后的，和古代没有多大区别的，也就是说我们还有90%左右的经济生活停留在古代。当时农业水平也非常落后，全国平均粮食亩产量只有137斤，北方许多地方还不到100斤；棉花亩产量也不过30斤。虽然我们通过土地改革可以废除封建的土地制度，但是，"在今后一个相当长的时期内，我们的农业和手工业，就其基本形态来说，还是和还将是分散的和个体的，即是说，同古代近似的。谁要是忽视或轻视了这一点，谁就要犯'左'倾机会主义的错误。"[③] 对此，毛泽东在《论十大关系》中还把中国当时这种落后的国情概括为"一穷二白"。所谓"穷"，"就是没有多少工业，农业也不发达"；所谓"白"，好比一张白纸，"文化水平、科学水平都不高"。[④]

其实早在抗战时期，中国共产党就系统地分析过新民主主义制度、工业化与改善民生的内在联系。首先，毛泽东从近代中国遭受帝国主义侵略的悲惨历史中认识到："中国落后的原因，主要是没有新式工业。日本帝国主义为什么敢于这样地欺负中国？就是因为中国没有强大的工业，它欺侮我们的落后。"所以"要打倒日本帝国主义，必须有工业；要使中国的民族独立有巩固的保障，就必须工业化。"为此，毛泽东正式发出号召："我们共产党是要努力于中国的工业化的。"[⑤]

---

① 建国以来毛泽东文稿（第10册）. 中央文献出版社，1996年，第347页.

② 刘少奇论新中国经济建设. 中央文献出版社，1993年，第169—170页.

③ 毛泽东选集（第4卷）. 人民出版社，1991年，第1430—1431页.

④ 毛泽东文集（第7卷）. 人民出版社，1999年，第43—44页.

⑤ 毛泽东文集（第3卷）. 人民出版社，1996年，第146页.

要求全体共产党员必须关心工业，学习工业方面的各种知识，为实现中国工业化的目标而不懈努力。刘少奇对世界形势作了分析之后认为："现在世界上凡是强大的国家，都是工业国。"认为"我们中国之所以弱，也就是因为我们还只是有很少的工业，我们还不是一个工业国。要中国强盛起来，也必须使中国变成工业国"。为实现"由农业人口占多数的手工劳动为基础的农业国变为非农业人口占多数的现代化工业国"① 而努力奋斗。其次，毛泽东把工业化与国家富强和改善民生的关系说得十分透彻："没有独立、自由、民主和统一，不可能建设真正大规模的工业。没有工业，便没有巩固的国防，便没有人民的福利，便没有国家的富强。"最后强调了新民主主义社会制度是实现工业化和改善民生的根本前提。毛泽东指出："在一个半殖民地的、半封建的、分裂的中国，要想发展工业，建设国防，福利人民，求得国家的富强，多少年来多少人做过这种梦，但是一概幻灭了。"② 由此可见，不管近代以来中国的仁人志士如何为富强国家、造福人民做出过努力，如果没有先进的社会制度作保障，一切努力终究化为泡影。而新中国成立后刘少奇也阐述了社会主义制度的民主化与工业化的辩证关系。指出：一方面，"没有我们国家的民主化，没有新民主主义的政权的发展，就不能保障新民主主义经济的发展和国家的工业化。"另一方面，"新民主主义经济的发展和国家工业化，又要大大地加强和巩固新民主主义政权的基础"，为经济发展和国家工业化提供切实保障。因此，他提出："我们的基本口号是民主化与工业化！"③正如《关于建国以来党的若干历史问题的决议》中所言："国家的社会主义工业化，是国家独立和富强的当然要求和必要条件。"④

二、"两个转变"的辩证关系

工业化是一个世界性的概念。一般定义是：以农业为主的社会经济体系转变为以工业为主的社会经济体系的过程，或者机器大工业在国民经济中发展并取得优势地位的过程⑤。工业化是现代化的基础和前提，也是一个国家经济发展必然经过的一个历史阶段。当时的工农业落后状况不仅体现在现代工业占的比重极低，而且从中国近代经济发展历史看，旧中国的经济畸形发展，国家的整体经济实力特别是现代工业基础非常薄弱。1949 年使用机器工业的产值占工农业生产

---

① 刘少奇选集（上卷）. 人民出版社，1981 年，第 302 页.
② 毛泽东选集（第 4 卷）. 人民出版社，1991 年，第 1080 页.
③ 刘少奇选集（下卷）. 人民出版社，1985 年，第 61 页.
④ 三中全会以来重要文献选编（下卷）. 人民出版社，1982 年，第 799 页.
⑤ 朱佳木. 中国工业化与中国当代史. 中国社会科学出版社，2009 年，第 25 页.

总值的17%左右，而且主要是一些轻工业。仅有的一些重工业，主要也是帝国主义国家的修理厂和只能提供原料和半成品的矿山和工厂，残缺不全。可以说当时的中国基本上不存在什么工业，从钢铁到机械，从布匹到日用品，基本上要么是不能生产，要么是国货被进口货打败，这从无数工业品前加个“洋”字就能看出来。到解放前连农产品进口也要比国产便宜，美国的洋面横扫中国，不仅普通农民难以为生，就连富农和中小地主也大面积破产。由此可见，新中国成立初期的实际情况是人民生活水平还是很低的。如1950年刘少奇所言：“他们（指人民——引者注）还很穷困，他们迫切地需要提高生活水平，过富裕的和有文化的生活。这是全国最大多数人民的最大的要求和希望，也是中国共产党和人民政府力求实现的最基本的任务。”① 怎样才能使中国劳动人民摆脱贫穷过上幸福生活呢？刘少奇认为要做好两件事：第一件事就是推翻三座大山，实现国家独立，建立民主政权；第二件事就是依靠人民民主政权，发展一切有益于人民的生产及其他经济事业。两者的关系是：“做好了这第一件事，就使中国人民有可能并有了顺利的条件去做好第二件事。”② 周恩来则分析了两者之间的辩证关系：“我们的国家在政治上已经独立，但要做到完全独立，还必须实现国家工业化。如果工业不发展，已经独立的国家，甚至还有可能变成人家的附庸国。”③ 毛泽东更是明确地指出：“社会主义革命的目的是为了解放生产力。农业和手工业由个体所有制变为社会主义的集体所有制，私营工商业由资本主义所有制变为社会主义所有制，必然使生产力大大地获得解放。这样就为大大地发展工业和农业的生产创造了社会条件。”④

确定了发展工业化，那么依靠什么制度来保证其顺利实现呢？靠封建制度和买办官僚资本主义是无法领导中国走上工业化道路的，这已经被中国革命的实践证明，那么靠民族资产阶级能否实现工业化呢？同样，中国民族资产阶级也无法担当起领导中国走资本主义道路、实现国家工业化的重任。民主革命时期，中国共产党是主张利用、保护和发展民族资本主义工商业的。因为资本主义经济在落后的旧中国是先进的生产力，诞生于半殖民地半封建社会的中国民族资本主义由于它先天不足，基础薄弱，资金缺乏，技术设备落后，具有很大的依附性，很强的封建性，决定了它无力单独对抗国际资本和国内的官僚势力，形成一种稳定的

① 刘少奇论新中国经济建设．中央文献出版社，1993年，第169页．
② 刘少奇论新中国经济建设．中央文献出版社，1993年，第171页．
③ 周恩来经济文选（下卷）．中央文献出版社，1993年，第151页．
④ 毛泽东著作选读（下册）．人民出版社，1986年，第717页．

社会体制，独立推动经济的发展。事实也确实如此，中国民族工业从19世纪60年代末70年代初产生，经过80多年的发展，到1949年新中国建立时整个民族工业的资本不过区区20亿元人民币，不足“一五”期间国家总投资的1/38。这些民族企业主要集中于轻纺工业和食品工业。雇工在500人以上的工厂，只占0.1%，69.7%的工厂只有不到10个工人。79.1%的工厂是工场手工业，没有现代化的机器设备①。想要依靠这样落后的民族资本主义实现国家工业化是完全无法想象的。西方国家在早期确实是通过资本主义的方式实现工业化的，但是他们是采取“羊吃人”的圈地运动、贩卖黑奴、贩卖鸦片等血腥的手段积累资本的，所以毛泽东旗帜鲜明地说：“走资本主义道路，也可增产，但时间要长，而且是痛苦的道路。我们不搞资本主义，这是定了的”。②因此，中国共产党坚定地认为，只有实现社会主义制度才能避免两极分化，实现共同富裕，才能最终改善人民生活。1953年12月26日通过的《中共中央关于发展农业生产合作社的决议》中提出了通过农业合作化的道路“逐步克服工业和农业这两个经济部门发展不相适应的矛盾，并使农民能够逐步完全摆脱贫困的状况而取得共同富裕和普遍繁荣的生活”。当时著名诗人郭小川的文章更是直接把共同富裕与社会主义连在了一起。其文章标题就是《社会主义的路是农民共同富裕的路》，这代表了当时全国人民的共识。由此可以得出结论：中国共产党的最高理想是实现社会主义和共产主义，因此，新民主主义革命后还要进行社会主义革命，由新民主主义向社会主义转变就是顺理成章的事。而中国的工业化道路不可能重复欧美和日本、德国等资本主义工业化道路，只有通过社会主义道路才能实现。中国共产党希望实现的这“两个转变”目标就是实现全体人民群众共同富裕，就是大家有饭吃。

三、发展壮大国有经济是经济保障

靠什么来保证社会主义制度的确立和工业化的顺利实现呢？根据中国共产党新民主主义经济理论：推翻了帝国主义和封建主义联合压迫的半殖民地半封建经济之后建立起来的新民主主义社会，不仅为资本主义发展扫清了道路，更为社会主义发展提供更广阔的前途。在五种经济成分中国有经济居于领导地位，它是新民主主义国家所经营的经济。其来源主要有三个：一是各解放区原有的公有经济；二是没收帝国主义的在华企业；三是新中国成立前后，国家运用政权的力量，没收官僚资本而建立起来的。到1949年年底，全国共计没收占我国工矿、

① 王骏．毛泽东与工业化．福建教育出版社，2001年，第17页．

② 毛泽东文集（第6卷）．人民出版社，1999年，第299页．

交通运输固定资产80%的官僚资本企业2 858个，拥有职工129万人；另外还没收了四行二局（中央银行、中国银行、交通银行、农民银行四大银行及中央信托局、邮政储金汇业局）系统和国民党政府省市地方系统的银行2 400多家，十几个垄断性的贸易公司以及国民党政府所属的全部交通运输业。此时的国营工业（包括合作社工业），固定资产占全部工业（包括工场手工业）固定资产的80.7%；拥有全国电力产量的58%、原煤产量的68%、生铁产量的92%、钢产量的97%、机器及机器零件生产的48%，棉纱的49%；还掌握了全国的铁路和其他大部分近代交通运输事业，以及大部分银行业务和对外贸易①。这些企业经过民主改革和生产改革，成为具有社会主义性质的、起决定作用的国有经济。虽说这些现代企业仅占国民经济总量的10%左右，却十分集中，成为“人民共和国发展生产、繁荣经济的主要物质基础和整个社会经济的领导力量”。② 正是社会主义国有经济的建立，使国家掌握了经济命脉，为保证“两个转变”的实现提供了经济保障。

正是在国有经济领导下，经过全国人民三年的艰苦努力，整个国民经济得到全面恢复和较快发展。到1952年国民经济恢复结束的时候，工农业总产值为810亿元，按可比价格计算，比1949年增长77.6%，平均每年增长21.1%。其中工业总产值为349亿元，比1949年增长145.1%，平均年递增率为34.8%；钢产量达到134.9万吨，比1949年增加7.54倍，比历史最高水平增加46.3%；生铁产量比1949年增加6.72倍，比历史最高水平增加7.2%；原油、水泥、电力、原煤等都超过历史最高产量。棉纱、棉布、食糖等主要轻工业产品产量也超过历史最高水平。农业总产值为461亿元，比1949年增长53.5%，平均年递增率为14.1%。主要工农业产品的产量已超过新中国成立前最高水平③。虽然工业总产值尚未超过农业总产值，但是其数量与19世纪40年代西欧各发达国家当时所达到的生产力水平相接近，而马克思当年正是以这些国家所达到的生产力水平为依据，设想社会主义革命在这些国家发生并获得胜利的。而在五种经济成分中，国有经济更处于优先增长的地位，在全国工业（不包括手工业）总产值中，国有工业产值平均每年递增57%，所占比重1952年达到52.8%。在社会商品批发总额中，国有商业所占比重1952年达到60.5%，控制了很大一部分社会商品的流通。

---

① 中共中央党史研究室. 中国共产党历史［第2卷（1949—1978）上册］. 中共党史出版社，2011年，第54页.

② 中共中央文献研究室. 建国以来重要文献选编（第1册）. 中央文献出版社，1992年，第7－8页.

③ 中国统计年鉴（1983）. 中国统计出版社，1983年，第17页.

虽然国有经济尚未在整个国民经济中占主体地位，但已成为我国发展生产、繁荣经济的主要经济基础。

到 1956 年年底三大改造结束时中国的社会经济结构发生了根本变化，社会主义公有制经济已占绝对统治地位。据统计，1956 年同 1952 年相比，国有经济的比重由 19.1%上升到 32.2%，合作社经济由 1.5%上升到 53.4%，公私合营经济由 0.7%上升到 7.3%，个体经济由 71.8%下降到 7.1%，资本主义经济由 6.9%下降到接近于零。前三种经济合计已达 92.9%。在工业总产值中，社会主义工业由 56%上升到 67.5%，国家资本主义工业由 26.9%上升到 32.5%，资本主义工业由 17.1%下降到接近于零。在社会商品零售额中，国有商业、供销合作社商业由 42.6%上升到 68.3%，国家资本主义商业和合作化商业由 0.2%上升到 27.5%，私营商业由 57.2%下降到 4.2%①。这表明社会主义经济已经成为主体经济成分，社会主义经济制度已经在我国建立起来，中国已经从新民主主义社会进入了社会主义初级阶段。随着社会主义经济制度的建立和“一五”计划的超额完成，我国工业化水平也得到了相应的提高，1957 年全国工农业总产值达 783.9 亿元，在工农业总产值中工业所占比重由 1952 年的 41.5%上升到 56.5%。工业总产值超过原定计划的 21%，比 1952 年增长 128.3%，平均每年增长 18%。其中生产资料比 1952 年增长 210%，平均每年增长 25.4%，消费资料的生产比 1952 年增长 83%，平均每年增长 12.9%。重工业在工业总产值中的比重，由 1952 年的 35.5%提高到 45%②，旧中国重工业过分落后的面貌逐步改变。一大批旧中国从未有过的基础工业部门和大中型工业企业相继建成，工业技术水平和工程设计能力有了较大的提升，从而奠定了我国社会主义工业化的初步基础。

四、从工业化到现代化的提升

随着过渡时期总路线的提出和国民经济恢复时期的结束，全国经济建设进入以工业化和三大改造为中心的过渡时期。在苏联帮助下制定的国民经济发展第一个五年计划，更是把重工业发展作为工业发展的中心，这就促使中国工业化必然要向现代化发展。1954 年 9 月，周恩来在一届人大一次会议上所作的《政府工作报告》中指出，鉴于我国开始了经济建设的第一个五年计划，“经济建设工作在整个国家生活中已经居于首要的地位”，他代表党中央向全国人民第一次明确提出了实现四个现代化的伟大奋斗目标，指出：“如果我们不建设起强大的现代

① 胡绳. 中国共产党七十年. 中共党史出版社，1991 年，第 333 页.

② 何沁. 中华人民共和国史（第 2 版）. 高等教育出版社，1999 年，第 99—100 页.

化的工业、现代化的农业、现代化的交通运输业和现代化的国防，我们就不能摆脱落后和贫困，我们的革命就不能达到目的。”① 这对饱受帝国主义欺凌、经济文化落后的中国人民来说是何等振奋人心的宏伟目标啊！至此，中国工业化向现代化迈出了重要一步。

如前所述，虽然按照中央的指示精神全党工作重心本应随着革命战争的结束而转向经济建设，但事实上在新中国成立之初，由于繁重的民主改革和社会主义改造的任务没有完成，在实际工作中，全党尤其是党的各级领导不得不将很大一部分注意力放在通过社会主义革命解放生产力方面。因此，真正实现全党工作重心适时地转移到集中力量发展生产力这一方面来，是在社会主义改造完成后，特别是在中国共产党第八次全国代表大会上明确下来的。大会通过的《关于政治报告的决议》明确指出：由于社会主义改造已经取得决定性胜利，我国无产阶级同资产阶级之间的矛盾已经基本上解决，几千年来的阶级剥削制度的历史已经基本上结束，社会主义制度已经基本上建立。“我们国内的主要矛盾，已经是人民对于建立先进的工业国的要求同落后的农业国的现实之间的矛盾，已经是人民对于经济文化迅速发展的需要同当前经济文化不能满足人民需要的状况之间的矛盾。”认为“这一矛盾的实质，在我国社会主义制度已经建立的情况下，也就是先进的社会主义制度同落后的生产力之间的矛盾”，因此党和人民当前的主要任务，“就是要集中力量来解决这个矛盾，把我国尽快地从落后的农业国变为先进的工业国。”② 通过集中力量发展社会生产力，实现国家的社会主义工业化，逐步满足人民日益增长的物质文化生活的需要；虽然还有阶级斗争，还要加强人民民主专政，但其根本任务已经是“在新的生产关系下保护和发展生产力”。尽管这样表述还不够精准（容易使人误解为我国的社会主义制度整个地超越了生产力发展水平），但是它要求全党在新的历史条件下把工作重心真正转移到发展生产力上来，“这是八大最重要的理论贡献，也成为当时全党的共识。这个着眼点，历史证明是正确的。”③

也是在中共八大期间，毛泽东通过对新中国成立以后经济发展的掌握对实现国家工业化所需要的时间作了两个估计。分别是实现初步工业化的时间和接近或赶上世界上工业最发达国家的时间。他认为：“到那时，即到一九六七年第三个

---

① 周恩来选集（下卷）. 人民出版社，1984 年，第 132 页.

② 中共中央文献研究室. 建国以来重要文献选编（第 9 册）. 中央文献出版社，1994 年，第 341—342 页.

③ 中共中央党史研究室. 中国共产党历史第 2 卷（1949—1978）上册. 中共党史出版社，2011 年，第 396 页.

五年计划完成的时候，工业产值将占百分之六十几，农业产值将占百分之三十几，这样我国就可以说基本上有了现代工业了，就可以说初步地工业化了。但是我国是一个具有六亿人口的国家，到第三个五年计划完成的时候，按照每年增加一千二百万人计算，那时将有七亿几千万人口，按照每人占有各项主要工业产品的数量来说，我国要进一步工业化，要接近或者赶上世界上工业最发达的国家，那就需要几十年才有可能。”[①] 这就是毛泽东对 20 世纪中国工业化和现代化分两步走的初步设想。虽说这个构想现在看来还有过分乐观的估计成分，但总体目标是正确的，反映当时的中国人民对工业化和现代化的渴望之情。

八大进一步重申了社会主义建设的战略目标是“尽可能迅速地实现国家工业化，有系统、有步骤地进行国民经济的技术改造，使中国具有强大的现代化的工业、现代化的农业、现代化的交通运输业和现代化的国防。”[②] 在会议期间，毛泽东还曾说：你有那么多人，那么大一块地方，资源那么丰富，又听说搞了社会主义，据说是有优越性，结果你搞了五六十年还不能超过美国，你像个什么样子呢？那就要从地球上开除你的球籍！话虽说得幽默，但是其发展生产力，赶超发达资本主义国家的急迫心情溢于言表。

由此可见，新中国成立初期中国共产党对新中国经济建设和发展道路的思考就是实现由新民主主义向社会主义转变、由农业国向工业国转变。由于过渡时期总路线过分强调生产资料所有制的改变，前一个转变在 1956 年三大改造完成时顺利结束。从 1957 年以后党在指导思想上把阶级斗争放在中心位置，导致生产力发展受到严重影响，直到十一届三中全会拨乱反正后坚持以经济建设为中心才转入正轨。因此，后一个转变历尽坎坷，经过新中国成立六十多年的发展，中国才跨进了工业化国家的行列，这个过程贯穿了整个社会主义革命和建设两个阶段。不管“两个转变”如何艰难曲折，不可否认它们的实现过程正是民生建设不断发展进步的过程。

第二节　民生建设的根本途径：解放和发展生产力

民生问题实质上是生存与发展问题，而这些问题的解决，归根结底要靠经济的发展。如果经济不发展，生产力水平不提高，解决民生问题就会成为空头支

---

① 逄先知，金冲及. 毛泽东传（1949—1976）（上卷）. 中央文献出版社，2003 年，第 529 页.

② 中共中央文献研究室. 建国以来重要文献选编（第 9 册）. 中央文献出版社，1994 年，第 315—316 页.

票。新中国成立后，解放和发展生产力是中国共产党建立新中国、巩固新民主主义政权的重要内容，也是民生建设的根本途径。在新中国成立前夕的七届二中全会上毛泽东向全国人民发出号召："迅速恢复和发展生产，对付国外帝国主义，使中国稳步地由农业国转变为工业国，把中国建设成一个伟大的社会主义国家。"① 之所以要强调迅速恢复和发展生产，因为"如果我们在生产工作上无知，不能很快地学会生产工作，不能使生产事业尽可能地迅速地恢复和发展，获得确实的成绩，首先使工人生活有所改善，并使一般人民的生活有所改善，那我们就不能维持政权，我们就会站不住脚，我们就会要失败。"② 由此可见，中国共产党心中十分清楚：如果新政权不能迅速恢复发展生产，使人民的生活获得基本保障，即使在战场上取得巨大的军事胜利，最终也会在民生问题上失掉民心而垮台。如前所述，通过新民主主义向社会主义转变，是中国共产党人的既定目标，而实行新民主主义经济政策的目的是促进生产力的恢复和发展，创造条件向社会主义过渡，最终达到不断满足人民物质和文化生活的需要。因此，毛泽东在七届二中全会上指出，恢复和发展生产是新中国成立以后的中心任务。其他工作，"都围绕着生产建设这个中心工作并为这个中心工作服务的。"③ 所以，新中国成立后，我国的政治、军事形势发生了巨大变化，根本任务也由夺取人民革命战争的全面胜利转变为"在全国范围内进行经济建设、恢复和发展社会经济"④，改善人民生活。社会主义革命取得胜利后的首要任务是发展生产力，而对于经济文化和科学技术都十分落后的新中国来说，这一点尤其艰巨和迫切。

所谓解放生产力就是消灭社会中阻碍生产力发展的因素，使生产力的发展不受束缚，即是通过各种手段使生产力得到提高。只有首先解放了生产力，才能发展生产力。为此，刘少奇把"调整经济体制和经济结构，解放生产力"和"改革生产方式，发展生产力"作为实现社会主义工业化过程中我们必须做好的两件大事来抓，认为这是"全国最大多数人最大的要求和希望，也是中国共产党和人民政府力求实现的最基本的任务"。⑤ 新中国成立初期解放和发展生产力除了通过改变生产关系促进生产力的解放和发展之外（主要指土改和三大改造，见后面相关章节），主要体现在以下几个方面：

---

① 毛泽东选集（第4卷）. 人民出版社，1991年，第1437页.
② 毛泽东选集（第4卷）. 人民出版社，1991年，第1428页.
③ 毛泽东选集（第4卷）. 人民出版社，1991年，第1428页.
④ 刘少奇选集（下卷）. 人民出版社，1985年，第33－34页.
⑤ 刘少奇选集（下卷）. 人民出版社，1985年，第1页.

一、转移工作重心，恢复发展经济

中国共产党诞生于半殖民地半封建社会的中国，党的工作一直以革命战争和夺取政权为中心，党的工作重心的转移，是由新中国成立前夕革命形势的发展和经济建设的要求决定的。随着解放战争节节胜利，农村包围城市最后夺取城市的时刻到来了，人民解放军陆续解放了一批城市，包括沈阳、大连、石家庄、天津、北平等大中城市，如何顺利接管这些城市对于长期在农村经营的中国共产党人来说是一大全新课题，因此党的工作重心由革命战争转移到经济建设，工作重点从农村转移到城市成为必然。而城市作为近现代经济中心、工业生产的基地、交通的枢纽、商业和金融的中枢，是先进生产力的基地，也必将是新中国经济发展的中心。对此，毛泽东和党中央及时把目光投向了城市，投向了经济建设。

1948 年 9 月，中共中央在西柏坡召开政治局扩大会议，会后毛泽东起草的《中共中央关于九月会议的通知》首次明确提出党的工作重心转移问题。他认为为了进一步提高军队和作战的正规性，“必须尽一切可能修理和掌握铁路、公路、轮船等近代交通工具，加强城市和工业的管理工作，使党的工作的重心逐步地由乡村转到城市。”[①] 在 1949 年 2 月 8 日中央军委发出《把军队变为工作队》的指示中提出了党和军队的中心转变：“今后将一反过去二十年先乡村后城市的方式，而改变为先城市后乡村的方式”，“军队干部应当全体学会接收城市和管理城市”。[②] 到了 1949 年 3 月，党的七届二中全会上毛泽东更是强调指出：“党的工作重心由乡村移到城市”，要求“党和军队的工作重心必须放在城市，必须有极大的努力去学会管理城市和建设城市”。而城市的中心工作要求“从我们接管城市的第一天起，我们的眼睛就要向着这个城市的生产事业的恢复和发展。”[③] 并提前发出警告：务须避免占领一个城市好几个月生产建设工作还没有上轨道，甚至许多工业陷于停顿状态，引起工人失业，工人生活降低，不满意共产党的状况出现。刘少奇则强调，“今后全党的工作重心是城市工作”，要有“城乡一体的观点”，“要以城市工作为重心来领导全党的工作”。[④] 同年 4 月，刘少奇在天津干部会上的讲话中也指出：要依靠工人阶级，战胜三大敌人，“同时开始我们的建设事业，一步步地学会管理城市，恢复发展城市中的生产事业[⑤]。”他把中国共产

① 毛泽东选集（第 4 卷）. 人民出版社，1991 年，第 1347 页.
② 毛泽东选集（第 4 卷）. 人民出版社 ，1991 年，第 1405 页.
③ 毛泽东选集（第 4 卷）. 人民出版社，1991 年，第 1427—1428 页.
④ 刘少奇选集（上卷）. 人民出版社，1981 年，第 421 页.
⑤ 刘少奇论新中国经济建设. 中央文献出版社，1993 年，第 78—79 页.

党人能否掌握现代工业知识作为党执政能力的重要内容，要求军管会不仅是管理军事和政治的，而且是管理经济的，军管会要召集经济会议。如果城市工作搞不好，“不但城市人民受苦，乡村人民也受苦”。[①] 毛泽东在《论人民民主专政》一文中号召全党同志必须克服困难，必须学会自己不懂的东西，必须向一切内行的人们学经济工作。“拜他们为老师，恭恭敬敬地学，老老实实地学。不懂就是不懂，不要装懂。不要摆官架子。钻进去，几个月，一年两年，三年五年，总可以学会的。”[②] 新中国成立后的经济恢复发展实践证明了中国共产党在 1949 年年初提出党的工作重心的转移是及时的、正确的决策，提高了全党的认识水平，统一了思想，对恢复发展生产力，改善城乡人民生活，起到了决定性的作用。

新中国成立后，面对着百废待兴的经济恢复工作，党中央坚持以恢复发展经济作为工作中心，在党的七届三中全会上，提出了用三年左右的时间争取国民经济根本好转的主要任务，为开始有计划的经济建设创造条件，其他一切工作必须服从和服务于这个中心。毛泽东针对有人希望提前消灭资本主义而实行社会主义，他提出了“不要四面出击”的战略策略方针，强调为了保证中心任务的完成，要尽可能多地团结人，不能“四面出击”，“必须在一个方面有所让步，有所缓和，集中力量向另一方面进攻。”[③] 这次会议坚持并重申了以恢复和发展生产为中心的原则，在新中国成立之初错综复杂的情况下，对全面实现从革命战争向和平建设转变有重大指导意义。新中国成立之初，作为政务院总理的周恩来也在不同场合多次强调恢复和发展生产的紧迫性和重要性。1949 年 12 月 22 日、23 日，周恩来对参加全国农业会议、钢铁会议、航务会议人员讲话时，强调“生产是我们新中国的基本任务”，认为只有在各方面恢复的基础上才能发展[④]。此后他还告诫大家：“解放战争在全国取得基本胜利后，我们的中心工作是恢复和发展生产。因此，我们看问题和决定政策都要以生产为中心。”[⑤] 由此可见，党中央对新中国成立初期的工作重心转移在思想意识上是非常重视的，但在实际工作中由于民主革命遗留任务还没有完成，一定程度上影响到了实际工作重心转移。

二、贯彻“四面八方”政策，调动各方积极性

新民主主义经济是五种经济成分并存的经济结构，如何处理它们之间的关系

① 刘少奇论新中国经济建设．中央文献出版社，1993 年，第 115 页．

② 毛泽东选集（第 4 卷）．人民出版社，1991 年，第 1481 页．

③ 毛泽东文集（第 6 卷）．人民出版社，1999 年，第 75 页．

④ 周恩来经济文选．中央文献出版社，1993 年，第 24 页．

⑤ 周恩来年谱（1949—1976）（上卷）．中央文献出版社，1997 年，第 42 页．

呢？对此，早在1947年十二月会议上中央就明确地指出："新民主主义国民经济的指导方针，必须紧紧地追随着发展生产、繁荣经济、公私兼顾、劳资两利这个总目标。"① 为了实现迅速恢复发展生产的目的，1949年4月15日毛泽东在香山"双清别墅"与当时任太行区党委书记的陶鲁笳等人谈话时，对该政策的内涵作了明确的解释："我们的经济政策可以概括为一句话，叫做'四面八方'。什么叫'四面八方'？'四面'即公私、劳资、城乡、内外。其中每一面都包括两方，所以合起来就是'四面八方'。"② 他还特别强调了"只有劳利而资不利，工厂就要关门；如果只有资利而劳不利，就不能发展生产。公私兼顾也是如此，只能兼顾，不能偏顾，偏顾的结果就是不顾，不顾的结果就要垮台。四个方面的关系中，公私关系、劳资关系是最基本的。"刘少奇十分重视这一政策的落实，他结合当时接管天津的实际情况，在1949年4—5月间的天津之行中进行了详细的阐述。

天津是华北最大的工商业城市，1949年1月15日解放后，社会秩序恢复很快，但生产恢复却很缓慢。除了战争、原料、通货膨胀等因素外，没有处理好公私关系、劳资关系是一个重要因素。由于工人行动过激，仿照农村分地主土地那样，要斗争资本家，分厂房、分机器，要像消灭地主那样消灭资本家。资本家抱着消极观望的态度，有的甚至跑到海外去了。当时私营企业的开工率不足30%③，由于许多工厂不开工，天津上百万人口生活没有着落，这当然成为极为严重的问题，因为这关系到新生的人民政权的稳定和巩固，而且天津的问题带有相当高的普遍性。为此，1949年4月10日刘少奇亲赴天津了解情况，解决问题。他召开工人座谈会，去工厂调查，找资本家开座谈会。他在天津市干部会议上指出，我们之所以要团结90%以上的人口，"基本目标就是为了把生产发展起来，在党的总路线下达到发展生产的目的"。为了达到这一目标，就要采取毛泽东所提出的照顾四面八方政策，具体来说，"就是公私兼顾、劳资两利、城乡互助、内外交流"。他还谈到毛泽东在与上海工商界人士谈话时说，我们的经济方针是"唯利是图"，当时工商界人士听了以为和他们资本家想到一块去了，毛泽东接着解释说："我们是为人民的利益是图，而不是为个人的利益是图。"何为四面八方政策呢？刘少奇的理解是"四面八方的关系就是全面关系。照顾到四面八方就是照顾到全面，所以也叫做全面关系，如果哪一方哪一面照顾不到，就犯严重错

① 毛泽东选集（第4卷）. 人民出版社，1991年，第1256页.

② 陶鲁笳. 毛泽东教我们当省委书记. 中央文献出版社，1996年，第128页.

③ 薄一波. 若干重大决策与事件的回顾. 中共中央党校出版社，1991年，第51页.

误，就不能在党的总路线下实现发展生产的目的”。[①] 在讲到如何正确认识资本主义剥削问题时，他从资本主义发展史说起，谈到历史上资本家对发展生产、组织生产的历史功绩，也讲到我国的民族资产阶级有功有过，今天是功大于过，虽然我们也要限制它。当时有工人直言：“有人剥削比没人剥削好”，“没人来剥削，我们就失业了，失业了还不如有业”。为了更好地向劳资双方说清这个问题，从思想上解除资本家存在的“剥削多，罪恶大，要审判，要枪毙”的顾虑，刘少奇直接使用了天津市领导人在汇报中提到的“有人剥削比没人剥削好”的说法，明确区分了资本主义在不同时间和不同国家的作用，他指出：“封建剥削除去以后，资本主义的剥削是有进步性的。今天不是工厂开得太多，剥削的工人太多，而是太少了。你们有本事多开工厂多剥削工人，对国家人民都有利。”[②] 针对天津解放一个月内，曾发生 53 次清算斗争的“左”倾过火现象[③]，刘少奇对工人过高的工资福利要求提出批评，强调要特别注意教育说服工人，别把资本家挤垮，不要为眼前部分利益妨碍了长远利益。刘少奇的天津谈话有力地宣传了党中央“四面八方”政策，使民族资本家了解了中国共产党提倡保护发展有利于国计民生的私营经济的决心，稳定了他们的情绪，对当时接管城市稳定经济发挥了积极作用。尽管其中个别提法不尽妥当，但总的来说符合七届二中全会精神和新民主主义社会理论内涵。不久，天津的城市经济恢复工作很快取得预想的效果，其他各解放城市的接收稳定工作也顺利进行，人民生活也得到了较大改善。

1949 年 9 月 29 日，中国人民政治协商会议第一届全体会议通过的《中国人民政治协商会议共同纲领》第 26 条进一步明确规定：“中华人民共和国经济建设的根本方针，是以公私兼顾、劳资两利、城乡互助、内外交流的政策，达到发展生产、繁荣经济之目的。……使各种社会经济成分在国营经济领导之下，分工合作，各得其所，以促进整个社会经济的发展。”[④] 从此，“四面八方”政策正式成为过渡时期的经济恢复发展的指导方针。

这个方针不仅是针对城市中公与私、劳与资之间的矛盾，还对农村工作也有重要的指导作用。在农村，通过土改后的农民获得了土地，针对农民中存在的发展个体经济和互助合作两种积极性，政府法令肯定农民拥有自由雇工和自由从事雇用劳动的权利，对富农经济的存在和发展也在政策上给予支持。同时，更关注

---

① 刘少奇论新中国经济建设. 中央文献出版社，1993 年，第 80 页.

② 刘少奇论新中国经济建设. 中央文献出版社，1993 年，第 90—92 页.

③ 薄一波. 若干重大决策与事件的回顾. 中共中央党校出版社，1991 年，第 51 页.

④ 中央档案馆. 中共中央文件选集（第 18 册）. 中共中央党校出版社，第 590 页.

到了贫苦农民当中还有人连最基本的生产资料尚无法满足，在生产中存在诸多困难。因此，政府更希望农民“组织起来”，积极提倡按照自愿互利的原则，开展劳动互助。并特别强调在发展农业互助合作经济的同时，要注意保护个体农民的积极性，不得歧视个体农户，允许和鼓励农民个体经济的发展。

所谓城乡互助，就是要切实地、迅速地沟通城乡关系，统筹城乡社会经济共同发展。“城市离不开乡村而且要依靠乡村，工业离不开农业而且要以农业为基础”。因为“城市对粮食和工业原料的需要刺激乡村的农业生产，城市消费品和生产资料的供应保证和促进乡村的农业生产[①]。”过去由于历史的原因，城乡是互相对立的，造成近代中国长期城乡分割的严重二元经济结构，现在要在新民主主义制度下互相沟通，货畅其流。当时在天津有个外商蛋厂停产了，外事办和他沟通希望他开工，这个外商也很想开工，但是要求我们提供给他 150 万个鸡蛋，可国营贸易公司无法供货，需要外商自己下乡收购。但是他一到乡下就有人说：“帝国主义分子来了，赶走他。”结果蛋厂关门，工人失业，农民的鸡蛋卖不出去，国家的税收也收不上来，可谓四败俱伤。陈云在制定 1951 年财经工作要点时就把城乡交流摆在了第一位。原因是我们接收下来的是一个农业经济占据主要地位的落后国家。“所谓城乡交流，一是将农产品、土产品收上来，二是将城市工业品销下去。”[②] 城乡交流从本质上讲是一件利民、利商、利国一举三得的好事，也是关系全国人民经济生活的一件大事。据统计，农民手中的土产收入约占农业收入的 10％，经济发达的地区甚至达到 20％。而 1950 年全国粮食产量约 2 400 亿斤，土产收入相当于 240 亿斤粮食，而当年的公粮是 220 亿斤，如果能帮助农民把土产推销出去，农民的收入抵公粮之外还有余，这样农民手中就宽松多了。为此，1950 年，在经济战线上，采取的方针是税收、公债、货币回笼、收购四路“进兵”，既遏制了通货膨胀，又解决农民的土产销路，同时还消化了资本家的库存积压，又增加了国家的税收。城乡互助最主要是通过建立各种消费合作社解决农民的生产资料和生活资料的消费需求和推销农副产品的要求，避免了私商中间的盘剥，更多地让利于民。

所谓内外交流，毛泽东说：“这里所说的内外，不仅包括中国与外国，在目前，解放区与上海也应包括在内。”[③] 对于内外交流，刘少奇也指出：最重要的

---

① 周恩来经济文选. 中央文献出版社，1993 年，第 29、30 页.

② 陈云文选（第 2 卷）. 人民出版社，1995 年，第 127 页.

③ 陶鲁笳. 毛泽东教我们当省委书记. 中央文献出版社，1996 年，第 128 页.

是组织好外贸工作，“这是至关重要的工作，是人民的最大利益”。[①] 切实需进口的就得进口，应出口的就尽可能出口。鉴于西方帝国主义国家不可能很快改变对新中国的敌视态度，中共中央在新中国成立前夕就确定了对外贸易的重点由西方转向以苏联和东欧人民民主国家为主的方针，针对美国的封锁和禁运，巧妙地利用帝国主义之间的矛盾，利用香港、澳门为基地，积极争取同西方资本主义国家做生意。虽然这一时期，我国外贸商品结构比较单一，数量上也无法与正常情况下的国际贸易进出口额相比，充其量只是扮演了“互通有无”的角色，但恰恰是我们抓住了这种互通有无的机会，使这些对外贸易在新中国的经济恢复发展中扮演了国内贸易无可替代的角色。而和苏联与东欧民主国家之间的外贸经济更为新中国的经济建设提供了极大的帮助。

在“四面八方”政策的指导下，中国共产党得以正确处理新中国成立初期各种经济成分之间的关系，适应了我国当时生产力的发展水平，有利于发挥各种经济成分的优势，使社会经济得到较快恢复和发展。它不仅在国民经济恢复时期起到了巨大的指导作用，在三大改造时期，由于生产关系急剧变动，各方利益调整尤为重要，而“四面八方”政策的执行也使过快过急的改造受到一定程度的控制。社会主义改造完成后，这个政策逐渐被统筹兼顾、适当安排政策所代替。

三、提出“三年准备，十年建设”战略构想

按照新中国成立前后党中央的设想，新中国成立以后是要搞一段新民主主义社会的，目的就是恢复发展经济，为全面建设社会主义做准备。因为“新民主主义的国家，如无巩固的经济做它的基础，如无进步的比较现时发达得多的农业，如无大规模的、在全国经济比重上占极大优势的工业以及与此相适应的交通、贸易、金融等事业做它的基础，是不能巩固的。”[②] 因此，新中国成立伊始，毛泽东和党中央就开始集中考虑发展新民主主义经济的具体步骤和大致时间问题。最早提出关于国民经济恢复和发展的总体设想，即“三年五年恢复，十年八年发展”[③] 是在 1949 年 11 月 29 日，毛泽东在全国政协一届常委会第二次会议的讲话中。12 月 2 日，他再次提出这个设想，指出：“在三年五年的时间内，我们的经济事业可以完全恢复；在十年八年的时间内，我们的经济就可以得到巨大的发

① 刘少奇论新中国经济建设. 中央文献出版社，1993 年，第 81 页.

② 毛泽东选集（第 4 卷）. 人民出版社，1991 年，第 1081 页.

③ 逄先知、金冲及. 毛泽东传（1949—1976）上册. 中央文献出版社，2003 年，第 66 页.

展。”[①] 在1950年6月党的七届三中全会上，毛泽东就提出要用三年左右的时间争取国家财政经济状况的根本好转，为有计划地进行经济建设准备条件。到1951年2月，在中央政治局扩大会议上，他便把这个设想明白简练地概括为“三年准备、十年计划经济建设”，后来被中共中央正式确定为我国恢复和发展国民经济的长期发展战略。这是一个富有远见和胆略的重大决策，因为当时抗美援朝战争正在激烈地进行着，整个国民经济正在逐步恢复。这里所说的“三年准备”，就是用三年的时间完成恢复国民经济，因为经过一年多的恢复发展，党中央对三年准备时间有了把握，时间上就明确提出三年。而“十年计划经济建设”则是要用至少两个五年计划时间发展经济，这是进一步贯彻全党工作重心由革命转向全面建设的重要步骤。周恩来把这个战略思想称为党的“总方针”，要求各方面工作都要同这个总方针相配合。1951年3月9日，周恩来在政务会议上坚定地宣布：“去年、今年、明年的工作都是建设的准备工作。两年后，在此基础上进行建设。”[②] 8月3日，朝鲜停战谈判刚开始，他又提出保证国防急需，又照顾财政状况及市场的继续稳定，“同时也着手准备经济建设的准备工作——三年准备，十年建设。”[③] 11月3日，他又在政务会议上更明确把进行建设和战争胜利、物价稳定作为今后一年的工作要求。这就是后来中央所提出的“边抗、边稳、边建”的方针。“三年准备十年建设”是新民主主义建设阶段的战略步骤，也是在经济恢复基础上为实现工业国有化和农业集体化做准备，即为进入社会主义做准备。这表明，毛泽东当时考虑用大约13年的时间进行新民主主义建设，然后再考虑进入社会主义的构想。

对于这个战略构想，刘少奇曾有过多次讲述，其中有两次集中的阐述，分别是1951年5月7日在第一次全国宣传工作会议上，7月5日对马列学院学员作《中国共产党今后的历史任务》报告，即“春藕斋讲话”。他对这个战略的理解有三个方面的内容：

第一，继续完成民主革命遗留任务，抓紧时间做好准备工作。包括军事准备、政治准备、文化准备和经济准备。军事准备就是要打赢朝鲜战争。政治准备要搞好土改、镇反、选举、统一战线等。而最多的是经济准备，因为建设是要搞钱，搞投资，要有资金，要购买机器，要有干部。而文化准备是要大力培养知识分子、技术人员，发展教育卫生事业。

① 毛泽东文集（第6卷）. 人民出版社，1999年，第24页.

② 金冲及. 周恩来传. 中央文献出版社，1998年，第1049页.

③ 金冲及. 周恩来传. 中央文献出版社，1998年，第1049页.

第二，确定经济建设的方针。刘少奇对经济建设方针作了具体阐述。他指出："工业农业都要发展，现在首先还是要恢复和发展农业。"因为发展农业才有原料和粮食，工业才有市场。"其次是发展工业，重工业和轻工业，开始还是要搞一些轻工业。"[①] 因为轻工业可以赚钱，需要资金少，容易办些。而最主要的是他看到了土改以后由于农业的发展，农民物质和文化生活的改善需要大量的日用品和文化用品。而重工业积压资金很厉害，我们不能采用资本主义的掠夺殖民地、赔款、剥削这些手段，"只有一个办法，靠人民节省，建立起重工业。现在人民生活很苦。"这些民生的现实需要和困境，加上工业化所需巨额积累，就决定了农轻重这个经济发展顺序。这和毛泽东 1956 年发表的《论十大关系》中论述农轻重的关系是一致的，反映了党中央领导人对我国工业化道路的设想和思索大体是一致的。

第三，向社会主义过渡的条件和时间问题。刘少奇说，十年建设之后，新中国的面貌就会发生改变，到那时我们不但有庞大的农业，还有了自己的工业，认为"那时我们就做到了自给自足，使中国变成一个比现在富足的国家。到那时候我们的国家才可以考虑到社会主义去的问题"，[②]现在提至少讲早了 10 年。至于何时采取社会主义步骤，他认为第一步实现工业国有化，大约在 10 年之后，看当时情况，应该用和平的有偿的方式。而实现农业合作化要在完成工业国有化之后，再过几年，至少 15 年以后才能搞农业集体化。他特别批评了通过发动群众运动组织农业合作社的做法要犯大错误，是空想农业社会主义[③]。他说：山西想对农民私有制又动又保护是不对的，"太岁头上不能动土，你去动摇一下，削弱一下，结果猪、羊被杀，所以现在我们不能动摇，不能削弱，要去稳定。"[④] 他把这个至少长达十年的建设阶段称为新民主主义建设阶段。认为新民主主义阶段既是过渡阶段，也是为进入社会主义做准备的阶段。三年准备十年建设，说到底都是为接下来的工业国有化和农业集体化做准备。新中国成立前夕他甚至提出"只要第三次世界大战不爆发，经济建设的任务就不变，二十年甚至三十年不爆发战争，我们的任务就一直是经济建设，要搞中国工业化"。[⑤]

但是 1952 年提出的过渡时期总路线，对这个时间表做了重大修正，主要是强调在 3 个五年计划时期内最后完成过渡而不是原来设想的在 10～15 年的建设

① 刘少奇论新中国经济建设．中央文献出版社，1993 年，第 181 页．
② 刘少奇论新中国经济建设．中央文献出版社，1993 年，第 182 页．
③ 刘少奇论新中国经济建设．中央文献出版社，1993 年，第 184 页．
④ 刘少奇论新中国经济建设．中央文献出版社，1993 年，第 211 页．
⑤ 金冲及．刘少奇传（下卷）．中央文献出版社，1998 年，第 655 页．

之后才开始一举实行工业国有化和农业集体化，进入社会主义。这是由于经过新中国成立后三年的努力，到 1952 年下半年国家发展形势已明确无误地完成了三年准备工作，而从农村的互助合作化运动和城市“五反”斗争也把对国民经济实行系统的社会主义改造任务提到日程上来。由此可见，对于新中国的经济恢复发展和向社会主义的转变问题，新中国成立初期党中央主要领导人有一个基本一致、明确的时间表。如果按照此时间表进行的话，社会主义改造就会从容得多。只是客观形势和实践的变化，使这个战略构想发生了变化。

总之，在新中国成立初期的国民经济恢复发展过程中，中国共产党人从当时的基本国情出发，紧紧抓住发展生产、改善民生，从工作重心的转移，到经济方针政策的制定，再到经济发展战略的构想，都紧紧围绕着恢复发展生产力这个中心工作展开，在胜利完成民主革命遗留任务的基础上，较好地实现了中央制定的战略目标，为顺利进入社会主义建设奠定了物质基础。

第三节　民生建设的基本原则：统筹兼顾

所谓“统筹兼顾”本义就是统一筹划，全面照顾。以胡锦涛为代表的党中央在 2003 年党的十六届三中全会上提出了坚持以人为本、全面协调可持续的科学发展观，把统筹兼顾作为科学发展观的根本方法。统筹兼顾是中国共产党在中国这样一个十几亿人口的发展中大国治国理政的重要历史经验，也是我们处理各方面矛盾和问题必须坚持的重大战略方针。其实关于在革命和建设中必须统筹兼顾的思想不是改革开放之后才开始实行的，以毛泽东为代表的党的第一代领导集体早在新中国成立前后就提出来了。“四面八方”政策就是统筹兼顾思想在经济建设中的实际应用。陈云在 1950 年调整工商业时就提出：“我们更应该注意统筹兼顾，既照顾到我们这一边，也要照顾到他们那一边。否则资本家的企业就会垮台，职工失了业就会埋怨我们。我们要搞经济计划，如果只计划公营，而不把许多私营的生产计划在里头，全国的经济计划也无法进行。”① 1956 年 4 月毛泽东在《论十大关系》的讲话中围绕中国社会主义建设中的各种关系，运用唯物辩证法的基本原理，系统地阐发了统筹兼顾的思想。要求不同部门、不同行业、地区和群体之间，“都必须统筹兼顾，不能只顾一头。”② 随后，他在《省市自治区党委书记会议上的讲话》和《关于正确处理人民内部矛盾的问题》讲话中都明确使

① 陈云文选（1949—1956）. 人民出版社，1984 年，第 93 页.

② 毛泽东文集（第 7 卷）. 人民出版社，1999 年，第 30、31 页.

用了“统筹兼顾”这个概念，并把它作为社会主义建设的基本方针确立下来。强调：“统筹兼顾，各得其所，这是我们历来的方针。在延安的时候，就采取这个方针……现在是我们管事了。我们的方针就是统筹兼顾，各得其所。”① 在后一篇文章中更是专门用一节的篇幅阐发了他关于统筹兼顾、适当安排的思想。“我们的方针是统筹兼顾，适当安排，无论粮食问题，灾荒问题，就业问题，教育问题，知识分子问题……都要从对全体人民的统筹兼顾这个观点出发，就当时当地的实际可能条件，同各方面的人协商，作出各种适当的安排。”② 既然这个方针是社会主义建设的基本方针，那么民生问题是新中国成立初期党中央着力解决的重点问题，因此这个方针理所应当地成为中国共产党1949—1956年民生建设的基本原则。

一、统筹兼顾原则的形成及实施依据

关于统筹兼顾的思想，自古以来就是被广泛运用的一项重要原则。从用兵布阵到治国理政，统筹兼顾全面布局始终都是成功领导人手中的利器。统筹兼顾作为一项策略在中国共产党领导中国革命的伟大实践中一直被运用着，但作为一项政治原则被自觉地提到理论的高度则始于1938年的中共六届六中全会。当时正值全民族抗战的关键时刻，为了取得抗战的最后胜利必须动员一切力量投入抗战，中国共产党制定了一条全面的全民族抗战路线，给人民以充分的抗日民主权利，适当改善工农群众的生活。毛泽东在会上提出：“共产党员在领导群众同敌人作斗争的时候，必须有照顾全局，照顾多数及和同盟者一道工作的观点。”强调“决不可脱离群众的多数，置多数人的情况于不顾，而率领少数先进队伍单独冒进。”③ 这表明中国共产党在抗日民族统一战线旗帜下，把统筹兼顾照顾全局作为实现党的历史任务的政治策略提出来。1940年，日本帝国主义的“扫荡”和国民党军队的封锁，使陕甘宁边区面临着严重困难，中国共产党采取发动群众开展减租减息、实行精兵简政、开展大生产运动等措施克服困难。1941年11月，毛泽东在陕甘宁边区参议会上指出：“使全国人民都要有说话的机会，都要有衣穿，有饭吃，有事做，有书读，总之是要各得其所。”具体做法是：在土地关系上，“我们一方面实行减租减息，使农民有饭吃；另一方面又实行部分的交租交息，使地主也能过活。”在劳资关系上，“我们一方面扶助工人，使工人有工

① 毛泽东文集（第7卷）. 人民出版社，1999年，第186页.
② 毛泽东文集（第7卷）. 人民出版社，1999年，第228页.
③ 毛泽东选集（第2卷）. 人民出版社，1991年，第525—526页.

做，有饭吃；另一方面又实行发展事业的政策，使资本家也有利可图。”① 这种统筹兼顾，全面照顾的政策真正调动了各方面的积极性，使抗日战争时期的统一战线发挥了积极作用。1942 年在陕甘宁边区高级干部会上毛泽东作《经济问题与财政问题》报告中，对在根据地建设中只顾发展公营经济，只顾政府和军队的需要，不顾人民困难，竭泽而渔，诛求无已，认为“这是国民党的思想”，而我们的口号是“‘公私兼顾’，或叫‘军民兼顾’”。② 1943 年 6 月，毛泽东又把“统筹全局”明确为领导方法原则③。在以后根据地建设中，“军民兼顾”“公私兼顾”被当做必须注意、不能违背的“两个原则”。④ 在 1948 年 4 月 30 日发布纪念“五一”节口号中，中共中央提出“解放区的职工和经济工作者，坚定不移地贯彻发展生产、繁荣经济、公私兼顾、劳资两利的工运政策和工业政策”，⑤ 至此“公私兼顾、劳资两利”被正式确立为解放区一项主要的经济政策。由此可见，统筹全局、各得其所；军民兼顾、公私兼顾这些原则的贯彻执行，有力地推动了各阶层人民的团结合作，使中国共产党的各项事业得到发展，奠定了坚持长期革命战争并夺取胜利的坚实基础。因而，统筹兼顾成为党在新民主主义革命阶段一个重要的历史经验。

如前所述，新中国成立前夕，根据当时中国经济恢复发展现实，党中央及时提出了“四面八方”这个经济建设根本方针。在实际工作中，周恩来认为仅有这些还不足以概括现实中的各方关系。在 1949 年 12 月召开的全国农业、钢铁、航务会议上，他全面阐述要处理好六大关系：一是城乡关系，二是内外关系，三是工商关系，四是公私关系，五是劳资关系，六是上下关系。他强调：只有处理好以上六种关系“才能不犯本位主义，才能有全局观念，才能使本部门的生产在统一计划中占有适当的地位，才能使各方面的计划掌握重心，准确地加以实施”。⑥ 他还把统筹兼顾原则运用到淮河治理中，1950 年 11 月，在讨论治理淮河的方针时，他讲了治标与治本的关系，上游、中游、下游的关系，蓄水与泄水的关系，当前治理与长远治理的关系。最后结论：“要统筹兼顾，标本兼施”；“集中领导，分工合作”。⑦

---

① 毛泽东选集（第 3 卷）. 人民出版社，1991 年，第 808 页.

② 毛泽东选集（第 3 卷）. 人民出版社，1991 年，第 894—895 页.

③ 毛泽东选集（第 3 卷）. 人民出版社，1991 年，第 897 页.

④ 毛泽东文集（第 3 卷）. 人民出版社，1996 年，第 241 页.

⑤ 中共中央发布纪念“五一”劳动节口号. 人民日报，1948 年 5 月 2 日.

⑥ 周恩来经济文选. 中央文献出版社，1993 年，第 35 页.

⑦ 周恩来经济文选. 中央文献出版社，1993 年，第 78—80 页.

随着对资本主义工商业社会主义改造的深入进行，党对私营工商业由节制资本主义转变为消灭资本主义政策，“公私兼顾、劳资两利”也逐渐为对资本主义进行全面社会主义改造的政策所代替，至此，“四面八方”政策的内涵显然难以容纳社会经济生活中的方方面面的内容，于是中央逐渐将“统筹兼顾”代替“四面八方”政策以扩大其内涵。比如在制定国民经济发展规划时，“各地在编制地方工业计划、安排地方工业生产和当地产供销平衡的原则时，一方面要充分考虑当地的农业生产能否保证当地的工业生产以足够的原料，另一方面又应充分考虑当地的工业生产能否满足农业生产资料和农民生活资料两方面的各种要求。”① 针对工商业社会主义改造中的改造对象，并不是完全消灭，“这些有利于国计民生的资本主义工业应当视同人民的财产，在国家经济领导上，一般应当统筹兼顾，尽可能充分地、合理地加以利用，并将其逐渐改组、改造，过渡到社会主义经济”，强调“解决问题的关键在统筹兼顾”。② 具体到制定改造计划上，陈云明确指出：“我国是五种经济成分并存的国家，对各种经济成分要统筹安排。只管国营不管其他，是会出毛病的。”为了维持私营生产，国有企业要让出一部分原料和生产任务给私营企业。“如果我们安排了私营生产，使私营工业比重下降较慢，能够维持下去，工人满意，他们就会督促资本家和我们搞合营。这就可以造成更便利、更快、更大量的搞公私合营的条件。”③ 直到1956年，毛泽东在《论十大关系》和随后的一系列讲话中，明确把“统筹兼顾，合理安排”作为一种处理不同利益主体关系普遍适用的方法确立下来，至此，“统筹兼顾”无论在内涵还是适用范围上，由实际工作中的工具理性提升到方法论高度的价值理性，使其成为处理社会主义社会人民内部矛盾的普遍原则。

统筹兼顾原则之所以被中国共产党确立为革命、建设和改革中的一项基本原则，主要是因为它的理论基础是辩证唯物主义。马克思主义辩证唯物主义普遍联系的原理要求我们在处理问题、制定方案时要善于从整体出发，不能孤立地看待事物，要全面观察事物的各个相关部分，找出其内在规律，这样才能客观、有效地解决问题。因为，从方法论这个层面来说，“统筹”就是要总揽全局，总体规划，“兼顾”就是要协调各方。统筹兼顾思想体现了事物之间普遍联系的本性，体现了全面性、整体性要求，体现了发展性的要求。从哲学的高度看，它是唯物

① 中共中央文献研究室. 建国以来重要文献选编（第5册）. 中央文献出版社，1993年，第691页.

② 中共中央文献研究室. 建国以来重要文献选编（第4册）. 中央文献出版社，1993年，第213—214页.

③ 陈云文选（1949—1956）. 人民出版社，1984年，第266—267页.

辩证法的原理在我国创造性的运用和发展。

具体而言，要注意几个方面：第一，要有全局观念和整体意识，这是统筹兼顾的立足点和出发点。因为全局代表着局部的根本利益，全局的协调是各个局部顺利发展的前提。为了使有限的人力、物力、财力得到合理的利用，每一个决策者、领导者必须具有全局观念，要牢固地树立“全国一盘棋”的思想。针对资本主义工商业的社会主义改造中，有人只重视对国有经济的安排，对此陈云指出：“如果只是国营这一部分有计划，私营部分没有计划，那就不能说是有了全面的计划。而且国营这一部分的计划，最后也要被生产无政府、无计划的私营那一部分冲破。”针对这一问题上存在的本位主义和局部观点，他把视野扩展到国民经济的各个方面，指出：“统筹安排的范围是很广的。国营与私营之间，私营与私营之间，工业与手工业之间，行业之间，今天与明天之间，都需要统筹安排。”① 强调没有统筹安排，改造就无法进行。

第二，要善于找到局部的关键，这是解决问题的中心。“任何一级的首长，应当把自己注意的重心，放在那些对于他所指挥的全局说来最重要、最有决定意义的问题或动作上，而不应当放在其他的问题或动作上。”② 抓住这些关键局部，就为最后夺取全局的胜利奠定了牢固的基础。

第三，要坚持“两点论”与“重点论”的有机统一。坚持两点论，就是在认识复杂事物的发展过程中，要抓住主要矛盾和矛盾的主要方面，同时又要看到次要矛盾和次要方面。坚持重点论就是“在任何一个地区内，不能同时有许多中心工作，在一定时间内只能有一个中心工作，辅以别的第二位、第三位的工作。”③ 抓住主要矛盾和矛盾的主要方面，就牵住了牛鼻子，一切复杂问题就会迎刃而解了。

新中国成立初期，各行各业都要恢复发展，可是旧中国贫困落后的状况带来的是各种资源、资金和人才的极端缺乏：工业、农业、基础设施都要恢复，需要钱；灾民、失业人员亟待救济，需要钱；帝国主义打到家门口了，保家卫国需要钱；长江决口、黄河泛滥，兴修水利需要钱；扫除文盲、发展教育需要钱。可是仅有的一点资金到底该用在何处？各用多少？仅就资金方面的困难，就足见新中国成立初期捉襟见肘的困难现实，这一切成了中国共产党采取统筹兼顾原则的最初动因。而解决民生问题是新中国成立初期的一项重要任务，要处理好这个短缺经济时期面临的重大问题，统筹兼顾可以说是一项最基本的原则。

---

① 陈云文选（1949—1956）. 人民出版社，1984 年，第 283—284 页.

② 毛泽东选集（第 1 卷）. 人民出版社，1991 年，第 176 页.

③ 毛泽东选集（第 3 卷）. 人民出版社，1991 年，第 901 页.

二、与民生建设相关的几个重要关系

民生问题在新中国成立初期主要解决的是人民的基本生活问题，说到底就是人们为维持生产生活的基本物质需要，也就是物质利益问题。而所谓“统筹兼顾”就是以确认不同主体事实上的利益差别和价值上利益诉求的平等为前提预设，协调各种利益群体，各方面利益关系，使之达到一种相对平衡的状态，以此激发人们的积极主动性，满足人民的生活需要，实现社会生活的稳定有序发展。

在客观物质条件非常有限的新中国成立初期，采用统筹兼顾的方法解决民生问题主要体现在以下几个重大关系问题上。

（一）农业、轻工业、重工业的关系

农业、轻工业、重工业三者的关系，表面上看就像毛泽东所说的那样：“我国工业化的道路，主要是指重工业、轻工业和农业的发展关系问题”，[①] 似乎和民生建设没有直接的关系。实际上农、轻、重是国民经济的三大主要产业，三者之间的比例关系处理是否得当直接关系到国计民生。因为民生需要一定的物质基础，而这三者正是提供改善民生物质条件的重要基础部门。农业为人们提供粮食、棉花、食用油料等最基本的生活必需品；轻工业的发展更为民生提供种类繁多的日用生活品；重工业看起来离人民生活较远，但是它是其他一切生产部门的“母机”，为它们提供机械设备和原材料。而这三者的发展需要大量的资金投入，在一定时期内，有限的经费投向就会产生矛盾。那么如何平衡这三者的关系，综合人民的长远利益和眼前利益，使之协调发展，最大限度地为改善民生服务，就成了新中国执政者考虑的重要问题。

新中国成立后的最初三年，因为忙于国民经济的恢复发展工作，对于经济的发展只是笼统地提出要实现工业化，至于如何处理实现工业化过程中各个部门的关系问题，当时还没有深入的思考。随着“一五”计划的制定和过渡时期总路线的提出，三者的关系究竟应该如何处置就成了党中央必须考虑的重要问题。

1. 选择优先发展重工业的依据

基本动因：旧中国国民经济极端落后。从历史上看，旧中国工业发展基本上走的是一条轻工业发展较快、重工业发展滞后的道路。经过近100年的发展，到新中国成立前，从中国当时的工业结构看，重工业也属于更加落后、严重短缺的

---

① 毛泽东文集（第7卷）．人民出版社，1999年，第240—241页．

瓶颈部门[①]。在1949年国民经济总产值中，工业仅占10%，在仅有的140亿元工业总产值中，轻工业产值为103亿元，占73.6%，重工业产值37亿元，仅占26.4%。在比重很低的重工业中，采矿业占了很大比重，机器制造业的产值所占无几[②]。虽经三年的恢复发展，1952年使用机器的现代工业产值，仍仅占工农业生产总值的28%，不到3/10[③]。而重工业又是其他一切部门的基础。正如陈云所分析的那样：发展重工业是"改变我国农业、铁路交通以及其他方面落后状态的关键"。因此，"为了发展农业、为了发展运输交通事业，必须首先发展重工业。"与此同理，没有重工业就不可能扩大轻工业，因而也就不可能系统地改善人民生活。因为"发展重工业是我国社会主义建设和社会主义改造的基本环节"，"是我们经济建设的中心。"[④] 1954年，毛泽东的一席话最能反映当时中国工业发展状况："我们能造什么？能造桌子椅子，能造茶碗茶壶，能种粮食，还能磨成面粉，还能造纸，但是，一辆汽车、一架飞机、一辆坦克、一辆拖拉机都不能造"。[⑤]同年的一次国防会议上，毛泽东对当时中国落后的工业发展情况再次表示不满："中国是一个庞然大国，但工业不如荷兰、比利时，汽车制造不如丹麦。"[⑥] 而要实现工业化，如果仅靠微薄落后的农业和轻工业显然无法胜任。这种与大国地位极不相称的经济落后状况，是导致新中国选择优先发展重工业的基本原因。

直接原因：国家安全受到威胁。刚刚诞生的新中国遇到了强大的帝国主义军事挑战。正当中国人民满怀信心投入国民经济恢复工作的时候，朝鲜战争导致国家安全受到威胁，此后西方对中国的封锁禁运，使建立独立工业体系、优先发展重工业的要求更迫切。虽然我们出于民族利益和国际利益的考虑依然出兵作战，并取得了决定性胜利，但是战争中双方的实力差距凸显了中国工业实力不强，武器装备的落后给稳定战局带来的制约和影响，使党中央意识到要想拥有巩固的国防，维护国家主权独立和领土完整，就必须建立起门类齐全的、比较独立完整的工业体系，而这一切必须要有强大的重工业作支撑，因为只有重工业才能最终为国防工业提供必要的武器装备。和当年苏联工业化起步时相比，"苏联在第一个五年建设计划开始时，重工业的基础比我们大，但他们仍然是集中力量发展重工

---

① 武力，温锐. 1949年以来中国工业化的"轻、重"之辨. 经济研究. 2006年第9期.

② 曾培炎. 新中国经济50年. 中国计划出版社，1999年，第265页.

③ 中共中央文献研究室. 建国以来重要文献选编（第4册）. 中央文献出版社，1993年，第703—704页.

④ 陈云文集（第2卷）. 中央文献出版社，2005年，第592—593页.

⑤ 毛泽东文集（第6卷）. 人民出版社，1999年，第329页.

⑥ 毛泽东文集（第6卷）. 人民出版社，1999年，第358页.

业。我们更需要集中主要力量发展重工业，因为我们的底子不行。”[①] 鉴于中国是个大国，若指望依赖苏联，通过社会主义大家庭的分工，中国主要发展轻工业和农业，用农轻产品去交换苏联的大机器的话，且不说这等于让苏联背上一个比它更重的包袱，我国人口比苏联多两倍，苏联怎么能担负得起呢！而一旦国际环境发生变化，更会被人借此卡脖子。所以周恩来曾经指出：“我国是一个近六亿人口的大国，地下资源很丰富，如果不努力建设自己的工业，特别是建设重工业，那就不能立足于世界。”[②] 事实证明，当时党中央的考虑是有远见的。

外在因素：国际比较。苏联社会主义工业化道路的示范和榜样作用。在中国之前的世界工业化，历史上有两种模式：大多数西方发达国家，无论是先期的英法美还是后期的德日等国家，走的都是一条先发展轻纺工业以积累资金，后发展周期长、投资大的重工业的工业化道路。而苏联则走的是一条优先发展重工业的工业化道路。在中国走什么样的工业化道路问题上，中国共产党是经过慎重比较选择后作出的。因为中国工业化如果选择西方的工业化道路模式，则不仅实现工业化的时间较长，而且按照当时工业化发展的世界经济规律：后起国家工业化的推进必然伴随着资源配置向先行工业化国家倾斜，也就是说落后的传统经济国家或地区总是处于被动的底端，利润流向先进的工业国家。如果这时中国加入世界资本主义工业化行列，其结果必然是处于国际竞争的底端，成为国际资本主义的附庸。这当然是经过千辛万苦、流血牺牲争得独立的中国人民所不愿接受的。而当时的实际情况并不允许新生的人民政权通过较长的时间从轻工业开始慢慢积累，为了生存和发展，必须加快工业化进程，迅速增强国防实力和经济实力。而苏联优先发展重工业的道路确实具有强大的吸引力，因为仅仅十几年的实践，苏联从1928年到1940年的12年间，整个工业增长了近6倍，年均增长17%，基本实现了整个国家的工业化，而西方主要资本主义国家的工业化却大都花了几乎一两百年的时间。所以毛泽东在审定《关于党在过渡时期总路线的学习和宣传提纲》时做了比较：“资本主义国家从发展轻工业开始，一般是花了五十年到一百年的时间才能实现工业化，而苏联采用社会主义工业化的方针，从重工业建设开始，在十多年中就实现了国家的工业化。”而正因为优先发展了重工业，苏联在“二战”前一跃成为世界第二、欧洲第一的强国，最终战胜了德意法西斯，取得了卫国战争的胜利。正是基于这种历史的比较，我们选择社会主义工业化“正是

---

① 周恩来选集（下卷）. 人民出版社，1984年，第109页.

② 周恩来经济文选. 人民出版社，1993年，第152页.

依据苏联的经验从建立重工业开始”。[①]

鉴于以上的三点原因，新中国确立了优先发展重工业的社会主义工业化道路。强调“重工业是我国建设的重点。必须优先发展生产资料的生产，这是已经定了的。”[②] 而把重工业作为建设的重点，归根到底还是体现全心全意为人民服务的根本宗旨，为了改善人民的生活条件，实现最广大人民的根本利益，使中国人民告别过去的贫困落后，过上更加幸福美好的生活。当时在一线工作的李富春和陈云的话最有代表性：“我们优先发展重工业不是为了别的，只是为了给国民经济技术改造和国防现代化创造必要的物质条件……推动它们更快地发展。”[③] 只有这样，“人民才会感觉到政府能够给他们办事，政府是人民的好公仆……为解决好百姓的困难而努力，这才是真正的为人民服务。”[④]

经过对新中国成立初期政治、经济状况和国际环境诸多方面利弊得失的反复权衡和深入研讨，中央领导集体达成共识：一致认为必须从发展原材料、能源、机械制造等重工业入手，将优先发展重工业作为“一五”计划的指导方针[⑤]。由此可见，优先发展重工业是经过认真论证并由中共中央领导集体作出的关于中国工业化的重大战略决策，绝不是任何个人主观意志的产物，也是符合当时实际的唯一正确选择。这个重大决策的出台对新中国的民生建设也产生了巨大的影响，这个决策，用毛泽东的话来说就是：“计划的重点是用一切办法挤出钱来建设重工业和国防工业”。[⑥]

2. 重视发展农业与轻工业

优先发展重工业并不意味着可以忽视农业和轻工业。尤其是在中国这样一个农业大国，经济文化异常落后，资金短缺十分严重，如果忽视农业和轻工业不仅会导致重工业建设失去基础，也会使民生建设没有着落。对此，中共中央从辩证的角度看待三者的关系。

必须重视农业，农业是人们最基本的生活资料的主要来源。如果人们最基本的生活资料不能得到满足，社会就不可能稳定。所以，农业对整个社会稳定关系极大，这就决定了农业的基础性地位。对此，毛泽东从六个方面进行了详尽的阐释。第一，“农业关系到五亿农村人口的吃饭问题”，如果农业搞好了，“五亿人

---

① 中共中央文献研究室. 建国以来重要文献选编（第 4 册）. 中央文献出版社，1993 年，第 706 页.
② 毛泽东文集（第 7 卷）. 人民出版社，1999 年，第 24 页.
③ 李富春选集. 中国计划出版社，1992 年，第 262 页.
④ 陈云文集（第 2 卷）. 中央文献出版社，2005 年，第 221 页.
⑤ 薄一波. 若干重大决策与事件的回顾（上卷）. 中共党史出版社，1991 年，第 290 页.
⑥ 毛泽东文集（第 2 卷）. 人民出版社，1988 年，第 534 页.

口就稳定了”；第二，“农业也关系到城市和工矿区人口的吃饭问题，商品性的农产品发展了，才能供应工业人口的需要，才能发展工业”；第三，“农业是轻工业原料的主要来源，农村是轻工业的重要市场”；第四，“农村又是重工业的重要市场”；第五，“现在出口物资主要是农产品，农产品变成外汇，就可以进口各种工业设备”；第六，“农业是积累的重要来源。农业发展起来了，就可以为发展工业提供更多的资金。”① 由于当时农村整体贫困落后，重工业要以农业为重要市场的这一发展趋势尚不明朗。但从具有前瞻性的发展方向看，随着农业生产的不断发展，其对机械、肥料、水利建设、电力建设、运输建设、民用燃料、民用建筑材料的需求将日益增多，重工业以农业为重要市场的局面必将出现。因此毛泽东认为必须重视农业和轻工业的发展。这样做有两大好处：“一可以更好地供给人民生活的需要”，由此可见，毛泽东始终都把满足人民生活需要放在首要位置；“二可以更快地增加资金的积累，因而可以更多更好地发展重工业”。所以，当有人提出三者的矛盾时，毛泽东没有直接反驳而是幽默地说：“你如果是真想，或者想得厉害，那你就要注重农业、轻工业，使粮食和轻工业原料更多些，积累更多些，投到重工业方面的资金将来也会更多些。”② 刘少奇根据中国当时的国情，也提出了相同的看法：认为农业是工业的基础，为工业提供原材料，为工业品解决市场，他还从提高人民生活水平的角度出发认为：“因为人民生活要迅速提高一步，要迅速提高人民的生活水平 ，就要发展农业和轻工业。巩固人民民主专政，改善人民生活是一个重要问题 。要依靠农业来积累工业的资金。”③ 陈云则通过观察人民日常生活中排队买油，猪肉供应不足等实际情况看出，农业增产赶不上国家建设的需要。因此，他说：“因为城市人口的增加，基建工人工资的增加，他们消费的东西，第一是吃的，第二是穿的，第三才是牙膏、毛巾、肥皂等日用品。要紧的是吃的，吃的东西向哪里要呢？统统向农业要。所以，如果农业发展速度赶不上，计划就很难平衡。”④ 后来毛泽东更是把农业现代化问题作为工业现代化的一个组成部分看待。他指出：“必须实行工业与农业同时并举，逐步建立现代化的工业和现代化的农业。过去我们经常讲把我国建成一个工业国，其实也包括了农业的现代化。现在，要着重宣传农业。”⑤ 至此，中国共产党已经深刻认识到：重工业是农业和轻工业现代化的物质技术基础，而农业和轻工业

① 毛泽东文集（第 7 卷）. 人民出版社，1999 年，第 199—200 页.

② 毛泽东文集（第 7 卷）. 人民出版社，1999 年，第 25 页.

③ 刘少奇论新中国经济建设. 中央文献出版社，1993 年，第 204 页.

④ 陈云文集（第 2 卷）. 中央文献出版社，2005 年，第 495 页.

⑤ 毛泽东文集（第 7 卷）. 人民出版社，1999 年，第 310 页.

则是重工业资金积累的主要来源和产品的销售市场，它们之间相互依存相互促进，特别是农业是国民经济的基础。因此，“从国民经济的长远规划来说，为了农业也就是为了工业，积极发展农业就是为发展工业创造了更好的条件，为巩固工农联盟增强了物质基础。”① 他谆谆告诫全党：“全党一定要重视农业。农业关系国计民生极大。要注意，不抓粮食很危险。不抓粮食，总有一天要天下大乱。”②

和农业一样，轻工业在国民经济中也有着不可替代的作用。因为轻工业产品的绝大部分是为了直接满足人民的物质和文化生活的需要，要改善人民生活，就要发展轻工业生产；而且由于轻工业相对于重工业、农业来说，具有利润高、资金周转快、投资少和回收快的优点。据统计，1952—1958 年，轻工业资金周转天数比重工业周转天数快将近一倍③。轻工业部门基建投资与工业利润的比例，1953 年为 1∶1.9，1954 年为 1∶2.1，1955 年为 1∶3.1。新建一座毛纺厂（粗纺机 1 万锭，年产 600 万米毛织品），总投资约 2 070 万元，正常投产后，一年的时间即可为国家积累资金 4 600 万元，为投资的 2.2 倍④。因此，“轻工业部门的收入，是国家资金积累的主要来源之一……国家可以用这一笔资金，来建设重工业和其他经济事业……如果要真正建设重工业，就必须发展轻工业。”⑤ 轻工业和农业的关系更加密切，其原材料绝大部分是从农业中来的，如果农业发展速度赶不上来，轻工业也就成了无米之炊。1952 年，棉纱生产能力只发挥 78%，食用植物油生产能力只发挥 57%，卷烟生产能力只发挥 21%，糖生产能力只发挥 54%⑥。同样，轻工业的发展也离不开重工业，新中国成立初期由于重工业的局限，许多轻工业工厂被迫停工停产，生产能力受到极大限制。因此，轻工业既依赖于农业和重工业，同时它的发展又为农业和重工业积累资金，提供产品。正如陈云当时所言：“我们现在的情况是这样：一方面许多轻工业品不能满足人民需要；另一方面许多轻工业设备还有空闲，原定增加的纱锭还得减少，原因就是缺少原料。除少数来自农产品的原料，比如棉、丝、毛、烟叶、甘蔗等以外，还缺少来自

① 李富春选集. 中国计划出版社，1992 年，第 174—175 页.
② 毛泽东文集（第 7 卷）. 人民出版社，1991 年，第 199 页.
③ 苏星，杨秋宝. 新中国经济史资料选编. 中共中央党校出版社，2000 年，第 316 页.
④ 薄一波. 若干重大决策与事件的回顾（上卷）. 中共中央党校出版社，1991 年，第 474 页.
⑤ 李富春选集. 中国计划出版社，1992 年，第 164 页.
⑥ 董志凯等. 中华人民共和国经济史（1953—1957）（上册）. 社会科学文献出版社，2011 年，第 60 页.

重工业的原料，比如化学品、黑色金属、有色金属等。”[①] 而当时人民群众对轻工业产品的需要量还是很大的，陈云举了个例子加以说明，过去中国农民没有用多少工业品，将来如果每家买一块玻璃，3.8 亿农民，7 000 万～8 000万家，就要 7 000 万～8 000 万块玻璃，而玻璃厂没有那么多。“老百姓等着要东西，没有东西供给他们，他们就不满意。”[②] 因此，轻工业必须大力发展。

对于三者的辩证关系，作为党和国家重要领导人的刘少奇有自己独特的见解。早在 1949 年 2 月 8 日，刘少奇在《新中国经济建设的方针与问题》一文中就指出：“为了要恢复工业特别是大工业，必须首先恢复农业，如棉花，这是计划的出发点，要从工业生产的着眼上来计划农业生产，重视重工业或轻工业，现在可以肯定地说，农业与轻工业是我们的重点。”[③] 对于农轻重的关系，刘少奇认为：鉴于农业是国民经济的基础，必须优先发展农业，这是战略问题；只有农业发展了，工业才能拥有足够的原料和粮食，才有发展的前途和动力；只有轻重工业发展了，才能用大量工业产品，来换取农民生产的原料和粮食，获得了工业品的农民也才能逐渐改良生产资料提高农业生产效率。而只有当农业和轻工业都得到了发展，“做得有了成效之后，我们才有可能集中最大的资金和力量去建设重工业的一切基础，并发展重工业。只有在重工业建立之后，才能大大发展轻工业，使农业机器化，并大大地提高人民的生活水平”。[④] 这里提到的“成效”就是指：一是获得了实现广大人民生活水平有较大提高和发展重工业所需资金的较多积累；二是如果过早地用全力去搞重工业建设，不太切合实际，应当在建立工业基础的前提下再发展重工业，这样才比较稳当。而无论是发展哪个产业，最终的落脚点都是为了提高人民生活，改善民生。应该说刘少奇的这个设想既积极又稳妥，较好地反映了党中央的整体思路。这些科学论断深刻揭示了农业、轻工业与重工业之间相互联系、互相制约、互相促进的客观规律。

中国共产党能够正确处理好农轻重的关系，很大程度上吸取和借鉴了苏联东欧的一些教训。毛泽东指出：“我们比苏联和一些东欧国家作得好些。像苏联的粮食产量长期达不到革命前最高水平的问题，像一些东欧国家由于轻重工业发展太不平衡而产生的严重问题，我们这里是不存在的问题。”[⑤] 刘少奇也谈到，波兰、匈牙利等东欧国家在社会主义建设中，过多地建设重工业，牺牲轻工业，牺

① 陈云文选（第 2 卷）. 中央文献出版社，2005 年，第 592 页.

② 中共中央文献研究室. 建国以来重要文献选编（第 2 册）. 中央文献出版社，1992 年，第 200 页.

③ http://marxists.anu.edu.au/chinese/liushaoqi/mia-chinese-lsq-19490208.htm.

④ 刘少奇选集（下卷）. 人民出版社，1985 年，第 5 页.

⑤ 毛泽东文集（第 7 卷）. 人民出版社，1999 年，第 24 页.

牲农业，一直到现在人民生活没有改善，生活很苦[①]。例如匈牙利“一五”期间，重工业与轻工业的比例为10∶1，导致国民经济难以正常进行，被迫中途改变计划；捷克斯洛伐克计划1953年的平均工资比1948年增长35%，后因为重工业过重，其结果是1953年的实际工资水平反而比1948年还低[②]。正因为在新中国成立之初，我们吸取了苏联与东欧国家片面发展重工业的经验教训，比较注重发展农业和轻工业，正确处理重工业和轻工业、农业的关系，不仅很快恢复了长期战乱之后破败萧条的国民经济，稳定了货币与物价，“相当程度地保证了发展工业所需要的粮食和原料”，从而巩固了新生的人民政权，也较好地保证了人民的基本生活需要。后来经过对“大跃进”的反思，毛泽东更加深刻地认识到：“斯大林的缺点是过分强调了重工业的优先增长，结果在计划中把农业忽略了。我们把这个规律具体化为，在优先发展重工业的条件下，工农业同时并举”。[③]

由此可见，新中国成立后头七年对于处理农轻重关系，中国共产党人依据中国国情，虽然确定了优先发展重工业的方针，但在实际发展过程中始终兼顾了农业和轻工业的恢复和发展，从满足人民需要，改善人民生活着眼，正确地处理了三者的关系。但是毫无疑问，在资金、物资十分短缺的情况下，要保证重工业的优先地位，人民生活的改善速度就不可能太快，对此，为了人民的长远利益和国家经济发展的大局，人民群众是理解和配合的，甘愿克服困难，与党中央齐心合力共渡难关。从当时经济发展水平看，确实需要优先发展重工业。就发展战略来看，在1956年以前，尽管“一五”计划在重工业方面的投资较多，甚至超过了苏联“一五”计划的轻重工业的比重，但是鉴于旧中国的重工业实在太薄弱，轻工业的发展主要受到农业和重工业水平的制约，“一五”计划的实施并未产生“矫枉过正”的结果，优先发展重工业的战略在当时利大于弊[④]。

（二）国家、集体和个人的利益关系

国家利益是最大多数人民最根本最长远的利益，是全社会的整体利益。集体利益是指社会集团全体成员的共同利益。集体利益从一定意义上讲是指国家和全体人民的利益，同时也指人们所在集体的全体成员的共同利益。个人利益则是作为国家和集体中一个成员的利益，是指个人拥有的一切需求及其满足需求的条件

---

① 金冲及. 刘少奇传（下册）. 中央文献出版社，1998年，第807页.

② 薄一波. 若干重大决策与事件的回顾（上卷）. 中共中央党校出版社，1991年，第474页.

③ 毛泽东文集（第8卷）. 人民出版社，1999年，第121页.

④ 武力. 中华人民共和国经济史. 中国经济出版社，1999年，第310页.

和资产总和。人民民主专政国家是人民群众自己当家做主的国家，人民是国家的主人，国家和集体利益代表着人民群众共同的长远利益和根本利益，只有国家和集体的利益有了一定发展，个人利益才能得到切实的保证和相应的发展。三者的利益是不可分割的统一整体，个人是集体的一员，集体利益增加了，个人利益也会随之增加，而个人利益的增加必将促进其生产积极性的提高，从而产生为国家、为社会前途而努力奋斗的动力；当然也不能一味地强调突出个人利益，如果不恰当地把个人利益凌驾于国家集体利益之上，损害了国家利益，长期下去必然从根本上损害个人利益，对国家、集体和个人三者都没有好处。新中国成立初期，在我国经济整体水平还比较落后，社会各方面的基本要求无法全面有效地满足的情况下，社会分配问题首先面对的，也是最重要的，是解决利益在国家、集体与个人之间的分配问题。因为这个问题一方面涉及国家经济建设和社会发展的全局，另一方面，直接关系到改善人民生活与社会的和谐稳定，如何平衡三者关系，这在当时显得尤为重要。对此"就不能只顾一头，必须兼顾国家、集体和个人三个方面，也就是我们过去常说的'军民兼顾'、'公私兼顾'"。[①] 但在长期的革命宣传中，三者利益处于不平等地位，国家利益永远高高在上，集体利益次之，个人利益则永远从属于集体利益和国家利益；国家有权支配集体利益和个人利益，个人只有服从集体利益和国家利益的义务。这种简单、单向服从的观点深入人心，甚至为某些法律所肯定，深深地影响着人们的思维和行为。在三者利益发生矛盾冲突时，往往要求个人牺牲自己的利益，无条件地服从国家和集体的利益。对此，作为一种先进性的号召是可以的，但是作为普遍的道德要求和分配的实际原则则是不妥当的。我们党的宗旨是全心全意为人民服务，宪法明确规定国家的一切权力属于人民，由此决定了国家利益、集体利益实现的最终目的是服务于人民利益。这就要求我们的党正确处理三者的矛盾，平衡三者的关系。

首先，承认群众有自身的利益追求，这是马克思主义唯物史观的基础，也是马克思主义基本利益观。"马克思列宁主义的基本原则，就是要使群众认识自己的利益，并且团结起来，为自己的利益而奋斗。"[②] 早在陕甘宁边区建设中，毛泽东对边区政府 1941 年的投资预算只顾及公营单位、没有照顾私人经济提出了批评，明确指出不能有公而无私，要公私兼顾。"在我们国家里，经济建设的发展和人民生活的改善不能不是互相一致的。因为社会主义经济的唯一目的就是满

① 毛泽东文集（第 7 卷）. 人民出版社，1999 年，第 28 页.

② 毛泽东选集（第 4 卷）. 人民出版社，1991 年，第 1318 页.

足人民的物质和文化的需要”。[①] 1956年4月，毛泽东在听取李富春汇报“二五”计划时曾指出：“现在的危险是忽视个人利益。如果不注意个人收入问题，就可能犯大错误。”[②] 话说得如此尖锐，可见他对这个问题的重视程度。其次，要把发展生产与提高生活统一起来。只有生产发展起来才能具备提高人民生活水平的物质基础，才能使社会成员的收入水平随着社会经济的发展水平不断提高，“拿工人讲，工人的劳动生产率提高了，他们的劳动条件和集体福利就需要逐步有所改进。随着整个国民经济的发展，工资也需要适当调整。”[③] 对广大农民，“除了遇到特大自然灾害以外，我们必须在增加农业生产的基础上，争取百分之九十的社员每年的收入比前一年有所增加。百分之十的社员的收入能够不增不减。”[④] 刘少奇也肯定：“要求在发展生产的基础上逐步增加个人的收入，改善个人的生活，这是完全正当的和必要的。只有这样，劳动者的积极性才会不断提高，先进生产者运动才能获得巩固的基础。”[⑤] 为此要反对两种倾向：一是不顾目前生产水平，把工人工资和福利提得过高过快，这是经济主义的表现；二是对职工福利甚至职工安全漠不关心，这是官僚主义的表现。在新民主主义的中国“不能孤立地讲公私兼顾，而一定要在服从国家经济领导的条件下讲公私兼顾，就是说，要在符合全国最大多数人民的最高和长远利益的原则下照顾私人利益。”[⑥] 针对忽视个人利益的倾向，周恩来强调：“如果不关心人民的当前利益，要求人民过分地束紧裤带，他们的生活不能改善甚至还要降低水平，他们要购买的物品不能供应，那么，人民群众的积极性就不能很好地发挥，资金也不能积累，即使重工业发展起来也还得停下来。”[⑦] 再次，要把关心群众生活与提倡艰苦奋斗统一起来。党和政府及各级领导要克服官僚主义习气，主动关心群众的生活，把人民群众的冷暖放在心上。刘少奇指出：“国家领导人员的生活水平应该接近人民的生活水平，不要过分悬殊。最高工资同最低工资不要相差过大，过分悬殊，经验证明是不好的，人民会不高兴，会脱离群众。”[⑧]。毛泽东也说“我们历来提倡艰苦奋斗，反对把个人物质利益看得高于一切，同时我们也历来提倡关心群众生活，反

---

① 周恩来选集（下卷）. 人民出版社，1984年，第143页.

② 逄先知. 毛泽东关于建设社会主义的一些思路和构想（二）. 红岩春秋，2010年第4期.

③ 毛泽东文集（第7卷）. 人民出版社，1999年，第28页.

④ 毛泽东文集（第7卷）. 人民出版社，1999年，第30页.

⑤ 刘少奇选集（下卷）. 人民出版社，1985年，第200页.

⑥ 周恩来选集（下卷）. 人民出版社，1984年，第83页.

⑦ 周恩来选集（下卷）. 人民出版社，1984年，第230页.

⑧ 刘少奇论党的建设. 中央文献出版社，1991年，第642页.

对不关心群众痛痒的官僚主义。”[①] 最后，鉴于当时艰苦的物质条件，中国共产党强调要发挥人的主观能动性，提倡厉行节约、艰苦奋斗。而艰苦奋斗是共产党的优良传统，特别是在新中国成立之初经济文化极其落后，百废待兴，外援有限的条件下，除了发展生产，自身的勤俭节约也是一个重要方面。共产党员和领导干部尤其应该以身作则，吃苦在前享受在后。

在我们这样一个农村人口占绝大多数的国家，尤其要注意统筹好国家、集体（合作社）和农民的关系，兼顾国家、集体（合作社）和农民的利益，切实关心和维护农民的经济利益是农民最根本的利益所在。工农业品的交换应当遵循等价交换的原则，统购农产品也要制定合理正常的价格，不让农民吃亏。向农民供应工业品方面，应当采取薄利多销、稳定物价或适当降价的政策，逐步缩小工农业“剪刀差”；向缺粮区农民供应粮食方面，一般要有适当的补贴。在处理集体（合作社）和农民的关系时，毛泽东也指出二者要同时兼顾，即“在合作社的收入中，国家拿多少，合作社拿多少，农民拿多少，以及怎样拿法，都要规定得适当”。[②] 毛泽东对此曾形象地做过比喻：“你要母鸡多生蛋，又不给它米吃，既要马儿跑得好，又要马儿不吃草。世界上哪有这样的道理!”这里再次涉及人民长远利益、整体利益与眼前利益、局部利益的关系问题。在社会主义革命和建设时期，尽快摆脱贫困过上温饱生活是农民最迫切的眼前利益，而实现工业化、现代化则是他们的长远利益，这是关系到调动农民积极性，巩固工农联盟进而巩固党的执政地位的重要问题。对此，党和政府总的指导方针是两者统一不可偏废。首先，眼前利益是最直接、最现实、最有说服力的利益，必须予以切实的关注和落实。毛泽东指出：“如果我们没有新东西给农民，不能帮助农民提高生产力，增加收入，共同富裕起来，那些穷的就不相信我们，他们会觉得跟共产党走没有意思。”[③] 其次，眼前利益与长远利益一定要兼顾。虽然在一定的历史条件下，眼前利益与长远利益难免会发生冲突，但长远利益是更重要的、根本的、全局性利益，因此，如何平衡两者关系，教育人民为了长远利益牺牲一部分眼前利益也成了一个难题。当时有民主人士片面地强调要照顾农民眼前利益，对中国共产党为抗美援朝增加了一些农业税颇有微词，毛泽东认为：“所谓仁政有两种：一种是为人民的当前利益，另一种是为人民的长远利益……前一种是小仁政，后一种是大仁政。两者必须兼顾，不兼顾是错误的。那么重点放在什么地方呢？重点应当

① 毛泽东文集（第7卷）. 人民出版社，1999年，第28页.

② 毛泽东文集（第7卷）. 人民出版社，1999年，第30页.

③ 中共中央文献研究室. 建国以来重要文献选编（第7册）. 中央文献出版社，1993年，第308页.

放在大仁政上。”因为要搞国家建设，就需要大量资金。所以，“人民的生活虽然要改善，但一时又不能改善很多。就是说，人民生活不可不改善，不可多改善；不可不照顾，不可多照顾。”① 最后，在农民和合作社之间，毛泽东认为农民不应该吃亏。长期以来农民在中国革命中付出了巨大的牺牲，在新民主主义社会为积累工业化资金也做出了很大贡献。因此，在谈到个人和集体利益分配问题时，毛泽东十分明确地说：“农业总收入的百分之六十到七十应该归社员，百分之三十到四十归合作社和国家……合作社和国家顶多占百分之四十，最好只占百分之三十，让农民多分一点。”② 这就是唯物主义的辩证法，既照顾人民眼前利益，又兼顾人民长远利益统筹兼顾的方针。

（三）积累和消费的关系

积累基金指国民收入使用额中用于扩大再生产、非生产性建设和物资储备的部分。它包括三部分：①扩大再生产基金，用于工业、农业和运输业等生产性建设和增加企业流动资金；②非生产性基本建设资金，用于文教、卫生、科研、国家行政和国防等部门的基本建设以及工农业等生产部门的非生产性基本建设；③社会后备基金，用于应付意外事件的自然灾害，其实物形态可分为生产资料储备和消费资料储备。消费基金指国民收入中用于满足社会成员个人物质文化生活需要和社会共同消费的部分。按其使用形式，分为个人消费基金和社会消费基金。前者用于满足劳动者及其家庭成员的生活需要；后者用于满足社会成员共同消费需要，包括国家机关、科学文化教育卫生部门及社会救济事业等非生产部门的日常开支。而积累基金与国民收入的比值，称为国民收入的积累率。

积累和消费的关系，是国民经济综合平衡的一个重要比例关系，也是改善国民生活质量和发展国家经济之间的既对立又统一的关系，可以说它们是矛盾的统一体。因为在一定时期内国家总收入是一定的，如消费的资金较大，则积累的资金就会减少，反过来说，积累下来的资金增加，可用于消费的资金就减少了。生产以消费为目的，生产以消费需求为依据，受消费需求制约。消费的增长反过来也会促进生产的发展。所以“我国每年作一次经济计划，安排积累和消费的适当比例，求得生产和需求之间的平衡。”③ 发展生产固然是很重要的，我们的重点

---

① 毛泽东选集（第5卷）. 人民出版社，1977年，第105页.

② 毛泽东文集（第7卷）. 人民出版社，1993年，第52—53页.

③ 毛泽东文集（第7卷）. 人民出版社，1999年，第215页.

也将放在其上，但是发展生产一定要和人民生活质量的提高相兼顾，需要适当地安排用于提高人民生活质量和用于发展生产资金之间的比例，平衡二者之间的关系，只有处理好消费和积累间的关系，才能更快更好地建设中国社会主义。

积累和消费关系问题上存在着三个误区。一是积累越多，越有利于生产发展。积累主要用于扩大再生产，而生产的发展是提高消费水平的基础。积累的增加可以为扩大再生产提供资金保障。但是，在一定的条件下，如果积累过高，必定会造成消费萎缩。这在一定程度上会影响人们生活水平的提高，从而挫伤劳动者的生产积极性，最终阻碍生产的可持续发展。二是用于消费的基金越多，人民生活水平提高得越快。消费既是生产的目的，又是生产的动力。消费基金的增加，为提高人民生活水平创造条件。但是，在一个时期内国民收入的水平是个定数，消费基金的快速增长势必影响积累基金的增长，从长远看导致生产发展缺乏后劲，影响生产的健康发展，最终使人民生活水平的稳步提高难以实现。三是以为只要两者都有所增长，经济就会健康发展。如果积累基金超过了生产资料的增长，就会导致生产资料供不应求，价格上涨。反之，则会造成生产资料的积压，减缓国民经济的增长速度。同时，消费基金也必须同全社会的消费资料总量相一致。如果消费基金增长过快，就会出现消费品供应紧张，引起物价上涨，不利于经济稳定，导致社会动荡。反之，则会造成消费品大量积压，使生产发展受阻，对人民生活的改善和企业生产的扩大都会造成不良影响。

由于社会主义革命首先在经济不发达的国家取得成功，为了恢复国民经济、迅速提升国力、赶超发达国家，这些国家在建国后把发展经济作为首要目标，所以他们一开始就把发展生产作为一切工作的重心，忽视改善人民生活。如苏联东欧一些社会主义国家，忽视生产和消费的关系，片面地强调发展重工业，忽视轻工业和农业的发展，造成粮食等生活消费品长期短缺，人民物质文化生活水平不仅无法赶上资本主义国家，甚至连旧政府时期也难以超越，导致人们对社会主义制度优越性产生怀疑，党和政府的威信严重下降，最终导致人民不满，造成社会动荡不安。面对苏联发展了重工业而丧失了人民，我们应该怎么办？毛泽东提出："我们是不是可以又有重工业，又得了人民？"对此，经过深入考察和思考，中国共产党人提出了自己的积累消费观，其内容主要有：

第一，积极发展生产，尽可能地增加积累。人类的生产活动，是决定其他一切活动的东西。生产是基础，必须在发展生产的基础上，才能改善人民生活。新中国建立在经济文化十分落后的基础之上，面临着实现工业化和改善人民生活的双重压力，而这两者都必须以发展生产为基础。正如毛泽东所言："没有生产就没有生活，没多的生产就没有好的生活”。[①] “我们的重点必须放在发展生产上，但发展生产和改善人民生活二者必须兼顾。”[②] 薄一波也说，积累的多少和快慢，“不仅直接地影响到社会主义工业化的速度，而且也直接地影响到人民的消费水平和生活改善的程度。”[③] 新中国成立之初，国家还不富裕，生产力水平也低，恢复生产搞建设要花很多钱，特别是“一五”计划确立了优先发展重工业特别是军事工业的战略，需要大量的资金，而我们国家家底薄，外援少，只有通过高度集中的中央计划经济和高积累率实现工业化所需积累。因此，在社会主义工业化过程中，用来进行工农业及其他方面建设的积累，只能随着社会生产的发展、劳动生产率的提高和国民收入的增大而逐步地增加。这样，才不会因积累的增加而影响人民生活的逐步改善。因为只有生产发展了，才能为人民生活水平提高创造前提，而改善人民生活更是生产继续发展的动力。同时，要照顾我国经济比较落后，人口众多，增殖较快，人民生活水平还较低的现状，因而积累部分不能也不可能过多地和过快地增加。正如陈云所说：“一要建设，二要吃饭；分光用光，国家没有希望；吃了之后，还有余力搞建设，国家才有希望。”[④] 对此，毛泽东实事求是承认：“人民生活的改善，必须是渐进的，支票不可开得过多。过高的要求和暂时办不到的事情，要向人民公开地反复地解释。”[⑤] 这种脚踏实地的态度，对人民负责的态度正是无产阶级政党的襟怀。在国家遇到困难之际，为了国家建设，为了人民的长远利益，需要人民与国家共患难，暂时牺牲一些当前的利益，这也是在情理之中的、人民能够理解和接受的。

第二，把发展生产与改善生活有机地结合起来，使积累与消费互相适应、互相促进。积累和消费是一对矛盾，存在着此消彼长的关系，正如刘少奇所指出的那样：“在建设时期内，存在着提高人民生活水平和由人民积累资金以加快工业化之间的矛盾，应使广大人民彻底了解这个矛盾，以便获得适当的解决。”[⑥] 因此如何正确处理好两者的关系，这需要确定一个合理的积累率。对此毛泽东也认为：“积累和消费的比例怎样才算恰当，这是一个关系我国经济发展速度的大问题”。[⑦] 我国“一五”时期的平均积累率是 24.2%，“大跃进”时期一度高达

---

① 逄先知．毛泽东关于建设社会主义的一些思路和构想（二）．红岩春秋，2010 年第 4 期．

② 毛泽东选集（第 5 卷）．人民出版社，1977 年，第 92 页．

③ 中共中央文献研究室．建国以来重要文献选编（第 9 册）．中央文献出版社，1994 年，第 243 页．

④ 陈云文选（第 3 卷）．人民出版社，1986 年，第 323 页．

⑤ 毛泽东文集（第 7 卷）．人民出版社，1999 年，第 159 页．

⑥ 刘少奇选集（下卷）．人民出版社，1985 年，第 7—8 页．

⑦ 毛泽东文集（第 7 卷）．人民出版社，1999 年，第 348 页．

43.8%，此后长期出现高积累低消费的倾向①。对二者的比例，薄一波根据新中国成立初期几年来我国政治经济发展的实际情况，在党的八大发言中指出："在今后若干年内，我国国民经济收入中积累部分的比重，不低于百分之二十，或者略高一点……是比较稳妥的。它既可以保证我国的工业特别是重工业的迅速发展，又可以保证我国人民消费水平的逐步提高，使我国人民的生活一年比一年过得好些。"② 他当时主要依据了资金积累依靠国内，不借外债；财政收支平衡，略有结余；拥有一定建设规模，确保生产力持续协调地发展以及随着生产的发展，使人民的消费水平得到相应提高这四个因素，概算出了影响积累和消费关系的几个重要比例，即：国民收入中积累率不低于20%，或者更高一点；国民收入中国家财政预算收入的比重不低于30%，或者略高一点；国家预算支出中基本建设支出的比重不低于40%，或者更高一点③。因为无论是积累率、财政预算还是基本建设支出都是"'取之于民，用之于民'的，如果降低这个水平，那么取之于民的少了，用之于民的也就少了。"④ 周恩来也指出："消费部分所占比重小了，就会妨碍人民生活的改善；积累部分所占比重小了，就会降低社会扩大再生产的速度。这两种情况都是对人民不利的。"他反复强调"必须妥善地安排国民收入中积累和消费的比例关系，在保证国家建设规模逐步扩大的同时，使人民生活得到逐步的改善"⑤，必须在生产发展和人民生活水平提高的基础上增加积累，增加积累绝不能以损害生产发展和人民生活为代价。事实证明，"一五"期间积累率25%左右，消费率75%左右，而同时我国工业企业全员生产率提高速度相对于职工平均工资增长速度为10∶8，职工的平均工资提高了30%左右⑥。这样的比例关系是比较合理的。由此可见，积累过高和过低，都不利于经济发展和人民生活水平的提高。

第三，在进行生产建设的同时，注意搞好市政建设和服务性设施建设。满足人民日益增长的物质文化生活的需要，是社会主义的生产目的，也是我国安排积累和消费比例关系的出发点和落脚点。积累基金按用途可分为生产性积累和非生产性积累。生产性积累是扩大再生产的源泉，它的增长反映着社会生产规模的扩

---

① 薄一波．若干重大决策与事件的回顾（下卷）．中共中央党校出版社，1991年，第1218页．

② 中共中央文献研究室．建国以来重要文献选编（第9册）．中央文献出版社，1994年，第254—255页．

③ 薄一波．若干重大决策与事件的回顾（下卷）．中共中央党校出版社，1991年，第307页．

④ 中共中央文献研究室．建国以来重要文献选编（第9册）．中央文献出版社，1994年，第252页．

⑤ 中共中央文献研究室．建国以来重要文献选编（第9册）．中央文献出版社，1994年，第211页．

⑥ 倪大奇．毛泽东经济思想研究．复旦大学出版社，1991年，第177页．

大。非生产性积累除了为生产性积累配套外，是发展社会公共事业的物质保障，它的增长反映着社会文化教育事业、医疗保健设施，还有居民住宅等的发展和增加。在大家还在讨论积累和消费矛盾时，毛泽东已经看到了积累和消费内部的矛盾的具体表现。他在 1956 年 11 月八届二中全会上指出："前几年建设中有一个问题，就像有的同志所说的，光注意'骨头'，不大注意'肉'，厂房、机器设备等搞起来了，而市政建设和服务性的设施没有相应地搞起来，将来问题很大。"而且他预言，这个问题的影响，不在第一个五年计划，而是在第二个五年计划，也许还在第三个五年计划[①]。在城市经济的发展中，由于强调重工业优先发展的战略，经济建设中更多地关注用于生产的硬件建设，注重机器厂房，忽视与之配套的服务设施和市政建设。而只要生产建设一开始，随之而来的生活设施、市政配套跟不上，必然会给城市居民的生活带来许多不便。也就是说，必须注意提高社会消费，搞好社会集体福利事业。这里所说的提高社会消费，包括改善和提高居民享受文化教育、医疗卫生和居住、交通等方面的条件和水平等。这个问题虽然当时提了出来，但是没有引起足够的重视，因此长期以来留下很多欠账，比如各地的市政管网建设、邮电通信、城市住房建设以及医院、学校、影剧院、公园等公共配套设施都没有跟上，成为改革开放后建设的重点。

除了上述三组重要的关系以外，与民生建设相关的关系还有经济建设与国防建设的关系、物质生产与人口增长的关系等，在新中国成立后头七年的恢复和发展中都得到了不同程度的重视。中国共产党能够在新中国成立初期纷繁复杂的形势下，抓住主要矛盾，迅速恢复和发展国民经济，顺利完成社会主义改造，统筹兼顾的策略方针无疑是其治国理政的重要法宝。

1949—1956 年从新中国成立到三大改造结束，在短短的七年时间里，中国共产党从中国实际出发，在实践中积极探索、理论上不断总结的基础上，一个具有中国特色的民生建设理论体系逐渐建立起来了，尽管体系还不够完备，内容也有待扩充，但是总体目标、根本途径和基本原则的确立，为今后的改善民生建设提供了有益的借鉴。

① 毛泽东著作专题摘编（上册）．中央文献出版社，2003 年，第 990 页．

第三章　建立稳定秩序：确立民生建设的基本前提

新中国建立之后，巩固新生的人民政权，首要任务是建立和稳定社会经济秩序，为恢复和发展生产事业提供安定的社会环境。面对着国民党遗留下来的一个千疮百孔的烂摊子，能不能保卫好解放战争的胜利成果，巩固新生的人民政权？能不能战胜严重的经济困难，迅速恢复和发展国民经济，让人民过上安定祥和的生活？能不能荡涤旧社会遗留下来的污泥浊水，扫除封建遗毒，还人民以文明卫生的社会环境？这一切成了摆在中国共产党人面前迫切需要解决的严峻问题。毛泽东的回答掷地有声："我们不但善于破坏一个旧世界，我们还将善于建设一个新世界。"① 于是，随着军事斗争逐渐接近尾声，中国共产党把工作重心从农村转移到城市，从军事斗争转移到稳定经济秩序，恢复发展生产，整顿社会治安等方面。相继开展了稳定物价，统一财经；治理失业，救济灾民；剿匪反霸，禁毒禁娼，稳定社会秩序的斗争。经过短短三年时间，顺利地恢复了被战争严重破坏的国民经济，为开展经济建设、社会主义改造和民生建设创造了基本前提。

第一节　稳定物价，统一财经

如前所述，新中国成立初期面临国民经济严重衰退，生产全面萎缩的严峻形势。农业减产，工厂倒闭，交通阻断，物资匮乏，物价飞涨，失业遍布。怎样克服困难，恢复生产，改善民生成了刚刚执政全国的中国共产党必须解决的首要问题。

一、稳定物价，为统一财经创造条件

（一）通货膨胀的原因及后果分析

如何才能做到"考试及格"、不退回来呢？最关键的问题是要发展生产、恢复经济，真正使人民过上好日子。要做到这一点，摆在中国共产党面前最棘手的问题就是如何抑制多年以来的通货膨胀。

---

① 毛泽东选集（第4卷）. 人民出版社，1991年，第1439页.

物价是每个百姓每天都要遇到的生活问题，俗话说："开门七件事，柴米油盐酱醋茶"，哪一样也离不开物价。物价稳定是发展生产与保障广大人民生活的先决条件。严重的通货膨胀是个不可忽视的社会问题，具有极大的社会破坏性。首先，最直接的影响就是通货膨胀引起货币贬值、物价飞涨，人们生活水平急剧下降。滥发纸币实际上是一种最坏的强迫性公债，它使劳动人民的生活状况急剧恶化。陈云曾分析过多发纸币对人民生活的影响。他分析指出："继续多发票子，通货膨胀，什么人都要吃亏……吃亏最大的首先是城市里靠薪资为生的人，其次是军队，以及党政机关的人员。"① 长期以来，国民党统治下滥发纸币引起的通货膨胀在广大人民中影响非常恶劣，并最终成为国民党政权倒台的重要原因。如果共产党同样无法治理通货膨胀，其后果也将不堪设想。其次，通货膨胀对社会生产，特别是对正常的工商业形成严重破坏。因为投机得到的暴利吸引着越来越多的工商企业放弃正常的工商贸易，把大部分资金投入到投机市场里博弈。其后果也必然如陈云所预料的："物价波动大，任何人也不愿意拿出钱去经营工业，资金都囤积在物资上，或放在家中不用，劳动者也没有活干了。这样，势必造成资金和劳动力的浪费，使生产受到严重影响。"② 最后，通货膨胀还使人们对纸币产生严重的不信任心理，进而对其背后政权产生不信任。纸币从本质上来说是由国家或地区发行的、强制使用的价值符号。国家能决定纸币的发行量、纸币的面值，但无法决定纸币的购买力或者纸币所代表的价值。如果一种货币贬值严重到一定程度，必然会被人民弃之不用，民间会采用物物交换的形式，这样的退步使正常的商业贸易受到影响。而纸币的信用建立在对政权的信任基础之上，如果一个政权得不到人民的信任，其所发行的纸币必然贬值，最终反过来导致政权的垮台。国民党统治时期的通货膨胀趋势，并没有因为人民解放战争的节节胜利和中华人民共和国的成立而消失，有些地方的物价甚至一度超过国民党统治时期的涨幅。陈云表示："我国人民已经饱受通货膨胀之苦，如果能停止通货膨胀，使金融物价稳定下来，这是符合于人民的希望和国家恢复经济的需要的。努力实现这一点，是人民政府的责任。"③

面对严峻的经济形势，中共中央把平抑物价当做巩固政权、稳定经济、改善民生的中心环节，下决心大刀阔斧地加以解决。

新中国成立前后的物价上涨何以如此猛烈？主要有如下几个方面的原因：第一，财政收支失衡、货币发行过多。由于战争开支巨大，加上对国民党非抵抗军

---

① 陈云文选（1949—1956）. 人民出版社，1984 年，第 6 页.
② 陈云文选（1949—1956）. 人民出版社，1984 年，第 58 页.
③ 陈云文选（1949—1956）. 人民出版社，1984 年，第 77 页.

政人员实行“包下来”政策。而新解放区只有一部分地区开始征收公粮，由于战争结束不久，土匪尚待肃清，铁路修复困难，城乡交流需要一个恢复过程，城市的税收也很少，巨额的财政赤字主要靠增发货币来弥补。对此无论是《人民日报》社论还是中央领导讲话都是坦率承认的。如陈云指出，币值下跌、物价上涨的主要原因是“政府的财政赤字庞大，因而钞票发行过多”，[①]“物价上涨是因为追不上钞票的发行量”。[②] 如果以1948年货币发行为基数，到1949年11月增加了约100倍，到1950年2月增加到270倍。货币的过量发行虽然暂时应付了国家急需的支出，但由于没有相应的现实物资冲抵，必然造成币值下跌，这是物价上涨的根本原因。第二，长期战争破坏造成物资短缺，供给不足。从抗日战争到解放战争的十几年时间里，全国大部分地区都遭受过战争的破坏，农田被毁，水利设施年久失修，工厂停工，导致工农业生产严重下降。难得的物资流通也因铁路交通的瘫痪而难以顺畅，全国近两万公里的铁路几乎无一条能够全线畅通。难怪陈云呼吁：“运输是一件大事，这个问题不解决，上海煤、粮、棉的供应都会很困难”。[③] 号称世界农业大国的中国，每年被迫要从国外进口大量的粮食和棉花，才能勉强满足人民吃饭穿衣的基本需求。生产力严重破坏导致的工农业生产大幅度下降，必然造成物资供应的严重不足，这是新中国成立前后物价激烈波动的物质条件。第三，猖獗的投机活动是物价上涨的幕后推手。产生于半殖民地半封建社会的工商业，由于受帝国主义和官僚资本的压迫排挤，无法与外资和官僚垄断资本竞争重要的工商业部门，加上混乱的经济秩序，导致相当多的私营工商业充满了投机性和盲目性。在解放前“工不如商，商不如囤”的投机氛围中，民族资本中还产生了一批批专门从事投机的钱庄、票号、纱号、糖庄，许多工厂、商店也卷入了投机倒把的行列。当时仅上海一地的投机者就有二三十万，投机商从公开买卖银元、黄金和美元，破坏金融秩序到套购，囤积粮食、纱布和煤炭等民生必需品，寻机制造混乱，哄抬物价。甚至散布谣言，制造恐慌，煽动抢购，给本来已经混乱不堪的市场平添了更多的不稳定因素。正如周恩来所言：“中国人民所接收的城市，由于多年不断的通货膨胀，物价高涨，差不多变成了投机商人的大赌场。”[④] 这种投机行为，也影响了普通百姓的消费心理，在旧中国长期恶性通胀的惯性影响下产生了畸形的抢购和囤积行为。因此投机势力趁火打劫，推波助澜，是新中国成立初期物价波动的重要原因。此外，帝国主义的封锁、禁

① 陈云文选（1949—1956）. 人民出版社，1984年，第34页.
② 陈云文集（第2卷）. 中央文献出版社，2005年，第26页.
③ 陈云文选（1949—1956）. 人民出版社，1984年，第4－5页.
④ 周恩来选集（下卷）. 人民出版社，1984年，第62－63页.

运和国民党的飞机轰炸也加剧了中国市场的物资供应，使通货膨胀雪上加霜。

（二）治理通货膨胀的积极措施

面对着愈演愈烈的物价涨风，如何有效地抑制它的继续蔓延就成了党中央必须立即着手解决的紧迫问题。首先，在中央人民政府尚未成立的情况下，于1949年7月组建了负责全国财政经济的统帅部——中央财经委员会，并选派了领导财经工作方面具有丰富经验和卓越才能的陈云主管中央财经工作，从此中财委作为中共中央的财经参谋部和具体工作的指挥机构，在新中国成立初期的财经工作中发挥了重要作用。接着根据当时的具体情况，制定了解决问题的重要举措。

1. 行政和经济措施，双管齐下共同遏制疯狂的物价涨势

1949年5月27日全国最大的工商业城市上海宣布解放，不久上海军管会就发布了以人民币为本位币，兑换金圆券，禁止银元、外币自由流通等通告，但上海的投机势力不相信人民币的信用，掀起了银元投机风潮。原来一块银元值100元人民币，到6月3日涨到720元，6月4日突然涨至1 100元，到6月7日上涨至1 800元，涨势仍在继续。而且银元的暴涨带动了黄金、外币和整个物价指数成倍上涨。一些投资分子甚至公开叫嚣："解放军进得了上海，人民币进不了上海!"有的商店开始用银元标价，拒收人民币。对此上海市军管会在6月5日、6日分别投放银元10万、31万枚，但马上被投机商吃进，如泥牛入海。同时政府组织举行全市"反对银元投机，保障人民生活"的游行和宣传，上海市军管会主任陈毅义正词严地向投机奸商发出"赶快洗手不干，否则勿谓言之不预"的警告，但是投机奸商置若罔闻，继续躲在上海证券交易大楼里操控着银元价格。华中重镇武汉银元投机也呈猖獗之势，华南重镇广州的不法分子则大肆进行外汇投机，不法商人还勾结敌特分子，极尽造谣之能事，说"每一团解放军配印票机一架"，"支前司令部大批抛出票子抢购物资"，他们散发传单称人民币为杂币[①]，人民币难以进入新解放的大城市。鉴于当时手中掌握的物资有限，因此必须用强硬的手段严惩投机分子。于是在中央的支持下，6月10日，由上海市军管会查封了证券交易大楼，逮捕了200多名证据确凿投机分子。这一行动震动全上海，银元价格应声下跌。与此同时，武汉、广州、北京也相继采取行动，其中，武汉逮捕银元投机首要分子200余人，查封了两家专门从事金融投机的大钱庄；广州取缔了从事投机的地下钱庄87家和捣乱金融的街头兑换店337家，逮捕投机金、

① 中国社会科学院，中央档案馆．中华人民共和国经济档案资料选编·金融卷（1949—1956）．中国物资出版社，1996年，第199页．

银、外币者200多人；北京逮捕投机粮食者16人。上述行政手段雷厉风行、立竿见影，有效地震慑了投机分子。经过这次斗争，猖獗的银元投机风波被平息了，各地物价也随之回落。

虽然这场“银元之战”使上海工商界受到极大震动，但是也有人对这种“准军事”手段不以为然，认为这是被中共压服的，思想上仍然没有改变“共产党军事一百分，政治八十分，财经打零分”的错误认识。中共中央也意识到仅靠行政手段只能一时奏效，要从根本上解决通货膨胀问题必须采用治本的经济手段。正如陈云所言：“经济问题只能用经济手段解决，不能靠政治解决，政治只能解决一部分。经济是基础，政治是上层建筑，要由经济决定。”①

果然十几天后，投机资本将资金转向大米、纱布和煤炭等人民生活必需品领域。上海由于特殊的经济地位，加上受到国民党的海上封锁和空中轰炸，缺粮严重，于是再次成为投机资本袭击的首要目标。一个月的时间里，上海米价上涨了4倍，由此波及华东、华中和中南米价同时上升。上海的棉纱价格在不到一个月的时间里上涨了3.8倍，棉布上涨3.5倍，因此，拉动了其他商品价格的上涨。生活必需品与银元不同，无法用查封全部交易行为的方式来解决。人民政府用的办法是增加供应，举全国之力解决上海问题。

2. 掌控重要物资，有效抑制物价

陈云认为物价上涨的总根源是通货膨胀，而通货膨胀的根源在于军费开支浩大，财政入不敷出。要完全控制物价必须在战争结束之后才有可能。在目前的情况下，我们能做到的是掌握粮食、纱布等重要物资，有计划地吞吐，与投机资本较量，控制物价上升。鉴于当时的情况是：“粮食价格的上涨幅度，超过一般商品的一倍或一倍以上，如大米比纱布、猪肉、鸡蛋、胶鞋等的上涨指数平均超过一倍。粮食价格上涨，影响工业生产的成本，也影响其他商品的价格。”② 陈云明确提出：要解决上海问题和稳定全国物价，关键是要抓住“两白一黑”，也就是大米、纱布和煤炭这三种关系百姓日常生活的必需品。吃和穿“是市场的主要物资，我掌握多少，即是控制市场力量之大小。游资突击的物种是粮、布”；③“人心乱不乱，在城市，中心是粮食；在农村，主要是纱布。”④ 正因为牵住了“牛鼻子”，才真正抓住了市场的关键，有力地控制了物价。

3. 努力增加税收，抓紧发行公债

要维持正常的财政开支，减轻财政赤字，当时能立竿见影发挥作用的只有

---

① 金冲及，陈群. 陈云传（上册）. 中央文献出版社，2005年，第529页.

② 陈云文选（1949—1956）. 人民出版社，1984年，第2页.

③ 陈云文选（1949—1956）. 人民出版社，1984年，第59页.

④ 陈云文选（1949—1956）. 人民出版社，1984年，第119页.

“多收多借”两条渠道。“多收”就是农民的公粮不能减，城市要适当增加税收；“多借”就是准备发行折实公债。“税收是国家财政的主要收入之一，是全国财政收支、经济恢复所需现金的最大来源。”① “税收在我们国家收入中是第一个筹码，这是不变的。没有这个筹码，收支平衡、物价稳定都保不住。”② 当时在税收问题上存在片面群众观点与仁政观点。对此，陈云把收税和发钞两者相比较，“在可能限度内，多收一点税，比多发钞票，为害较小。”这样做，工商业负担虽稍重，但物价平稳，对正当的工商也有好处。如果物价波动大，谁都不愿经营工商业，把钱都用于囤积物资，这样工厂关门，劳动者失业，到头来受损失的还是老百姓。针对有人认为“温和的”物价上涨可以刺激生产的言论，陈云也给予了批评。因为在当时物价极为敏感、物资奇缺的情况下，物价的波动，只能打击生产，使经济停滞。而少发行货币多收税，看起来负担重了点，但物价平稳，经济逐渐发展，则不失为一种前进的办法③。为了弥补财政赤字、支援战争、恢复经济，陈云建议发行公债。后经中央研究决定，准备发行公债数量为 2 亿分，第一期先发行 1 亿分，这样公债实质上变成了储蓄，使游资不能动用；用折实的形式保证其信用，使购买者放心。陈云对这种公债的性质和作用做了入情入理的分析，说明：“人民买公债，在全国困难情况下，也是一种负担。”但是这种负担，比起因增发钞票、币值下跌所受的损失来说，是比较小的。因为币值下跌，其下跌部分是全部损失，而购买公债，短时间看来是负担，但终究可以得到本息，不是损失。“如果发行公债缩小了赤字，则不但对全国靠工资生活的劳动人民和军政公教人员有好处，而且对于工商业的正常经营也是有益的。”④ 这次公债的发行，符合国家和人民的利益，考虑细致周密，得到人民群众的普遍拥护。加上宣传和组织工作有力，人民认购踊跃。第一期公债发行超额完成，达到原定两期发行额的 70.4%。事实证明：税收的增加、公债的发行，对缩小财政赤字、回笼货币、调节现金供应，促使金融物价趋向稳定，起了决定性作用。

4. 运用国家力量，集中调运择机抛售

在抑制通货膨胀打击投机势力的斗争中，全国统一行动，把有限的财力、物力集中使用到最适当的地方，发挥了巨大的威力，以 1949 年 10 月第三次涨风为例，开始时上海财经主管部门一度连续平价抛售粮食和纱布，结果不仅没能稳住物价，反而吸引了大量游资涌进上海抢购。投机商人以低价购入，待价而沽。由

---

① 陈云文选（1949—1956）．人民出版社，1984 年，第 65－66 页．

② 陈云文集（第 2 卷）．中央文献出版社，2005 年，第 144 页．

③ 陈云文选（1949—1956）．人民出版社，1984 年，第 58 页．

④ 陈云文选（1949—1956）．人民出版社，1984 年，第 36 页．

于全国抛售物资时间不一，此起彼落，再加上游资充斥和投机猖獗，物价仍节节上升。11月7日，国营粮食公司抛售了相当于平时成交量10倍以上的粮食，仍然未能把涨势缓和下来。中财委和陈云及时分析了全国的情况，向中央请示后，于11月13日向全国发出十二道指示。其中第十一条指示要求全国各地贸易公司，“暂时不宜将主要物资大量抛售，应从各方调集主要物资于主要地点，并力争于十一月二十五（至迟三十日）完成；预定十一月底十二月初全国各主要城市一齐抛售”，[①] 各地将准备情况及时报告中财委，以便中央统一行动。其他相配套的措施还有：指示东北自11月15日至30日内，每日运粮1 000万至1 200万斤入关，以应付京津需要；派专人去上海和汉口调整两地纱布存量，并催促棉花东运；财政部自11月16日至30日，于德石路北及平原省拨交贸易部21 000万斤公粮，支援棉花产区粮食销售；贷款须经中财委及几个大区财委批准，而到期的贷款必须如期收回；各大城市同时起征几种收缩银根的税收；地方经费中凡属可迟发者均应延迟半月或二十天。11月25日，在中财委的统一指挥下，全国各主要城市统一行动，大量抛售粮食、纱布，让投机商们把囤积的物资“怎么吃进去的，再怎么吐出来”，在这次涨价风中，投机资本遭受到了毁灭性的打击，从此失去了操纵市场、左右物价的能力。最后国营贸易公司则以极低的价格买进大量棉纱，为进一步平抑物价、稳定市场做准备。

与此同时，从1949年10月起，中财委着手建立三个全国性的贸易公司：一是全国性的纺织公司，负责纺织原料和产成品的供应与销售；二是全国性的土产公司，负责各地土特产的产销；三是成立全国统一的内外贸专业公司，如粮食、花纱布、百货、煤铁、盐业、猪鬃、土产、皮毛、油脂、蛋品和进口11个专业公司，召开各种专业会议，摸清家底，制定生产计划，以统一集中与调运重要物资，加强市场斗争力量，并为随后的统一财经工作打下了良好的基础。

（三）成功地抑制通货膨胀、稳定市场的原因

1. 恢复发展经济，遏制通货膨胀的根本途径

早在七届二中全会上，毛泽东就鲜明地提出：在城市工作中，把恢复和发展国营工业的生产放在第一位。1949年8月，陈云在指导平抑物价的过程中指出：“眼光要放在发展经济上……所谓开源，就是发展经济。”[②] 陈云的这个思想，对于平抑物价的斗争，具有很大的现实指导意义。

首先，在城市采取紧急措施，发动群众，组织生产。1949年7月，周恩来

---

① 陈云文选（1949—1956）．人民出版社，1984年，第31页．

② 陈云文选（1949—1956）．人民出版社，1984年，第18页．

在全国工会工作会议上指出："我们当前的任务是恢复生产，建设新中国。"周恩来在 1949 年 11 月 18 日第六次政务院会议讨论物价问题时提出了三项办法之一是在城市，重点在恢复工业生产，要多注意手工业，生产增加了，税收也就多了[①]。为了把有限资金集中用于国家重点建设部门，中央将水利、纺织、铁路交通作为经济恢复的三大重点部门。上海的轻纺工业占其工业产值的 74%，纺织厂的纱锭数占全国的 40%，贸易额占全国的一半。因此上海的纺织厂如果停产，不仅将严重损害上海的经济，而且会对全国经济产生很大影响。在上海财经会议上，面对着上海严峻的经济形势，陈云多次强调："力争上海主要行业（纺织、印染、纸烟等）的开工率维持到三分之二"，"改造旧上海，主要的是使生产事业得到恢复和稳步发展"。[②] 当遇到敌人封锁和轰炸时，有人主张搬迁纺织厂，陈云认为配套设施跟不上，上海的纱厂决定不搬迁，"要全力维持生产。"[③] 要使上海"纱厂生产能维持现状，每周开工三昼夜到四昼夜"。[④]

其次，在农业生产方面，周恩来指出："农业的恢复是一切部门恢复的基础，没有饭吃，其他一切就都没有办法。"[⑤] 提出在农村，要使全国粮食产量从2 100亿斤增加到 2 800 亿斤。因为能够供应充裕的粮食是物价稳定、人民生活安定的前提。而水利建设是农业基本建设的主要内容，是提高农业生产的必要保障。陈云指出："修整水利，力争丰收，这是农业工作中的第一个问题。"[⑥] 为此，发动群众对经常发生水灾的主要河流进行治理，修筑堤坝。1949 年至 1952 年的三年中，国家对水利工程的投资达 8.25 亿元，占国家基本建设投资总额的 10.5%。其中 1952 年的投资就等于国民党统治时期投资最高年份的 52 倍。国家组织了 2 000多万人直接投入水利建设，开挖土方 17 亿立方米以上。这一时期还开始了根治淮河工程、修建官厅水库工程、荆江分洪工程等。短短几年间，灌溉面积扩大了 8 000 多万亩，水灾面积由 1 亿多亩缩小到 1 600 万亩。通过治理水患，不仅灌溉了农田，增加了粮食生产，而且改善了航运，增加了电力。对农民，党和政府"在生产上帮助他们增加产量，搞好水利，找好的种子，减少畜瘟，使他们减少损失。增加了粮食生产，这就等于减轻了他们公粮的负担。"[⑦] 在收购农副产品方面，价格须以保护农业生产为原则。当时中财委规定：上海的米布比价要

① 金冲及．周恩来传．中央文献出版社，1998 年，第 970 页．
② 陈云文选（1949—1956）．人民出版社，1984 年，第 5 页．
③ 陈云文选（1949—1956）．人民出版社，1984 年，第 13 页．
④ 陈云文选（1949—1956）．人民出版社，1984 年，第 5 页．
⑤ 周恩来选集（下卷）．人民出版社，1984 年，第 5 页．
⑥ 陈云文选（1949—1956）．人民出版社，1984 年，第 130 页．
⑦ 陈云文集（第 2 卷）．中央文献出版社，2005 年，第 29 页．

保证一匹布可换一石至一石二斗米，避免谷贱伤农。为了鼓励农民种植棉花，缓解棉纱紧张局面，中财委还规定要保证每斤皮棉能换8～10斤小米的比价，奖励种棉花者可免交公粮。通过这些规定，起到了鼓励和提高农民生产积极性的作用，对于稳定农村，安定农民生活，保护农业生产，减轻城市物价上涨压力，具有积极作用。

最后，交通运输是国民经济的命脉。“运输是一件大事，这个问题不解决，上海煤、粮、棉的供应都会很困难”，因为“运输是全国经济的杠杆”，[①] 强调“每一经济发展步骤均应配合交通的发展。”[②] 当领导指挥了平抑上海等地粮价战役的陈云得知当时西南粮食之便宜，成都的大米五百块钱（旧币）一斤都没有人要，而西南有的地方老百姓却没有裤子穿这一巨大反差时，感慨地说：“这是因为交通不便，农产品运不出来，工业品运不进去，就是进去一点儿也是背进去的。如果我们把西南、西北的铁路修通了，就不会发生这样的问题。”[③] 正因为交通运输在抑制物价、改善民生中显示了其特殊重要性，当毛泽东在苏联看到陈云在1950年1月7日的《财经旬报》上的建议时，满意地批示：“各项计划均好，用军队修筑天兰、天成、成渝、叙昆、滇黔、黔桂、湘桂诸线甚为必要，望即着手布置进行。”[④] 交通运输的迅速恢复，有力地保证了大宗急需物资的及时调运和供应，客观上有助于抑制通货膨胀。

2. 树立全局观念，未雨绸缪，防患于未然

平抑物价的斗争，错综复杂，瞬息万变，无论从大规模的调运物资，还是统筹决策部署抛售，都必须有全国一盘棋的指导思想。对此，新中国成立前夕的上海财经会议上，陈云指出：“我们不仅要注意克服目前的困难，而且要从全国范围来考虑财经问题的解决，否则就要影响到国计民生。”[⑤] 当时由于粮食供应紧张，为了保证当地粮价稳定，某些地区的领导不让粮食出境，还认为这是“为国为民”的举措。陈云分析认为：凡是禁止粮食自由贸易的地方，农民的粮食不仅卖不到高价，而且因粮价提高导致工业产品成本提高，引起工业品价格上涨，使工农业剪刀差扩大。这种封锁的后果，“无论对农民，对城市的劳动人民，还是对国家的经济建设，都是有害的”，[⑥] 而仅对禁粮出卖区域之内的中小城市居民有利。同样对于接收旧人员的问题，有人抱怨：“既然穷，为什么养九百多万

---

① 陈云文选（1949—1956）．人民出版社，1984年，第17页．

② 陈云文集（第2卷）．中央文献出版社，2005年，第36页．

③ 陈云文选（1949—1956）．人民出版社，1984年，第142页．

④ 中共中央文献研究室．建国以来重要文献选编（第1册）．中央文献出版社，1987年，第225页．

⑤ 陈云文选（1949—1956）．人民出版社，1984年，第1页．

⑥ 陈云文选（1949—1956）．人民出版社，1984年，第14—15页．

人?”陈云分析道：表面上看来，“现在养着这部分人，从财政上看是个损失，但从另一个方面看，政治影响好。待解放区的人看到，这些人生活都有保证，就不怕了，反抗的人少了，这样战争可以更快结束，少损失好多人力财力，整个支出可以大大减少。”对此陈云深有体会：沈阳解放时，有些人还要走，现在变了，不是要走而是要回来了。说明从全局考虑，“该背的包袱不能不背，不能光从财政着想。”[①] 对此，陈云语重心长地说，这一切的原因就是我们现在不是处于延安时代，也不是在齐齐哈尔时代，我们现在是“全国胜利的时代……在这个时期内，如果物价波动起来，其影响就不是一城一乡的问题，而是全国范围都会受到损失。”[②]

常言道“凡事预则立，不预则废”。毛泽东在七大的结论中也指出：“预见就是预先看到前途趋向……没有预见就没有领导，没有领导就没有胜利。因此，可以说没有预见就没有一切。”[③] 领导财经工作，尤其是新中国成立初期与投机势力的斗争，除了需要全局观念以外，还必须具有长远的眼光，能根据眼前的形势预先估计今后事情发展的走向，以便提前制定行动方案，留有余地，争取主动。1949 年 11 月，在全国第三次物价涨风正盛的时候，陈云在政务院第六次政务会议上，通过分析当年财政总收入只占总支出的 34.6%，而赤字居然占了总支出的 65.4%的现状，预计到 1950 年春绝大部分地区可以解放，但支出会更大，物价一定要“打摆子”。面对严峻的局势，果断地提出了“多收”“多借”的解决方案，为来年的财政安排了较大的余地。正因为他预估到第二年二月份（春节前后）还会刮起物价涨风，加上当时各地缺粮的现实，所以在给中央的《财经旬报》中写道：“明年由于粮食求过于供，市场粮价突出是必然的。为此，中财委正集中公粮使用及收购华中民粮，力求掌握若干机动粮食，以应付粮荒与粮价。”[④] 事实证明，陈云的准备是有预见性的。第二年春节后第一天开张的所谓“红盘”涨风，引发了新一轮物价涨势。在此之前，陈云已洞察到游资突击的重点往往是京、津、沪等大城市，其突击的品种又是粮食和纱布这一规律，已经作出指示：“沪京津需常有应付游资冲击的粮、布。”为了应付春节后“红盘”涨风，陈云已于 1950 年年初指示上海“必须对粮、布两项预有措施”。[⑤] 针对上海当时存粮不到 1 亿斤，离 4 亿斤的储备标准尚远，陈云指示立即在上海周围布置下三道防线：第一道防线从苏、浙、皖急速运粮至上海。第二道防线是从东北、

① 陈云文选（1949—1956）. 人民出版社，1984 年，第 15 页.

② 陈云文集（第 2 卷）. 中央文献出版社，2005 年，第 194 页.

③ 毛泽东文集（第 3 卷）. 人民出版社，1996 年，第 394—396 页.

④ 金冲及，陈群. 陈云传（上册）. 中央文献出版社，2005 年，第 669 页.

⑤ 陈云文选（1949—1956）. 人民出版社，1984 年，第 59 页.

华中、西南向上海调运粮食，力争在旧历年关前后使上海存米达到 4 亿斤[①]。第三道防线，安排在杭州、南京间（嘉兴至常州一带）集结 6 亿～8 亿斤大米作为后备力量。这三道防线加在一起，政府掌握的周转粮食大约有十几亿斤，足够上海一年半的周转。此外，北京、天津、武汉等大城市的粮食也得到了大量的补充。对于 1950 年上海的二月涨风，由于准备工作充分，只用了半个月的时间，就把它干净利索地解决了。由此可见，未雨绸缪、预作准备，是平抑物价的重要方法之一。

3. 开源节流，厉行节约

新中国成立前后，由于紧张的军事行动和特殊的政治环境，军费和行政费用的支出巨大，财政赤字相当严重。据统计，1949 年 8 月，军政公教人员已达 600 余万人，到 1950 年 1 月更是高达 942 万人，军政公教人员数量庞大带来了巨大的财政压力。若要减少流通中的货币量，就必须在财政支出上下功夫。为此，中央号召厉行节约，增加生产，减少支出。第一，成立全国编制委员会，核实在编人数。当时估算的 942 万军政公教人员若有 30 万～50 万属于多估或虚报的话，即可少开支 10 亿～20 亿斤小米。第二，成立全国仓库物资清理调配委员会，清理仓库。通过清理仓库增收了 15 亿斤小米。第三，提倡节约，减少办公杂支等费用。当时估计能节省 5 亿斤小米，在陈云看来，“此着很重要，数量虽不大，但可转移风气。”[②] 南京市同类性质的机关人员集中办公，裁减人员，压缩住房，减少秘书勤杂人员，办公楼大灯泡换小灯泡，水龙头减少或规定开水时间。第四，在增产节约的方针下，控制军政公教人员的待遇。上海市领导以身作则，与民同甘共苦。上海解放之初，推行节约运动，实行吃节约菜，节约使用燃料水电；禁止私人汽车，电扇、电梯、冷气亦予以限制。市政机关人员用餐标准有三级：一级餐两菜一汤，二级餐一菜一汤，三级餐一菜无汤。市长陈毅仅用三级餐[③]。中央还召开专门会议，研究核实编制、精简机构和人员问题，并筹备成立厉行节约委员会。第五，去掉“百废俱举”的思想。陈云指出：“财政上的各项支出，必须分清主次，不能面面俱到。如果面面俱到，便会一事无成。我们要集中力量，把财力使用在主要方面，解决主要问题，这和作战是一样的道理。”[④] 新中国成立初期国家财政极为困难，为了把有限的资金用在刀刃上，工业投资只能有重点地进行。

上述各种措施的密切配合，有效地抑制了通货膨胀的继续发展，到 1950 年 3 月基本制止了自抗日战争以来连续 12 年通货膨胀的局面，物价进入基本稳定阶

---

① 金冲及，陈群．陈云传（上册）．中央文献出版社，2005 年，第 671 页．

② 陈云文选（1949—1956）．人民出版社，1984 年，第 54 页．

③ 包天笑．钏影楼回忆录·续编．山西古籍出版社，山西教育出版社，1999 年，第 252 页．

④ 陈云文选（1949—1956）．人民出版社，1984 年，第 62 页．

段。之后又经历了朝鲜战争爆发、美英等国对我实行经济封锁等考验，到1952年年底，全国物价已由基本稳定进入全面稳定，为经济建设和民生改善奠定了基础。对此，毛泽东给予了高度评价，认为其胜利不下于淮海战役①。

二、统一财经，巩固物价稳定

要彻底稳定物价，归根结底离不开全国财政经济的统一。如果各地区之间各自为政，甚至相互封锁，稳定物价就是一句空话。造成物价高涨的原因是钞票发多了，而钞票之所以多发其中一个重要原因就是收支不统一。国家财政主要支出如军事费用、经济建设投资、救济费用等完全由中央负担，而主要收入公粮、税收等却仍留在省、市、县政府手中。中央财政没有稳定可靠的来源，入不敷出，靠发货币来维持收支平衡，最终导致物价涨幅大增。而统一财经的作用已经在稳定物价的过程中充分显示出来了，同时稳定物价的斗争又为财经工作实现全国统一奠定了基础。

早在1949年7—8月间的上海财经会议上就曾考虑财经工作统一领导的问题，并为此建立了统一的发行库，建立全国性的花纱布公司、中纺公司和全国性的土产公司。此后在领导平抑物价的过程中，中财委陆续实现了税政、粮政、盐政、路政、邮政、水政等几个方面的初步统一。1949年，陈云在全国钢铁会议上的总结讲话中，充满信心地说："全面统一，只是一个时间问题，而且为时不远，会很快实现的。"由于长期的战争阻隔，不少根据地的干部习惯于地区小圈子，对于全国统一有顾虑。对此，陈云认真比较了统一的利弊后指出："实行统一所遇到的困难小，为害亦小；由不统一而来的金融、物价风潮的困难大，为害亦大。"② 他认识到全社会物资不足的现状，要求中央决策层："为了战胜暂时的困难，在落后贫困的经济基础上前进，必须尽可能地集中物力财力，加以统一使用……绝不应该把眼光放得很小，凌凌乱乱地去办若干无计划的事。"为了从思想上解决统一财经的障碍，陈云对从事财经工作的人员，特别是领导同志提出要求，"局部服从全体、目前服从长远的原则，树立整体思想，避免陷入局部观念和本位主义。"③

1950年年初，除西藏、台湾外，全国大部分地方已解放，大规模军事行动也已停止，而几次通货膨胀引发的全国物价波动也促使中央下决心统一财经。为此，由陈云起草了《关于统一国家财政经济工作的决定》（以下简称《决定》），经第22次政务会议通过，于1950年3月3日颁布实行，陈云对《决定》做了说

① 逄先知，金冲及．毛泽东传（1949—1976）（上册）．中央文献出版社，2003年，第62—63页．
② 陈云文选（1949—1956）．人民出版社，1984年，第48页．
③ 陈云文选（1949—1956）．人民出版社，1984年，第61页．

明，指出这个文件的性质“主要是节约、征收，具体地说就是缩小赤字，统一管理。其目的是为了争取好转”。[1] 统一财经工作的内容十分广泛，《决定》有十条，概括起来主要是三方面：一是统一全国财政收支，使国家收入的主要部分集中到中央，用于国家必要的开支；二是统一全国物资调度，使国家掌握的重要物资从分散状态集中起来，以调剂余缺，合理使用；三是统一全国现金管理，一切军政机关和供应企业的现金，除留若干近期使用者外，其余一律存入国家银行，资金的往来使用转账支票须经人民银行结算。中央的决定立即在全国各地得到认真贯彻执行，到1950年6月底，全国财政经济工作实现了统一，做到了全国财政收支由中央统一调度，到年底财政收支就接近了平衡。由于集中了财力，在可机动使用的资金十分有限的情况下，既保证了抗美援朝初期军费的需要，又调剂了城市的粮食供应，救济了灾区人民和城市失业工人，对稳定金融物价、恢复生产和安定人心起了重要作用。同时还抽出一部分资金，有重点地进行了水利、铁路及钢铁等巨大项目的恢复工程。

1950年6月召开的七届三中全会上，毛泽东提出要争取国家财政经济状况基本好转的三个条件，即：土地改革的完成，现有工商业的合理调整，国家机构所需经费的大量节减。同时还提出了为此须做的八项工作。之后，又经过土地改革、对工商业的合理调整等工作，在全国人民的努力下，到1952年年底国民经济恢复时期结束，不仅全面稳定了物价，还完成了各项民主改革和生产恢复发展，为全面进入社会主义改造和建设奠定了基础。

第二节　治理失业，救济灾民

一、治理失业

新中国成立前后，战事频繁，金融混乱，工商企业惨遭破坏，工厂、矿山大量倒闭，生产萎缩，交通瘫痪，各地失业人数急剧增加。1950年9月底，据不完全统计，全国失业工人有1 220 231人，失业知识分子188 261人，共计1 408 492人。此外，尚有半失业者255 769人，将失业者120 472人。[2] 失业率最高的1950年7月，仅全国登记失业工人人数就达1 664 288人[3]，占当时城市职工总数的21%；

① 金冲及，陈群．陈云传（上册）．中央文献出版社，2005年，第678页．

② 中国社会科学院，中央档案馆．中华人民共和国经济档案选编·劳动工资和职工保险福利卷（1949—1952）．中国社会科学出版社，1994年，第199页．

③ 中国社会科学院，中央档案馆．中华人民共和国经济档案选编·劳动工资和职工保险福利卷（1949—1952）．中国社会科学出版社，1994年，第203页．

如果加上未登记者，失业人数将更多。1949 年前后，造成如此庞大的失业队伍，原因是多方面的。长期的动荡，在中国社会上造成了严重的失业现象。在接管城市的过程中，对国民党政府公职人员及企事业单位职工 600 余万人开始实行暂时“包下来”政策，在国家各项建设和各方面工作还未大量发展起来以前，处于失业状态。同时，由于社会经济结构的不断改组，许多过去适应于半殖民地半封建经济的一些商业、服务业的市场需求急剧缩减或消失，如歌舞厅、高档饭店、高级服装店、古董店、赌场等，也造成此类商业和服务业的就业人员失业。新中国成立初期开展的打击投机、稳定物价措施使市场上的虚假购买力迅速消失，社会需求急剧压缩，商品滞销，私营工商业关门歇业导致工人失业。工矿交通企业经过生产改革，劳动效率提高，很多企业出现大量剩余劳动力。城市中的广大家庭妇女，其中有不少是具有相当高文化程度的知识妇女，在“妇女能顶半边天”新思想的影响下要求就业，从而大大提高了劳动参与率，增加了劳动力的供给人数。土改后大量剩余农村劳动力，盲目向城市流动，过快的城市化成为加剧城市中失业问题的重要因素。此外，在制定和执行新政策的过程中，出现了一些过激行为，错误地排挤私营工商业，造成了部分工人失业。这就使新中国成立初期的失业状况具有失业人数庞大、失业范围广泛、失业类型复杂、社会危害巨大等特点。

（一）中国共产党治理失业的指导思想

就业是民生之本，在经济文化落后的新中国成立初期劳动者大量失业更是人力资源的巨大浪费。大量失业人员的存在，不仅仅是降低失业者家庭收入及生活水平的民生问题，也是制约着经济结构调整和国民经济恢复进程的经济问题，更是危及社会稳定、关系到人民政权巩固的政治问题。对于刚刚获得解放仍处于极度贫困状态的广大居民来说，失业即意味着断粮、断炊。在一些大城市里，由失业造成的生活无着落而导致自杀的现象时有发生，由此出现诸如反对工会、殴打政府干部等发泄不满情绪的骚乱事件。“如果我们不能稳定工人群众的情绪，争取工人群众对我们的坚决无保留的拥护，将会造成我们在城市工作中的重大困难，甚至可以动摇到城市中人民政权的基础。”① 因此，能否尽快安置好 400 万失业人口，对中国共产党和人民政府来说是一个严峻考验。

1. 实事求是地承认现状，取得人民群众的理解和支持

对于庞大的失业群体，中国共产党人并不隐讳，领导人在公开场合都实事求

① 中国社会科学院，中央档案馆．中华人民共和国经济档案选编·综合卷（1949—1952）．中国城市经济社会出版社，1990 年，第 23 页．

是地承认这一客观现实，并向群众解释清楚，要求群众有足够的思想准备，号召群众与党和政府齐心合力共同解决这一难题，这充分说明了党中央对解决失业问题的坚定决心。解放初，陈毅在一次对上海60万工人的公开演说中坦率地讲道：看未来情况，上海经济将更加恶劣，预测将有更多的工厂倒闭或减工，劳工已是中国领导阶级，今后不能再罢工或怠工。他向工人承诺说，党不仅帮助工人取得他们的权利，也应该教育他们尽到义务。希望工人能理解政府的暂时困难，接受较低的工资待遇。毛泽东在七届三中全会上分析了造成严重失业的两个基本原因："帝国主义和国民党反动派的长期统治，造成了社会经济的不正常状态，造成了广大的失业群。革命胜利以后，整个旧的社会经济结构在各种不同的程度上正在重新改组，失业人员又有增多。"并指出："这是一件大事，人民政府也已开始着手采取救济和安置失业人员的办法，以期有步骤地解决这个问题。"① 要求各级政府"必须认真地进行对失业工人和知识分子的救济工作，有步骤地帮助失业者就业。"他还把它确定为争取国家财政经济状况基本好转的八项工作之一。接着提出了解决这一问题的具体措施："我们要合理地调整工商业，使工厂开工，解决失业问题，并且拿出二十亿斤粮食解决失业工人的吃饭问题，使失业工人拥护我们。"② 陈云估计到了解决失业问题的长期性和艰巨性："从总的趋势来看，在国家经济建设尚未大规模展开以前，要彻底解决上海的失业问题，不是容易的事情。"③ 周恩来对失业人口也非常关心，当他听说1950年头三个月上海失业工人已近12万，他们生活极为困难，连续发生有人因生活没有出路而自杀的情况时，心情十分焦灼。提出了以以工代赈为主，包括生产自救、还乡生产、发放救济金、转业训练、介绍就业等多种办法。

2. 分析失业形成的根本原因，树立解决问题的信心

毛泽东解放前夕在批判帝国主义预料中国共产党将解决不了吃饭问题时，指出："上海等处的失业问题即吃饭问题，完全是帝国主义、封建主义、官僚资本主义和国民党反动政府的残酷无情的压迫和剥削的结果"。在人民政府领导下，是可以"完全地解决失业即吃饭问题"的④。1950年6月30日，《人民日报》的一篇题为《失业与失业救济》的文章，代表了当时党和政府的这种认识。该文章把失业的原因归之于社会制度，认为失业是资本主义制度的产物，"它是中国经济被剥削至极度贫困与破落的结果，在中国经济改造过程中无法继续隐藏而全部

① 毛泽东文集（第6卷）. 人民出版社，1999年，第69页.

② 毛泽东文集（第6卷）. 人民出版社，1999年，第71、74页.

③ 陈云文选（1949—1956）. 人民出版社，1984年，第188页.

④ 毛泽东选集（第4卷）. 人民出版社，1991年，第1511页.

暴露出来的。”因此，“这种失业现象只是短暂的，它是进步与发展中的困难，从而也是可以克服的困难。”这就从根本上排除了它与新民主主义制度的关系，同时也在人民群众中树立了最终消除失业的信心。造成当时严重失业的基本原因固然是旧社会的社会经济极度萎缩，然而社会的急剧转型又使得失业情况雪上加霜。但众所周知，失业是市场经济国家普遍面临的难题，原因也是多种多样的，既有社会客观原因，也有劳动者主观原因，更与政府实施的方针政策有关。但当时人们的认知就是这样，其普遍认识是：随着有计划经济建设的大规模开展，需要的人才会越来越多，失业问题不仅可以逐渐缓解，甚至会最终消失。鉴于当时东北、关内老解放区经济上升及基本消灭失业的现象，社论便以东北为例，由于土地改革已经完成，社会秩序已经安定，经济建设工作已经走上轨道，不仅失业问题已经解决，而且感到工人不足，要大批向关内招聘。同样的结论在一个多月后关于解决知识分子和学生失业、失学的社论中再次出现：“当前新解放区部分教师、学生的失业、失学问题，只是暂时性的问题。只要完成了土地改革，生产建设开始走上了新的轨道，这些地区的教育事业就会顺利发展起来，而教师失业、学生失学的现象就会跟着逐步消灭。”① 正是从思想上、舆论宣传上树立了失业的资本主义制度属性和阶级压迫的结论，在实际工作中则制定了积极的、坚定的失业救助政策，强调“三个人的饭五个人匀吃”② 的普遍就业政策，将失业救助上升到对人民负责的战略高度给予高度重视，通过救济与安置并举、疏浚与堵源结合，较为成功地缓解了就业压力，并努力通过失业问题的解决，改善人民生活，进一步巩固社会秩序，尽快恢复发展生产。人民政府对解决失业问题的决心还可以从对国民党遗留下来的旧人员实行“包下来”政策中得到鲜明的体现，因为仅此一项每年就多增加300万人的口粮，付出相当于120亿斤小米的开支，尽管当时的情况非常严峻，但正如毛泽东所说：“我们既然有办法克服困难，我们的事业就是有希望的，我们的前途是光明的。”③

（二）采取的政策措施

对于失业救济和安置工作，毛泽东、周恩来、刘少奇和陈云等党和国家领导人都直接过问。毛泽东十分关注工人的生产和生活状况，他多次致电失业问题严重的上海市市长陈毅，希望税收问题和失业问题能照正确原则解决，取得各方同意妥善进行。要不断采取措施进行失业救济、帮助工人恢复工作，渡过难关。在

---

① 努力克服部分教师失业和学生失学的现象．人民日报，1950年7月28日．

② 毛泽东文集（第5卷）．人民出版社，1996年，第335页．

③ 毛泽东文集（第6卷）．人民出版社，1999年，第24页．

一份上海市委关于上海失业工人救济工作情况给中央及华东局报告的请示中，毛泽东指示劳动部部长、全国总工会副主席李立三："请考虑发一通知，叫各地调查解放前失业工人究竟有多少，以便考虑包括这批失业工人的救济问题，我意只要有可能，他们是应当救济的。如果不太多，比如说只有几十万人，是可以考虑救济的。"① 中共中央还相继于1950年4月、6月、11月三次发出指示，对失业工人的救济问题作了若干规定。其中最重要的是1950年5月19日政务院第33次政务会议通过的《关于救济失业工人的指示》，同年6月17日公布。鉴于"已经失业的工人，生活异常困难，急需救援，无法等待，人民政府应予以极大的同情和关怀，并给以可能的援助和救济。"② 政务院决定：（1）在本年度的财政预算中拨出4亿斤粮食作为救济失业工人基金。（2）救济失业工人的地区，所有公私企事业单位和在职人员均按月缴纳一定的失业救济金，地方人民政府也须拨出一部分资金作为救济失业工人之用。（3）采用多种形式的失业救济。（4）上海等失业现象最为严重的五大城市，应立即组织救济失业工人委员会，拟定救济计划和预算，报告政务院批准实行。同时，会议还批准了劳动部颁发的《救济失业工人暂行办法》，对如何实施《关于救济失业工人的指示》作出了具体规定。此后还颁布了《关于救济失业教师与处理学生失学问题的指示》和《关于处理失业知识分子的补充指示》等相关指示、条例，为解决失业问题，提供了政策依据。对于失业人员的实际救济，党和政府采取了政府拨款与社会捐助相结合，缓解燃眉之急与帮助提高就业、转业能力相结合的办法。具体来说，解决失业问题的措施有以下几个方面：

1. 以工代赈

"以工代赈"是指政府投资建设基础设施工程，受赈济者参加工程建设获得劳务报酬，以此取代直接救济的一种失业和救灾政策，也是中国传统救助事业中的代表性措施之一。这种通过自己劳动获得报酬并改善生活的方法，能从保证受助人人格尊严的角度，较大程度地调动受助人员的积极性与个体潜能。因此，1950年5月13日，周恩来在回复上海市人民政府关于救济工作的电报中指出："对于两三个月以上的长期救济，应用以工代赈（如修筑公共工程等）为主要方向"。③ 陈云也建议："有重点地举办失业救济，尽量把失业者组织起来参加公共工程，例如兴修水利，修建市政工程等"。④ 各级失业工人救济处专设工赈科负

① 建国以来毛泽东文稿（第1册）. 中央文献出版社，1987年，第503页.

② 中国社会科学院，中央档案馆. 中华人民共和国经济档案选编・综合卷（1949—1952）. 中国城市经济社会出版社，1990年，第24页.

③ 建国初期社会救济文献选载. 党的文献，2000年第4期.

④ 陈云文选（1949—1956）. 人民出版社，1984年，第104页.

责办理以工代赈，筹办各项工程事项。“以工代赈的工程范围，首先为国家需要举办的工程，以及有益于市政建设的事业，如浚河、修堤、植树、修理码头、下水道、修建马路、公园等。”[①] 这些工程的范围一般较广，容纳人数比较多，也不需要专门的技术，材料费用所占比例不大。因此，这是一种比较适宜的办法，也是救济失业工人的主要方法。据上海等 43 个城市 1950 年 12 月份不完全的统计，有 123 854 名失业工人参加了以工代赈，进行了翻修马路、疏浚湖河及下水道，修建铁路、公园、桥梁、水井、仓库、公路路基和堤岸，改进环境卫生及采石等项市政建设工程[②]。当时北京市曾组织 4.46 万人参加挖三海、护城河与疏浚郊区主支流等工程，完成修整道路 619 万平方米，修建水利闸坝 7 座，桥梁 1 座，涵洞 7 个，其他工程土方几十万立方米。最大的疏浚工程是陶然亭工程，共用工日数达 35 万多个，挖掘土方 33 万立方米。整个以工代赈工程发放工资米 4 229 350斤，可维持 23 496 人三个月的生活[③]。在南京，至 1950 年 10 月底止，共计完成培修堤岸 121 558 立方米，修筑道路及桥梁 231 861 平方米，下水道 19 261立方米，修整园林、河川计土方 143 397 立方米，改变了国民党统治二十多年来破旧不堪的市容[④]。这一措施的实施，既使工人学会了一套新的技术，救济了失业工人，保障了他们及其家属的生活，又改善了市内的清洁卫生，增进了市民的健康；同时对城乡物资交流运输也起了不小的作用。

以工代赈最大的特点是互利互惠，具有双赢的特点。“组织失业工人参加工赈，不仅可以解决失业工人和其他失业人口的生活问题，而且可以发展各项建设事业，并给予失业工人和其他失业人口以集体劳动的训练和文化政治的教育，实在是一举两得。”[⑤] 此外，以工代赈还具有见效快、范围广、救助面广的特点，是救助失业中非常有力的措施。通过以工代赈，既可以使政府以较低的成本完成市政工程；又可以使失业贫困者用比较自由的方式，不失尊严，以自己的劳动所得，维持生活，因此是深受被救助者欢迎的一种救助方式。其缺点是季节性强，有些工种难以按计件工资计算劳动量，容易造成不分工作的轻重及劳动强度的大小，一律平均按每日发给工资，形成“干不干，六斤半”的平均主义磨洋工现象。

2. 转业培训

转业培训主要是通过对失业人员进行短期知识或技能培训，将其培养成能够

---

① 中国社会科学院，中央档案馆．中华人民共和国经济档案选编·劳动工资和职工保险福利卷（1949—1952）．中国社会科学出版社，1994 年，第 169－170 页．

② 毛齐华．一年来救济失业工人工作的成就．人民日报，1951 年 5 月 1 日．

③ 周鸿．北京社会主义革命与建设史．北京师范大学出版社，2000 年，第 44 页．

④ 毛齐华．一年来救济失业工人工作的成就．人民日报，1951 年 5 月 1 日．

⑤ 中共中央文献研究室．北京市重要文献选编（1950 年）．北京人民出版社，第 387－388 页．

适应一定生产岗位的技术工人。通过转业培训，解决了部分失业人员的就业问题，使“失业工人学习了或提高了技术，创造了就业条件，对公私企业缺乏技术工人的困难，也有了一些帮助”，[①] 因而转业培训实际上也在间接地为国家建设培养一定的人才。因此，从长远角度看，转业训练不仅是新中国成立初期失业救助的一项重要救助措施，而且也是间接培养技术人员的一种方法。

新中国成立初期，结构性失业大量存在。所谓结构性失业主要是指劳动者的技能、经验、知识结构与可供的职位空缺不相适应而导致的失业。而在国民经济的恢复和发展过程中，各种企业需要大批有文化、有专业技术的人员。根据1951年国家经济建设需要，仅技术工人一项，即须增加31万人。而旧中国的工人本身技术水平偏低，无法适应新中国建设事业发展的需要。在这种情况下，举办转业培训是解决这个问题最有效的办法。通过适当的转业培训，既能够解决失业人员的就业问题，也为国家建设培养了人才，可谓一举两得。陈云在谈到指导转业时指出：“转业问题中有劳动力的转业及资金的转移。我以为较困难的是劳动力的转业，我们的努力主要应放在这方面。”他对有文化、有专业知识的知识分子转业和大学生就业充满信心：“在大城市中，经济发展所需要的劳动力及知识分子的数量是很大的，转业有迟早，但一定会转过来。去年喊知识分子没出路，当时我就说过，知识分子不但不会没有出路，而且会嫌少。今年‘七一’我做文章，说大学生毕业即失业的现象已经消灭。其实，高中学生也是如此。”[②] 转业培训的主要方式有：企业自筹经费，办技校、招学徒工，自行训练所需技术工人；委托培训机构代训，即委托城市中的私立职业学校、职业补习学校、技术学校等代训部分失业人员；劳动部门自设训练班。培训时间一般为三个月到一年。

3. 生产自救

要解决失业问题，从根本上来说还是要通过发展生产来解决。组织失业人员开办加工厂、合作社、生产小组、作坊、农场、运输等生产方式，来解决失业与生活困难问题是最有效的治本之策。《救济失业工人暂行办法》第25条规定：“各地失业工人救济处应协同当地的工会组织，根据工商业情况与人民生活的需要，拟具各种生产自救办法，并根据自愿原则，组织失业工人举办之。”[③] 失业工人救济委员会从救济基金中酌量拨给一定数量的补助资金资助失业职工生产自救。截至1950年12月底，根据43个城市的统计，共有79 439人参加生产自救，

---

① 中国社会科学院，中央档案馆．中华人民共和国经济档案选编·劳动工资和职工保险福利卷（1949—1952）．中国社会科学出版社，1994年，第204页．

② 陈云文选（1949—1956）．人民出版社，1984年，第149页．

③ 中国社会科学院，中央档案馆．中华人民共和国经济档案选编·劳动工资和职工保险福利卷（1949—1952）．中国社会科学出版社，1994年，第170页．

组织了橡胶、布鞋、被服、木器、纺织、煤球、垦荒、烧窑、五金、牙刷、挑花刺绣等十几种生产单位。生产自救的主要方式是组织加工工厂、合作社或生产小组。在上海由失业工人救济委员会领导组织了 16 个生产自救工厂，贷给资金 11 亿多元（旧币），最多时吸收到 9 897 名失业工人参加。广州组织了 70 个生产自救单位，共计有 1 000 余人参加生产①。有些地方帮助停工歇业的工厂工人，利用原有的机器、房屋，贷给资金，恢复生产，如上海的"安琪儿奶粉厂"，广州的大中国烟厂、联合布厂。还有些与农村关系比较密切的城市，配合土产公司、合作社，参加运输，搞收购和推销工作，加强城乡互助，促进物资交流。以上各种生产自救工作的展开，把分散的失业工人组织起来生产，不仅使得失业工人有了生活依靠，而且还提高了生产技术和培养了一些经营管理工厂的人才。

4. 还乡生产

新中国成立初期，为解决庞大的失业人口就业压力，各级政府开始有计划地动员和资助失业工人回乡生产或移民生产。《救济失业工人暂行办法》第 29 条规定："凡由乡村到城市不久或目前在乡村中有亲属可以回乡的失业工人，应由工会根据自愿原则，组织并鼓励他们回乡生产。由失业工人救济处发给本人及其家属所必需的旅费，并酌量发给救济金作为生产资金的补助。"② 自愿还乡之失业工人，由失业工人救济处发给证明文件，当地人民政府应在可能范围内给以帮助，使其能够在乡从事生产事业。随着农村土地改革的进行，每个人都能分到一块地，比在城市失业靠救济强多了，所以对一些老家在农村的人产生了强大的吸引力。仅 1950 年 7 月至 1951 年 10 月底，全国共有 118 699 人返回农村。这些失业工人通过回乡或者移民，分到了一定数量的土地进行农业生产，得到了合理的安置，在农村安家落户。这不仅解决了城市劳动力过剩的问题，还对发展农业生产起了一定的促进作用。此外，当时农村的稳定发展，也制止了大量农村劳动力盲目流入城市，支持了结构性失业的治理。但习惯居住于城市的人有一部分是很留恋城市的，不愿回乡生产，因此，必须经过耐心的宣传说服，尤其要打通其家属的思想，才能动员他们在自愿的原则下还乡③。

5. 组织救济

新中国是人民当家做主的政权，当人民遇到困难时，作为国家，理当伸出援手进行救助。失业救济虽然是解决失业问题中治标的工作，但对于维持社会稳

① 毛齐华. 一年来救济失业工人工作的成就. 人民日报，1951 年 5 月 1 日.

② 中央人民政府法令汇编（1949 年—1950）. 法律出版社，1982 年，第 626 页.

③ 北京市档案馆，中共中央北京市委党史研究室. 北京市重要文献选编（1950 年）. 2001 年，第 671 页.

定，保障人民生活是十分必要的。1950年4月29日，刘少奇在首都庆祝“五一”劳动节干部大会上紧急呼吁：“在各大城市中，在可能范围内，救济失业工人就是完全必要的，不容缓办的。”① 陈云指出：“对于失业工人，我们都要给以救济，不要使他们闹架。”② 为了解决失业工人的生活问题，全国总工会即于1950年4月20日发出《告全国工人、职员书》，号召全体在业工人和职员，捐出一天工资，救济上海及全国各地失业工人。根据政务院1950年《救济失业工人暂行办法》，全国各大城市要为失业人员设置救济金，由此，各级政府开始试行失业救济金制度。关于救济基金筹措方面，根据财政拨款与社会捐助相结合的原则，其具体来源有三个方面：一是由中央与地方人民政府财政直接拨给的救济基金。据不完全统计，1950年中央财政分拨救济经费合计2亿多斤粮食，1951年分拨经费324.4万元，1952年分拨救济经费859万元。二是向企事业单位和在职职工征收。政务院《救济失业工人暂行办法》规定：凡是举办失业救济的城市，所有公私工厂、作坊、商店的行政方面或资方，均需按月缴纳所付实际工资总额的1%，各企事业单位的在业工人和职员，亦应按月缴纳所得实际工资总额的1%作为失业救济基金③。1950年全国征收失业工人救济费达2 046万元，1951年为2 803万元，1952年为4 500万元。三是社会各界的自愿捐助。从1950年4月中央提出失业工人救济捐助的决议到当年9月底，各地工人捐钱款达288万元，粮食3 887.4万斤。到1950年11月，中央政府共拨出2.37亿多斤粮食作为失业救济基金，全国总工会拨出287.92多亿元（旧币）作为紧急救济失业工人之用④。以北京市为例，按《北京市救济失业员工试行细则》给予救济的人员达1.2万余人次。从1950年至1956年全市对失业人员累计发放救济金318余万元，享受救济的累计1.88万余人次，紧急救济的累计2.7万余人次，临时救济的累计3.69万余人次，发放急赈粮15.7万公斤⑤。上海市对72.6万失业工人和知识分子分别给予了救济、安置和安排就业，对25.5万半失业工人和将要失业的12万人也作了安置，初步解决了失业工人生活上的暂时困难。

除了上述的几种重要救济措施之外，还有移民屯垦、介绍就业等多种方法。

为了全面解决失业人员的就业问题，逐步消灭失业半失业现象，把城乡大量的剩余劳动力有计划地充分应用到各项社会建设事业中来，进而逐步把劳动就业

① 刘少奇选集（下卷）. 人民出版社，1985年，第22页.

② 陈云文选（1949—1956）. 人民出版社，1984年，第181页.

③ 中央人民政府法制委员会. 中央人民政府法令汇编（1949—1950年）. 法律出版社，1982年，第626页.

④ 中共中央关于失业救济问题的总结及指示. 党的文献，2000年第4期.

⑤ 周鸿. 北京社会主义革命与建设史. 北京师范大学出版社，2000年，第44页.

纳入国家的计划管理中来，在毛泽东的建议下，政务院于1952年7月25日召开了劳动就业问题的专门会议，会议通过了《关于劳动就业问题的决定》（以下简称《决定》）。首先要求企业不得随意解雇工人，规定“企业即令一时发生困难，也应从积极发展生产和营业中来克服本身的困难，不得从解雇职工上想办法，以保障职工利益，避免增加失业。解雇职工必须按工会法及其他有关法令的规定办理。”《决定》中还规定了解决各类失业人员的不同方针政策，比如对失业的知识分子应采取广泛吸收、教育、改造、使用的方针；对于要求出来工作的家庭妇女，应逐步地，有组织、有计划地采取适当办法，吸收她们参加工作，并予以一定的生活补助；对于旧军官、旧官吏，应予以登记，采取教育、改造、使用的方针，有计划地分期分批予以训练、改造，帮助他们转业；对于农村大量的剩余劳动力，应积极设法使之转移到生产上来。此外，必须有计划、有步骤地向东北、西北和西南地区移民；对失业的少数民族人员，要有计划、成批地吸收到工矿企业中去，并尊重他们的生活习惯；对归国的难侨和贫苦的侨民，要妥善安置。对城市中的一切失业人员，要求统一办理登记，根据不同情况，分别处理。会上决定成立以李维汉为主任的政务院劳动就业委员会，并要求大区、省和大城市均设立劳动就业委员会，并需建立由专人负责的办事机构，指导劳动部门及其他有关部门办理对一切失业人员的登记处理事宜。会后，《决定》很快得到落实。有关法令成为城市中各类失业人员寻找正当出路的有力保障，同时也对国家建设事业的发展和繁荣起到了积极的促进作用。

（三）实施成效及意义

在党中央和人民政府的统一领导之下，各地积极开展各种形式的救济失业活动，失业问题得到逐步缓解，到1951年5月，全国各省、市已成立124个失业工人救济委员会。截至1950年12月，采取各种办法救济失业工人，参加生产自救者79 439人，还乡生产者98 408人，介绍就业者365 974人（上述三项都以就业论，共计543 821人）。正在救济中的，参加以工代赈者123 854人，转业训练者9 072人，单纯领救济金者113 190人。以上总计789 937人。占全国当时失业工人的59.7%。如包括家属在内，得到救济的在200万人以上[①]。当时，根据中央的精神，截至1951年年底，失业工人重新就业者已达120余万人，其中国营工矿企业新吸收的职工约60万人。解放以来，失业知识分子经过各种训练

① 毛齐华．一年来救济失业工人工作的成就．人民日报，1951年5月1日．

招聘以及个别安置而参加各种工作者，约有100万人①。之所以能在短时间内取得如此显著成绩，主要是由于各级政府以人民利益高于一切的社会责任感，把救济失业工人看做国家保护劳动力的一种政策，是整个经济建设计划中的一个部分，因此在实行救济时，不是单纯的放赈，而是与生产结合，从根本上去解决失业问题。以救济数字看，介绍就业、还乡生产、以工代赈、生产自救、转业训练占86%，而单纯救济的仅占14%②。在救济方式上，依靠工会组织，依靠失业工人自己来办理救济失业工人的工作。这样就能加强工人阶级的团结，发挥组织力量，学会管理企业和管理国家事务，同时使其在救济工作中体会党和政府的关怀。采取各种办法救济之后，不但使失业工人和知识分子生活上的困难得到相应的解决，并且也安定了在业工人的情绪。工人们亲身体会到只有工人阶级领导的人民政府，才会真心实意地照顾工人的生活。有的失业工人说："只有自己的政府，才关心得这样周到，回乡有回乡的办法，不回乡有不回乡的办法，要在过去反动的国民党，只管自己贪污享受，哪管咱工人死活！"有些被介绍就业的工人说："不钻门子，就可以找到职业，真是梦想不到的事。"有些失业工人领到救济金以后，觉得不应坐等救济，自动参加以工代赈的工作。有的失业工人知道政府也很困难，主动不领救济粮。

经过三年的经济恢复，到1952年年底，全国工农业生产都超过了历史最高水平。在党和各级政府的帮助下，全国有220多万失业工人和知识分子重新就业③。在此基础上，人民群众的物质和文化生活也有了明显改善。

二、救济灾民

自古以来，中国就是一个多灾多难的国家。翻开中国历史，有史便有灾，而灾害种类之多，遇灾之频繁，受灾损失之严重，世所罕见，尤其是水灾、旱灾和蝗虫，因其危害极大而并称为中国历史上的三大自然灾害。以至于人们一提到灾荒就"谈灾色变"，胆战心惊。"赤地千里""十室九空""饿殍遍野""人易子相食"的记载，不绝于史册。远的不说，仅民国时期1920－1936年的16年间，据估计死于灾荒的就达1 835万人。而1931年的大水灾，全国8个省受灾农田达15 787万亩，灾民5 271万人④。新中国成立后，自然灾害仍然频繁光顾，

---

① 中共中央文献研究室．建国以来重要文献选编（第3册）．中央文献出版社，1992年，第285页．

② 毛齐华．一年来救济失业工人工作的成就．人民日报，1951年5月1日．

③ 全国各地三年来劳动就业和失业救济工作获显著成绩．人民日报，1952年11月13日．

④ 陈云文选（1949—1956）．人民出版社，1984年，第80页．

1949—1956 年中大灾之年就有三次：1949 年（本文在救灾时使用的年度指从前一年下半年到第二年上半年作为一个救灾年度来计算，因为我国较大的自然灾害，多数是发生在秋季，而度过这年的灾荒，要到第二年的夏收）就遇到了严重的水灾，1954 年遭到百年不遇的洪水袭击，1956 年特大台风、洪水和干旱灾害。其中最严重的就是开国第一年水灾。这年的灾荒，主要是因为国民党统治时期，河道年久失修，国民党撤退时又疯狂地加以破坏。加上夏秋之间，雨水频繁，长江、淮河、汉水及河北省各河干支流都发生严重的决口和漫溢，酿成了巨大的水灾。据内务部的统计，全国受灾面积约 12 787 万亩，受灾人口约4 555万人，倒塌房屋 234 万余间，减产粮食 114 亿斤，灾情分布在 16 个省、区，498 个县市的部分地区①。由此造成的损失，如湖南省在 1950 年 3 月的报告中指出："饥荒几遍及全省，各地区 25%以上的贫雇农及手艺工人处在缺粮断炊的情况中。用生产来解救饥荒，时间已来不及。特务、地主正在各地鼓动进行骚动，我们如不主动、迅速、全面解决农民这一生死问题，将脱离广大群众，春耕工作亦无力开展，将造成不可补偿的严重损失。"② 头年水灾造成的严重春荒尚未度过，1950 年春夏之交，华北、东北、华东、中南、西北等省部分地区又遭遇雹灾，据 6 月底的统计，受灾面积达 1 200 余万亩。山西受灾最严重，其次平原、河北、山东也相当严重。仅山西一省先后有 64 县发生 110 次雹灾，受灾面积达 410 万亩。各地砸死不少人畜，毁坏不少房屋③。

（一）成立各级救灾组织，把救灾作为党和政府的一项重要工作

新中国成立之初，百废待举，面对如此严重的自然灾害，对刚刚建立的新中国各级政府来说是一个严峻的考验。救灾工作的成败，直接关系到人民生活的稳定及党和政府的威信，是最重要、最直接的民生问题。由于受灾地区大部分是新解放的地区，这些地区刚刚摆脱国民党反动派的压榨和剥削，又遭受如此严重的天灾，困难是可想而知的。因此，中央及各级人民政府对赈灾工作予以高度重视。1949 年 12 月 19 日，政务院发出了《关于生产救灾的指示》，把救灾当做重

① 中华人民共和国内务部农村福利司．建国以来灾情和救灾工作史料．法律出版社，1958 年，第 1 页．

② 中国社会科学院，中央档案馆．中华人民共和国经济档案选编·综合卷（1949—1952）．中国城市经济社会出版社，1990 年，第 28 页．

③ 中国社会科学院，中央档案馆．中华人民共和国经济档案选编·综合卷（1949—1952）．中国城市经济社会出版社，1990 年，第 26 页．

要的政治任务。要求各级人民政府高度注意，“认识到生产救灾是关系到几百万人的生死问题，是新民主主义政权在灾区巩固存在的问题，是开展明年大生产运动、建设新中国的关键问题之一，决不可对这个问题采取漠不关心的官僚主义的态度。”号召“全体干部对生产救灾工作要有极高度的热忱，极周密的方法与极深入的工作……发动与组织人民战胜灾荒，即为自己的生存而奋斗。”① 为了贯彻政务院的指示精神，实现指示的目标，中央人民政府内务部于 1950 年 1 月 9 日发出了《关于生产救灾的补充指示》，强调指出：“各级人民政府要对救灾负起高度责任，不要饿死一个人！如有对灾情不了解，对春荒无准备，饥饿来临，毫无办法，那就应受到责罚。”

为了更好地落实中央指示精神，中央政府和地方各级政府相继成立中央和地方生产救灾委员会。1950 年 2 月 27 日，由政务院政法委牵头召集了内务部等十几个相关单位负责人开会，成立以副总理董必武为主任的中央救灾委员会，他在会上作了关于深入开展生产救灾工作的报告，号召各部门统一步调，加强抗灾工作，提出了救灾的方针，即：“生产自救，节约度荒，群众互助，以工代赈，并辅之以政府必要的救济”。生产救灾包括一系列组织工作，是灾荒袭来时党和政府在农村最主要的工作；同时生产救灾，不是短期的突击运动，每个时期有不同的工作环节，因此成立专门领导生产救灾工作的委员会是非常必要的，也是领导救灾工作的核心机关。灾区各地也根据中央指示精神，相继组织成立了各级生产救灾委员会。如河北省救灾委员会于 1949 年 8 月 17 日成立，该省对于灾情特别严重的宁河、宝坻、蓟县、玉田等县，还组织了“宁、宝、蓟、玉重灾区工作委员会”，以便加强对四县重灾地区救灾工作的专门领导。鉴于水灾频繁发生，防汛任务艰巨，1950 年 5 月 15 日召开全国防汛会议，会后中央和地方相继设立防汛指挥部。6 月 3 日中央防汛总指挥部在京成立，主任由政务院副总理兼任，副主任分别由水利部及人民解放军总部代表担任，领导全国各河流防汛事宜。

各地灾情发生后，特别是 1950 年春荒期间，灾情在不断蔓延，政务院对灾区工作极为关心，除了通过各种联系加强对受灾地区的督促检查外，还先后派出五个视察组，由政法委、人监委、内务部等单位抽调干部组成，在负责同志领导下，分别到河北、平原、山东、皖北、苏北等重灾区视察，这些视察组在灾区工作了一两个月，除从各级领导机关了解全面情况、检查救灾工作的领导外，还深入到农村、灾民中进行访问，实地查看灾民的生活生产情况，及时发现问题，立即反映给当地政府解决，或迅速报告中央救灾委员会处理；对于成功的救灾经

① 中华人民共和国内务部农村福利司. 建国以来灾情和救灾工作史料. 法律出版社，1958 年，第 5—6 页.

验，也及时总结，以便向各地介绍推广。与此同时，华东、中南军政委员会和各重灾省，也都派出慰问团或视察组，由负责干部率领，深入灾区视察或常驻灾区工作。如华东军政委员会派出30余人组成的慰问组赴山东、苏北、皖北工作。河北省及天津、唐山、沧县、通县四个专区前后共下去2 200名干部，深入重灾区，面向困难户，亲自动手，挨门逐户了解情况，发现问题，就地解决。河南省政府抽调干部61人，组成六个视察组，分头到许昌、信阳、潢川、陈留、商丘、淮阳等专区的灾区检查并帮助工作。省府主席亲赴陈留、兰封、考城等县视察。经过各级政府派出视察组自上而下的检查推动，灾区的工作很快有了起色，某些地方干部中的官僚主义倾向得到了及时的纠正，灾民生活、生产上亟待解决的问题迅速得到了解决。如派往山东、苏北、皖北的视察组，发现某些灾区群众不仅缺粮，而且缺盐；许多土特产当地无法推销，影响群众生活；要兴修水利却缺乏技术指导。发现这些问题后，政务院迅速处理，对灾区人民的生产自救，有很大帮助。当毛泽东得知苏北灾民缺粮缺盐时，于1950年3月20日，亲自批示给董必武，请他予以处置，并请以结果相告。询问："2 000万斤粮、1 000万斤盐是否可以照拨，并及时运付？"[①]

这些事实说明，主要负责人必须深入灾区，体会灾情的严重程度，发现问题、制定解决办法，增强主动性和预见性，增强群众生产自救的信心，同时对干部的麻痹作风及时纠正。此项工作不仅可以安定人心，而且对救灾工作的推动与加强，具有极大作用。

（二）采取各种抗灾救灾措施及时施救

1. 组织生产自救

董必武在中国人民救济代表会议上的报告中指出："经过长期战争的中国，战争的创伤是需要时间医治的。灾荒正是创伤的一种。"如何医治呢？"主要的救灾办法是政府领导人民互助自救，同时政府又给灾民以必要的和可能的救助。""我们的救灾，不只是放赈。我们认为最重要的是组织和帮助人民进行生产。"[②]陈云也曾说："我们救济灾民，重点是组织灾民生产自救。政府的救济粮食是用在协助灾民进行各种生产上面，而不是只管发放不管生产的单纯救济办法。"[③]为了克服单纯救济思想，从根本上解决灾荒困难，受灾地区在领导群众度荒上，首先抓紧了农业生产的恢复工作。如：1949年水灾之后许多地区提出了"水退

① 建国以来毛泽东文稿（第1册）. 中央文献出版社，1987年，第280页.

② 人民日报，1950年5月1日.

③ 陈云文选（1949—1956）. 人民出版社，1984年，第82页.

一分、补种一分，水退一亩、补种一亩”的口号，号召群众与水争田、与灾争粮。劳动力不足，政府就把灾民临时组织起来，实行互助换工，发动妇女和半劳力积极投入生产，苏北地区就有40%的妇女参加了排水补种工作。耕畜缺乏，除发放大批牛草贷款、保护现有耕畜外，中央还直接从内蒙古调度一批耕畜支援灾区。农具缺乏，苏北地区立即增置铁锹、锄头、镰刀等共315万件。苏北受灾最重的淮阴专区，地委连续发出三次急电，指示各地抓紧排水，各县迅速救出田地120万亩，8月间大部分地区均已脱水。积水排出后，在进行补种时，各地遇到的最大困难是缺乏种子。特别是皖北地区所缺种子尤多，全区退水田地1 300万亩，需晚秋种子2 600万斤。得知其困难后，内务部在7月13日召开有关部门会议，专门商讨解决皖北种子问题，并联合河北、平原、山东、河南、察哈尔、绥远等省协助皖北收购种子，并由各部抽出专人，组成收购小组，分赴北京、天津、河北、平原、山东等地进行收购。收购工作很快完成，共采购马铃薯135万斤，蔓菁籽20万斤，白菜籽12万斤，油菜籽398万斤，合计560万斤。此外，贸易部还将按国际协定准备出口菜籽的600万斤，拨出一半给皖北灾区①。

1953年春季出现倒春寒，全国发生了前所未有的大霜灾，经过省、县大批干部深入麦田考察，向老农请教，和群众商量，重点实验，终于找到了挽救霜冻保麦苗的办法。农业部、内务部及时作了传达，各省领导机关也都发出了紧急指示，要求基层干部全力领导受灾农民进行抢救，劝告农民除对受冻特重、无法挽救的小麦外，一般都不要犁掉；发动群众用浇水、施肥等方式保苗。各地积极开展浇水救麦运动抢救遭霜小麦。经过抢救，取得良好的效果。群众非常高兴地说：“政府下通知不把麦子犁掉，是黄金万两！”在政府的大力支持下，救济物资在“生产救灾”方针指导下发挥了最大效用，农民生产得到一定程度的恢复和发展，保住了一些生产果实，为渡过灾荒打下坚实的基础。

在生产自救的基础上，党和政府还发动灾民积极开展副业和手工业生产，以弥补农业灾荒造成的损失。副业生产具有周期短、见效快、形式灵活方便，受自然条件和资金限制较小的特点，是一种较积极的度荒救济方法。政务院在《关于生产救灾的指示》中，号召各地要根据实际情况因地制宜，开展各种副业手工业。有条件的地方开展运输业，变“人养牲口”为“牲口养人”；在沿海沿河湖泊地区，组织灾民捕鱼、打捞水产。在组织副业生产过程中，各地因地制宜提出了许多适合当地具体情况的不同做法。有的地方提出，按照“开辟销路、内外并进、面广腿长、公私兼顾、薄利多销”的方针把灾民手中的土特产尽快推销出

① 中华人民共和国内务部农村福利司．建国以来灾情和救灾工作史料．法律出版社，1958年，第34页．

去，换取粮食和生产资金；有的提出在解决生产门路中，从小处搞起，在多种多样上想办法；在生产资金的问题上，主要依靠群众用“变死钱为活钱”，自由借贷，劳资合作等办法，自己筹措。通过发展副业、手工业，把整、半劳动力和妇女发动起来，开展了各种各样的副业生产，不少地区形成了“村村无闲人，家家有副业”的局面。据统计，山东省开展起来的副业有 100 多种，全省参加副业生产的灾民约有 800 万人；苏北副业生产的种类有 40～50 种之多，其中参加织席子、织折子、拐粉、扫硝、割草的即达 97 000 户①。1950 年至 1951 年，仅苏北淮阴专区就组织了 10 300 多个副业生产小组，包括 132 400 多人②。为了使灾民的土特产得到及时的运销，政府组织供销社和土产公司进行收购和外销。据统计，1950 年仅通过供销社系统收购和推销灾民副业产品总额约折粮 20 余亿斤，维持了约 1 000 万灾民三个月的生活③。许多地区还采用举办物资交流会的形式，帮助灾民解决土特产产品的销路问题，收效很大。1952 年河南郑州专区在合作会议上组织物资交流，总计成交额达 107 亿元（旧币，下同），使灾区大批土特产找到销路。川东七个县收购土特产产品共值 53 亿余元，可买大米 600 万斤，解决 12 万灾民一个月的生活困难④。

提倡和组织生产自救的好处有：第一，生产自救这种方式从根本上树立了灾区群众自力更生的信心，找到了克服困难的源泉。不仅可以尽快渡过眼前的困难，还能为克服来年的困难打下基础。第二，可以避免单纯靠救济的做法，克服群众依赖救济的思想，使国家救济能发挥倍增效益。第三，减少国家财政对救灾的支出，以便集中有限的财力进行其他社会建设。

2. 开展以工代赈

以工代赈是一项古老的救灾方法，早在春秋战国时齐国晏婴就曾运用此办法并取得了良好的效果。新民主主义时期在根据地救灾过程中也得到过推广。新中国成立后，政务院《关于生产救灾的指示》规定：“在有水利交通等工程的地方，应当注意组织灾民工作，以工代赈”。为了恢复被水灾破坏的水利工程和解决群众的生活困难，党和政府提出建设与救灾相结合的方针。《政务院关于一九五〇年水利春修工程的指示》指出：“在灾区的工程，要结合救灾，切实做到以工代赈。春修工程若能善于运用灾区群众的劳力，一方面可以完成春修的任务，同时

① 中华人民共和国内务部农村福利司．建国以来灾情和救灾工作史料．法律出版社，1958 年，第 12 页．

② 苏北日报，1951 年 4 月 22 日．

③ 人民日报，1950 年 9 月 17 日．

④ 中华人民共和国内务部农村福利司．建国以来灾情和救灾工作史料．法律出版社，1958 年，第 72—73 页．

对于目前救济灾民渡过春灾，也有极大的作用”。周恩来在比较了单纯救济与以工代赈之间的差别后指出：“发救济粮平均每人连家属在内月需粮八十斤至一百斤，若以工代赈，每人每月有粮一百五十斤亦可够了，在经济上增加不至太多，而能使工人有工做，又可借此修整一些必要的工程，是一举两得的办法。”[①] 事实证明，这种以工代赈的方法不但直接解决了上堤民工本身的生活，而且还解决了一部分民工家属的生活问题。“一般每人每天做工所得，除自己吃外，至少可以剩粮食1斤至2斤。”这样，一人做工，连同本人可以维持三口人至四口人的生活（家属每人每日按半斤计）。全部工程300万人做工，可以维持900万人至1 200万人生活[②]。以工代赈兴修水利，克服了灾民“等、靠、要”单纯依靠救济思想，让其自食其力，不但解决大部分灾民的生活困难，同时兴建、修复了一些水利工程，大大提高了防洪抗旱能力，把防灾和救灾结合起来，为以后的农业生产创造了有利条件。为了救灾，政府及时从偏僻的产粮区调运粮食到灾区，“运费虽大，但不少都被灾民和农村的剩余劳动力取得了”,[③] 这是以工代赈的另一种形式。

以工代赈的关键是处理好“工”与“赈”之间的关系。首先是相互结合，取得了一加一大于二的效果。因为无论是单纯的救济还是独立的水利工程，都只能解决一方面的问题，而工赈结合一举两得。其次，工赈结合，从着眼点来看，着重解决的是“赈”，通过“工”使“赈”合理地得到分配，相应地体现出治水劳动贡献大能得到较多的救济粮的原则，在劳动中实行有效的奖励原则。

3. 实行国家救济和社会互助互济

灾情发生后，人民政府在第一时间发放救灾物资和资金，把安顿人民生产生活放在首要位置。首先，要求各地详细地报告受灾情况，在掌握灾情的基础上，决定拨付救灾资金和物资。为此，1951年3月9日，生产救灾委员会发布《关于统一灾情计算标准的通知》对灾情统计作了规范：“收成三成以下为重灾，六成以下为轻灾，全年灾情按全年正产物收成统一计算。”中央内务部在1952年11月3日，又发布《关于加强查灾、报灾及灾情统计工作的通知》，对报灾时间、报灾标准、报灾内容、注意事项等对各级政府作了统一具体的要求，这样就能在准确的信息基础上进行有针对性的救助。其次，拨粮拨款。据内务部统计，1949年全国4 000万灾民中因受重灾而无劳动力或劳动力不足急需救济的占10%～

① 建国初期社会救济文献选载．党的文献，2000年第4期．

② 中华人民共和国内务部农村福利司．建国以来灾情和救灾工作史料．法律出版社，1958年，第17页．

③ 陈云文选（1949—1956）．人民出版社，1984年，第81页．

20%，约有700万人。这一年，国家拨出的急救粮与救济粮达34 040万斤。按每个灾民每天半斤粮食计，国家拨出的这些粮食，可以使700万最困难的灾民维持三个多月的生活。仅救济款这一项，自1950年到1957年，就发放了130 901万元[①]。国家对遭灾最严重皖北人民从口粮到衣服、从食盐到烧煤以及牛草、种子等，几乎缺什么就帮助解决什么。自1950年7月至1951年春荒期间，中央人民政府和华东军政委员会拨给皖北的救济物资（除寒衣外）先后计有：大米、原粮各2亿斤，晚秋种子款650亿元（旧币），煤24 000万斤，盐1 000万斤。除以救济粮解决灾民的口粮困难外，还有380万斤作为灾民转移路费；666万斤作为牛草救济，1 303万斤作为重建房屋补助[②]。最后，为了救灾，1950年上半年在全国范围内开展了史无前例的粮食大调运。在当时运输条件极端困难的情况下，从铁路、轮船到兽车、人力等各种运输工具和方法都被充分使用。铁道部调拨大批车辆，交通部组织了长江的各种船只，中南、华南两区分别组织了运粮委员会。粮食调运费用之高等于或高于粮价，尽管这样，国家也在所不惜，因为“我们的方针，力争不饿死人”，[③] 保证灾区粮食的及时供应。对于有些地方领导干部不顾全大局，阻止粮食外运，陈云预见到：“现在，若湖南粮食不调出，江西粮食不调出，灾区就可能出乱子。”因此他断然主张采取严厉手段：“谁阻止粮食外运，就砍谁的头。”[④] 可见当时党中央对救灾的决心之大，急灾区人民之所急的决心。

与此同时，根据当时客观条件，党和政府还号召灾区要开展节约互助运动，非灾区“也应进行节约，发扬互助友爱精神，帮助灾区”。全国许多城市和非灾区农村，开展了节约救灾运动。首先，在中央和许多地方机关及部队，普遍掀起了“一两米节约救灾”的热潮。解放初期，机关、部队人员的生活本身也较艰苦，但是他们一想到灾区人民，就毫不犹豫地参加捐献。有的机关甚至每人每日节约4～5两米，有的干部把全月津贴拿出来捐献给灾民。据统计，中央机关工作人员在1949年10月至1950年3月，捐出赈款12亿元（旧币，下同），粮食39万斤。华北军区6个月节约了粮食360万斤[⑤]。城市各界也纷纷发起了救灾劝

① 中华人民共和国内务部农村福利司．建国以来灾情和救灾工作史料·代序．法律出版社，1958年，第3页．

② 中华人民共和国内务部农村福利司．建国以来灾情和救灾工作史料·代序．法律出版社，1958年，第37—38页．

③ 陈云文选（1949—1956）．人民出版社，1984年，第43页．

④ 金冲及，陈群．陈云传（上册）．中央文献出版社，2005年，第672页．

⑤ 谢觉哉．我们能够战胜灾荒．新华月报第2卷第2期．

募活动，仅京、津两市工商界即劝募款项 127 800 万元，粮食 78 万斤。非灾区的农民在“天下农民是一家”的口号下，纷纷募捐粮食，送给灾区的农民兄弟。仅河北省非灾区农村进行“一把米救灾运动”，即募得粮食 1 250 万斤。由于连续遭灾，中国人民救济总会联合全国总工会等 7 个团体于 1950 年 9 月间向全国人民提出募集 600 万套寒衣以支援灾区同胞度过寒冬的倡议，一时间，从工厂到农村，从机关到学校普遍动员起来，掀起了轰轰烈烈的募集寒衣支援灾胞的群众运动，经过短短两三个月时间，全国共募得寒衣 6 616 594 套，完成了任务的 109.15%。以每套 5 万元（旧币，下同）计，合人民币 3 300 余亿元①。所有城市和农村的这些节约捐赠运动，不仅在物质上对灾区人民度荒是有力的支持，而且在精神上对灾区干部群众也是个莫大的鼓舞。

在当时国家资金有限、大部分农村信用社尚未普遍建立的情况下，开展自由借贷对活跃农村经济、帮助灾民生产度荒有一定的积极意义。因此，内务部于 1950 年 4 月 10 日发出了《关于提倡借贷工作的指示》，提出要“广泛地宣传解释政府的自由借贷政策，特别对富有者要解除各种顾虑，保证有借有还有本有利。”“利息大小，应由双方自订，自然也不可太高。”山东省鲁中南 1950 年 1—4 月，据不完全统计，借出 2 300 多万斤粮食；仅河北省大名一个县非灾区就贷出粮食 120 万斤，既解决了灾民生产资金的困难，也使自己获得了一定的收益②。

4. 减免公粮和贷款

为了照顾灾区人民的生活困难，国家还根据各地受灾的不同程度，分别给灾区全免或减免一部分公粮负担。如河南全省 1949 年秋季减免了公粮 1 225 万斤。1953 年 4 月 25 日毛泽东在一份报告中看到，造成当年西南灾荒的主要原因，除了贫瘠山区生产落后，收入微薄外，还有征收农业税超过群众负担能力的问题。有些地方干部存在超额完成任务的思想，本应减免的不减免，也有评产时有意提高产量，造成超征的现象。当时西南山区的情况是：一方面政府所存大批陈粮与死粮不能有效使用，另一方面山区许多农民没有粮食需要救济，群众对此非常不满。报告建议，为解决这一问题：对山区公粮应当少征，提高农业税的起征点，发还超征公粮；将仓储陈粮、死角粮无息贷给邻近的灾区群众，解决灾民口粮困难；收购可以推销的土特产，将陈粮、死角粮作为收购资金；用死角粮就地以工代赈，进行农田水利交通等建设。他在给薄一波的批示中明确指出：“像报告内

① 中华人民共和国内务部农村福利司. 建国以来灾情和救灾工作史料. 法律出版社，1958 年，第 39 页.

② 中华人民共和国内务部农村福利司. 建国以来灾情和救灾工作史料. 法律出版社，1958 年，第 16—17 页.

所说的那些地方，应当放手大批减，大批免，不应再有犹豫。”[①] 同年5月23日，政务院专门出台了《关于安徽、河南、江苏、山东、山西等省遭受灾荒地区减免税收办法》，对灾民从事的工商业活动免征或减征各种税收。这一办法大大激发了灾民从事副业生产的积极性，使灾区的副业生产得以活跃开展，灾民获得的收益也更多了。国家对灾民的照顾不仅“少取”，而且还“多予”。1953年国家银行向灾区投放贷款即达1万亿元，对农民到期本应归还的贷款，规定了缓收和减免的办法，1953年仅安徽省连年受灾地区实际减免的到期农贷，即达2 300余亿元[②]。

此外，为了防止灾后出现大面积的疫病，中央和地方分别组织了防疫大队，分赴灾区防病治病、消毒灭菌，及时防治疫病。同时对一些受灾过重、丧失了生产条件的地区有重点地组织移民安置工作等。

（三）抗灾救灾方针的特点

综上所述，总结新中国成立初期党和政府抗灾救灾方针的特点是：第一，主动性：积极领导群众在生产上找出路，而不是单纯的救济，党中央采取的一切具体措施，都是以发展生产、增加社会财富、解决人民困难为目的。第二，群众性：坚持走群众路线，使救灾成为群众性的社会运动，反对干部的恩赐观点，消除群众的依赖思想，使救灾真正成为群众运动。无论是生产救灾还是募集粮款，都通过发动群众，收到了事半功倍的效果。第三，长远性：既照顾目前的、暂时的利益，也照顾将来的、根本的利益，治标与治本兼顾。救灾是一项长期性的工作，只要人类还没有完全掌握大自然的奥秘，灾害还将与人类长期相伴。在人民家底尚未充裕以前，在灾害还不能被及时预警之前，各地随时都可遭到灾荒的袭击。因此，诸如兴修水利、植树造林等都是具有根本性、长远性的工作。第四，前瞻性：灾荒经常是不期而遇的，这就要求党和各级政府要有居安思危的思想，随时作救灾的准备。比如，有些地区去年歉收，今年必定会有春荒和夏荒，这本来是可以预见的，而有些地区领导却直到人民报道断粮、缺粮的有多少户，饿坏人了，才着急；又有些地区，去年虽收了，但因连年灾、家底薄、负债多，要有计划地进行节约、保证细水长流，但有些地方领导没这样做，直到灾荒来了，才惊喊：“为什么去年收了，还有灾荒！”临到头才仓促上阵，陷于被动。

---

① 中共中央文献研究室．毛泽东建国以来文稿（第4册）．中央文献出版社，1990年，第214－215页．

② 中华人民共和国内务部农村福利司．建国以来灾情和救灾工作史料．法律出版社，1958年，第94页．

第三节 剿匪、禁毒、禁娼，稳定社会秩序

旧中国长期受黑暗势力的统治，社会上生长着大量痼疾。全国解放之初，旧时代盛行的土匪抢掠、卖淫嫖娼、贩毒吸毒、聚众赌博、强行乞讨等社会丑恶现象也都遗留下来，严重影响、毒化着社会环境和人们的心灵，扰乱社会秩序的稳定，影响人民的安居乐业。而尤以土匪、烟毒、娼妓为最，三者关系十分密切。妓院是藏污纳垢、滋生犯罪的据点，匪盗、毒贩、骗子等把妓院当成安乐窝，在里面挥霍不义之财。解放后一些无处藏身的土匪、特务、地主、恶霸把妓院当成避风港；妓院又是人贩子销赃之处，他们把欺骗、拐卖来的妇女、儿童在此高价买卖成交。土匪常常是从事贩毒、运毒、销毒的重要力量，娼妓、嫖客、土匪又是吸毒的重要人群。贩毒的暴利吸引着负隅顽抗的土匪、手头缺钱的嫖客，联合毒贩贩毒来维持生存，三者结合不仅加剧了社会问题的严重性，而且使民生问题更加严重。因而，新中国建立初期的剿匪、禁毒、禁娼三箭齐发，相互配合，不仅净化了社会风气，而且巩固了新生政权，稳定了社会秩序，为国民经济建设创造良好环境，成为民生建设的重要内容。

一、新区的剿匪斗争

（一）剿匪斗争的形势与目的

恢复发展生产，改善民生，首要的任务是要建立和稳定社会秩序。在新区（新区即新解放区，指的是 1949 年 4 月 21 日，中国人民解放军渡江南下后进军华东、中南、西北、西南新解放的广大尚未实行土地改革的地区）面临着一个突出的问题，就是旧政权遗留的反革命势力还很大，许多地方的匪患相当严重。国民党在其主力军队被歼灭后，并不甘心他们在大陆的失败。他们把大批正规军遣散为匪，勾结特务组织与残留的地方反动政权及社会上各种反革命势力，在新解放区进行骚扰破坏，反对新生的人民政权。根据上述方针，国民党军队在撤退途中，有计划地潜藏了一批武装特务和政治土匪，伺机进行反革命活动。他们被秘密派遣到各地，网罗社会上各种残渣余孽，利用封建迷信团体，胁迫落后群众，公开提出“反共复国”“抗粮抗税”等反动口号，有计划、有组织地举行武装暴动和颠覆活动，妄图等待时机东山再起，配合国民党反攻大陆，推翻中国共产党领导的人民政权。由此可见，不同于历代落草为寇、聚众山林、打家劫舍的绿林好汉，只是想夺点粮草、抢点金银财宝过上逍遥的“山大王”的生活，这些土匪政治目的明确，数量巨大，活动频繁猖獗，不断制造暴乱，破坏交通，纵火投

毒，行凶抢劫，对社会治安和人民生活构成了严重威胁。据统计，经过1949年的剿匪斗争以后，到1950年年初，全国仍有土匪武装100万人以上，其中，华东区5.9万多人，中南区28.8万多人，西北区4.2万多人，西南区65.5万多人，华北区2万多人[①]。尤以浙江、福建、湖南、广西、广东、云南、贵州、四川、甘肃、青海、新疆等新解放区最为严重。从1950年1月至10月，全国共发生妄图颠覆新生政权的武装暴动816起，西南地区曾被匪特攻打、攻陷的县城有100座以上；1950年，全国有近4万名干部和群众积极分子惨遭匪特杀害[②]。

这批土匪特务武装的基本构成是：以国民党特务，反动军官为领导，以惯匪、国民党残余部队和散兵游勇为骨干，以地主恶霸、封建势力、帮会团体作靠山，并以一部分被胁迫、受蒙蔽的落后群众作掩护，选择有利地形地势为据点的一种武装反革命集团。这些土匪采取的破坏方式主要有：①袭击新生的人民政权，杀害干部和农民积极分子。仅在1950年头3个月内，广东、广西地区的基层人民政权机关遭受土匪袭击就有170余次，有68个乡政权被摧毁。1950年1月，华东苏南地区被匪袭击，当时乡、区、县人民政府有120多名干部被杀害。②破坏交通要道，袭击车辆和船只，抢劫运输物资，抢劫公粮，烧毁粮仓等。据川东统计，在1950年春节前，干部、学生、战士即伤亡570人，被劫公粮2 589万余斤。川北1950年3月，仅遂宁专区被劫公粮120万斤，剑阁专区被劫1万斤以上。两区伤亡干部、战士58人[③]。③袭击、杀害解放军零星外出人员，骚扰与阻止人民解放军的作战行动。1950年2月5日在四川成都郊外小镇龙潭寺发生了一起震惊全国的土匪袭击零星外出人员事件。解放军某师政治部主任率领一个警卫班9人在执行任务途中，被土匪残忍地杀害，前后派去救援的几十名解放军官兵也被杀，虽然后来这股土匪被镇压，但此事影响极为恶劣。④扰乱社会秩序，绑架勒索群众钱财，奸淫妇女，制造恐怖气氛，威慑群众。云南、贵州地区先后有数千名干部被土匪杀害。湖南邵阳的匪首陈光中，亲手杀过200多人，奸淫妇女400多人，使“丁男不敢耕于野，妇女不敢织于室，老弱死于沟壑，壮者散于四方”。[④] ⑤制造、散布谣言，组织迷信团体，煽动群众，策动地方反革命武装叛乱、大规模武装暴动。1949年11月至1950年3月，中南地区发生多件，计：暴动4起，抢粮29起，袭击区乡政府地方武装10起，请愿1起，地方武装

① 石玉山．剿灭土匪，巩固新生的人民政权．党的文献，1990年第6期．

② 中共中央党史研究室．中国共产党历史［第2卷（1949—1978）上册］．中共党史出版社，第45页．

③ 中国社会科学院，中央档案馆．中华人民共和国经济档案选编·综合卷（1949—1952）．中国城市经济社会出版社，1990年，第18页．

④ 白希．开国大土改——让历史告诉未来．中共党史出版社，2009年，第154页．

叛变6起，破坏仓库2起，破坏交通37起。抢粮多发生于豫南、鄂北、苏北、皖北等灾区。暴动则发生于湘西、桂东南、闽浙沿海地区。1949年11月26日浙江兰溪暴动，参加群众25 000余人，内有武装匪特300余人[①]。由此可见，暴动事件带有相当规模的群众性。特别是朝鲜战争爆发，美国在仁川登陆以后，由派遣和潜伏的匪特为领导，以反动封建势力为基础，采取分散、隐蔽、小股活动，向我全面进攻的活动更加频繁猖獗。

（二）剿匪斗争的方针与策略

严重的匪患，不仅使新解放区人民政权无法巩固，危及人民的生命财产安全，更重要的是土匪和恶霸相结合，使农村土改工作无法进行，广大贫苦农民对共产党和人民政府存在着不同程度的疑惧心理，不敢对地主进行斗争。对于实行土改的条件，早在1948年5月25日，中共中央总结解放区土改经验，把“当地一切敌人武装力量已经全部消灭，环境已经安定，而非动荡不定的游击区域”[②]作为开展土改必备条件的第一项。党的七届二中全会也明确指出：在南方解放后，在乡村中，“首先有步骤地展开清剿土匪和反对恶霸及地主阶级当权派的斗争，完成减租减息的准备工作”。[③] 七届三中全会上更是把必须坚决地肃清一切危害人民的土匪、特务、恶霸及其他反革命分子，作为争取国家财政经济状况根本好转的八项工作之一。党中央对剿匪工作十分重视，1950年3月16日，中共中央、中央军委向全党全军发布《剿灭土匪，建立革命新秩序》的指示指出：“剿灭土匪，是当前全国革命斗争不可超越的一个重要阶段，是建立和恢复各级人民政权，以及开展其他一切的必要前提，是彻底消灭国民党在大陆的残余武装，迅速恢复革命新秩序的保证。不剿灭土匪，各种人民政权就不能建立，土改就无法完成，广大贫苦农民就不能真正翻身，各地的救灾和其他一切工作也都将根本无法进行。”两天以后，再次发布《中共中央关于镇压反革命活动的指示》，强调指出：“对于一切手持武器，聚众暴动，向我公共机关和干部进攻，抢劫仓库物资之匪众，必须给以坚决的镇压和剿灭，不得稍有犹豫。”对“进行反革命活动和组织有确实证据者，须处以极刑或长期徒刑”。[④] 同年11月28日，毛泽东亲自拟电指出，各地都应把剿匪当做当前一切工作中的头等任务，集中全力，限

① 中国社会科学院、中央档案馆．中华人民共和国经济档案选编·综合卷（1949—1952）．中国城市经济社会出版社，1990年，第340页．

② 毛泽东选集（第4卷）．人民出版社，1991年，第1328页．

③ 毛泽东选集（第4卷）．人民出版社，1991年，第1429页．

④ 中国社会科学院，中央档案馆．中华人民共和国经济档案资料选编·农业卷（1949—1952）．社会科学文献出版社，1992年，第137页．

期完成，彻底肃清境内的一切匪患。这一切昭示了党和政府根绝匪患的坚强决心。自此，一场长达 3 年多的剿匪斗争即在全国展开。中央军委作出了全面部署：抽调 140 多个师约 150 万人的兵力，分别在华东、中南、西南、西北各省交界、偏僻山区和少数沿海岛屿等土匪活动区域迅速展开大规模的剿匪斗争，同时帮助当地建立和巩固人民政权、发展生产和开展土改。

为了正确指导全国剿匪斗争，中央制定了正确的方针政策。关于剿匪的基本方针是："军事打击、政治争取与发动群众相结合"。根据各地区不同的情况，有针对性地采取不同的措施：在广泛发动群众的基础上，在匪情严重的地区，要以军事打击为主，政治争取为辅，两者相互配合，双管齐下；在一般情况下，则以政治争取为主，军事打击为辅。为了分化瓦解匪军，中共中央制定了"镇压与宽大相结合，即首恶者必办，胁从者不问，立功者受奖"的政策和"争取多数，打击少数，利用矛盾，各个击破"的策略指导原则。各地根据实际情况制定具体办法和实施条例。"对于土匪过去的犯罪行为，只要他们投降，改邪归正，一般是可以既往不咎的。但对于继续抵抗我军的土匪首领，有政治背景的土匪分子，窝藏与勾结土匪的豪绅地主，继续抵抗、不愿改邪归正的惯匪，应加以严厉处罚，处以长期徒刑或死刑。对于参加土匪部队的一般群众，则令其改过生产。"为防止乱打乱杀、错打错杀情况的发生，指示要求："死刑及长期徒刑应经法院审讯和判决，在判决后，应经省政府主席或省政府委托之专员或其他负责人批准后，方得执行。"① 对那些被欺骗宣传、裹挟强迫参加土匪活动的群众，积极发动社会力量和家庭亲属关系进行劝说，开展"父劝子、子劝父、妻劝夫、弟劝兄、亲劝亲、友劝友"运动，通过教育发动群众，提高广大群众的阶级觉悟，与匪首和顽匪划清界限，主动检举揭发土匪罪行，从根本上清除土匪生存和活动的空间。

（三）随时指导剿匪斗争的发展进程

在整个清剿过程中，中央根据抗美援朝局势和各地剿匪形势的进展，及时给予方针政策上的指导。比如在朝鲜战争爆发和美国派兵进驻台湾的情况下，毛泽东高度警惕台湾国民党的动向，随时作好迎敌准备。1950 年 11 月 14 日在致叶剑英等人的电报中提出："为对付台湾匪帮可能向广东进犯，有增强广东兵力之必要，为此必须提前肃清广西匪患，以便从广西抽出一个军增强广东。"同时对广西清剿不力提出批评：要求他们"抓住工作重点限期肃清土匪，发动土改，端正

① 中共中央文献研究室．建国以来重要文献选编（第 1 册）．中央文献出版社，1992 年，第 141－142 页．

政策，改善干部工作作风"，"希望广西全省主要匪患六个月内能够肃清。"[①] 在毛泽东的限期肃清指示的指导下，广西壮族自治区积极纠正"宽大无边"与"乱捕乱打乱杀"两种错误倾向，严厉镇压了六类匪首恶霸，通过整风，统一了剿匪认识和决心，于9月18日发布《冬季剿匪指示》，10月，冬季重点进剿从开展土改的17个县开始，1个月后即取得剿匪1.8万人的战绩，受到中南军区的通报表扬。福建山高林密、地形复杂，便于土匪藏匿与活动，历史上匪患就很出名。新中国成立初期处于大陆对抗台湾的前哨阵地，成为国民党派遣特务土匪进行"敌后游击战争"的重要基地，毛泽东对福建的剿匪极为关注。1951年1月16日，毛泽东给陈毅发来电报，命他"督促福建担任剿匪的四个师两个团积极动作，每星期要有成绩"。[②] 负责前线指挥的叶飞、张鼎丞等不负众望，福建剿匪进展迅猛，捷报频传。1951年1月歼匪4 741名，创剿匪以来月计最高纪录，活捉了土匪头子、中将司令严正。毛泽东听到喜讯后，致电福建军区领导，称赞他们"剿匪成绩甚大，极慰!"并指示他们："在清匪斗争中，对于一切为民众痛恨的匪首、惯匪及恶霸，必须在人民同意下，坚决迅速地处以死刑。切切勿误为要!"[③] 至1951年5月，全省共歼匪7.3万余人，其中大队长以上匪首1 000余人，缴获长短枪2.7万余支、轻重机枪300余架。对于稳定福建社会秩序、巩固基层政权、恢复工农业生产，以及开展对敌斗争都起了决定性的作用。

甘肃临夏地区，解放初期封建势力较为强大，民族问题与阶级矛盾错综复杂，特务、土匪趁机不断制造民族纠纷，借以反对党和人民政府。由于当地军队和地方的主要领导干部对统战工作重视不够，忽视了用政治方式解决临夏地区土匪问题的重要性，以致给了匪特可乘之机，造成民族性的大规模武装骚乱。鉴于民族地区的特殊性，毛泽东对此极为关切。1950年5月20日，他以中共中央的名义起草了《对肃匪特活动立即采取有效措施》的电报，发给相关领导彭德怀、许光达、张德生。指出临夏工作中存在的问题，提醒"在回族中的一切改革，必须坚持谨慎缓进方针"，"甘肃党组和政府及军队必须接受这一教训，同时在回汉两族群众中进行揭露匪特及解释民族政策的工作"。[④] 此后，部队吸取教训，在进剿中认真执行中央的民族政策，得到了各少数民族人民的拥护，很快打开了局面。

毛泽东全面掌握剿匪进展，对各地在剿匪中的成功经验积极推广，1951年2

---

① 建国以来毛泽东文稿（第1册）. 中央文献出版社，1987年，第695页.

② 中共中央文献研究室. 建国以来重要文献选编（第2册）. 中央文献出版社，1988年，第34页.

③ 建国以来毛泽东文稿（第2册）. 中央文献出版社，1988年，第144页.

④ 李金明. 建国初期的剿匪反特. 湘潮，2009年第4期.

月 25 日，毛泽东在转发川西军区清匪报告上批示，总结了其成功经验。一是“县区乡均建立有党外民主人士参加的清匪委员会”；二是“清匪必须与反霸、减租、退押或土改相结合，必须杀掉匪首、惯匪与恶霸”；三是“必须由党委统一领导，全力以赴，才能发动群众，根绝匪患。”[①] 毛泽东不仅从大政方针上指导各地剿匪，就是对条文细节，甚至文字运用也是颇为用心，力求精准。1953 年 5 月 8 日，他在《中央关于基本同意西北军区甘青剿匪指挥部的布告的电报》上，将经西北局补充修改后的布告第三条进行修改，原文是：“一切因受骗或被迫为匪的部落头人，僧俗群众，只要幡然归来，各安生产，一律既往不咎，并保障其生命财产及以往之地位。”他将其中的“幡然归来”改为“诚意回来”，认为这样“较为通俗易懂”。对第五条，毛泽东认为最后一句：“对坚决为匪者则坚决消灭之”，“应删去，不绝匪首自新之路。”[②]

（四）剿匪斗争的胜利成果

由于党中央的正确领导，各地剿匪军队的英勇善战和人民群众的密切配合，经过军事进剿为主、分兵驻剿、肃清潜散匪特三个阶段，我党在短短三年多时间里取得了巨大的剿匪战绩，全国大规模的剿匪肃特斗争，到 1953 年年底基本结束，全国共歼灭土匪 267.59 万余人，其中西北区 9.09 万人，西南区 116 万余人，中南区 115 万余人，华东区 24.6 万余人，华北区 2.9 万人[③]。这样，不仅消灭了国民党残余武装特务土匪，同时清除了历史上长期以来危害人民的匪患毒瘤，从而巩固了新生的人民民主专政的政权，有力地保护了人民安居乐业的生活环境，稳定了社会秩序，为新区土改创造了有利条件。

二、禁毒斗争

一百多年来，鸦片烟毒（近代的“烟”指鸦片类毒品，后来“烟毒”合用，泛指所有毒品）泛滥一直是中国人民心中难以忍受之痛。从 1839 年林则徐虎门销烟开始，直至中华人民共和国成立之前，从清政府、北洋军阀到国民政府，禁烟禁毒年年都讲，禁烟法令连篇累牍，禁烟机构层出不穷，时常兴起的禁烟运动也颇有轰轰烈烈之势，对禁烟可谓是办法用尽，但不仅收效甚微，而且有愈禁愈烈之势。

新中国成立前，我国以鸦片烟毒为主的毒品泛滥，种植罂粟的面积很大。解

① 建国以来毛泽东文稿（第 2 册）. 中央文献出版社，1988 年，第 140 页.
② 建国以来毛泽东文稿（第 4 册）. 中央文献出版社，1990 年，第 220 页.
③ 杜润生. 中国的土地改革. 当代中国出版社，1996 年，第 311 页.

放前夕全国种植罂粟的面积高达100多万公顷，最大产毒地西南地区种烟土地达1 545万亩，占耕地总面积的9.4%，其中在云南、西康分别高达33%、48%；素有“乌金国”之称的湘西龙山县，1949年，种植鸦片户达41 133户，占总户数的77.61%，占总耕地面积的35%，年产干烟土300万两[①]。甘肃省到1950年6月为止，皋兰、永靖等13县种罂粟达123 135亩，其中皋兰一县就达61 341亩[②]。据不完全统计，仅重庆一地即有烟膏毒品厂400余家，涪陵一县有60余家，川西367家，西康荥经县城厢即有20余家[③]。仅华北地区的察哈尔、山西、绥远、河北4省及北京、天津2市就有毒贩1万多人；仅有10 550人的贵州省镇远县沅阳镇，就有烟贩530人，占人口总数的5%。从禁烟禁毒运动后期统计的数字估计，新中国成立前后全国的贩毒者不低于50万人，专门以此为生的有30万人之多[④]。贩毒利润之高，以至于一些有正当职业，甚至有一定名望的人士也难抵其诱惑。京剧艺人荀慧生等几十人有一次受邀从北京到上海演出，当听说上海烟土价钱贵时，便把领到的包银，加上个人私蓄，甚至有人把房契拿出抵押，买下了烟土。拿到上海去高价贩卖，虽然由于流氓的敲诈，最终也未能挣到钱，但烟毒贩卖风气之盛可见一斑[⑤]。鸦片烟馆更是遍地开花，以大城市最多，小县城次之，贵阳市解放前夕人口约23万，吸毒者约4万多，烟馆2万多家，门前公开写着“闻香下马，知味停车”；遵义市人口约6万，烟馆多达400多家，烟味充斥大街小巷，被称为“烟毒世界”。[⑥] 其他如昆明有烟馆1 100多家，成都有700多家，重庆有270多家。古城西安作为西北制贩毒品的中心，药房诊所、客栈旅社、手工百货诸业，几乎行行贩烟开馆。种制贩售的结果导致吸食成风。解放前夕，云南省吸鸦片者占总人口的1/4；贵阳市占总人口的1/4，贵州全省至少有300万人吸毒，直到1952年为止，甘肃省吸食者仍有12万余人，为西北五省之冠。据估计解放初全国共有烟民2 000万之多。

（一）鸦片的毒害

1. 毒品泛滥，使良田变烟田

由于良田沃土、优质肥料都用来种烟，造成其他田地荒芜，粮食锐减，农民辛劳所得却是害人的毒品。官商利用烟毒发财，农民却饥寒交迫。西南地区的

① 马维纲. 禁娼禁毒. 警官教育出版社，1993年，第324页.
② 马维纲. 禁娼禁毒. 警官教育出版社，1993年，第191页.
③ 新华日报，1951年3月15日.
④ 王京萍. 建国初期的禁绝烟毒运动. 中国档案报，2005年7月22日.
⑤ 马维纲. 禁娼禁毒. 警官教育出版社，1993年，第439—440页.
⑥ 马维纲. 禁娼禁毒. 警官教育出版社，1993年，第273页.

云、贵、川三省罂粟种植十分普遍。据不完全统计，解放前西南区种罂粟曾多达1 545.46万亩，以亩产15两计，年产鸦片2.3亿两。如果用这些土地种粮，以亩产230斤计，年损失粮食35.55亿斤以上[①]。正如贵州省《为禁绝鸦片告全省人民书》中所指出的那样："鸦片不予禁绝，不仅减少粮产，阻碍生产发展，损害人民健康，空耗社会财富，使原已穷困的贵州人民更加困苦，而且盗匪会有增加，社会秩序无法最后安定。"[②] 1950年春，西康、川南地区严重饥荒，就是种烟过多，严重缺粮造成的。

2. 破坏社会生产力，残害人民身心健康

众多吸烟者终日吞云吐雾，晨昏颠倒，无心从事正常生产生活，最后形容枯槁，民间称之"鸦片烟鬼"。有人赋诗形容："未曾身死足先伸，当面点盏地府灯，左手拿根哭丧棒，右手拿根引魂针。"这既是对鸦片烟鬼的惟妙惟肖的画像，也是对吸食毒品危害的一个生动写照。烟民由于长期吸食鸦片，有的将家产全部"抽光"，弄得家破人亡，妻离子散，有的甚至不惜卖儿鬻女。无数吸食上瘾的烟民，不仅被戕害身体，传染疾病，耗散资材，甚至破产堕落，沦为游民无赖，如娼妓、盗贼、扒手、乞丐等，严重影响了社会治安和社会生产。对其危害，时人描绘为："一杆竹枪，杀遍豪杰英烈，不见血；半盏灯火，烧尽房产地业，并无灰。"实在是杀人不见血，吃人不吐骨。

3. 鸦片之毒，败坏社会风气

贩毒谋取的暴利使各种黑恶势力为此争斗不已，有势者挟武力夺烟、贩烟，常以兵戎相见，火并杀戮；当权者以禁烟、铲烟为名，趁机抢掠，滥杀无辜；土匪们更是依仗手中的武力占山为王，靠山吃山，四处抢劫，危害乡里。素以"烟多、枪多、匪多"著称的湘西地区，烟贩们因出售烟土而获利颇丰，遂购买枪支弹药用武力维持贩毒的超额利润，导致武装烟帮（贩毒集团）横行各地。各地土豪劣绅勾结匪盗为了掠夺烟土资源，相互争夺势力范围，各成派系，连年械斗不止，成千上万人惨死于战祸之中。他们一方面通过贩运烟毒，谋取暴利，获得大量金钱，把它用于荒淫挥霍，或是嫖娼、或是赌博、或是吸毒；另一方面，吸食烟毒者，倾家荡产，生活无着，又沦为娼、盗、匪，所以烟、赌、娼、匪是互为因果的。由此更增加了社会不稳定因素，败坏了社会风气，危害了人民生活。

（二）旧中国烟毒屡禁不止的原因

毒品问题至今仍是世界公害，也是摆在各国政治家面前棘手的社会难题。中

① 新华日报，1951年3月15日.

② 马维纲. 禁娼禁毒. 警官教育出版社，1993年，第267页.

国近代以来，毒品始终禁而不绝，其原因在于：第一，帝国主义强行输入毒品开启了中国毒祸之门。鸦片之毒由于外国的殖民侵略而起，他们为了自身卑劣的目的，损害中国人民的健康，腐蚀中国人民的意志，瓦解和消耗中国人民反侵略的力量，千方百计阻挠中国的禁烟运动，妄图使中国永远成为他们的殖民地。第二，各届政府为了眼前的经济利益，始终不肯放弃从毒品方面获利，总是从收取"烟税"为目的的眼前利益出发，饮鸩止渴，结果烟越禁越多，毒越禁越烈。尤其是国民政府时期，虽然也多次强调要禁烟，设禁烟机构，搞"寓禁于征""以征促禁"，实则以禁烟敛财，如规定售烟者交"印花税""过境税"，吸食者交"烟灯税"；对种植户收"窝捐"，对不种者则以隐瞒不报为由，课以重税。群众讥之为"懒税"。"懒税"重于"窝捐"，如此"奖勤罚懒"，对烟毒的泛滥起了推波助澜作用。第三，长期四分五裂的国情，使得中央政府经常性地忙于镇压内乱，无力也无法有效控制地方政府，一些边远地区更是"山高皇帝远"，官匪勾结，俨然成为独立于中央政府之外的毒品世外桃源。第四，由于经济文化落后，一般的民众素质较低，始终对毒品（尤其是鸦片）的危害存在错误认识，无法真正理解禁毒的重大意义。在边远落后地区把毒品当做药品使用，一些下层百姓也把吸毒当做了一种聊以解愁的娱乐品或借以炫耀身份的奢侈品；而在贫瘠的山区农村，易种植、高收益的鸦片种植自然成为相当一部分走投无路的农民的生存方式。

（三）中共领导的禁烟斗争

中国共产党从对人民高度负责的立场出发，对于危害惨烈、陷民众于深重苦难的毒祸，下决心无论花多大的代价，也要坚决地将其铲除。其实中国共产党对于鸦片烟毒从一开始就严加禁绝。早在红军时期根据地政权就曾对贩毒、种毒采取严厉处罚，如湖南平江县工农兵苏维埃政府政治纲领中明确提出："吃鸦片、嫖赌者绝对禁止"。如发现栽种、贩卖或吃食鸦片，"经二次警告而不改者，处决"。[①] 在有些地区的土地法令中明确规定凡吸食鸦片的游民不予分田。抗战时对烟毒的治理也没有放松，各根据地发布了不少的禁毒法令，如：陕甘宁边区《禁烟禁毒条例》（1942 年）等。解放战争时期的各根据地依据本地区的实际情况颁布了一些禁烟的办法、条例，如《晋察冀边区鸦片缉私暂行办法》（1945 年）等，通过这些办法和条例基本禁绝了根据地的烟毒。

在新中国成立后不到半年时间，尽管国民经济恢复工作紧锣密鼓地进行着，但是党和政府还是立即腾出手来，把禁毒工作提上了议事日程，决心要把新中国

---

① 中共平江县委党史办. 平江革命历史文献资料集. 中国地质大学出版社，1983 年，第 413、424 页.

建设成无烟毒的干净社会。重拳出击，力禁烟毒，成为中国共产党在新中国成立之初与恢复国民经济同时进行的整肃社会问题的重要举措。1950 年 2 月 24 日，中央人民政府政务院发出《严禁鸦片烟毒的通令》，指出："为了保护人民的健康，恢复与发展生产……在烟毒较盛地区，各级人民代表会议或人民代表大会，应把禁烟禁毒工作作为专题讨论，定出限期禁绝办法。"要求各级人民政府成立禁烟禁毒委员会，军事斗争一结束，立即禁绝种烟；不准贩运制造及售卖烟土毒品，"犯者不论何人，除没收烟土毒品外，还须从严治罪"；限期收缴民间烟土毒品；设立戒烟所[①]。以《通令》发布为标志，新中国初期的禁止烟毒运动拉开了帷幕。随后，又对麻醉药品实行了管制措施[②]。各大区政府根据中央部署成立禁毒领导机构，并分别根据自身特点制定相应的禁毒办法和条例。新中国成立之初，由于鸦片种植面积广大，吸食毒品的人员众多，而能够投入禁毒的人力、物力又有限，因此初期禁毒工作的重点是卡死流通环节，着重打击贩运及出售毒品的罪犯，当时称之为"拦腰一棍"。这种"打蛇打在七寸上"的措施，击中了鸦片流通的要害，导致种植鸦片者卖不出去，吸食鸦片者又买不着，因而禁毒成效显著。以鸦片产地闻名于世，产量居全国之首的西南数省，仅用一年的时间就基本禁绝了鸦片种植。至 1952 年的禁毒运动前为止，东北、华北、华东、西北四个地区共缴获毒品（折合鸦片）约 24 473 308 万两[③]。

在"三反""五反"运动中，发现一些毒贩勾结国家政府工作人员藏毒贩毒，给国家和人民造成极大损失。为此，从 1952 年 4 月到 10 月，禁止烟毒运动掀起高潮，特别是 8—10 月，在全国范围内展开了围剿毒品贩运的歼灭战。1952 年 4 月 15 日，中共中央发出《关于肃清毒品流行的指示》，要求"在全国范围内有重点地、大张旗鼓地发动一次群众性的运动，来一次集中的、彻底的扫除"。鉴于毒品流行对于国家的损失最大，对于人民的毒害最深，因此，"在这次运动中应集中解决贩运毒品问题。"[④] 明确指出运动的方针是：严厉惩办与改造教育相结合，打击惩办少数，教育改造多数。具体政策是："制造者、集体大量贩卖者从严，个别少量贩卖者从宽；主犯从严，从犯从宽；惯犯从严，偶犯从宽；拒不坦白者从严，彻底坦白者从宽；今后从严，过去从宽。"运动的重点部门是交通、邮政、海关、公安（包括边防）、司法、税务等部门。运动的重点地区是大中城市、边防口岸，以及过去烟毒盛行的地区，即毒品之主要产地，毒品的集散枢纽

① 人民日报，1950 年 2 月 24 日.

② 新华日报，1951 年 2 月 10 日.

③ 喻晓东，李云东. 大禁毒. 团结出版社，1993 年，第 235 页.

④ http://www.china.com.cn/guoqing/2012-09/05/content_26746372.htm.

和出入国境的“关口”。运动打击的重点是集体大量的制毒、贩毒犯与严重违法的工作人员。5月21日，政务院又发布《严禁鸦片烟毒的通令》，要求各级人民政府结合“三反”“五反”运动，有重点地大张旗鼓开展一个群众性反毒运动，禁绝种植、禁绝制造和贩运、禁绝吸食同时并举，以彻底根除这种旧社会的恶劣遗毒。

根据中央指示，各地经充分准备，周密计划，发动群众，在全国1200多个禁毒重点地区集中破案。为给惩治毒犯以充分的法律依据，政务院于同年10月3日通过了《中华人民共和国惩治毒犯条例》（草案）。它将三类毒犯的20种行为根据情节严重程度分别处以不同的刑罚，在法律上完善了对毒品犯罪的量刑与处罚，为彻底铲除毒祸提供了法律依据①。到1952年11月底，共查出制造、贩卖、运送毒品的毒犯36.9万余人，逮捕8.2万余人，其中判刑、劳改、管制的5.1万余人，处决罪大恶极的毒犯880人，共收缴毒品折合鸦片近400万两，制毒机器235部，贩卖、运送、藏匿毒品的工具26万件，并缴获大量用于走私毒品的枪炮武器和发报机②，给猖獗的制毒贩毒活动以毁灭性打击，充分显示了依靠群众开展禁毒运动的威力。

（四）禁烟斗争成功的原因

在新中国雷厉风行地实施禁毒，是中国共产党全心全意为人民服务宗旨的具体体现。在新中国成立初期的禁毒过程中，从民生出发、为人民群众着想理所当然成为中国制定禁毒方针政策的出发点和最终归宿。

1. 站在国家利益的高度开展禁毒工作

林则徐当年给道光皇帝的奏折中说得非常明确：“若犹泄泄视之，是使数十年后，中原几无可以御敌之兵，且无可以充饷之银。”新中国成立初期，由于长年的战争、自然灾害以及帝国主义、封建主义的压迫，中国经济已经到了崩溃的边缘，如果此时再听任毒品泛滥，把有限的宝贵资金浪费在“戕杀人民生命，损耗人民财产”的毒品上，这无疑是对人民的犯罪。通过教育，广大人民群众认识到：鸦片烟毒是帝国主义侵略中国的重要手段，是反动统治阶级奴役人民的工具，是祸国殃民的社会毒瘤。党和政府开展禁烟禁毒运动是关心和爱护人民，是为振兴中华而肃清旧中国的遗毒，从而使人民政府的禁烟禁毒政策深入人心，得

---

① 马维纲. 禁娼禁毒. 警官教育出版社，1993年，第445—446页.

② 北京市档案馆，中共北京市委党史研究室. 北京市重要文献选编（1950年）. 中国档案出版社，第179、182页.

到人民群众的热烈拥护。

2. 始终全心全意依靠人民群众

鸦片烟毒在中国泛滥已有百年的历史，许多百姓对此熟视无睹，历朝禁烟效果甚微，因此不少人对中国共产党的禁烟运动心存疑虑，等待观望。《严禁鸦片烟毒的通令》中第一条开宗明义："各级人民政府应协同人民团体，作广泛的禁烟禁毒宣传，动员人民起来一致行动。"把发动群众、依靠群众作为禁烟运动成败的关键。当时为了避免美帝国主义利用我禁毒运动进行造谣污蔑（此前不久美国即曾在联合国污蔑我向日本输出鸦片），这次禁毒宣传只限于在人民群众中进行内部口头宣传，不在报纸、刊物、新华社及广播电台作公开的文字宣传。因此，如何发动群众成为禁烟的首要问题，当时各级党和政府主要是通过会议，传达和讨论禁毒运动的方针、政策，动员各党派、各阶层积极协助开展这一运动。在宣传方式上，讲究自上而下的宣传动员与自下而上的群众性宣传活动结合。比如张贴标语，召开各种形式的农代会、妇代会、控诉会、座谈会等，利用群众喜闻乐见的戏剧、文艺演出等，召开对毒贩的宣判公审大会，以起到震慑毒贩、教育群众的作用。通过群众性的宣传教育，兰州市民受教育面达80%，群众称"禁烟是救命"，积极检举、提供毒品线索合计8 739条，3 823名毒犯向人民政府坦白登记，缴获大烟11 692两，毒具866件，逮捕重大毒品犯682人①。

3. 始终把人民群众的利益放在首位

在一些鸦片种植区，鸦片收入是农民的主要收入，而制售贩卖鸦片也养活了一大批人，如果禁绝了鸦片，无疑是断了这些老百姓的生路，可鸦片不禁绝则危害更大。如何使广大烟农和以此为生的人理解、配合禁烟运动呢？除了从思想上进行宣传教育外，还应在政策实施上注意策略方针。

首先选定烟毒主要集散地，作为禁毒典型试行区，以创造经验，为全面肃毒运动做准备。比如当时的贵州省就选择了贵阳、遵义和安顺作为试验区。其次，禁毒态度坚决，同时对百姓禁烟后的生产生活困难全力扶持。一方面，在禁毒态度和措施上，坚决执行，毫不含糊。比如：对少数不听教育规劝的种植者，强行铲除其烟苗，对组织种烟、反抗禁令的首要分子，则予以行政处罚或法律制裁；政府拒绝低价收购或以烟抵税，以免给种烟户造成姑息错觉；坚决封闭烟馆，没收其房屋及烟具、毒品，严查秘密烟馆，对于顽固分子判处死刑；等等。另一方面，在实际禁烟过程中，对烟民因禁种造成的生产生活困难，采取了全力帮扶的

① 马维纲. 禁娼禁毒. 警官教育出版社，1993年，第192页.

态度。比如，在西南地区，1950年3月1日，西南军政委员会发布指示，各地在贯彻政务院关于《农林生产决定》时，要求在少数民族地区“帮助改进农业生产技术，解决农具困难，禁种鸦片，尽可能解决改种的困难问题，提倡多种当地主要粮食。”① 对改种农作物的烟农由政府贷给油菜、玉米、小麦等种子；对生活困难者，民政部门及时给他们发放救济粮，保障其基本生活。从而解决了烟农的生计，使禁烟能在一个切实可行的基础上进行。仅1954年甘南一地，政府就发放了420多万元生产补助款和29万斤救济粮②。在西南、西北以及其他地区，昔日数以千万亩计的罂粟地种上了各种粮食和经济作物。最后，根据不同情况，采取人性化措施区别对待。对少数民族地区的禁烟采取逐步推进的方式，比如西康省人民政府在1952年2月发出的《关于严禁鸦片烟毒》的指示中，明确规定：“在少数民族地区暂不禁烟”，“着重宣传教育，通过各种关系，启发他们自觉停止种、售、贩、吸，切勿强迫命令，造成不良后果。”以教育为主，惩办为辅。凡涉及少数民族，必须与头人商量③。西北地区的《禁烟禁毒暂行办法》之第15条也有“少数民族聚居地区的禁烟禁毒工作，由有关省（市）人民政府另订具体办法”，以保证禁烟禁毒工作的顺利进行。正是在党正确政策的教育引导下，川南雷波首届彝民代表会，经过充分协商讨论，一致通过了不种大烟戒掉烟瘾的决议，将烟田改种粮食。到1951年3月，西南多数地区的烟田，已基本铲除，全国已基本上做到了罂粟的禁种。对一些年老体弱的烟民，并没有立即让其戒断，而是通过提供替代品，逐步减少吸食量，慢慢戒断。为了让烟民们安心戒烟，对贫苦烟民实行免费或减价医治甚至提供伙食补贴。为了做好戒烟工作，中央内务部拨出100亿元（旧币，下同）作为对贫困烟民的特殊救济费，拨出290亿元作为制造戒烟药品的专款④。三年间，全国400万吸食鸦片烟毒者已陆续戒绝，成为健康的公民，他们参加了工作，精神愉快，不少人建立了美满的家庭。

中国人民经过三年不懈努力，终于肃清了泛滥于中国长达一个多世纪的鸦片烟毒祸害，使全国人民有了安居乐业的良好环境，社会风气为之整肃、清明。“东亚病夫”的诬称也被中华民族用实际行动洗刷干净，正是这次声势浩大的、全面彻底的禁毒运动所取得的成果和造成的影响，使得新中国成立后的三十多年中，以“无毒国”之美名屹立于世界民族之林。这一巨变，令世界各国瞠目结

① 新华日报，1950年3月12日.

② 马维纲. 禁娼禁毒. 警官教育出版社，1993年，第196页.

③ 马维纲. 禁娼禁毒. 警官教育出版社，1993年，第206、216页.

④ 崔乃夫. 中国当代民政（上册）. 当代中国出版社，香港祖国出版社，2009年，第59—60页.

舌，叹为奇迹。正如邓小平所说的："吸鸦片烟、吃白面，世界上谁能消灭得了？国民党办不到，资本主义办不到。事实证明，共产党能够消灭丑恶的东西"，"新中国成立以后，只花了三年时间，这些东西就一扫而光。"①

在严禁毒品的同时，党和政府还动员人民群众开展了取缔赌博活动的斗争；在大城市，军管会及人民政府还开展了清查取缔帮会、会道门行动；在农村通过清匪反霸为土改准备了条件。总之，通过全国人民三年的努力，曾在旧中国屡禁不绝、被视为不治之症，甚至是世界难题的匪、毒、娼、赌等社会痼疾被基本扫除了，这样的奇迹给中国人民的社会主义建设带来了稳定的局面，给民生建设创造了良好的环境，也给当今的和谐社会建设提供了可资借鉴的成功经验。

三、禁绝娼妓制度

娼妓制度是私有制畸形发展的产物。据考证，中国早在商朝时就出现了娼妓，其后历朝历代一直延续不断，到民国时期更加泛滥。尽管历史上不少有识之士曾多次呼吁，政府也实施过各色各样的禁娼废娼，但直至晚清民国时期都没有取得实质性的成效。而近代以来兵祸连结，民不聊生，社会道德沦丧，娼妓数量更是超过以往任何时代。特别是民国政府政治腐败，社会黑暗，公开允许、保护挂牌纳捐的公娼，"花捐"堂而皇之地成为民国政府的一项财政收入。而对于形形色色的私娼也只是在名义上禁止，实际上并不严格管理，更使卖淫风气泛滥全国。据有关学者推算，新中国建立之前分布在全国的妓院约有近万家，上海有800多家，天津有500多家。1917年，英国社会学家甘博（S. D. Gambie）曾对世界八大都市的公娼人数和城市总人口的比率作了调查，北平1∶259、上海1∶137②，位居世界前列。由此西方学者悲观地得出结论："在一个复杂的世界里，卖淫似乎是不可能根除的。"然而共产党人在20世纪中叶的新中国却用铁的事实最终推翻了这个结论，结束了在中国绵延了两千年的娼妓制度，堪称历史奇迹。

（一）消灭妓院的两种模式

中国共产党是无产阶级政党，以解放全人类为自己的奋斗目标，而妇女的解放是人类解放的天然尺度，马克思主义把妇女解放运动看做无产阶级革命的组成部分。男女不平等、妇女受压迫的社会根源是私有制和阶级剥削。在《共产党宣言》里，马克思、恩格斯尖锐地批判了一切"公开的和不公开的娼妓制度"，认

① 邓小平文选（第3卷）. 人民出版社，1993年，第379页.

② 杨洁曾，贺宛男. 上海娼妓改造史话. 上海三联书店，1988年，第1页.

为它们都是现存剥削制度的产物。德国社会民主党创始人奥古斯特·倍倍尔在《妇女与社会》一书中也明确地指出："卖淫是市民社会（即资本主义社会——编者注）的一种必要的社会制度，和警察、常备军、教会，雇佣制度是一样的。"近代中国半殖民地半封建社会更是娼妓制度的温床，只有推翻这个制度，才能解放妇女。妓院不仅是摧残妇女的火坑，也是藏污纳垢、滋生犯罪活动的场所，其存在严重败坏了社会风气，扰乱了社会治安。对于禁娼之举，毛泽东和党中央坚决支持，他坚定地说，新中国决不能允许娼妓遍地，黑道横行，我们要把房子打扫干净！有鉴于此，人民政府在接管各地城市后相继展开了封闭妓院，改造妓女的行动。

中国共产党对娼妓制度的改造根据各地的具体情况，分别形成了北京模式和上海模式两种模式。一是以北京、西安等为代表的，在短时间内摸清妓院的有关情况，集中力量，统一时间，一举将妓院予以封闭。二是以上海、天津、武汉等为代表的，"寓禁于限，逐步消灭"，在相对较长的时间里（到 20 世纪 50 年代中期），采取步步紧逼，严格限制措施，逐步取缔妓院，肃清娼妓。

1949 年 3 月，北京市人民政府批准了市公安局制定的《对妓院进行管制的若干暂行规定》，开始对妓院采取了一系列限制政策。这些措施包括：一是公安局对妓院进行登记，登记项目包括妓院名号、老板的姓名及住址、妓院人数和妓女来源等。二是各妓院必须对嫖客信息详细记载，包括姓名、年龄、职业、住址等记录于登记簿上，并于当晚 22 时前将其送达当地派出所备核；对身着便衣持枪游娼等特殊人员，须迅速秘密报告。三是不得虐待妓女；不得诱迫良家妇女为娼；不许阻拦妓女从良等。四是采取在嫖客的证件上打戳子的办法，只要查到嫖客，就在他们的证件上，甚至衬衫上印上"嫖娼查讫"字样的戳子。结果，导致嫖客减少，不少妓院或关张，或转行，或搬迁他地，一些妓女从良。这些对妓院的限制政策有效地为清除妓院制度、救助妓女做了准备工作。

具体如何改造、清理妓院，叶剑英的意见是先要把妓院情况调查清楚，然后再决定如何处理。1949 年 5 月，北京市政府召开会议专门讨论对妓女的救助问题，决定成立工作组调查情况，研究处理妓女问题的具体决策。工作组经过逐一调查，写出调查报告，不但基本弄清了全市 200 多家妓院的情况，而且基本掌握了妓女们的情况。在 8 月 9 日北京市第一届各界人民代表会议上，有两位代表提出了改造妓女的提案，建议设立妓女习艺所，收容妓女，并施之以教育，授之以劳动技能，把她们改造、培养成为靠劳动生存的人，会议一致通过了这两个提案。9 月 19 日，《北平市处理妓女办法》（草案）出台，提出："先集中力量处理明娼，暗娼另行处理之……对妓女采取统一集训，分别处理的方针。对妓院老板和领家，采取取缔政策，除明令停业外，对于罪恶昭彰并伤害人命者，除依法惩处外，并对其敲诈剥削非法致富的财产予以没收（酌留生活）。”“对茶房、跟妈、妓院之伙计则一律遣散。”① 民政局提前选好了集中妓女的场所，准备好一些生活用具。市妇联则负责对从各单位抽调来的干部进行政策培训，请卫生局讲解防病知识。企业局为收容后的妓女安排好了生产项目，如纺毛线、打毛衣、糊火柴盒、打袼褙等。

一切准备就绪后，1949 年 11 月 21 日下午 5 时，北京市第二届人民代表会议正式通过封闭妓院的决议。指出：“妓院乃旧统治者、剥削者摧残妇女精神和肉体、侮辱妇女人格的兽性、野蛮制度的残余，传染梅毒淋病，危害国民健康极大，而妓院老板、领家和高利贷者乃极端野蛮狠毒之封建余孽。”② 所以根据全市人民之意志，立即封闭一切妓院，处理老板、领家，并没收妓院财产，集中训练改造妓女。会后，北京市抽调 2 400 余名干警，分成 27 个行动小组，奔赴全市各处妓院。一夜之间，将 224 家妓院全部封闭，妓院老板、领家 454 人全部集中。1 290个受尽欺凌压迫的姐妹们从此得到解放，几千年来摧残妇女的野蛮妓院制度首先在人民首都销声绝迹，这种以人肉为商品的丑恶现象不复存在，北京“八大胡同”从此成为历史名词。第二天，《人民日报》全文刊登了封闭妓院的决议，报道了封闭妓院的经过，发表了《解放妓女》的短评。社会各界纷纷表示坚决拥护政府的行动，并派人送书，看望、鼓励姐妹们好好学习。捷克驻华大使夫人，闻讯也赶来表示祝贺！公安部对北京封闭妓院的经验通报中还特别表扬了此次行动中对周围以妓院为生人员的安排，指出：“对妓院封闭后可能引起的问题亦作了考虑，如依靠妓院维生的摊贩、车夫等予以教育安插。”③ 为了彻底消除恶劣影响，体现这种社会变革的意义，北京市人民政府根据第七区各界人民代表会议 1950 年 6 月 8 日决议，将该区十三段前妓女所在地“黄花苑”更名为“新生巷”，并将写有该地名之大木牌坊拆除。50 年后中国人权状况白皮书《中国人权发展 50 年》高度评价了这一历史性成就，指出：“1949 年 11 月北京市第二届人民代表会议率先作出禁娼决定……在很短的时间内，就使这种在中国延续三千多年、严重摧残妇女身心健康和尊严的罪恶渊薮绝迹。”④ 1950—1953 年，各地

① 北京市档案馆，北京市委党史研究室. 北京市重要文献选编（1948.12—1949）. 中国档案出版社，2001 年，第 713 页.

② 新华月报，1950 年第 1 期.

③ 建国初期取缔反动会道门、禁娼、禁毒斗争的文献选载. 党的文献，1996 年第 4 期.

④ 中国人权发展 50 年. 人民日报，2000 年 12 月 20 日.

根据同级人民代表会议的决议，先后宣布娼妓制度为非法制度，并封闭了所有妓院。例如，西安市 1951 年 6 月 25 日，封闭妓院 361 家，收审妓院老板 444 人，收容妓女 642 人；青岛市于 1951 年 12 月 22 日采取行动，将该市妓院全部封闭，收容处理妓院老板、领家 239 人，收容教养妓女 314 人[①]。

上海是近代中国经济、金融中心和通商港口，聚集了中外各色人等，随着经济的畸形发展，病态的卖淫业急剧膨胀。1941 年日本帝国主义入侵后允许烟赌娼公开营业，更是变本加厉。抗战胜利以后，各种的腐朽势力纷纷涌入上海，再次刺激了淫乐业发展，妓院、妓女进一步发展，一度达到了旧上海娼妓史上的巅峰。据上海市警察局调查，1946 年全市妓女人数达 4 万人。

军管会在接收上海时部分达官贵人逃亡，妓院和妓女人数有所减少，当时上海市政府就曾考虑过妓女的处置问题。对待妓女问题，市长陈毅认为要依据两条原则：第一，妓女生活在社会最底层，新中国决不允许卖淫现象继续存在，不管有多大困难，我们一定解放妓女；第二，刚进上海，还不能马上解决妓女问题，只好让她们再吃几天苦，但一定会很快解决的。原因一是人手不够，上海解放之初需要接管的部门实在太多，干部人数有限；二是政府的首要任务定位在肃清残余敌人、建立革命秩序、恢复生产上，一时还腾不出手来处理妓女问题；三是立即封闭妓院会影响到与此相关人员的生计。正如 1947 年国民党市政府向市参议会提交的一份议案中称“上海以卖笑为生者统计不下 10 万人，间接赖生者而数倍之。”突然封闭妓院，意味着这些人的饭碗将被打碎，而政府一时又没有能力立即安置这些人就业，势必影响到他们的生计，危及社会治安秩序的稳定。因此，对娼妓主要是采取有计划、有步骤的严格治安行政管理，逐步限制，做好准备工作，为实施有效的禁娼措施积极创造条件。

一是采取严格管理和限制措施，促使一些妓院难以生存，自动停业。1949 年 6 月，市公安局责令全市妓院进行登记，审核发证。8 月 16 日市公安局又颁布《管理妓女妓院暂行规则》14 项，并规定：本禁令宣布后，违者将予罚款、拘役及封闭之处分。与此同时采取釜底抽薪的办法，对嫖客登记留名，一定程度上限制了嫖客。公安机关经常派干警突击检查，发现违反规定者，立即惩处，部分妓院相继关门歇业。公安机关于 1949 年 10 月重新办理妓院、妓女登记时，妓院已由解放时的 525 家减少至 264 家，妓女由 2 227 人减少至 1 243 人。二是对私娼收容改造，消除隐患。针对比妓院妓女多得多的私娼，公安机关先从重点打击幕

① 崔乃夫. 当代中国的民政（上册）. 当代中国出版社，香港祖国出版社，2009 年，第 68 页.

后操纵、胁迫私娼卖淫的私娼主和台基主（提供卖淫场所的人）着手，对私娼主要采取驱赶和警告的办法。同时，民政局还设立了妇女生产教养所，收容一批无家可归，流落街头的私娼。至1950年年底，全市共查处私娼主、台基主627人次，处理私娼和嫖客7 667人次，收容私娼400多名。同时公娼人数也有明显减少，年底全市申领营业证的妓院为156家，妓女559人。第二年镇反运动中，又逮捕100多名妓院恶霸，一批妓院被迫破产。三是条件成熟，全面封闭妓院，集中收容娼妓。到1951年11月，全市妓院只剩下72家，妓女只有181人①。11月23日，上海市各界人民代表会议协商委员会第七次全体会议，一致通过取缔妓院、收容妓女的决议。11月25日晚统一行动，封闭了全市72家残存妓院，收容181名公娼，334名妓院主、老鸨、龟奴，经过审讯结案，分别移送法院和送劳动改造，妓女送往上海市妇女劳动教养所。后又采取几次突击收容暗娼的行动，在处理方针上，采取收容改造少数，教育警告多数，应用政府管制与群众监督教育相结合的办法，重点收容在公共场所公开拉客、严重影响社会治安和社会风气及屡教不改的暗娼。1953年至1958年年初，妇女教养所共收容改造妓女7 000多名。

和上海市一样，天津市政府明确提出"寓禁于限，逐步消灭"方针。到1949年11月中旬，全市有114家妓院被迫停业，570名妓女脱离妓院，其中结婚的200多人，回原籍的100多人，做工学艺的50多人，私逃的60多人。在1951年6月镇反高潮中，先后将恶贯满盈的数十名恶霸妓院老板判处死刑，使还在等待观望的妓院老板胆战心惊，纷纷要求歇业转业，尚未脱离妓院的妓女消除了对老板的恐惧，要求政府给予安置。抓住这一时机，公安机关同民政、妇联等部门配合，迅速帮助脱离妓院的妓女回原籍，或多方寻找门路安置就业。到1952年5月底，天津市妓院和妓女完全绝迹。武汉市1950年先后颁布了三项调查管制妓院的法规，1951年7月又提出了"严格限制，逐步缩小，准备条件，最后消灭"娼妓制度的方针和"斩断来源，管制老板，教育妓女，麻烦嫖客"的具体措施，至年底，全市妓院自动撤销或转业的共达377家②。因为政府严厉的监管政策，在这期间，出现了由明娼转为暗娼，由一个城市向另一城市转移的现象。如武汉市，据调查有妓女1 800余名，而在登记时只有686名，其中大部分已转为以清唱、舞女等职业为掩护的暗中卖淫。针对这一情况，各地人民政府迅速着手进行封闭妓院前的调查了解工作，并结合镇压反革命运动，惩办、逮捕了一批罪大恶极的妓院恶霸。其他妓院老板不敢再继续虐待妓女和阻止妓女从良，

① 杨洁曾，贺宛男．上海娼妓改造史话．上海三联书店，1988年，第34页．
② 崔乃夫．当代中国的民政（上册）．当代中国出版社，香港祖国出版社，2009年，第68页．

也促使他们转业或歇业。

（二）改造妓女的两种形式

对妓女的改造方式可以概括为两个方面，即："先治性病，再治心病"。治性病是为她们治好疾病，恢复健康。治心病则是指对其进行思想教育，培养良好的劳动习惯，使其成为自食其力的劳动者。

及时给妓女检查治病是收容改造的第一个重要事情，这不仅是关系到她们个人身体健康和重新做人的大事，而且是有关国民健康的重要措施。为此，北京市政府集中了北大医学院等五所医院和北京市卫生巡回医疗队等单位60余位医务人员参加医疗工作。治疗方案是由北大医院院长胡传揆大夫、性病防治所林子杨所长、苏联医学专家杜必宁大夫一起慎重研究制定的。在治疗时，先普遍进行了健康检查、性病检查。检查的结果：性病患者1 259名，占总人数的96.6%；无病者仅44人，占3.4%[①]。有些人一个人就患有梅毒、淋病等多种性病。治疗开始后，即以治疗为重点，一切行政教育工作都配合这个任务。首先把她们按病情轻重编组编队，以便治疗和防止感染，同时对其进行关于性病危害的教育。当时医治性病的主要药物盘尼西林（青霉素），国内还不能生产，国家要花大量的外汇，而且在外敌封锁下不易买到。上海药库里仅有的盘尼西林要运往朝鲜战场供志愿军伤病员使用。陈毅市长了解情况后，果断批示，先给教养所，志愿军战士另想办法。在突击治疗期间，一共注射约13 000余针进口的盘尼西林。在新中国刚刚成立，国家财政还很困难的情况下，政府拿出1亿多元（旧币，相当于12万斤小米）医药费给学员治病实在是难能可贵[②]。武汉市的妓女刚入院时测量体重，平均每人49.3公斤。两个月后，经过治疗性病恢复健康，平均每人增加了2.6公斤。医治性病是对妓女改造工作的基础，只有身体健康，才能参加生产劳动、解决配偶和从事就业。

党和政府封闭妓院，收容妓女的根本目的，并非仅仅是给她们治疗肉体上的病痛，也不只是为了使她们弃娼为良，而是要在转变她们恶习基础上，教给她们自谋生路的劳动技能，最终成为自食其力的劳动者，使她们重拾做人的尊严，实现自身的价值，为新中国的社会建设服务。为此制定的基本方针是："政治思想教育和劳动生产相结合，改造和安置工作相结合。"对妓女的改造工作包括几个

---

① 北京市档案馆，中共北京市委党史研究室. 北京市重要文献选编（1950年）. 中国档案出版社，2001年，第381页.

② 张洁珣. 关闭妓院，一场伟大的社会变革——共和国不能忘记的故事. 中国妇女报，2009年11月17日.

方面：

1. 通过尊重、关心、教育消除其思想顾虑

旧中国的妓女来源主要是底层的劳动妇女，大部分人因为生活所迫而沦落风尘。她们长期受社会压迫，终日在欺诈中讨生活，多数人比较世故，善于随机应变，不轻易相信别人。不少人养成了好逸恶劳的寄生习惯，很相信命运，看不见自己的前途，对新中国封闭妓院心存疑虑。曾经当过妓女的俞欣芝多年后回忆说："当时我根本不信'长三'、'幺二'（妓女等级名称）们能自己干活养自己。你们不是说共产党好吗？那我就等个好共产党娶我吧！"当时，和她想法相似的妓女很多。关于她们的出路有很多谣传，如"送军营去'共妻'"、"抽血献给志愿军"、"送东北开山"、"出卖妓女，解决共产党经费困难，年轻漂亮的卖 1 500 元，老的丑的也要 300 元"，等等。一部分不了解政策的妓女，对收容政策持疑惧态度，想起曾经被集中送进日本兵营遭蹂躏，或被国民政府以各种理由敲诈勒索，不由得胆战心惊，有的则担心她们存放在妓院的东西被没收而哭天喊地。教养院的干部始终坚持热情感化、耐心教育和严肃纪律相结合的原则，针对上述情况，首先，工作人员以尊重人格、同情关怀的态度对待她们，对收容来的妓女一律称之为"学员"、姐妹，不再伤害她们的感情。其次，生活上关心她们，把没人照看的孩子和无处安身的家人接过来与她们团圆，发给她们棉衣棉被，生病的人开小灶单做三餐。把封闭妓院时各自的私人物品发还给她们。最后，发动社会力量鼓励、关心她们。各级领导看望并讲话，用事实揭穿各种谣言，解除她们的疑虑。女工、女学生、记者、文艺界的知名作家、艺术家，全国妇联的大姐们，甚至还有国际友人看望和慰问她们，同她们亲切交谈，给她们送来许多书籍、文具，鼓励她们好好学习，重新做人。社会的同情、慰问温暖了她们，使一颗颗冰冷的心逐渐融化，情绪慢慢稳定下来。

2. 经过政治教育，提高她们的思想觉悟

第一，上政治课时，联系她们的生活实际，讲旧社会阶级剥削压迫，比较共产党和国民党反动派的根本区别，以提高她们的认识和觉悟，使她们认识到三大敌人才是灾难的制造者，是真正的敌人，打破她们心中宿命的想法，逐渐建立新的人生观和价值观。第二，挖苦根、倒苦水。堕入火坑的每个妓女都有一本血泪账，通过诉苦，能唤起受苦者的觉醒，使她们从根本上告别过去，走上新的人生道路，自觉地为新社会服务。第三，发动妓女在法庭上控诉，使老板、领家低头服罪。北京市组织妓女们参加公审妓院老板黄树卿、领家黄宛氏的大会，当场宣判其死刑，使她们认识到政府是真正为了解救她们，大大提高了她们的觉悟。第四，让早进来的妓女对后来的姐妹进行宣传教育，强调政府是要改造她们成新人，激励她们好好改造。

3. 通过文化教育，提高她们的文化水平

不少妓女当初就是因为没有文化，才掉进火坑的。1949 年 9 月，上海市民政局曾对 1 344 名妓女的年龄、文化程度、沦娼的原因进行了调查，其中文盲 1 161人，占 86.4%；小学 163 人，占 12.1%；中学 20 人，占 1.5%[①]。要求文盲必须在三个月时间内读完一本识字课本，经过考试通过后摘除文盲帽子才算改造合格。通过上文化课，不少学员不仅已经脱盲，还能写通顺的短文和书信，有的学员还能出壁报，编快板书。讲故事和观看演出，对于文化程度相对较低的学员来说形象生动，效果好，更易被她们接受。因此，教养所组织她们观看反映妓女悲惨生活的电影《姐姐妹妹站起来》、话剧《日出》等，最令人难以置信的是，由著名导演洪深执导的、由学员们亲自参加演出的大型话剧《千年的冰河解了冻》在北京公演，轰动一时，有 2 万多人观看了演出，连朱德、彭真、刘仁等中央、市委的领导也都前来观看，给她们极大的鼓舞，使这些一向被压在社会最底层、最让人看不起的姐妹们感到翻身的喜悦、劳动的自豪和做人的尊严。

4. 通过劳动锻炼，培养她们的劳动习惯

好吃懒做、好逸恶劳是妓女们的致命弱点。针对她们长期脱离劳动、寄生思想严重等状况，通过讲解劳动创造价值、劳动光荣的道理，让她们认识到新中国的妇女只有参加劳动，和男人们一样为社会创造价值，才能真正地解放自己。同时，让她们积极投身劳动实践，首先解决生活自理问题：收拾房间，打扫院子，洗刷厕所，自己烧开水，逐渐改掉好吃懒做的习惯，努力适应新生活。西安市生产教养院组织这些妇女参加各种劳动生产，为国家创造利润 3 649 万元（旧币），有 42 名妇女被评为劳动模范。上海市贯彻“粗工易学、工具简单、投资少、容人多、原料、销路可靠”的原则，组织她们参加各种合适的劳动生产。教养所专门设有摇纱、织袜、织毛巾、缝纫、挑丝绣花等工作，根据个人爱好和特长，组织每个人参加劳动生产，从生产中学得一技之长，为以后安置就业创造条件。

5. 寻找出路，安置就业

对已经改造好的妇女如何进行安置，是一件严肃而又细致的工作，也是对改造工作成功与否最终的检验。北京市对于罪大恶极，残酷剥削妓女的老板、老鸨、领家由北京市军管会军法处审判。其中判处死刑 2 人，十年以上徒刑 19 人，五年以上徒刑 74 人，一年以上徒刑 260 人，没收其房产 89 处，财物 202 件。一般经过两年左右的教育改造，达到以下四个条件的学员方能安置出院：第一，治愈性病，控制传染；第二，改掉了好逸恶劳的游惰习气，出去后不再重操旧业；第三，学会了一定的劳动技能，能自食其力者；第四，有家属保释，出所后有生

① 马维纲. 禁毒禁娼. 警官出版社，1993 年，第 25—26 页.

活来源或生产就业条件者。截至 1951 年 7 月底，计：北京市 1 316 名学员（94 名小孩除外）当中，结婚的 596 人，占 45.3%；回家的 379 人，占 28.8%；参加剧团和医务等工作的 62 人，占 4.7%；妓女兼领家 62 人，占 4.7%，已另行处理；送安老所 8 人，占 0.6%；共处理了 1 107 人，占总人数 84%。还有 209 人，都是无家可归者，政府为她们组织了“新生棉织工厂”，使她们参加生产①。在处理中，采取了慎重负责的态度。凡回家的一般必须是家里来人或当地政府来信证明，然后帮助其回家。广州市收容的 1 200 多名暗娼妓女中，自愿择偶结婚的有 300 多人，回乡与家人团聚的有 100 多人，经介绍参加生产就业或自己找到工作的 300 多人，其余 400 多人则留在民政局的企业、被服厂或农场就业②。上海从 1951 年 11 月到 1958 年，先后教育改造了 7 513 名公开的妓女和街头的暗娼，2 500 多人安置在安徽、苏北等地的国有农场；1 500 多人回乡参加农业生产；近 2 000 人去新疆、甘肃等地支援边疆建设；500 多人由教养所介绍到上海企事业单位工作，500 多有家庭抚养条件的，保释回家从事家务劳动，还有 300 多人没有亲属，不愿离开教养所的，改变教养人员身份，留所工作③。

（三）消灭娼妓制度的成功经验

消灭、改造娼妓制度是个世界性难题，国际上没有一个国家能真正消灭这一腐朽的制度。为什么新中国能在几年内就做到了干净、彻底地铲除了这一毒瘤呢？这不仅使全国人民更加信赖共产党的领导，就是国际上对此也刮目相待。作为一个窗口的上海妇女劳动教养所从 1954 年起先后接待了 31 个国家的 110 位外宾④。一位美国记者访问了正在改造的中外妓女以后，指着教养所内“旧社会把人变成鬼，新社会把鬼变成人”的标语，深有感触地对中国教养干部说：“你们真的做到了‘把鬼变成人’。”⑤ 他的这句话道出了新中国改造妓女实质。

首先，依靠人民民主专政国家的威力，动员全社会各方面力量，把消灭娼妓制度当做危及社会稳定、伤害社会风化、阻碍民生建设的一件大事来对待。新中国的成立使这一丑恶现象产生的社会根源得以铲除，人民政府为了最广大人民的利益，积极采取措施，拯救被旧社会被压迫在最底层的妇女，遵循中国人民政治协商会议共同纲领第六条所规定：“中华人民共和国废除束缚妇女的封建制度”，

---

① 北京市档案馆，中共北京市委党史研究室．北京市重要文献选编（1950 年）．中国档案出版社，2001 年，第 667 页．

② 马维纲．禁毒禁娼．警官出版社，1993 年，第 38 页．

③ 杨洁曾，贺宛男．上海娼妓改造史话．上海三联书店，1988 年，第 124 页．

④ 杨洁曾，贺宛男．上海娼妓改造史话．上海三联书店，1988 年，第 139 页．

⑤ 马维纲．禁毒禁娼．警官出版社，1993 年，第 29—30 页．

制定相关法律法规，在物质条件还相对紧张的情况下，克服困难，调拨人力物力，满足改造工作的需要。还动员家庭和社会各界，采取不歧视、不抛弃的政策，满腔热情地关心、帮助这些旧社会受尽欺凌的底层妇女，让她们感受到社会主义的温暖，树立了劳动光荣、重新做人的勇气，从思想上和生活上彻底做了自食其力的新人。

其次，新民主主义的经济政策，使过去靠出卖身体谋生的妓女有了靠劳动获得尊严和生存的途径。经过土地改革的农村，人人有地种，人人有饭吃，那种为生活所迫沦为娼妓的原因已不存在。虽然在新解放的城市和农村还有找不到职业的人，但政府的各种救济措施，使得各种失业人员逐步有了适合自己的工作。历史上的禁娼废娼之所以难以成功，除了根本的社会制度以外，娼妓的出路也是难以解决的问题。一旦把这些娼妓靠出卖肉体的谋生手段废除了，她们的出路何在？这些人在社会中找不到适合自己的工作，吃完救济之后又重操旧业了。再加上未能从思想上、谋生技艺上相结合把改造娼妓工作落到实处，往往禁娼工作虎头蛇尾，最后不了了之，或变本加厉。而新中国不仅在教养所里改造她们，而且在社会上逐渐建立了一套群众积极参与的监督网，与国家权力相结合，使得妓女和老鸨无处安身，更别说重操旧业了。

最后，把妓女当成劳动人民的一员，采取强制取缔与说服教育改造相结合的方法。许多堕入风尘的女子，是由于生计所迫，并非自甘下贱，自愿堕落。所以，对她们的救赎不仅采取强制取缔手段，还把重点放在说服与教育感化上。解放后，人民政府并没有把她们当成剥削者，而是把她们作为游民或贫民对待，在人格上尊重她们，在生活上体恤她们，使她们感到新社会的温暖，主动配合政府取缔不良社会现象的行动。同时通过思想教育和学习劳动技能，提高其思想和劳动素质，为她们踏上社会成为自食其力的劳动者解决后顾之忧。最后这一条也是最终解决妓女问题的关键。这些经验，对今天打击社会丑恶现象，净化社会风气，不无借鉴意义。

第四章　恢复发展生产：奠定民生建设的物质文化基础

第一节　土地改革，解放和发展农村生产力

新中国成立初期的土地改革运动是中国共产党在解放战争时期对老解放区土地改革的继续，其目的正如刘少奇在全国政协一届二次会议上的报告中所说："废除地主阶级封建剥削的土地所有制，实行农民的土地所有制，借以解放农村生产力，发展农业生产，为新中国的工业化开辟道路。这就是我们要实行土地改革的基本理由和基本目的。"[①] 因此，刘少奇在报告中批判了所谓的"土地改革仅仅是救济穷人的观点"，认为共产党虽然从来就为穷苦的劳动人民的利益而奋斗，但是共产党的观点从来就有别于那些慈善家的观点。他深刻指出："只有农业生产能够大大发展，新中国的工业化能够实现，全国人民的生活水平能够提高，并在最后走上社会主义的发展，农民的穷困问题才能最后解决。仅仅实行土地改革，只能部分地解决农民的穷困问题，而不能解决农民的一切穷困问题。"而且强调土改的目的"是着眼于生产的。土改的每一个步骤，必须切实照顾并密切结合于农村生产的发展。"[②] 由此可见，中国共产党实行土地改革的实质是使劳动者和土地这两个最基本的生产要素密切结合，从根本上来说就是为了解放和发展生产力，实现工业化，最终解决民生问题。

一、土改中保护民生的方针政策

新中国的土地改革是在全国大陆大规模的军事战争已经基本结束，新民主主义政权已经建立起来，但面临复杂严峻的斗争形势下展开的，因此中共中央和毛泽东对这场空前规模的土改运动极为重视，做好充分准备、制定周密的计划、颁布相应的法律法规、培训大批的土改干部，根据条件成熟情况，分期分批展开，取得了圆满的效果。

---

① 刘少奇选集（下册）. 人民出版社，1985 年，第 32 页.

② 刘少奇选集（下册）. 人民出版社，1985 年，第 33－34 页.

党和政府从制定政策入手，站在保护发展生产力、改善民生的角度，尽可能地照顾各个阶级、阶层的利益。比较1947年9月中国共产党全国土地会议通过的《中国土地法大纲》（以下简称《大纲》）与1950年6月30日颁布的《中华人民共和国土地改革法》（以下简称《土改法》），就可以清楚地看到，后者根据新中国的国情，改变了民主革命时期土改的一些过激做法，放宽了政策，照顾到了各方面的利益和要求。

第一，体现在对富农由征收其多余土地和财产，改变为保留富农经济的政策。这是一个重大的改变，不仅保存了富农经济，由此稳定了富农生产情绪，对更好地保护小土地出租者和中农都起了非常重要的作用。有人形象地称之为："富农放哨，中农睡觉，有利生产"。早在1949年12月召开的中共中央政治局会议上，毛泽东就曾提出新区土改中"暂时不动富农"的主张，因时间紧张未及展开。随后在他访问苏联时也曾征求过斯大林的意见，斯大林希望中共对富农问题慎重对待，中心思想是"在打倒地主阶级时，中立富农并使生产不受影响"[①]，这与毛泽东的想法不谋而合。毛泽东回国后又向各中央局发出通知征询关于对待富农的策略问题，提出新区土改中，"不但不动资本主义富农，而且不动半封建富农，待到几年后再去解决半封建富农问题。请你们考虑这样是否有利些"。[②]并陈述了三点理由。1950年3月30日，《中共中央关于土地法大纲中若干问题征询各中央局的意见》下发，14条意见中有5条是就富农问题提出的询问，要大家算一笔账：动不动富农对无地少地农民的影响如何？由此可以看出，党中央是希望通过算账，做到心中有数，能选择一个既适当地满足无地少地贫苦农民的土地要求，又能达到中立富农的目的。在此过程中，中央主要领导人和各大区主要负责人都倾向于不动富农的土地，包括出租土地在内。但《大纲》中规定，不仅富农的多余土地要被征收，而且富农的牲畜、农具、房屋、粮食及其他多余的财产，也要拿来分给贫雇农。而《土改法》规定，不仅富农所有的自耕地和雇人耕种的土地得以保护，而且对富农的其他财产也不得侵犯。对富农出租的小量土地，原则上也保留不动。这样做的原因是形势发生了变化。过去战争阶段富农态度倾向于地主和国民党一边，而战争又需要农民付出极大的代价（出兵、出公粮、出义务劳动）来支援战争，为争取农民的这种支援就要满足农民的土地要求。而新中国成立后，经济建设是主要目标，富农经济属于农村中的资本主义经济，新民主主义社会既然允许民族资产阶级存在，当然农村就应该允许富农存

① 建国以来毛泽东文稿（第1册）. 中央文献出版社，1987年，第264页.

② 建国以来毛泽东文稿（第1册）. 中央文献出版社，1987年，第272页.

在，保护它有利于尽快地恢复发展生产，而且在不少地区富农所占比例较小，不动富农对贫雇农分配土地影响不大。“因而富农经济的存在及其在某种限度内的发展，对于我们国家的人民经济的发展，是有利的，因而对于广大的农民也是有利的。”① 刘少奇在《关于土地改革问题的报告》中更是明确指出：“在整个新民主主义阶段中，都是要保存富农经济的。”② 实行保存富农经济的政策，实际上营造了勤劳致富的政策环境。

第二，对地主只没收其“五大财产”，其他财产一律保留。《大纲》上的规定实际上是没收地主的一切财产，新的《土改法》则规定，只“没收地主的土地、耕畜、农具、多余的粮食及其在农村中多余的房屋”等五大财产，而“地主的其他财产不予没收”。③ 不仅其经营的工商业不予没收，就是现金、衣物等所谓“浮财”也都不予没收。这样做就不会引起地主对这些财产的隐藏、分散和农民对其追索，不容易造成混乱，以致对社会财富产生浪费和破坏。把这些财产留给地主，让其可以依靠这些财产维持生活，或把它投入生产，这对恢复发展生产是有利的。这样也能够尽可能地避免地主因被逼走投无路而铤而走险，减少了土改的阻力。

第三，提高小土地出租者保留土地的标准。小土地出租者通常是一些因缺乏劳力或从事其他职业（如工人、教职员、自由职业者）而出租少量土地的人，过去的土改中对他们没有明确的政策，常把他们当成小地主而没收其土地。《土改法》不仅对小土地出租者有单独的政策，还提高了其保留土地的数量标准。规定“其每人平均所有土地数量不超过当地每人平均土地数200％者，均保留不动”，只征收其超过标准的。还特别做了人性化的规定：“如该项土地确系以其本人劳动所得购买者，或系鳏、寡、孤、独、残疾人等依靠该土地为生者，其每人平均所有土地数量虽超过200％，亦得酌情予以照顾。”④ 因为对于这些人来说，这些小土地出租实际上就是他们的社会保障。

第四，中农的土地由彻底平分改为完全不动。在《大纲》中规定的是农村的一切土地，按全乡全部人口，不分男女老幼，统一平均分配。在这种平分一切土地的政策下，中农超过人口平均数的多余土地，也就被平分掉了，这显然是严重侵犯中农利益的。《土改法》对此作了重大修改，提出“保护中农（包括富裕中

① 刘少奇选集（下册）. 人民出版社，1985年，第35页.
② 刘少奇论新中国经济建设. 中央文献出版社，1993年，第165页.
③ 中华人民共和国土地改革法. 人民日报，1950年6月30日.
④ 中华人民共和国土地改革法. 人民日报，1950年6月30日.

农在内）的土地及其他财产不得侵犯”。另外，还对农村中的佃中农也给予了照顾。规定：“原耕农民租入的土地抽出分配时，应给原耕农民以适当的照顾。应使原耕农民分得的土地（自有土地者连同其自有土地在内），适当地稍多于当地无地少地农民在分得土地后所有的土地。”① 这个照顾，可以使佃中农在抽出他们租入土地时不受或少受损失。土改后中农在整个农村中所占比例仅次于贫雇农，保护他们的利益就是保护了相当多数农民的利益。

第五，在分配土地时，对于无地少地人口中若干特殊问题的处理。在分配土地时，并不是实行刻板的“一刀切”政策，而是针对一些特殊人群适当照顾。①照顾人口少而有劳动力的人群。规定：“只有一口人或两口人而有劳动力的贫苦农民，在本乡土地条件允许时，得分给多于一口人或两口人的土地。”②对虽然从事其他职业，其收入仍然不够维持生活的人，“农村中的手工业工人、小贩、自由职业者及其家属，应酌情分给部分土地和其他生产资料。”③照顾烈军属等优抚对象。“家居农村的烈士家属（烈士本人得计算在家庭人口之内）、人民解放军的指挥员、战斗员、荣誉军人、复员军人、人民政府和人民团体的工作人员及其家属（包括随军家属在内），均应分给与农民同样的一份土地和其他生产资料。”④对宗教神职人员，一视同仁。“农村中的僧、尼、道士、教士及阿訇，有劳动力，愿意从事农业生产而无其他职业维持生活者，应分给与农民同样的一份土地和其他生产资料。”⑤配合解决城市失业工人返乡就业，解决其土地问题。“经城市人民政府或工会证明其失业的工人及其家属，回乡后要求分地而又能从事农业生产者，在当地土地情况允许的条件下，应分给与农民同样的一份土地和其他生产资料。”⑥甚至对于还乡逃亡的地主等敌对分子的家属，只要他们真心悔过，也给生活出路。“还乡的逃亡地主及曾经在敌方工作现已还乡的人员及其家属，有劳动力，愿意从事农业生产以维持生活者，应分给与农民同样的一份土地和其他生产资料。”“家属未参加犯罪行为，无其他职业维持生活，有劳动力并愿意从事农业生产者，应分给与农民同样的一份土地和其他生产资料。”② 这一切，既反映了中国共产党原则性与灵活性的结合，更是中国共产党以人为本，以民生为重思想的集中体现。

第六，分别对城市郊区、侨乡、山林、盐区、渔区和少数民族地区的土改问题作了单独特殊处理。针对城市郊区土地关系的特点，规定只征收工商业者在城市郊区的农业土地和荒地及缘由农民居住的房屋，“但对其在郊区的其他财产和合法经营，如私人住宅、厂房、仓库以及在农村中有利于生产的投资等，应加保

① 中华人民共和国土地改革法．人民日报，1950 年 6 月 30 日．

② 中华人民共和国土地改革法．人民日报，1950 年 6 月 30 日．

护，不得侵犯。”[①] 这里的“其他财产”，主要是指用于经营工商业的财产，对其进行区别对待而加以保护的政策，不仅可以稳定城市工商业者，而且也有利于发展生产。对少数民族地区的土改工作更是采取了“慎重稳进”的方针，针对少数民族土改中涉及的特殊情况，中央采取了不同于汉族土改的方案。比如，《土改法》第三条规定：“清真寺所有土地，在当地回民同意下，得酌予保留。”对牧区和半农半牧区不进行土改。在具体政策上，特别是没收方面的政策规定，更加宽松，比如不动土地以外的生产资料、实行赎买政策等。通过这种和缓的方式，主要的目的就是减少民族矛盾、减少震动、保护民族经济文化传统，发展经济，在此基础上尽快发展生产，提高民生水平。

新中国成立后国家的经济实力决定了国家无力对地主土地实行赎买政策，而只能实行强制没收的政策，但土地又是人们赖以生存的最基本的生产资料，如何使这场激烈战争变得没有硝烟，成本最低而收益最大呢？除了调动各方面积极因素，形成反封建的统一战线之外，全面考虑各阶级、阶层的经济利益，尽最大可能给有土地阶级、阶层以宽松的政策，减少他们对土改的抵抗、破坏，这是一个重要的因素。

二、土改取得的民生建设成就

新中国成立初期土地改革的成就是多方面的，从发展生产力改善民生的角度着眼，主要表现在：

（一）废除封建土地所有制，真正实现了“耕者有其田”的奋斗目标

全国范围的土地改革从 1950 年 9 月大规模展开，到 1953 年春基本结束，除了一部分少数民族聚居区（主要在新疆、西藏、四川、云南等省区）以外，全国大约有 3 亿多无地或少地的农民获得了总数约 7 亿亩的土地和大量的生产生活资料。连同解放前已完成土地改革的老解放区，完成土地改革地区的农业人口共占全国农业人口总数的 90%以上，获得经济利益的农民约占农业人口的 60%～70%。土改后废除了每年要给地主交纳 3 000 万吨以上粮食的地租，农民也无须为地主作无偿劳动。土改前的基本状况是：仅占农户总数不到 7%的地主、富农，却占有总耕地的 50%以上，而占全国农户 57%以上的贫农、雇农，仅占有耕地总数的 14%，地主人均占有耕地更是达到了贫雇农的 20～30 倍，以至农村存在着大

① 中共中央文献研究室．建国以来重要文献选编（第 1 册）．中央文献出版社，1992 年，第 460 页．

量无地和少地的农民。而土地改革的基本完成，使我国农村的土地占有关系发生了根本改变。占农村人口92.1%的贫农、中农，占有全部耕地的91.4%；原来占农村人口7.9%的地主、富农，只占有全部耕地的8.6%。下面两张表是反映土改前后各阶层所占土地情况的对比：

全国土地改革前耕地占有情况

阶级分类	户数（万户）	户数比例（%）	人口（万人）	人口比例（%）	耕地（万亩）	耕地比例（%）	户均耕地（亩）	人均耕地（亩）
贫雇农	6 062	57.44	24 123	52.37	21 503	14.28	3.55	0.89
中农	3 081	29.20	15 260	33.13	46 577	30.94	15.12	3.05
富农	325	3.08	2 144	4.66	20 566	13.66	63.28	9.59
地主	400	3.79	2 188	4.75	57 588	38.26	143.97	26.32
其他	686	6.50	2 344	5.09	4 300	2.86	6.27	1.83
合计	10 554	100.00	46 059	100.00	150 534	100.00	14.26	3.27

注：户数、人口、耕地总数是采用1950年农业生产年报资料，各阶级数字是根据各地区土改前各阶级比重推算的。

全国土地改革结束时耕地占有情况

阶级分类	户数比例（%）	人口比例（%）	耕地比例（%）	户均耕地（亩）	大牲畜（头/百户）
贫雇农	54.5	52.2	47.1	12.5	46.73
中农	39.3	39.9	44.3	19.0	90.93
富农	3.1	5.3	6.4	25.1	114.86
地主	2.4	2.6	2.2	12.2	23.19
其他	0.7	—	—	—	—
合计	100.00	100.00	100.00	15.3	64.01

注：户数是根据当时对21个省、自治区的9 900户调查资料推算。其他则是根据1954年23个省、自治区15 000多农家收支调查资料计算①。

至此，在中国延续两千多年的封建土地所有制被彻底废除，“耕者有其田”的理想在共产党的领导下终于变成了现实，长期被束缚的农村生产力获得了历史性的大解放。土地改革中，广大农民不仅获得了土地，还分得大批其他生产资料

① 国家统计局．建国三十年全国农业统计资料（1949—1979）．1980年．

和生活资料，据华东、中南、西北、西南四个新解放区的不完全统计，在土地改革中，共没收了地主阶级耕畜 296 万头、农具 3 944 万件、房屋 3 795 万间、粮食 100 多亿斤[①]。

（二）从根本上解放了生产力，极大地激发了农民发展生产的积极性

土地改革的完成，使农民有了一份属于自己的土地，也就有了“命根子”，在社会保障体系没有建立起来之前，给了农民一份保障，为农村社会的稳定奠定了基础。“状元三年一考，土改千载难逢。”[②] 这种历史上前所未有的经济补偿，解放了农村生产力，极大地激发了中国亿万农民的生产积极性。人民政府从政治上给予农民主人地位，经济上对翻身农民给予大力扶持。农民是土改最大、最直接受益者，他们获得土地后生产积极性空前高涨；农业生产条件在国家和农民双重投资下得到了极大的改善，为劳动生产率的提高奠定了物质基础；土改后纯粹个体劳动方式也有相应改变，互助合作得以发展，成为农民解决耕畜、农具、劳力不足等困难的有效方法。所有这一切表明，土改运动彻底改变了农村的生产关系，极大地解放和发展了农村生产力，为新中国的农业发展和国家工业化建设奠定了物质基础。据统计，1952 年与 1949 年相比，粮食总产量由 11 318 万吨增加到 16 392 万吨，增长 44.8%；棉花由 44.4 万吨提高到 130.4 万吨，增加 193.6%。按 1952 年不变价格计算，全国农业总产值增长 32.6%，每年平均增长 10.9%[③]。尽管这四年间，我国人口增加了 4 629 万人，但是人均粮食产量还是增加了 37.3%，而同一时期的日本、英国、印度、巴西增长速度分别为 −0.14%、6.4%、18.7%、3.4%。

1949—1953 年中国粮食产量与人口增长统计表[④]

年度	粮食产量（万吨）	粮食增率（%）	人口（亿）	人口增率（%）	人均粮（公斤）
1949	11 318	—	5.416 7	—	208.9
1950	13 213	16.74	5.519 6	1.90	239.4
1951	14 369	8.75	5.630 0	2.00	255.2
1952	16 392	14.08	5.748 2	2.10	285.2
1953	16 683	1.78	5.879 6	2.2	283.7

① 中国共产党历史（1949—1978）第 2 卷. 中共党史出版社，2011 年，第 100 页.

② 中共党史教学参考资料（第 19 册）. 国防大学出版社，1986 年，第 235 页.

③ 国家统计局. 中国统计年鉴（1985 年）. 中国统计出版社，1985 年，第 255、238 页.

④ http://tieba.baidu.com/p/2122013891.

农业生产力的提高，不但使农业总产值大幅提高，而且也大大调动了人民群众改善生产条件的积极性。解放前，江岸河堤长年失修，水旱灾害不断发生。1949年，全国农田受灾面积达1.2亿亩，灾民约4 000万人，其中重灾区占2 800万亩。新中国成立后兴修水利成为党和政府恢复国民经济的重点之一。1950年人民政府用在水利建设上的经费相当于国民党反动统治时期水利经费最多一年的18倍，1951年增加到42倍，1952年再上升到52倍[①]。从1950年到1952年，政府用于水利建设的经费共约7亿元，占国家预算基本建设投资10%以上。全国42万公里的堤防绝大部分进行了整修，一些水灾比较严重的河流开始了全流域的治理。三年中，完工土方在17亿方以上，相当于巴拿马运河的10倍或苏伊士运河的23倍[②]。这些水利工程都是由解放了的约2 000万农民完成的。正如陈云所言："现在提高农业产量的关键，就是在新解放区完成土地改革。只有进行土地改革，才能大大鼓励农民的生产积极性。从这几年的经验来看，农民分得了土地以后，尽一切力量投资到生产里头去。农民有了牲口，有了水车，再加上劳动互助，生产就发展了。"[③] 1949年全国农民平均每人消费品购买力为14.2元，1952年达到了24.6元，增加了73.2%，年均增长24.4%[④]。其中提高幅度最大的是贫雇农，因为他们是土地改革中最大的受益者，其次是中农。以农民购买布匹、食油、食盐和其他日用品等生活资料为例：据陕西省临潼县雨金区第八乡典型户调查，土改后农民生活资料较解放前增加的幅度：雇农为107.36%；贫农为89.2%；中农为51.63%[⑤]。尽管1952年国家征购的粮食比1949年增长了96.9%，但同期农民向社会提供的其他农副产品也有相应的增加，并且多数产品商品量的增长率快于生产量的增长率。人均农产品产量中，粮食由209公斤增至288公斤，棉花由0.82公斤增至2.29公斤，肉类由2.05公斤增至5.95公斤[⑥]。

（三）有利的农产品价格和低赋税政策

新中国成立前，由于国民党政府长期滥发纸币造成严重的通货膨胀和物价急

---

① 中国社会科学院，中央档案馆．中华人民共和国经济档案选编·农业卷（1949—1952），中国社会科学文献出版社，1991年，第555页．

② 林蕴辉等．1949—1976年的中国凯歌行进的时期．人民出版社，2009年，第116页．

③ 陈云文选（1949—1956）．人民出版社，1984年，第140页．

④ 国家统计局．中国商业历史资料汇编，1963年．

⑤ 杜润生等．中国的土地改革．当代中国出版社，1996年，第570页．

⑥ 国家统计局．中国统计年鉴（1984年）．中国统计出版社，1984年，第141—168页．

剧上涨，工农业产品价格“剪刀差”（农产品按低于其价值的价格出售，而工业品则按高于其价值的价格出售，这种由价格反映的价值差距就是剪刀差）进一步扩大。1950年工业品换取农产品的指数，比1930—1936年的平均水平约扩大了34.5%[①]，农民在交换中吃亏很多。如以战前7年半平均工农业产品比价指数为100，1950年工农业产品比价指数为131.8，工农业产品价格“剪刀差”明显扩大。新中国成立初期，在稳定物价的基础上，逐步采取较大幅度提高农副产品收购价格和适当提高工业品零售价格办法，缩小工农业产品价格的“剪刀差”。1952年同1950年相比，农副产品价格提高21.6%，农村工业品零售价格提高9.7%[②]。正如毛泽东后来所说：“我们没有苏联那种义务交售制度。我们对于工农业产品的交换是缩小剪刀差，而不是像苏联那样扩大剪刀差。我们的政策跟苏联大不相同。”[③]

为减轻农民的负担休养生息，毛泽东和党中央三令五申要求各地在征粮和征税中要注意相关政策。1950年5月，毛泽东收到黄炎培的一封来信，反映上海近郊川沙、南汇、奉贤三县有灾民20万，征粮不但不免，且要重征，以致三县农民种子没有，肥料不施，食粮不足，农民体力大减，难以下田工作等情况，毛泽东当即打电报给中共苏南区委书记陈丕显、华东局第一书记饶漱石等人，要求派员详查，“按照实事求是精神，有则说有，无则说无，是则是，非则非，注意查明，并加分析具报。”[④]

新中国成立后，为了稳定和减轻农民负担，人民政府改变了过去强行摊派制度，实行依率计征、依法减免的新办法。根据各地的具体情况，实行不同的税制。1951年8月31日，中共中央发出《农业税必须贯彻查田定产依率计征》的指示，逐步实行“查田定产，依率计征”。先清查土地亩数，然后划分土地类别，评定土地等级，再确定土地常年应产量；同时，奖勤罚懒，对善于经营、勤劳耕作和因改良技术而超过常年应产量者，其超过部分，不增加税收；因怠于耕作，其产量不及常年应产量者，其应交公粮不予减免。1952年6月16日，政务院在关于1952年农业税收工作的指示中规定：从1952年起，“农业税收工作的总方针是：贯彻查田定产，依率计征，依法减免，逐步实现统一累进，并取消一切附加。”[⑤] 同

---

① 黄达．工农产品比价剪刀差．中国社会科学出版社，1990年，第1—2、6、14页．

② 中国社会科学院，中央档案馆．中华人民共和国经济档案资料选编·商业卷（1949—1952）．中国物资出版社，1995年，第635页．

③ 毛泽东选集（第5卷）．人民出版社，1977年，第336页．

④ 建国以来毛泽东文稿（第1册）．中央文献出版社，1987年，第388页．

⑤ 中国社会科学院，中央档案馆．中华人民共和国经济档案资料选编·农业卷（1949—1952）．社会科学文献出版社，1991年，第96页．

年8月，颁布《受灾农户农业税减免办法》，根据受灾程度的不同，实行“轻灾少减，重灾多减，特轻不减，特重全免”的原则，制定了五等减免农业税的办法。

1950年淮阳地区出现了夏季征粮任务过重，干部强迫命令，畸轻畸重，贫雇农负担加重，导致不少地方出现卖牲口、当青苗、卖树、借债等现象。9月9日，毛泽东在中央转发河南淮阳地区夏季征粮情况报告上作出批示，强调：“今年全国秋征工作，必须党政全力布置，加强领导，务必避免河南淮阳区那样的极端恶劣现象，切勿大意，是为至要。”① 1952年10月14日，陈云根据一份调查报送毛泽东关于自己家乡青浦县小蒸乡农民情况的材料。由于接连三年农作物歉收、征粮比例过高和人多地少，造成农民生活普遍困难的情况。对此，毛泽东非常重视，第二天亲自致信中共中央华东局第三书记谭震林，就浙江、苏南地区征粮太重问题提出意见。信中要求派出两个调查组，调查浙江和苏南地区农民公粮及其他负担的实情，要求减轻这两个地区征粮数。他说：“过去因负担太重无以为生的农民，必须切实解决救济问题；今年征粮必须不超过中央规定的比率，大大减轻民负。”② 因为对于农民的征粮负担，政务院关于1952年农业税收工作的指示中已有明确规定：晚解放区已经完成土地改革的地区，1952年应施行统一全额累进税制，累进税率为7%～30%（一律不准再征附加税）。1953年4月16日，毛泽东在财政部党组关于召开第四次全国农业税法会议向中央的请示报告上批示说：“农业税中存在的问题很严重，据湖北报告，有十分之一的人口春荒断粮。大概全国农业人口中有四千万人左右到春季都要闹荒，这是一个极大的问题，年年如此。必须从今年征粮中认真解决此问题。”所以他认为1953年是否应比去年加征16亿斤和发40亿斤公债，也值得再考虑。当月21日，审阅中共中央1953年4月21日对财政部党组的指示稿时批示，征粮中的社会减免问题，关系极大，全国大约有10%的农户要遭春荒夏荒，缺乏口粮，甚至断炊，必须认真减免农业税，并希望通过此次农业税会议拟出具体可行办法，要求多注意对穷困的偏僻山区加以特殊照顾。认为“对约百分之十的农户实行减税免税问题是整个农业税政策中的极端严重问题，过去几年都做得不好，今年一定要做好”③。

随着农业合作化运动的不断深入，越来越多的农民加入各种形式的农业互助合作社，但是也有一部分农民对此持怀疑观望态度，希望再看一看，而农村基层

① 建国以来毛泽东文稿（第1册）. 中央文献出版社，1987年，第502页.

② 建国以来毛泽东文稿（第3册）. 中央文献出版社，1989年，第587页.

③ 建国以来毛泽东文稿（第4册）. 中央文献出版社，1990年，第197—198页.

的一些干部认为这些农民思想落后，在农业贷款、加入消费合作社等方面对他们实行歧视。对此毛泽东要求农村工作人员照顾、帮助和耐心地教育单干农民，必须承认他们的单干是合法的，强调："农业贷款必须合理地贷给互助合作组织和单干农民两方面，不应当只给互助合作组织方面贷款，而不给或少给单干农民方面贷款。在一个农村内，哪怕绝大多数农民都加入了互助组或合作社，单干农民只有极少数，也应采取尊重和团结这少数人的态度。"① 此外，人民政府还制定和实施了其他一些奖励和支持农业生产的政策。主要有：适时发放农业贷款，从资金方面帮助贫苦农民解决缺乏耕畜、农具、种子、肥料的困难。三年中，人民政府共发放农业贷款累计为 133 905 万元②。同时通过国家财政逐年增加对农业生产的资金投入来扶植农业生产，如 1952 年，国家对农业基本建设投资 6.46 亿元，占基本建设投资的 14.8%。其中水利建设投资 4.24 亿元③。通过农业生产技术改造，比如农作物品种改良和良种推广、农作物病虫害的防治、土壤改良、耕作栽培技术的改良等，进一步改善农业生产条件，使农业生产在改变生产关系、发展生产力的基础上，迅速得到恢复和发展。

总之，通过土地改革，打破了束缚农业生产发展的障碍，极大地调动了广大农民发展生产、改善生活的积极性，加上国家的支持、扶植，在短短几年中，取得了封建生产关系下几千年来难以取得的成就，为进一步发展经济，改善人民生活奠定了物质基础。

第二节　调整工商业，促进城乡交流

新中国成立初期，私人资本主义经济即民族资本主义经济，是指除垄断资本以外的一般中等规模的和小规模的资本主义经济，在整个国民经济中起着重要的作用，其产值在现代工业中占第二位，在轻工业和商业方面占的比重更大，对于当时整个国民经济的恢复和发展起着不可缺少的作用。据 1950 年统计材料显示，民族资本主义工业的产值占全国工业总产值的 51%，商业的零售额占全国商品零售额的 85%。民族资本主义经济具有生产工业产品以满足人民的需要、实现商品流通以促进城乡交流、解决就业、培养人才、向国家纳税以增加社会积累等作用，这一切短时间内国有经济还难以替代。因此，"资本主义会有一个相当程

① 建国以来毛泽东文稿（第 4 册）. 中央文献出版社，1990 年，第 152 页.
② 林蕴辉等. 1949—1976 年的中国——凯歌行进的时期. 人民出版社，2009 年，第 118 页.
③ 当代的中国农业. 当代中国出版社，1992 年，第 55—56 页.

度的发展，这是经济落后的中国在民主革命胜利之后不可避免的结果。”① 产生于半殖民地半封建社会的私人资本主义既有有利于国计民生的积极作用，也有其消极作用。毛泽东在《论联合政府》中也强调：我们主张的新民主主义制度的任务，“能够自由发展那些不是‘操纵国民生计’而是有益于国民生计的私人资本主义经济，保障一切正当的私有财产。”② 周恩来也谈道：“今天国有经济力量还很小，有利于国计民生的私营经济是有一定的积极作用的，应该予以扶助使其发展……凡与人民生活不相适应的，如生产化妆品、消耗品等等的企业，则任其自生自灭。”③ 因此，为了发展生产，繁荣经济，改善民生，迅速恢复和发展国民经济，党和人民政府对于私营经济采取了“利用、限制、改造”的方针，“凡有利于国计民生的私营经济事业，人民政府应鼓励其经营的积极性，并扶助其发展。”④ 即应在国有经济领导下，分工合作，共同发展。

一、私营工商业困难原因

如前所述，在平抑物价、打击投机资本的过程中，党中央采取了“四路进兵”（即收税，收公债款，发放工人工资而不准关厂，公营企业现金一律存入国家银行、不准向私营银行和私营企业贷款）的措施，由于用力过猛、抑制物价上涨“刹车”过急，以致通货膨胀停止之后，过去虚假的社会购买力突然消失，社会经济一时出现了“后仰”现象。从 1950 年春季开始，货币流通速度降低，商品销售量减少，银行存款增加。在这种情况下，不仅大城市，连中小城市也出现了商品滞销，工厂停工、商店歇业、失业人口增加的现象。困难程度是：“大城市重于中小城市，上海重于其他城市，工业重于商业。工厂越大困难越重。从行业来说，以粮食、布匹等批发业及高级消费品行业最重。”⑤ 如上海，大米、棉纱批发交易额，4 月比 1 月分别下降了 83％和 47％。大百货商店的营业额减少一半，中小商号少了 90％。据统计，1950 年 1－4 月，全国 14 个大中城市有 2 945 家私营工厂倒闭，在 16 个城市中有 9 347 家私营商店停业。武汉市 1949 年 12 月底以前，工厂歇业仅 38 家，商业歇业户 189 家，但到 1950 年 3－4 月份，工厂歇业户猛增至 260 家，商店歇业户 514 家。资本家躺倒不干，企业关门歇业的后果是工人失业，生活受到严重影响。当时全国失业总人数达 117 万人，仅上海一

① 毛泽东选集（第 2 卷）. 人民出版社，1991 年，第 650 页.
② 毛泽东选集（第 4 卷）. 人民出版社，1991 年，第 1058 页.
③ 中共中央文献研究室. 建国以来重要文献选编（第 1 册）. 中央文献出版社，1992 年，第 179 页.
④ 中共党史参考资料（七）. 人民出版社，1980 年，第 22 页.
⑤ 陈云文选（1949—1956）. 人民出版社，1984 年，第 88 页.

地就有 20 万人之多。经济问题影响到民生安定，3—4 月间，上海人心浮动，谣言四起，有的工人拿不到工资就上街吃白食、分厂、分店，甚至殴打警察、请愿、捣乱会场、撕毁领袖像等。他们埋怨政府“只顾公债，不顾工人死活”，说“将来社会主义好，现在挨饿没办法”。暂时的困难也使资本家普遍产生恐慌心理，甚至怀疑共产党的政策变了，要提前消灭资本主义，实行社会主义。著名的“纺织大王”刘鸿生甚至写信给上海市长陈毅诉苦说，公债买了十几亿，现在要缴款，还要纳税、补税、发工资，而存货卖不动，资金没法周转，干脆把全部企业交给国家算了，办不下去了。

造成这种状况的原因既有客观原因，也有主观因素。客观原因有：一是由于政府采取了治理通货膨胀的有力措施，过去长期在市场上兴风作浪的投机资金受到严重打击纷纷破产，原来的虚假购买力骤然消失；普通民众由于物价稳定不再囤积物品而是随用随买，这也使得社会需求大为缩小。二是新旧政府的更迭反映到消费上也有很大变化：第一，过去为达官贵人服务的产品和项目，由于消费主体被打倒而使其产品失去市场。民众开始接受新思想，人们已不再迷信鬼神，依靠鬼神吃饭的一群人都在考虑转业，导致这些产品积压滞销，从业人员失业。第二，解放以后，作为城市大众消费主体的军政公教人员、企事业单位职工的消费水平普遍较低，占人口绝大多数的农民购买力更低，加上中国共产党提倡艰苦朴素，即使是领导干部也没有什么特权进行高消费。陈云举例说：“上海市长陈毅每月能够自由支配的款仅合五十斤小米，较之国民党上海市长吴国桢相差至巨。”[①] 由此陈云算了一笔账，解放前城市居民的实际购买力估计每年合1 400亿斤小米，现在降为 1 100 多亿斤，下降了 20％多。三是由于人民政府鼓励有益于国计民生的私营经济事业的发展，加上火柴、肥皂、卷烟的销路一度看好，棉纱、布匹也是物价上涨风中受人青睐的商品，因此私营工业一哄而上，结果产大于销，这也是造成物价稳定后某些商品滞销的一个重要原因。另外，由于前一段时间投机囤积的原料成本较高，私商高利借贷相应提高了成本，有的甚至破产；工人翻身做了主人，纷纷要求提高工资，使其工资支出大幅度上升；最后私营企业经营效率普遍低于国有企业。再加上沿海地区受到国民党飞机轰炸，上海已经有 300 名厂长或经理逃往香港等地。资本家携款外逃造成的恐慌心理，使留下的资本家也无心从事正常生产，终日惶惶不安。

主观原因表现为：一是新民主主义革命时期的根据地被分割包围，为了适应

① 陈云文选（1949—1956）．人民出版社，1984 年，第 89 页．

军事上的需要，各自设立的工厂解放后不具备比较优势，重复的产品缺乏竞争力而显得过剩。二是平抑物价的措施过猛，紧缩银根虽具有抑制通货膨胀、稳定物价的作用，但对工商业正常经营活动也产生了一些副作用。加上未能谨慎分别投机资本和正常的经营活动，采取区别对待的措施，简单地一棍子打下去，有益于国计民生的工商业也连带受到打击。三是有些共产党的干部在执行政策中对民族工商业抱有偏见，想用国有企业的领导地位来挤垮私营工商业，使公私兼顾变成了“只公不私”。表现为：国营商业和合作社经营的商品范围过宽；在价格政策上批零差价不大，使小商小贩无利可图；税收重、税目多、手续繁，认购公债任务重；对私营工商业贷款少而时间短；国营贸易公司在市场商品滞销时仍坚持只吐不吞，放弃市场调节的责任；在原料采购、分配上对私商限制过多；加工订货和成品收购时条件苛刻，压级压价。

二、调整私营工商业的措施及成效

至此，一个两难的问题摆在中国共产党面前。要解决稳定物价，抑制通货膨胀，就要收紧银根，紧缩通货；而要恢复发展生产又必须减少税收，增加资金投入，给私营工商业松绑。正如陈云所说：“现在政府挑的是‘两筐鸡蛋’，不要碰破一头”。[①] 什么是两全其美解决问题的方法呢？概括起来说就是：通过土地改革发展农业生产，通过调整公私关系发展工商业，整顿干部以执行正确政策。其中最重要的就是调整工商业。

首先从思想上树立公私兼顾共同发展的方针。当时有些人看到投机资本抬高物价，谋取暴利的自私本质之后，就想借平抑物价挤垮私营工商业。对此毛泽东给予了严肃的批评。他指出：“和资本家合作是肯定了的，不然《共同纲领》就成了一纸空文，政治上不利，经济上也吃亏。”接着他重点阐述了维持私营工商业的好处：“第一维持了生产；第二维持了工人；第三工人还可以得些福利。……目前发展私营工商业，与其说对资本家有利，不如说对工人有利，对人民有利。”[②] 这表明毛泽东对调整工商业更多地是站在工人阶级立场为工人阶级考虑的。当毛泽东看到第一次全国统战工作会议上工商组讨论会的记录稿时，对其中打击、挤垮民族资产阶级、私营资本的“左”倾思想一一作了修改批评。他强调：“今天的斗争对象主要是帝国主义、封建主义及其走狗国民党反动派残余，而不是民族资产阶级。”“应限制和排挤的是那些不利于国计民生的工商业，即投机商业，奢

① 陈云文选（1949—1956）．人民出版社，1984 年，第 91 页．

② 薄一波．若干重大决策与事件的回顾（上卷）．中共中央党校出版社，1991 年，第 98—99 页．

侈品和迷信品工商业，而不是正当的有利于国计民生的工商业，对这些工商业当他们有困难时应给以扶助使之发展。”国营工业“在目前阶段不可能无限制地发展，必须同时利用私人资本。”除盐外，国营工商业与私营工商业“应当划定范围，不要垄断一切。”① 周恩来也谈到不能用“挤”和“逼”的方法去对待私营工商业，“否则，大的企业，你一挤，会跑到香港，小的，你一挤，就变成了一大批失业大军。还有就是从税收的观点出发，也是不应该挤垮的，挤垮了，税收也没有了。杀鸡取蛋总不是办法。”② 1950 年 4 月 13 日，在中央人民政府委员会第七次会议上，毛泽东发表讲话，把现有工商业的合理调整作为争取国家财政经济状况根本好转的三个条件之一，并再次提出把认真执行《共同纲领》的各项规定作为行动的准则。陈云在前一天召开的中财委党组会上也说：“我们既在经济上承认四个阶级，有利于国计民生的私人工商业就要让他发展，有困难就要帮助。”提出要给资产阶级以“油水”，放宽税收，认为“这对我们更有利”，甚至提出：“今后要多照顾一下别的阶级，可以定下一条，明年从预算里让出一部分，叫做‘合作费’，用以解决与资本家的合作问题；国家定计划也要把私营部分包括进去。”③ 在 6 月召开的七届三中全会上，毛泽东再次提到：“国有经济与私人经济，应当在地位上有所不同，在待遇上一视同仁。”④ 所谓有所不同，是就领导地位来说，国有经济取得领导地位；所谓一视同仁，是指一般待遇，在原料供应、劳资关系、市场、价格、内外交流等方面，都一视同仁，这样才能长久。他还指出：“我们要合理调整工商业，使工厂开工，解决失业问题，并且拿出二十亿斤粮食解决失业工人的吃饭问题，使失业工人拥护我们。……对民族资产阶级，我们要通过合理调整工商业，调整税收，改善同他们的关系，不要搞得太紧张了。”⑤ 强调不要四面出击。在这里，我们再次看到，以毛泽东为代表的党中央调整工商业的出发点和立足点还是以民生为重，从人民的利益出发思考问题、提出解决问题的方针。全会决定合理调整工商业，调整税收，使工厂开工，解决失业问题，改善同资本家的关系。

其次，采取切实措施，落实调整。怎样解决目前工商界的困难？要解决工商界的困难，不仅仅局限于工商业，要把眼光放在全国，统筹兼顾。概括起来有以

---

① 毛泽东文集（第 6 卷）. 人民出版社，1999 年，第 49—50 页.
② 中共中央文献研究室. 建国以来重要文献选编（第 1 册）. 中央文献出版社，1992 年，第 179 页.
③ 朱佳木. 陈云年谱（1905—1995）中卷. 中央文献出版社，2000 年，第 46 页.
④ 逄先知、金冲及. 毛泽东传（1949—1976）上册. 中央文献出版社，2003 年，第 79 页.
⑤ 建国以来毛泽东文稿（第 1 册）. 中央文献出版社，1987 年，第 398 页.

下几方面的措施，即：第一，“重点维持生产”。[①] 因为这是调整工商业的关键，也是私营工商业走出困境的关键。其实在之前，中南财经委就在致电中财委时报告武昌几家私营纱厂因催收税债，紧缩发行、银根吃紧，成品卖不出去，已岌岌可危。陈云得知消息后，一是连夜通知贸易部负责收买，二是月内拨出 5 千亿（旧币）供其使用。可见，1950 年 3－4 月间中财委已经向受困私营企业扩大“加工订货”的范围了。此后又详细制定了关于加工订货中的各项规定。比如，对公私工厂分配订货，要有一个适当比例，大体照顾到公私双方。也是在 1950 年 3 月，中国猪鬃公司与“猪鬃大王”古耕虞经营的四川畜产公司签订代理猪鬃外销合同，并将其在国内经营收购机构及人员合并到中国猪鬃公司，其结果是不仅维护了四川畜产公司的利益，而且促进了猪鬃的出口，为国家带来了可观的外汇收入和急需的进口物资。第二，“开导工业品销路”。[②] 具体做法分两方面：一是以收购农产品来增加农民购买力；二是政府给予优惠条件，组织目前暂时难于出口的工业品出口。尤其是对于收购农产品，陈云考虑得很周全。首先，他认为，农副产品的收购要分工，不能由国有公司垄断。其次，他从中国小农经济的现实出发，指出，中国农民经济的经营方法是小生产，所以“农产品入城是一件民生大事”，农产品“怕塞不怕流，交流的愈快，愈是对农民、对整个国家经济有利。”最后，制定农产品收购价格时，他强调必须照顾到三方面利益：“①必须消费者能接受，②照顾到私商贩运得到正当利润，③照顾到农民的利益。”[③] 由此可见，陈云考虑问题始终是从百姓的利益出发，对其中每个参与方的特点、利益都照顾到了。出口方面，强调放宽尺度，“凡是能够出去的东西，不管鸡毛蒜皮都可以出。这样我们就主动了。”[④] 第三，整顿税收，以减轻工商界负担。

最后，实行休养生息，适当减轻民负。恢复经济需要用钱的地方很多，但是改善人民生活是我们革命的最终目的，所以在当时有限收入的情况下，党中央努力在减少开支上做文章。一是大量裁减国家机构的经费。二是限制工业投资，“因为无法支出那么多钱”。[⑤] 在农业方面，只向主要农产品征税，概不征收有碍于发展农业、农村副业和牲畜的杂税，并适当地减轻农业税。对于农民群众努力耕作而超过通常产量的部分不加税，并提高农村交易税的起征点。三是工商业方

① 陈云文选（1949—1956）. 人民出版社，1984 年，第 90 页.

② 陈云文选（1949—1956）. 人民出版社，1984 年，第 90 页.

③ 新中国成立初期关于城乡物资交流和国内贸易文献选载（1950 年 1 月—1951 年 5 月）. 党的文献，2012 年第 6 期.

④ 陈云文选（1949—1956）. 人民出版社，1984 年，第 94 页.

⑤ 陈云文选（1949—1956）. 人民出版社，1984 年，第 96 页.

面，继续执行工轻于商和日用必需品轻于奢侈品的征税政策。简化税目，准备减少的税目和简化合并的共减去五百余种。从 1950 年 6 月 1 日起，全国各区一律按现行税额减征 50%的盐税，盐场区附近则减低 75%，仅此一项，1950 年预算 32 亿斤米的盐税变成了 16 亿斤或更少。减税的结果，不仅有利于食盐生产企业，更有利于广大消费者。四是帮助私营工厂改善经营管理和协调劳资关系。教育工人，无论在公私企业中均应把维护发展生产作为自己的责任，纠正不遵守劳动纪律现象，拒绝提出过高工资和福利的要求。希望工人顾全大局，和资本家共渡难关，因为对工人来说，在业无论多苦，总比失业好。对那些一定要倒的工厂，工人、工会、资本家要好好协商，协助失业工人渡过困难。五是重点举办失业救济。为打消工商界的顾虑，鼓励私人资本投资生产事业，保障投资人的合法权益，1950 年陈云主持起草了《私营企业暂行条例》，同年 12 月最终通过后公布施行。

通过几个月的努力，各地市场的经济情况发生了显著变化。主要体现在：一是私营工商业户开业复业多，歇业停业少。据统计，到 1950 年下半年，上海、天津、北京等十大城市，私营工商业开业户数超过歇业户数 25 223 家，其中，上海市 8—10 月份平均工业申请开业户数较 4 月份增加了 28 倍，商业申请开业户数等于 4 月份的 17 倍[①]。二是市场活跃，成交量成倍上升。据上海、天津、北京、武汉、青岛等城市统计，10 月份同 4 月份相比，大米、面粉、棉布和棉纱的销量，分别增加了 298%、54%、233%和 180%[②]。上海市的米、面、纱、布、煤和食用油的市场成交量，10 月份比 5 月份增长了近 10 倍。天津市花纱布绸业，从 1950 年 6 月开始好转，8 月平均每户销货额较 1 月约增 2 倍。上海棉布业中规模最大的“三大祥”，9 月份比 8 月份都有较大增长：协大祥增长 71%，信大祥增长 54%，宝大祥增长 105%。三是随着私营工商业的复苏，金融业也开始活跃。全国 7 大城市公私合营银行及私营行庄 10 月份比 4 月存款余额增长 50%，放款余额增加 1.5 倍，汇出入总额增加近 3 倍。国家税收也大量增加，全国 10 大城市的私营工商业税收 1950 年第三、第四季度比第一季度分别增加 90%和 80%[③]。四是农民和工商业者对党和政府更加信赖。江南农民第一件对政府信任的事情是收茧。因为江南地区人多地少，是传统的蚕茧产地，许多农民把养蚕售茧作为重要的副业收入。过去由于受到帝国主义和官僚资本的压迫，农民被迫以

① 金冲及，陈群．陈云传（上册）．中央文献出版社，2005 年，第 710 页．
② 薄一波．若干重大决策与事件的回顾（上卷）．中共中央党校出版社，1991 年，第 109 页．
③ 张静如．中华人民共和国发展史（第 1 卷）．青岛出版社，2009 年，第 249 页．

很低的价钱出卖蚕茧，新中国成立后由于投机资本的疯狂抢购一度使蚕茧价格略有提升，但稳定物价后，私人丝厂缺乏资金无力从农民手中购茧，造成农民蚕茧的积压，影响到农民的正常收入。调整工商业政策开始后，国家通过加工订货使资本家有了利润，他们不用向国家贷款就可以自己下乡收茧，农民手中有钱，又解决了工业品的积压。既救了城市，也救了农民。这样，以 90％的农业和手工业经济，带动了 10％的工业经济转动起来。私人工商业者的情绪变化可以用一副对联来形容，调整前是“挂红旗五心不定，扭秧歌进退两难”，调整后变成“挂红旗五心已定，扭秧歌稳步前进”，工商业者又喊“毛主席万岁”了。

对于稳定物价统一财经和调整工商业取得的辉煌成果，陈云在一年后曾自豪地总结：“去年我们做了很多工作，只有两个重点，一是统一，二是调整。统一是统一财经管理，调整是调整工商业。统一财经之后，物价稳定了，但东西卖不出去，后来就调整工商业，才使工商业好转。六月以前是统一，六月以后是调整。”①

三、稳定市场，扩大城乡交流

抗美援朝开始后，为了支援战争，中央确定了“战争第一，稳定市场第二，其他第三”的财经政策。为什么要把稳定市场定位在第二呢？通过统一财经和调整工商业初见成效，证明在统一的国家里，尤其是在新中国成立之初，物资供应匮乏，金融物价与全国每一个人的日常生活息息相关，对社会经济发展也有牵一发而动全身的作用，因此国内财政经济方面，稳定市场压倒一切。任何一个国家在财政方针上都不可能把战争和建设两者并列、两头兼顾。因此，陈云强调：我们“不能搞‘情绪投资’，即以国家投资去照顾某些人的情绪，这是完全违背经济建设目的的。”② 经济建设只能等到战争结束之后才能集中精力搞。而要实现“边抗、边稳、边建”的目标，就要搞活经济，增加财政收入，平衡收支。除了用“削萝卜”的办法减少开支，用“挤牛奶”的办法增加收入外，更重要的是要开源，按照陈云的说法：就是“要向地方上打点主意……还要向农民求援。”③农民在土改后，已得到了好处，虽然生活水平还不高，但是只要国家收购其农产品和土产品，他们的购买力就可以提高。因此，向农民求援是可能的，其关键是扩大农副土产品的购销。有鉴于此，中央把扩大农副土产品的购销当做这一时期

① 陈云文选（1949—1956）. 人民出版社，1984 年，第 138 页.
② 陈云文选（1949—1956）. 人民出版社，1984 年，第 116 页.
③ 陈云文选（1949—1956）. 人民出版社，1984 年，第 116 页.

经济中的头等大事来抓。

所谓城乡交流，一是将农产品、土产品收上来，二是将城市工业品销下去。陈云指出："城乡交流有利于农民，有利于城市，也有利于国家。……这是历史上没有一个政府提出过的，但却是关系全国人民经济生活的一件大事，我们如果不去管，怎么能算人民的政府呢?"[①] 陈云仔细地算了一笔账：当时仅猪鬃、桐油、茶叶、鸡蛋、药材等项，平均约占农业收入的10%，有的地方占20%，最高的地方甚至达到40%。而1950年全国粮食产量以2 400亿斤计算的话，土产收入即相当于240亿斤粮食。当年的公粮大约是220亿斤，如果能够帮助农民把土产推销出去，农民的收入就相当于交公粮的数量。接着他又提到了党和政府要为人民办实事的重要性。"中国有几亿农民，有几千万手工业者，有几百万产业工人，政府每件工作都要对他们有利益。"[②] "推销土产品和手工业品的问题是关系到三亿八千万农民将近四亿人的问题。"[③] 农民最纯朴，他们可能不会讲打倒三大敌人翻身得解放的大道理，但是他们能体会到鸡蛋卖不出去，桐油跌价对他们生活的影响。帮农民推销土产品的结果同样是帮助城市推销工业品，"农民增加了收入，实际上也就推销了城市的工业品，减少了失业工人，减少了失业救济，同时也增加了税收。所以说这是一个很重要的问题。"[④] 因此，陈云语重心长地说："解决这些实际问题就是为人民服务，不解决实际问题谈为人民服务，则是空话一句。"[⑤]

为了疏通商品流通渠道，发展城乡物资交流，人民政府采取了各种政策措施，概括起来有以下几个方面：

1. 恢复和发展交通运输

新中国成立后，人民政府为支援战争的胜利，尽快恢复工农业生产，活跃城乡经济，始终把改善交通运输作为重点工作。新中国成立初期，几乎没有一条可以全线通车的铁路，广大铁路职工和铁道工程兵战士在人民政府的号召下，从1949年到1950年5月就修复铁路8 318公里，占全国通车铁路的40.39%，全国

① 陈云文选（1949—1956）. 人民出版社，1984年，第127页.

② 陈云文选（1949—1956）. 人民出版社，1984年，第128页.

③ 新中国成立初期关于城乡物资交流和国内贸易文献选载（1950年1月—1951年5月）. 党的文献，2012年第6期.

④ 新中国成立初期关于城乡物资交流和国内贸易文献选载（1950年1月—1951年5月）. 党的文献，2012年第6期.

⑤ 陈云文选（1949—1956）. 人民出版社，1984年，第128页.

原有铁路基本完全恢复[①]。三年间，新修了来睦（广西来宾至睦关）、成渝、天兰（天水至兰州）三条铁路，总长 1 263 公里。到 1952 年年底，全国铁路通车里程达到 24 578 公里，接近新中国成立前最高年份。全国铁路货运量 1950—1951 年增长 53.3%；1951—1952 年增长 19.3%。公路货运量由 1949 年的7 963 万吨增加到 1950 年的 8 887 万吨，增长 11.6%；1951 年、1952 年分别比上年增长 53.3%和 56.5%。此外各地还广泛发展了木船、大车、板车、小推车及马驮、肩挑等民间传统运输，恢复和发展了各种运输公司，使零散货物集中装卸以利提高运输效率。交通运输的恢复和发展，密切了城乡联系、沿海和内地的联系，也密切了南方与北方的联系，而且加强了物资交流，繁荣了城乡经济。

2. 发挥国营商业和供销合作主渠道作用

国营商业在城乡物资交流中发挥着领导作用。1950 年 4 月，中国土产公司成立。其任务是：收购农民的农副土特产品，办理各地区间调剂余缺的业务；为其他公司代理收购业务，并经营一部分土特产品的出口业务。之后大区、省、市各级土特产贸易公司相继成立，它们积极召开土特产流通调查会，举办土特产品展销会，组织私商联营收购土特产产品，向外地拓展土特产产品销路。此外，还大量投入资金收购运销土产品。中南区，1950 年 4—7 月，国营土产公司投放收购土产的资金达 2 000 万元以上，仅河南土产公司收购各种土产的总值达 690 多万元。及时供应农民必需的日用消费品，特别是粮、棉、纱、盐、日用百货，使农民在出售土特产之后能马上买到自己所需日用品。此外，还有国营贸易公司与各地合作社以合同制进行贸易，这是当时城乡物资交流中最显著的一个特点。通过合同制，将农产品的零星交易，汇集起来，既促进了小生产者有组织的产销，又保证了国家的收购。对此社员满意地说："这个收购办法对咱有利，货真价实。"[②] 对供销合作社的作用，刘少奇早在 1948 年 9 月《论新民主主义的经济与合作社》一文中就指出：供销合作社"唯一的任务就是在经济上为社员服务。"[③] 1950 年 7 月出台的《中华人民共和国合作社法》（草案）也规定：农村供销合作社的任务之一，就是推销农民生产的多余农产品及其他副业产品，使农民比较廉价地买到消费品和生产资料，以避免商人的中间剥削，促进农村生产的发展和农村人民生活的改善。各地积极发展供销合作社，基层供销社遍布广大农村和集

---

① 武力. 中华人民共和国经济史（上册）. 中国经济出版社，1999 年，第 189 页.

② 新中国成立初期关于城乡物资交流和国内贸易文献选载（1950 年 1 月—1951 年 5 月）. 党的文献，2012 年第 6 期.

③ 刘少奇论新中国经济建设. 中央文献出版社，1993 年，第 21 页.

镇，成为推动城乡物资交流的重要力量。1950 年 11 月，全国供销总社组织了东北、华北、华东三区大豆、粮食、皮棉、布匹的大运销，东北运往华东、华北的豆饼、大豆、高粱、玉米各 10 万吨，而华东、华北运往东北的大布 49 万匹、皮棉 98.5 万公斤以及土产品和手工业产品共 11 种，总价值共计 4 748 万元①。这场空前规模的大运销对促进城乡物资交流，丰富城乡居民生产生活起到了积极的促进作用。此外，为解决城乡物资交流中资金不足，国家银行从 1950 年 4－10 月的半年时间里，各项贷款总额增加了 139%，其中对贸易部门的贷款占了 80% 以上②。

3. 积极鼓励私商从事城乡间的购销运输业务

对于私营商业在城乡贸易中的作用，陈云对此有充分的估计："私营商业在很长时期内是不可缺少的……工业产品的下乡、农产品的入城都需要交流。单靠国营贸易公司与合作社的力量太不够，因此私营商业在促进城乡交流过程中，还是起很大作用的，所以在长期内应存在。"③ 1950 年 7 月 5 日，《中央财经委员会关于土产经营问题的指示》（以下简称《指示》）中指出，土产的价格政策，过去只强调要对农民有利，这虽然不错，但同时是片面的，"今后各地必须做到对贩运者有利可图，这是组织私商下乡的关键。如果这一步做到，对农民是最大的利益"。私商遍布城乡各地，销售方式灵活，《指示》提出"今后国家只应经营主要土产和大部分出口品，因此土产让出广大市场给私商经营"。要求各地必须大力组织与鼓励私商经营土产，使现在集中于城市的游资到乡村去，召集大、中城市的土产商座谈会，组织私商下乡，并教育说服小城镇的干部要欢迎私商下乡④。各地土产公司在《指示》指导下，积极采取多种方式配合私商的购销运输活动。例如，天津市土产公司用短期赊销供给原料的方式，帮助若干私营厂商解决了原料和资金上的困难。广东省土产公司在收购大宗土产时，都通过联营、押汇、联购等方式吸收私商参加投资。江西萍乡等县国有公司为大量推销陶瓷、棉布等土产，与私商联合成立土产运销股份有限公司，其中私股占 60%。在大力推销土产的过程中，各地土产公司还注意帮助私商提高商品质量，统一规格，这样就能

---

① 中国社会科学院，中央档案馆. 1949—1952 年中华人民共和国经济档案资料选编・商业卷. 中国物资出版社，1995 年，第 467－468 页.

② 尚明. 当代中国的金融事业. 中国社会科学出版社，1989 年，第 64 页.

③ 新中国成立初期关于城乡物资交流和国内贸易文献选载（1950 年 1 月－1951 年 5 月）. 党的文献，2012 年第 6 期.

④ 新中国成立初期关于城乡物资交流和国内贸易文献选载（1950 年 1 月－1951 年 5 月）. 党的文献，2012 年第 6 期.

使私商的商品打入大城市的市场，扩大了销路。政府则在税收方面对从事农副产品城乡贩运的私商实行减免税收的政策，使他们能获得不低于其他行业的利润，有利可图。

4. 举办物资交流会，发展城乡集市贸易

为了给城乡贸易提供充分的活动空间，各大区、省、县人民政府召开各土特产商品交流会议，举办以销售为主的土特产品展销会，恢复和发展农村的集市、庙会、山货大集、骡马大会，组织农民开展短距离的物资交流，广泛建立贸易货栈和农民交易所、农民购销服务部、土产市场与土产陈列馆等。这些措施为许多长期滞销的土特产开辟了销售渠道。仅华北地区，除商品粮和棉花、花生、烤烟等经济作物外，土产总值估计为 70 亿斤原粮，占粮食总产量（300 亿斤）的 1/4 左右。自 1950 年 11 月至 1951 年 2 月，全部土产已销出 70％以上，约合原粮近 50 亿斤，超过华北全区前一年的公粮数目。作为党和国家领导人、中央财经委主任的陈云自己也亲自为江西贡桔做起推销来。大部分土产的推销，对提高农民购买力，扩大工业品的市场，刺激工农业生产的发展，克服国家贸易资金不足的困难，巩固市场的物价稳定和增加税收等，均起到了很大的推动作用。

总之，通过城乡交流的开展，活跃了城乡市场，对国民经济恢复和发展起了重要作用。对广大农民来说，不仅销出土特产，也换回了他们所需的生产资料和生活资料；对城市工商业来说，通过城乡交流，卖出工业品，走出了工业品积压滞销，关门歇业的困境。整体而言，提高了人民生活，改善了民生。

第三节　发展文化教育，建立社会保障

中华人民共和国的建立，为全体饱受帝国主义、封建主义压迫的中国人民成为新社会的主人提供了广阔的空间，他们在政治上翻身的同时，在经济上获得自己的土地，文化上享受了教育权利，个人生活上获得了男女平等婚姻自由，社会保障上解除了后顾之忧。这一切表明中国共产党几十年来的奋斗目标——解放生产力，改善民生在新民主主义制度下逐步变为现实。

一、《婚姻法》的制定与实施

新中国的成立，不仅使广大人民群众从政治上、经济上、文化上翻了身，作为新中国的主人，还必须尽快扭转和扫除封建社会畸形的社会道德、社会习俗以及半殖民地萎靡的社会风气，树立新民主主义的新风尚。在刚成立七个月，整个

社会尚处于百废待兴、百业待举之际，中央人民政府首先公布实施了《中华人民共和国婚姻法》（以下简称《婚姻法》），使人民群众，尤其是广大妇女，从几千年封建婚姻制度的枷锁中解放出来，实现了男女平等，获得了婚姻自由，从根本上奠定了我国崭新的婚姻家庭制度。《婚姻法》的贯彻实施成为国民经济恢复时期除了土地改革之外最令人关注的事件。如果说土地改革涉及的是占全国人口80％的三亿多农民的切身利益，那么《婚姻法》的颁布实施则与中国每一个人都有关系，其法律意义可以说是除了宪法以外的，真正关系到全体公民幸福的一部法律，它所引发的社会变革及其广泛深远的影响无论怎样形容也不为过，其民生建设的意义无与伦比。正如毛泽东当年所说："婚姻法是关系到千家万户、男女老少的切身利益，其普遍性仅次于宪法的国家根本大法之一。"①

（一）《婚姻法》的制定

婚姻法是时代变迁与社会转型的一把精准刻度尺，既衡量社会，也衡量人心。中国共产党历来重视婚姻制度改革，把它看做解放人民群众，特别是广大的妇女群众的重要制度。早在民主革命时期，人民政权就注重运用法律，改革封建婚姻家庭制度。1931年中央苏区制定了《中华苏维埃共和国婚姻条例》，由于该条例的规定过于简单笼统，1934年又在此基础上修订，形成了《中华苏维埃共和国婚姻法》。这两个婚姻法规为新中国成立后建立新民主主义婚姻家庭制度，确立了各项原则基础。它所确立的实行婚姻自由，禁止包办、强迫和买卖婚姻；实行一夫一妻，禁止一夫多妻等婚姻制度的原则，成为新中国婚姻家庭制度的基本内容。中共中央到达陕北后，又在晋冀鲁豫和晋察冀两块大根据地制定了本地区的婚姻条例。这两个条例的实施，使解放区的妇女冲破了枷锁，激发了她们革命和生产热情。随着革命形势的不断发展，到解放战争时期，中央着手制定实施了《陕甘宁边区婚姻条例》。这个条例实际上成为指导共产党领导的根据地民众婚姻问题的规范，为新中国制定第一部婚姻法奠定了基础。

1948年10月5日，中央书记处书记刘少奇在解放区妇女工作会议上提出："党中央根据这次会议的情形要发表一个关于妇女工作的决定，以及其他问题的文件如婚姻法等，以便在全国范围里统一妇女运动的方针与政策。"② 鉴于一些解放区政府颁布的婚姻条例，不同程度地保留了封建婚姻的旧传统，他强调党在

---

① 中华人民共和国民政部李学举部长在全国婚姻家庭研讨会暨纪念新中国首部婚姻法颁布60周年大会上的讲话．http://www.mca.gov.cn/article/zwgk/ldjh/201301/20130100402739.shtml.

② 刘少奇年谱（下卷）．中央文献出版社，1996年，第163页．

婚姻问题上应该从广大妇女利益出发，废除封建婚姻制度，保护广大妇女儿童的合法权益。会上刘少奇代表党中央明确提出了制定一部统一的新民主主义社会婚姻法的任务。他还将自己保存的一本1931年毛泽东亲自签发的《中华苏维埃共和国婚姻条例》交给邓颖超等人作为起草文件的参考。

会后，中央妇委和中央法委成立了由邓颖超主持的七人婚姻法起草小组，成员包括帅孟奇、杨之华、康克清等。为给婚姻法的起草提供现实依据，中央妇委派出工作组对解放区婚姻问题进行专题调查。调查材料表明，“在山西、河北、察哈尔等省已解放的农村中，在民事案件里，婚姻案件占33.3%到99%；在北京、天津、西安、哈尔滨等八个城市中，婚姻案件在民事案件中占11.9%到48.9%，而婚姻案件中离婚与解除婚约的，在上述农村中平均占54%，城市占51%到84%。离婚原因主要是包办强迫、买卖婚姻、虐待妇女、早婚、重婚、通奸以及遗弃等，共占58%～92%”。[①] 还有的地方在土改中，以各种方式干涉群众婚姻自由，控制妇女、不准出村，甚至命令所有寡妇一定要嫁贫雇农光棍，把地富妇女当成胜利果实分配。在改正土改成分时，有些农村拿“破鞋”作为帽子加在一些妇女的身上，或者以此作借口剥夺她们应得的土地权，甚至把这作为打击妇女的口舌[②]。这些调查结果，使起草小组感到了制定一部符合新民主主义社会新婚姻法的迫切性和崇高使命感，更加坚定了他们起草新婚姻法的决心。在借鉴苏联、朝鲜、东德等民主主义国家的婚姻制度，批判吸收国民政府颁布的民法亲属编、继承编等相关内容的基础上，经过半年的努力，起草小组终于拟出《婚姻法》草案初稿[③]。

新中国成立后，政务院政法委会同全国妇联等有关部门召开联席会议，多次就新婚姻法草案的内容逐条进行研究、讨论和修改。从起草到结稿的一年半中，41次修改其稿，具体条款多则修改30～40次，少则修改10～20次[④]。1950年4月13日，中央人民政府委员会第七次会议，审议通过了《中华人民共和国婚姻法》(草案)。4月30日，毛泽东主席签发命令公布《中华人民共和国婚姻法》，自5月1日起施行。《婚姻法》成为新中国成立后制定的第一部基本法律。

---

① 中华全国妇女联合会. 蔡畅、邓颖超、康克清妇女解放问题文选. 人民出版社，1988年，第172—173页.

② 黄传会. 天下婚姻——共和国三部婚姻法纪事. 文汇出版社，2004年，第39页.

③ 王思梅. 新中国第一部《婚姻法》的颁布与实施. 党的文献，2010年第3期.

④ 黄传会. 天下婚姻——共和国三部婚姻法纪事. 文汇出版社，2004年，第49页.

（二）《婚姻法》把婚姻自由作为基本原则

婚姻自由权是基本的人权之一。婚姻自由，是指婚姻当事人按照法律的规定在婚姻问题上所享有的充分自主的权利，任何人不得强制或干涉。结婚自由是建立婚姻关系的自由，离婚自由是解除婚姻关系的自由。没有离婚自由就根本不可能有完全的结婚自由。中国的婚姻制度经历过漫长的封建时代。其旧式婚姻家庭制度以包办、强迫婚姻、男尊女卑、家长专制、漠视子女的权益等为特征。

《婚姻法》开宗明义，明确了立法目的：废除封建主义婚姻制度，实行新民主主义婚姻制度，具体规定了两条基本原则："第一条废除包办强迫、男尊女卑、漠视子女利益的封建主义婚姻制度。实行男女婚姻自由、一夫一妻、男女权利平等、保护妇女和子女合法利益的新民主主义婚姻制度。""第二条禁止重婚、纳妾。禁止童养媳。禁止干涉寡妇婚姻自由。禁止任何人借婚姻关系问题索取财物。"[①] 有针对性地规定了"三废除""四禁止""四实行"，这是对旧社会盛行的包办婚姻和干涉婚姻自主旧制度的彻底否定。其核心是国家运用法律的形式实践婚姻家庭领域的"废旧"与"立新"：废除封建主义的婚姻家庭制度，确立男女平等、婚姻自由的社会主义婚姻家庭制度。

在《婚姻法》的所有条款中，最令人关注的是离婚自由，这也是在起草过程中争论最多的一条。1934 年颁布的《中华苏维埃共和国婚姻法》第 10 条规定："确定离婚自由，男女一方坚决要求离婚的，即可离婚。"[②] 这一条，是否应写入新的婚姻法？也就是说男女双方离婚时，一方坚决要求离婚而另一方不同意时是否还有别的附加条件。反对者的顾虑来自两方面：一是千百年来的习惯势力根深蒂固，一旦离婚自由，会触动一部分农民的切身利益，遭到他们反对。另外一种顾虑是，人民解放军即将进城，担心进城以后，一些干部以"离婚自由"为借口，抛弃农村原配另寻新欢，造成不良影响。

邓颖超认为：旧中国妇女是封建婚姻的最大受害者，在封建婚姻制度下受尽欺凌。因此，在中央妇委会议上，针对多数人主张有条件离婚，她态度鲜明地指出，婚姻问题上妇女最大的痛苦是婚姻不自由，如果规定离婚条件实际上还是限制了妇女婚姻自由的要求。新婚姻法就必须针对男女不平等现象，给妇女以保

---

① 中共中央文献研究室．建国以来重要文献选编（第 1 册）．中央文献出版社，1992 年，第 172 页．

② http://www.women.org.cn/allnews/110301/40.html.

障[①]。中央法制委员会征求民主党派、全国政协、各司法机关等各方意见之后，在给中央呈报修改意见时也表示赞成不设任何附加条件的离婚自由。

在1950年5月14日《关于中华人民共和国婚姻法的报告》中，对“男女一方坚决要求离婚的，经区人民政府和司法机关调解无效时，亦准予离婚。”[②] 这一条，邓颖超的解释是：“男女人民，特别是妇女，在离婚方面所受的障碍比结婚还要大，很多农村妇女常常因为离婚不自由而发生自杀与被杀等惨事，所以男女一方坚决要求离婚即准离婚，是完全有利于广大妇女群众的，也是有利于全体人民的。”[③] 对于实行离婚自由是否会因此引起草率离婚和社会的混乱，她认为这种担心是不必要的。因为婚姻法的其他条款规定了对于夫妻、子女间应有的权利义务，必须采取负责的、严肃的态度。

《婚姻法》把结婚自由和离婚自由两方面结合起来，真正体现了婚姻自由的本质，正如婚姻法学专家马起所言：“只有结婚自由而没有离婚自由，就等于对结婚自由附加了限制，失掉了社会主义真正婚姻自由的基本意义。”[④] 特别是离婚自由的提出，更是满足了广大受封建婚姻压迫的妇女的基本要求，如同坚持结婚自由一样，是反对封建制度残余的一种特殊形式。

（三）《婚姻法》体现男女平等及保护妇女权益

《婚姻法》虽然是以调整夫妻婚姻关系为主体内容的一部法律，但婚姻本身就是社会生活不可或缺的一部分，婚姻的幸福与否关系到千家万户的切身利益，而家庭又是社会的基本细胞，它必然具有调整家庭关系、抚养教育子女等与婚姻关系密切相关的其他社会关系的功能，因而涉及人民生活中最基本的关系，深受社会各界的普遍关注。其基本内容除了婚姻自由以外，还包括夫妻平等、保护妇女和子女合法权益等内容。

夫妻平等主要体现在夫妻之间关系方面，《婚姻法》第7—12条作了如下规定：“夫妻为共同生活的伴侣，在家庭中地位平等”；“夫妻有互爱互敬、互相帮助、互相扶养、和睦团结、劳动生产、抚育子女，为家庭幸福和新社会建设而共同奋斗的义务”；“夫妻双方均有选择职业、参加工作和参加社会活动的自由”；

---

① 王思梅. 新中国第一部《婚姻法》的颁布与实施. 党的文献，2010年第3期.

② 中共中央文献研究室. 建国以来重要文献选编（第1册）. 中央文献出版社，1992年，第172—173页.

③ 中华全国妇女联合会. 蔡畅、邓颖超、康克清妇女解放问题文选. 人民出版社，1988年，第173页.

④ 马起. 中国革命与婚姻家庭. 辽宁人民出版社，1959年，第111页.

“夫妻双方对于家庭财产有平等的所有权与处理权”；“夫妻有各用自己姓名的权利”；“夫妻有互相继承遗产的权利”[①] 等。这些内容表明，夫妻在家庭、社会生活中的地位是平等的，这就从根本上颠覆了封建制度下的男尊女卑、三从四德的旧传统，赋予了新中国妇女“能顶半边天”的法律地位，为塑造新型家庭关系提供了法律依据和保障。它的颁布实行，是在土地改革基础上进一步肃清封建残余，建立崭新社会生活的一项重大社会改革，为广大妇女从封建婚姻制度的压迫束缚下解放出来，投入革命和生产建设事业，提供了法律上的保障。

保护妇女和子女权益方面，《婚姻法》基于如下的判断：由于中国社会男女不平等已几千年，要达到真正的男女平等，绝不能仅仅体现在形式上，必须加倍扶持实际处在弱势地位的妇女，需要通过法律的强制形式来实现，因而继续执行共产党历来在婚姻问题上照顾女方的原则。如规定：“女方怀孕期间，男方不得提出离婚；男方要求离婚，须于女方分娩一年后，始得提出。但女方提出离婚，不在此限”；“离婚时，女方的婚前财产归女方所有”；其他家庭财产的处理，如协议不成，人民法院判决时要照顾女方的利益；“如无共同生活时所得财产或共同生活时所得财产不足清偿时，由男方清偿”；在离婚后子女抚养教育以及离婚后财产和生活等方面也依据照顾女方和子女利益及有利发展生产的原则判决[②]。亲自参与起草《婚姻法》的司法部长史良接受记者采访时谈道：这些条款的“基本精神是在积极扶植妇女，保护儿童，摧毁封建残余。”[③] 妇女解放是社会解放的尺度，儿童幸福是社会进步的表现，这些明显倾向于保护妇女、子女权益的条款，充分体现了《婚姻法》维护长期受压迫妇女，保护弱势群体的立法倾向，这在当时妇女儿童权益普遍得不到有效保护的情况下，即使有些矫枉过正，也能被大多数人所接受。正因为《婚姻法》中这些保护妇女条款的存在，它才被外国学者称之为新中国“恢复女性人权宣言”。[④]

此外，《婚姻法》还对最低婚龄作了规定：“男二十岁，女十八岁，始得结婚。”这既是对封建社会提倡早婚，甚至强制早婚陋习的纠正，也是有科学根据的，同时符合当时的国情。对身体健康状况的要求、禁止近亲结婚、对非婚生子女、继子女不得歧视等的条款，无不体现党和政府对国民健康与切身利益的关

① 中共中央文献研究室. 建国以来重要文献选编（第1册）. 中央文献出版社，1992年，第172—173页.

② 中共中央文献研究室. 建国以来重要文献选编（第1册）. 中央文献出版社，1992年，第172—173页.

③ 史良部长谈婚姻法. 人民日报，1950年4月17日.

④ ［日］富士谷笃子. 女性学入门. 中国妇女出版社，1986年，第158页.

注，对国家发展的负责，因此这部《婚姻法》真正成为一部全面体现新民主主义社会男女平等、婚姻自由、保护妇女儿童合法权益原则的法律。

（四）新中国第一部《婚姻法》的宣传和执行

为了根除旧的婚姻陋习，保障《婚姻法》的顺利实施，中共中央1950年4月30日下发了《关于保证执行婚姻法给全党的通知》，要求各级党委“把保证婚姻法正确执行的宣传工作和组织工作，当做目前的和经常的重要工作任务之一”，规定一旦共产党员涉及干涉婚姻自由以及因此而造成严重后果的，将同时受到党纪国法的严厉制裁。当天，全国总工会、全国妇联等五大群众团体下发联合通知，要求各自组织积极配合工作。各地也开展各种宣传活动，如上海市随即展开了广泛的宣传活动。市妇联在不到一年的时间里，通过召开各种妇女代表会议、定期讲座或训练班等形式展开《婚姻法》的宣传，听过《婚姻法》报告的妇女有103 585人，全市有4万多妇女代表进行了系统的学习。通过学习宣传，《婚姻法》在部分大中城市得到较好的贯彻，标志之一就是婚姻案件数量明显增加，而且大多数都根据婚姻法进行了审理。据司法部对北京等21个大中城市统计，1950年10月，受理婚姻案9 300件，5—8月受理婚姻案17 763件，后4个月比前4个月增加91%。据河北、平原等省所属10个县城，1950年1—4月，受理婚姻案件986件，5—8月受理婚姻案件1 982件，后4个月比前4个月增加101%。而在所受理的婚姻案件中，由女性主动提出离婚者占大多数。1950年全国32个大中城市和34个县城统计，提出离婚者共21 433人，女方提出者占76.5%，男方提出者占23.44%①。

但是，由于经济社会发展不平衡，各地区贯彻实施《婚姻法》的情况也不平衡。鉴于一些干部对《婚姻法》缺乏正确的理解，处理婚姻问题时，没有很好贯彻法令，甚至发生某些较大的偏差，中央决定来一次执法大检查。1951年9月26日，中央下发《中央人民政府关于检查婚姻法执行情况的指示》，把贯彻《婚姻法》作为一项重大的社会改革来抓。要求各地政府有重点地组织关于《婚姻法》执行情况的检查，特别是对刑事案件要采取严肃的法律手段予以制裁，追究领导责任。10月下旬，由最高人民法院、最高人民检察署等19个单位派人组成《婚姻法》执行情况中央检查组，分赴华东、中南、西北、华北进行检查，历时近两个月。检查结果表明，华北及山东等老解放区执行《婚姻法》的情况较好，

① 史良. 认真贯彻执行婚姻法. 新华月报，1951年第11号.

但在华东、中南、西北等新解放区，特别是边远地区，贯彻《婚姻法》很不够，包办婚姻和早婚现象仍严重存在，童养媳陋俗、蓄婢纳妾的恶习还有保留，妇女被虐待或因婚姻问题自杀、被杀的现象依然存在。如：江苏省原苏北地区 1952 年上半年包办订婚的有 37 910 对，超过同一时期自由恋爱的数量将近两倍；包办结婚的有 19 894 对，超过同一时期自由结婚的数量 28%。宁夏宁朔县 1952 年 1 月至 6 月间结婚的男女 500 人中，父母包办的占 59%①。

以上检查情况，引起党和政府的高度重视。1952 年 7 月 25 日，内务部、司法部联合发布《关于"继续贯彻婚姻法"的指示》，要求各级人民代表会议、政协委员会必须认真讨论《婚姻法》的贯彻与执行情况，并将讨论结果逐级上报。通过这种制度性的做法使《婚姻法》在政府工作中真正落到实处。1952 年 11 月和 1953 年 2 月，中共中央、政务院先后发出指示，要求各地在土地改革、镇压反革命等政治运动结束之后，开展一次贯彻《婚姻法》的运动。主要目的是要普遍地宣传和检查《婚姻法》的执行情况，"根本摧毁包办强迫、男尊女卑的封建主义婚姻制度；树立男女权利平等、婚姻自由的新民主主义婚姻制度，从而建立民主和睦、团结生产的新式家庭，以增强国家经济建设与文化建设的力量"。②指示对婚姻制度改革的长期性、复杂性作了充分估计，指出："婚姻制度的改革是人民内部的思想斗争，从人们思想中清除旧社会遗留下来的关于婚姻问题方面的封建意识，这就需要有长期的、细致的、耐心的工作，而不能采取粗暴急躁的态度与阶级斗争的方法。"因此，要求采用两方面的措施：一是展开宣传及检查《婚姻法》执行情况的群众性运动，在广大人民群众和干部中划清封建主义婚姻制度与新民主主义婚姻制度的界限，把几千年相沿的旧制度根本摧毁；二是必须坚持教育的方针，对一般干涉婚姻自由和有违反《婚姻法》行为的干部或群众，主要进行批评和教育，对极少数虐待虐杀妇女以及干涉婚姻自由造成严重恶果的犯罪分子，则须依法惩处。根据中共中央和政务院的指示，1953 年 3 月全国开展了宣传贯彻《婚姻法》的运动月活动。

为加强对运动月的领导，政务院成立以沈钧儒为主任、何香凝等人为副主任的中央贯彻婚姻法运动委员会，各大行政区和北京、天津两市也相继成立贯彻婚姻法运动委员会。华北地区采用先集训基层干部和积极分子 155.5 万，印发宣传品多达 109.9 万份，选择 312 个有代表性的村、街进行调查研究和重点试验，后

① 光明日报，1953 年 2 月 9 日.

② 中央人民政府政务院关于贯彻婚姻法的指示. 人民日报，1953 年 2 月 2 日.

来又出动100多万宣传员，分片包干地深入基层进行宣传[1]。据报道，1953年，上海市仅在3月份，全市各电影院配合婚姻法的宣传，积极上映有关影片，观众达41万余人次，流动电影放映队的观众有14.3万余人次，全市37个公营和私营的职业剧团，也于同时在各剧场作了1 105场的宣传演出，观众约达77.6万人次。由此再次掀起了贯彻婚姻法运动的高潮，将婚姻法的宣传力度推向一个更深更广的层面[2]。一批脍炙人口的戏剧如《小二黑结婚》《刘巧儿》等在城乡各地大量上演，使新《婚姻法》逐步深入人心。

宣传运动有力地推动了新《婚姻法》的贯彻，婚姻自主的观念慢慢地在人们的心目中扎根，过去夫妻不平等、婆媳不和的旧家庭关系逐步得到改善，很多人在《婚姻法》的保护下结束了“父母之命”的包办婚姻。据1951年《南通专区婚姻法贯彻执行情况检查报告》：“自婚姻法颁布以来到今年十月，七县一市的统计如下，共有离婚的4 265件，解约的6 691件，其中妇女提出的占70%。专署法院自1951年1—10月受理的婚姻案件3 347件，刑事案件626件，民事案件中，离婚的1 952件，解约的673件，占总数的40%。”[3] 仅1953年，法院就受理离婚案件117万起，其中大部分是女方提出的。那时，“自由恋爱”成了社会上最流行的词。根据1954年对11个大城市和1955年对27个省市的统计，符合《婚姻法》规定的家庭已占95%～97%[4]。到1957年全国大部分地区已经普遍实现自主婚姻，这是《婚姻法》颁布七年来中国社会婚姻状况的重大改变。全国妇联的调查数据显示，当时全国和睦家庭达到85%～95%。在黑龙江、辽宁、山西、湖北、江西、浙江等省大部分地区，自主婚姻已占90%以上。据最高人民法院统计，1953—1956年，全国法院受理的婚姻纠纷案件逐年下降，1956年的婚姻案件比1953年减少了一半以上。内务部对265万对结婚登记的检查发现，95%的结婚登记符合婚姻法规定[5]。

1950年《婚姻法》的实施是一场触及个人生活、社会秩序乃至国家制度安排的重大社会改革。废除封建婚姻制度既是新中国肃清封建残余的有机组成部分，又是确立新民主主义婚姻制度的主要内容，其结果必然从根本上彻底动摇封建婚姻家庭制度，把广大人民群众尤其是广大妇女从旧婚姻制度的枷锁中解放出来，调动了他们生产生活的积极性。正如周恩来所评价的那样：“这一国家大法

① 张志永．建国初期华北农村婚姻制度的改革．当代中国史研究，2002年第5期．

② 本市贯彻婚姻法宣传活动深入展开．文汇报，1953年4月4日．

③ 首部《婚姻法》唱响中国人“爱情歌”．2012年6月9日，扬子晚报网．

④ 巫昌祯．我与婚姻法．法律出版社，2001年，第8页．

⑤ 和睦家庭日益增多，婚姻纠纷案件显著下降——我国大部分地区实现自主婚姻．人民日报，1957年4月29日．

的公布施行，是中国人民在赢得革命战争胜利之后，和全国范围进行土地改革的同时，进一步肃清封建残余和建立新的社会生活的重大社会改革。”① 经过这次运动，在全国大部分地区，封建婚姻制度已被摧毁，《婚姻法》普及到千家万户，婚姻自由、男女平等开始形成新的社会风气，民主和睦的新家庭大量涌现。广大人民在经济、政治上翻身的同时，个人生活也随之发生了巨大转变，追求生活幸福，家庭美满成为广大群众革命和生产的巨大动力。尤其是它第一次以法律的形式确定了男女平等的原则，这是广大妇女实现人权的基本原则和标志，也是妇女人权的核心与灵魂，极大地调动了占全国人口半数的广大妇女参加各种生产和社会活动的积极性，推动了社会主义建设的全面发展。

二、扫盲运动的开展

当战争的硝烟逐渐散去，站起来的中国人民渴望立刻投身祖国的社会主义建设。而当时面临的一个严峻事实是：在半殖民地半封建社会，广大劳动人民连基本的温饱都无法保证，更不用说有接受文化教育的机会。解放初期，学龄儿童入学率为 20%左右，全国有文盲 3.2 亿人，占全国总人口的 80%以上，而农村人口中的文盲，高达 90%以上，整村文盲的现象比比皆是。正如斯诺当年所描述的那样，当时的农村“除了少数地主、官吏、商人以外几乎没有人识字。文盲几乎达 95%左右。在文化上，这是地球上最黑暗的一个角落。”② 文盲作为一个严峻的全球性社会问题，既是贫穷和愚昧的产物，又成为产生新的贫穷和愚昧的土壤。数量庞大的文盲人口对新生政权来说不啻是一个沉重的包袱，它极大地阻碍了政治民主、经济建设的发展和人民生活质量的提高。而识字率又是衡量一个国家文化教育发展水平最基本的指标，识字是社会和经济发展的先决条件，也是最基本的人权。没有基本识字能力的国民不要说实现工业化、现代化，甚至连简单的生产生活都受到极大的影响。正如列宁所说：“在一个文盲的国家里是不能建成共产主义社会的。”③ 对此，当时的人们也发出了这样的感慨：“如果绝大部分的农民一不能看通俗书报，二不会记普通的账目，三不会写简单的信件和便条，怎么去建设社会主义的新农村！”④ 新中国成立后，国家经济逐步发展，人民生活不断改善，政治、经济上翻身的广大群众，深感不识字无科学文化知识的痛苦，对文化学习的需要日益增长，迫切希望接受教育成为他们的强烈要求。中国

① 周恩来选集（下册）. 人民出版社，1984 年，第 55 页.
② ［美］埃德加·斯诺. 西行漫记. 生活·读书·新知三联书店，1979 年，第 210 页.
③ 列宁选集（第 4 卷）. 青年团的任务. 1995 年，第 294 页.
④ 南辛. 大家来扫盲. 中国青年出版社，1956 年，第 4 页.

共产党除了通过发展常规的学历教育、职业技术教育等来提高全国人民整体的文化水平外，还把着重改善工农的受教育状况，作为这一时期教育工作的重点任务。新中国成立之初，党和人民政府以农村为重点，在全国开展了声势浩大的全民扫盲运动，把改变文化落后面貌作为以人为本的人才建设需要和提高全民文化素质、改善文化民生的主要内容。

（一）扫盲运动的开展

文字作为知识的载体和工具，与人们生活息息相关，因而识字运动成为扫盲的第一步，能识别多少字成为是否脱盲的衡量标准。通过识字教育这种最基本的方法提高全国人民，特别是广大农民的文化教育水平是中国共产党人一贯的主张。党的二大宣言指出要“改良教育制度，实行教育普及[①]。”建党初期以陈独秀、李大钊、邓中夏、毛泽东、彭湃为代表的中国共产党人充分认识到当时中国普通民众，尤其是农民群体文化水平不高和政治觉悟低下的事实，把马克思主义基本原理和平民教育思想相结合，创办了天津农民夜校、长沙农民补习学校等，从扫盲识字开始，通过讲故事、读小说、看图画、聊天访谈等形式不仅提高受教育者的识字能力，而且在学习过程中提高了下层工农的思想觉悟，为当时的革命运动培养了骨干和下层群众。土地革命战争、抗日战争、解放战争时期，中国共产党领导下的各革命根据地曾举办各种识字班、训练班、补习班、冬学等，广泛开展工农成人教育，尤其是农民成人教育活动。在战争频繁、经费匮乏、师资紧缺等严重困难的情况下，据相关资料记载，1940 年，陕甘宁边区共开办 965 处冬学机构，21 689 人参加了学习；1939 年年底，晋察冀边区共有冬学机构 5 379 处，入冬时间接受学习人数达到 39 万余人；1941 年 2 月，山东泰山区共有冬学机构 1 879 处，有学员 82 139 人[②]。抗日战争时期的冬学和扫盲运动不但为根据地克服困难、争取抗战的最后胜利奠定了群众基础和文化基础，而且为新中国成立以后大规模开展扫盲工作提供了经验和借鉴。

1949—1956 年的扫盲运动可以分为两个阶段：

第一阶段，1949—1953 年，推广速成识字法阶段。1949 年 12 月，中央人民政府教育部召开了第一次全国教育工作会议，会上提出“从 1951 年开始进行全国规模的识字运动”，随后不久颁布了《关于开展 1949 年冬学工作的指示》，明确把冬学运动作为团结教育广大农民的有力武器之一，要求今后应当在全国农村中普遍试行。1950 年 9 月中央教育部、中华全国总工会联合召开了第一次全国

① 中央档案馆. 中共中央文件选集（第 1 册）. 中共中央党校出版社，1989 年，第 116 页.

② 储诚炜. 新中国农民教育发展研究. 西北农林科技大学博士论文，2010 年 3 月.

工农教育会议。教育部部长马叙伦在开幕词中开宗明义地指出，目前工农教育的两大基本任务之一，就是“按照各地区的实际情况，有计划有步骤地开展识字运动，减少工农群众中的文盲”。[①] 会上还提出了“推行识字教育，逐步减少文盲”的口号。这次会议第一次将工农教育提到国家的议事日程，具有历史性意义。12月14日，政务院批准并转发的《关于开展农民业余教育的指示》中，首次提出了扫除文盲的对象和标准，指出应执行从农村干部逐步推广到一般农民的教育策略和三年内认识千字的识字教育标准。为了尽快地提高识字水平，1951年11月29日，重庆《新华日报》介绍了部队文化教员祁建华的《速成识字法》。这是一种把注音字母作为辅助作用，采用汉字形、义、音的不同特点，快速提高识字速度的方法。1952年，《人民日报》发表社论，号召各地普遍推行速成识字法。9月，教育部和全国总工会联合召开了全国扫除文盲工作座谈会，会议认为，要防止和克服推广“速成识字法”中的过急过躁、草率从事的偏差，切实做好巩固工作。会议提出今后扫盲工作的任务是：“大张旗鼓，稳步前进，由点到面，限期完成”。与此同时，在1952年11月5日，成立中央扫除文盲工作委员会，为扫盲运动的开展设立了领导机构。教育部1952年颁布《关于各地开展‘速成识字法’的教学实验工作的通知》，一个以学习“速成识字法”为主的扫盲运动第一次高潮迅速形成。到1953年止，全国扫除职工文盲近100万人，扫除农民文盲308万人。许多从“扫盲班”毕业的学员升入了业余学校。

第二阶段从1955年到1956年，社会主义改造与扫盲运动结合时期。随着三大改造的深入，对人民的文化和技术水平提出了更高的要求。毛泽东看到了这一点，他希望借社会主义改造的东风来推动扫除文盲运动的广泛深入进行。他在《中国农村的社会主义高潮》一书的按语中指出：“我国现在文盲这样多，而社会主义的建设又不能等到消灭了文盲以后才去开始进行，这就产生了一个尖锐的矛盾。现在我国不仅有许多到了学习年龄的儿童没有学校可进，而且还有一大批超过学龄的少年和青年也没有学校可进，成年人更不待说了。这个严重的问题必须在农业合作化中才能解决，也只有在农业合作化的过程中才能解决。”[②] 1955年10月七届六中全会上，毛泽东谈到“扫盲运动，我看要扫起来才好。有些地方把扫盲运动扫掉了，这不好。要在合作化中间把文盲扫掉，不是把扫盲运动扫掉，不是扫扫盲，而是扫盲。”[③] 并且毛泽东还亲自制定了“每人必须认识1 500到2 000个字”的扫盲标准。在此背景之下，教育部、团中央等积极组织实施，

① 何东昌. 中华人民共和国重要教育文献（1949—1975）第1册. 海南出版社，1998年，第58页.

② 毛泽东文集（第6卷）. 人民出版社，1999年，第455页.

③ 黄道霞等. 建国以来农业合作化史料汇编. 中共党史出版社，1992年，第267页.

《人民日报》等新闻媒体也大力宣传，第二次扫盲教育运动就此轰轰烈烈展开。1956 年 3 月 29 日，中共中央和国务院发布《扫除文盲的决定》，要大张旗鼓地开展扫盲运动，第一次把扫盲作为国家发展大计。

（二）新中国成立初期扫盲运动的特点

1. 把扫盲工作当做一项政治任务来抓

新中国成立初期的扫盲运动之所以能在五大政治运动（土地改革、抗美援朝、镇压反革命、“三反”“五反”和对旧教育文化事业的改造——编者注）开展的同时在全国迅速展开，从根本上来说，是与党中央的重视分不开的。旧中国广大工农群众因失去受教育机会而沦为文盲。因此，新中国成立后，迅速消灭文盲，提高工农的文化水平，就不仅是一项单纯的文化教育任务，而是全国人民的一项重要的政治任务。重视和发展文化教育，这是中国共产党建设新中国的既定方针。早在 1945 年党的七大上，毛泽东根据我国新民主主义革命的实际需要，在《论联合政府》一文中指出：“从百分之八十的人口中扫除文盲，是新中国的一项重要工作。”① 当时，他已清醒地预计到，文盲充斥的现状将会给建设一个新中国造成多大困难。1949 年 7 月 1 日，毛泽东在改写中共中央给中华全国文学艺术工作者代表大会的贺电中指出：“我们中国是处在经济落后和文化落后的情况中。在革命胜利以后，我们的任务主要就是发展生产和发展文化教育。”② 同年 9 月，中国人民政治协商会议第一次全体会议通过的《共同纲领》也明确规定：“要加强对劳动者的业余教育和在职干部教育”。③

以毛泽东为代表的中央领导人，对扫盲工作极其重视。1950 年 9 月 27 日，毛泽东、朱德等党和国家领导人亲临全国工农教育会议现场，接见了与会的全体代表，并与学习劳模亲切握手、合影，朱德等领导人还在会上发表讲话。1951 年 10 月 1 日，政务院颁布《关于改革学制的决定》，提出在扫盲学校对失学青年和成年人进行教育，将扫盲教育纳入正式学制，此后逐步健全其教育制度。1952 年 9 月 13 日，中共中央发出《关于推行速成识字法开展扫除文盲运动的指示》，提出“从工农兵劳动人民及工农干部中扫除文盲，是我们的国家实行经济建设与民主建设的必要条件。”要求各地党委应推行祁建华速成识字法，“开展扫盲运动，作为一项迫切和重大的政治任务，应以领导历次革命政治运动的精神，来领

① 毛泽东选集（第 3 卷）. 人民出版社，1991 年，第 1083 页.

② 毛泽东论文艺. 人民文学出版社，1992 年，第 82 页.

③ 中共中央文献研究室. 建国以来重要文献选编（第 1 册）. 1992 年，第 10－11 页.

导这一具有伟大历史意义的运动，以期在今后五年至十年内达到扫除全国文盲之目的。”① 1955 年 9 月，毛泽东看到《山东莒南县高家柳沟村青年团支部创办记工学习班的经验》报道后，非常赞赏该村青年团支部以本乡高小毕业生为教员，以合作社为单位办记工学习班的扫盲经验，认为他们做了“一个创造性的工作”，他号召：“这种学习班，各地应当普遍地仿办。各级青年团组织应当领导这一工作，一切党政机关应当予以支持。”② 并对农村扫盲教学内容和教材作了详尽的指示。1956 年 3 月 29 日，中共中央、国务院再次发布《关于扫除文盲的决定》，重申在全国范围内积极地、有计划有步骤地扫除文盲，使广大劳动人民摆脱文盲状态，具有现代文化，认为“这是我国文化上的一个大革命，也是国家进行社会主义建设中的一项极为重大的政治任务。”要求密切结合工业化和农业合作化的发展，在工农群众中大力开展识字教育。明确提出“各地按照当地情况，在五年或者七年内基本上扫除文盲”③ 的奋斗目标。

2. 建立完善的领导机构

要想完成全国 3.2 亿人口的脱盲工作这个艰巨的任务，没有一个坚强的领导机构是根本办不到的。1951 年 1 月，率先成立了全国职工业余教育委员会。到 1951 年年底，全国有 170 余万工人参加学习。1952 年 11 月 15 日，为加强对扫盲工作的领导，中央决定成立以楚图南为主任的中央扫除文盲工作委员会，并要求各省、地、县建立相应的扫盲机构。1953 年 2 月 12 日，中共中央在批转《华北扫盲委员会关于华北扫盲工作会议的报告》中肯定了华北局关于扫盲工作的领导经验，“要求党政领导机关：第一，统一力量，统一安排时间，统一步调；第二，定期检查，加以控制掌握；第三，配备主要干部……第四，扫盲委员会应有一定的编制和经费，即应从教育厅（局）机构中分出，以免互相牵扯。”④ 1956 年 3 月 15 日，又成立了全国扫盲协会，陈毅任会长。陈毅作了重要指示：扫盲工作是文化革命的第一步。他要求把不识字的人组织起来，采用各种扫盲的方法，常年坚持学习，向文化进军。从扫盲工作的领导机构由教育部—扫盲工作委员会—教育部—扫盲协会—教育部的变迁中，充分反映国家对扫盲教育的认识和

① 新中国成立初期中共中央关于扫除文盲工作文献选载（1952.9—1956.3）. 党的文献，2012 年第 5 期.

② 毛泽东文集（第 6 卷）. 人民出版社，1999 年，第 455—456 页.

③ 新中国成立初期中共中央关于扫除文盲工作文献选载（1952.9—1956.3）. 党的文献，2012 年第 5 期.

④ 新中国成立初期中共中央关于扫除文盲工作文献选载（1952.9—1956.3）. 党的文献，2012 年第 5 期.

关注程度随着时间的变化而不断深入。至1957年，全国从中央到地方都建立和健全了扫盲教育专门领导机构，尤其是扫除文盲协会的成立，更有效地集中人力、物力进行全国规模的扫盲工作。据统计，到1956年11月，已有21个省市自治区成立了扫盲协会。江苏、福建、广东等省有80%左右的县、市成立了扫盲协会或筹备组织，河北省保定专区有74%的乡建立了基层扫盲协会；黑龙江肇东县在全县三个区的9个村里建立了扫除文盲协会的基层组织，发展会员320人①。

3. 文化学习贯彻政治教育，理论学习联系实践应用

1950年11月10日，马叙伦在政务院会议上作的《关于第一次全国工农教育会议的报告》中指出，工农教育内容一般应以文化教育（首先是识字教育）为主，并适当地结合政治、生产和技术教育。与普通的基础教育不同，成人教育是对各类成人的再教育，是为用而教、为用而学，要求教育内容必须具有鲜明的针对性、较强的实用性。因此，教育部规定的扫盲教育内容主要包括两个方面：一是提高人民群众的政治觉悟和文化水平；二是学习专门技能和实施技术训练。其常设的主要课程有识字课、政治课、技能课、算术课等。

新中国的扫盲教育根据当时的国际国内形势发展，把思想政治教育融入到文化知识的学习中。首先，在扫盲运动中普遍开设政治课，对参加扫盲的广大群众进行时事政策教育和思想政治教育，使他们了解国家大政方针，提高他们的政治觉悟。认识到能参加这样的学习来之不易，更加调动其生产生活的积极性。如1950年围绕宣传《土改法》进行土改的准备工作，1953年政治教育则集中于过渡时期总路线和国家的粮食政策等。其次，识字课程内容选择渗透社会主义的思想内容。向受教育者灌输社会主义的思想，提高其政治觉悟和理论修养，培养他们正确的道德法制观念。再次，密切配合中心工作和群众的思想情况向受教育者进行政治教育。最后，通过选择政治觉悟高的教员来把关。当时选择正规教员的标准是：思想进步、理论修养高、热心教育事业。在很多地方，政治教员上任前都要参加当地举办的短期训练班，政治教员人选要由县区负责统一配备或当地中共党委推荐。

文化教育首先是识字教育为主。从扫盲运动中识字课本的编写中就体现了理论联系实际的特色。1951年由工人出版社出版的《职工业余学校识字课本》中，第一课的内容是“工人”和“做工”两个词，使工人们马上感到了亲切和实用。

① 何东昌. 中华人民共和国教育史（上册）. 海南出版社，2007年，第65页.

随着课程的深入，在这套课本第三册中则出现了“水蒸气”“雾的成因”“空气和风”等介绍自然常识的内容。再比如农民的识字课本，从本村、本地区的地名、人名开始，从每天接触的农活、农具入手，把记工分、算施肥量、配农药的比例作为学习内容，不仅自然实用，而且反复使用更容易记住。除了识字扫盲以外，一些地方还广泛进行了算术和珠算的学习，信件、合同、收据、欠条等的写法和格式这些日用性较强文体也被收入扫盲教材。特别是 1955 年，毛泽东对山东莒南高家柳沟村创办的记工学习班的经验予以肯定，并对结合实际分阶段编辑识字课本提出了具体建议，提倡在全国推广农民夜校，主张“农民学习技术应当同消灭文盲相结合”，理论联系实际的扫盲思想更加突出。1956 年 3 月 29 日发布的《关于扫除文盲的决定》中更是把识字教育必须贯彻执行“联系实际，学以致用”的原则确定下来。各地区根据当地的实际，邀请劳动模范及农村技术人员为农民讲解生产知识。在全国上下通过普及科学知识，破除封建迷信。同时，为了具体生动地展现学习内容并引发广大群众学习的兴趣，所学内容多采用民间故事、顺口溜、谚语、诗歌、歌曲、寓言等大众喜闻乐见、易于理解的形式进行表达，极大鼓舞了群众的学习热情。

4. 分别对不同的扫盲对象采取不同的方式

3 亿文盲遍及全国各地、各行各业，男女老少都有。如何有针对性地提高效率，让这些人迅速脱盲，成为当时扫盲工作的重要课题。为此，党和政府针对不同的人群采取了不同的措施。

首先，针对领导干部的干部教育。干部是建设国家的重要骨干，但是在长期的战争环境中，他们很少有学习文化的机会，以致新中国成立后绝大多数的基层干部还是文盲。1950 年 3 月，中宣部部长陆定一就曾说过：“华北有 150 万党员，其中 130 万是文盲或半文盲。在区委以上的领导人中，近 50%没有文化或文化不高”。[①] 干部是群众的领头羊、群众的榜样，因此，为了认真提高各级干部的文化水平以适应新的建设事业，就必须使他们具有读写算的基本能力，能正确认识当前形势，更好地发挥带头作用，更有效地率领群众前进。所以从根本上来说，教育干部“为干部也完全是为群众，因为只有经过干部才能去教育群众，指导群众。”[②] 1953 年 9 月，第一次全国干部文化教育工作会议上认真讨论了干部文化教育的要求与目的、方法和步骤、领导与管理以及干部扫盲等问题。同年 12 月，

① 高培华. 祁建华与“速成识字法”. 教育史研究，2002 年第 4 期.

② 林迪生. 全国第一次工农教育会议与西北区五一年工农教育任务. 教育通讯，1950 年第 5 卷第 5 期.

中共中央出台了《关于加强干部文化教育工作的指示》。干部的学习效果要通过领导群众的实践活动来体现，湖北荆州地区为使干部经过短期识字教育后，能够进一步得到巩固与提高，采取了多种方法，如让知识干部帮教工农干部，鼓励被扫盲干部多写、多练各种应用文体，利用各种机会帮助被扫盲者成为报刊通讯员，尽量把他们组织到各种政治文化活动中去接受锻炼[①]。各地的普遍做法是建立在职干部学习制度，让干部在工作中学习，同时使学习制度化、常态化。在工作允许的条件下，分批抽调干部，脱产学习，抽调时间一般安排在冬季。1953—1957年，山西省分5期组织干部参加脱产扫盲学习，扫除文盲10 783人，占干部文盲总数的96.13%，基本完成了全省干部扫盲任务[②]。

其次，针对全国文盲人数最多的农民。农民在几千年的封建社会中被剥夺了受教育的权利，愚昧落后对农民实现自身解放和发挥其作为中国革命和建设的主力军的作用造成了极大的障碍。因此，在民主革命时期毛泽东就提出了“严重的问题是教育农民”[③]的著名论断。在扫盲教育中，毛泽东更是把农民扫盲放在首要位置，他指出：“所谓扫除文盲，所谓普及教育，所谓大众文艺，所谓国民卫生，离开了三亿六千万农民，岂非大半成了空话?”[④]农民是中国革命的功臣，新中国成立后他们在经济上分到了土地、翻了身，但文化水平低，基本上还是“睁眼瞎”。1949年华北人民政府公布《关于冬学运动实施纲要》，特别指出要在冬学中为农民群众讲解科学、卫生常识以克服其封建迷信思想，并大力开展普及关于生产技术等科学知识的教育活动。当年冬学中，华北各地就普遍进行了风雷雨电、妇婴卫生等科学常识的教育和田间选种、树木栽培保护等农业技术知识的推广。通过扫盲学习，广大农民的自身科学文化水平有了显著提高，学习文化为其打开了接受科学道理的大门。山西省昔阳县中思乐村农民过去认为“种在地，收在天”，学习文化后许多群众相信杀虫药剂、人工授粉、药剂拌种、化学肥料等科学耕作技术，学会了使用新式农具，既提高了自身技术素质又推动了生产的发展。扫盲运动还促进了这一时期乡村社会中新社会风尚和价值观念的确立，有效地改造了旧的思想意识和生活习惯，不断地肃清社会陈规陋习，逐步扫除了如抽烟片、赌博、游手好闲、买卖婚姻等封建思想残余。同时他们的思想政治觉悟普遍提高，农民在接受教育的过程中，逐渐抛弃过去的封建宗法思想束缚，进一

① 王光霞. 对建国初期荆州地区扫盲运动的考察. 法制与社会，2010年第32期.

② 山西省史志研究院. 山西通志·教育志. 中华书局，1999年，第538页.

③ 毛泽东选集（第4卷）. 人民出版社，1991年，第1477页.

④ 毛泽东选集（第3卷）. 人民出版社，1991年，第1078页.

步相信共产党、增强党的基层组织的凝聚力，为党在农村各项工作的开展创造了有利条件。

最后，重视受压迫最深的妇女。教育权是每个中国公民的基本权利之一，也是妇女的一项社会福利，对中国女性而言教育更是实现平等、公平、独立等愿望的基石。要保证妇女权益，就必须搞好妇女教育，教育是实现妇女权益的根本保障。中国封建社会中，女性一直处在被压迫的地位，男尊女卑的思想由来已久。直到新中国成立之初，全国仍有 90%以上的妇女是文盲，在农村，妇女占文盲总数的 95%以上，有的地方达到 100%。其中占绝大多数的青壮年妇女是田间生产的重要力量和家务劳动的主力，她们的受教育程度对增加生产、搞好家务、教养孩子有极其重要的影响，因此，党中央对妇女扫盲问题特别重视。第一，加强对该工作的领导，切忌贪多求大，力求把妇女扫盲规划定得切实可行。第二，重视对妇女的宣传动员，打破封建思想束缚，使其自愿上学。第三，注重教员的选择，专门开办培养妇女教员的训练班，力争由女教员担当培养女学员的重担。第四，制定适合妇女的教学组织、内容及规章制度。根据自愿的原则和妇女的实际情况，采用不同的学习形式组织她们学习。如山西省蔡河村民校对孩子较多的 16 个壮年妇女采用“卡片教学”方法，固定“小先生”给她们每天送 2 个字，这种方法感动、鼓舞了她们的学习积极性，经过一年学习有 8 个妇女达到扫盲标准①。第五，注重解决妇女实际困难，政府提出采取多种形式支持妇女学习，解决大部分妇女的困难。针对孩子多的妇女或建集体幼儿园或由党支部、妇联牵头，采取请邻居老人帮助看孩子，有的村通过办公共食堂、缝衣组等把妇女从家务中解放出来，使之挤时间学习。经过以上措施，中国大部分妇女参加了扫盲运动，迈出彻底解放的第一步。河南宝丰地区农村的劳动妇女们纺线纺累了，便拿起笔来学写字；做饭时，也一手拉着风箱，一手拿柴棒在地上写字。扫盲运动使广大妇女提高文化知识水平的同时，开阔了她们的眼界和胸襟，唤醒了她们尘封已久的独立意识。许多从前足不出户的农村妇女都和男人一起参加扫盲、上冬学，妇女全面走向社会参加社会工作，她们真切体会到男女平等，感受到新旧社会的差别。许多农村妇女开始认识到自身的价值，逐渐摆脱了长期以来所形成的依赖思想和自卑、自弱的心理。她们不再甘心于过去在婚姻家庭生活中任人摆布的命运，而开始勇敢地追求自己应有的权利与幸福。

5. 采取多种灵活的学习方式

扫盲运动是成人业余教育，在职、业余、成人三者可以说是业余文化教育的

---

① 全省五十八个基本扫盲村的情况和经验. 山西政报，1956 年第 3 期.

本质特征，每个参加扫盲学习的成年人都有自己的本职工作，因此如何合理安排好工作与学习就成了扫盲成功与否的关键。各级扫盲组织根据各地区、各行业的实际情况，采取灵活多样的办学方式，组织形式上以“不忙多学、小忙少学、大忙放学、忙后复学”为指导的弹性学习制度，扫盲进度也是形式多样。通常广大农村文盲通过各种学习方式，如识字小组、夜校、半日班接受比较零散的教育，到了农闲季节尤其是冬季，才可利用农闲时间集中学习。集中学习这种学习形式适用于较大的村镇和附近相邻不远的村落。有条件、有能力开办较正规民校的地方，便于学员集中学习，便于扫盲基层组织管理、领导，使扫盲教员作较为充分的准备，有利于统一安排教学内容，集中上课，减少劳动量。尤其是当合作社、生产队办学以后，这种集中学习的优势更加突出，同以前相比更有利于统一领导、统一计划、统一安排生产、工作和学习的时间，协调学习和生产的矛盾，保障农民进行学习。同时政府还根据不同地区的情况和不同的教育对象，在不易集中学习的地方，采取分散的学习形式：分时教学、生产教学等，还有作坊学习、家庭学习、热炕学习、送教上门、送字、捎条子等多种学习形式。因此，工厂的“车间学校”、煤矿的“坑口学习小组”、农村的“地头学习小组”、妇女的“炕头学习小组”、解放军的“战地学习”活动等多种多样的学习方式被创造出来。在农村冬季农闲时节，广泛开办“冬学”“夜校”；在夏季农忙时节，推行“小黑板下地”“边走边唱边学习”“挑担识字”等制度；平时则利用“午学”“读报组”“识字班”等形式，集中进行扫盲识字。总之，利用一切可以利用的时间进行分散学习。这些灵活多样的学习形式弥补了集中学习的不足，增强了扫盲教育实践中的灵活性、可操作性。

（三）扫盲运动的得失

通过新中国成立初期的扫盲运动，到 1956 年 11 月，全国已有 21 个省、市、自治区成立了扫盲协会或筹备组织，一些省的乡县还建立了基层扫盲协会，全国接受扫盲教育的达 7 000 万人，累计扫除文盲 800 多万人①。如此大规模并卓有成效的扫盲运动，创造了人类历史上的奇迹。

20 世纪 50 年代的扫盲运动是一场广泛的群众运动，其直接成果是扫除了全国 20％的文盲，提高了人民的教育水平，提升了个人文化素质，丰富了人民群众尤其是农民的生活。不少人由于脱盲改变了自己后来的人生。全国著名的农业

① 靳德行．中华人民共和国史．河南大学出版社，1989 年，第 192 页．

劳动模范李顺达和申纪兰从小就没有念过一天书，他们通过扫盲不仅能看报纸，并且能写出非常通顺的总结报告[①]。著名评剧演员新凤霞 6 岁学戏，14 岁开始以卖艺为生，从来没有进过学堂。全国解放后，20 多岁的新凤霞从头开始学文化，几年后她不仅成功脱盲，而且成为一名颇有成就的作家。在她身后，留下了 100 多万字的文学作品。在 20 世纪 50 年代的中国，像他们这样摆脱文盲状态的老百姓，数以千万计。此外它还是一次人才培养运动，为新中国培养了大批建设者、为巩固新生的社会主义政权做出了重要贡献。它更是一次生动的政治教育运动，两次高潮中的宣传、动员、组织、管理工作不亚于新中国成立初期的任何一项大的政治工作，而且它的覆盖面广，影响力大，它动员了一切可以动员的力量，最大范围地发动群众参与，通过以识字为主要形式的政治教育，使共产党全心全意为人民服务的观念更加深入人心。

当然在扫盲过程中，也存在着一些明显的缺点和不足。主要表现在：一是采用了政治运动的方式，一哄而上，片面追求数量，忽视质量，使不少人后来又复盲或回生，造成“年年扫盲，越扫越忙”的现象；二是制定了过高的扫盲目标，比如在 5～7 年扫除全国文盲，显而易见是难以实现的；三是有些地方在执行扫盲任务时，或多或少地存在着强迫命令和放任自流两种极端的做法。当年存在的这些不足对我们在新的条件下的教育工作仍不失为一个好的借鉴：充分认识到教育的持久性、连续性，对于扫盲教育所遗留的“再教育”问题应给以足够重视，采取有效措施进行堵盲。日新月异的科技发展，不断加快的时代步伐，对今天的教育提出了新要求，不断更新知识结构，实现终身教育成为现代公民的普遍选择。

三、社会保障制度的建立

1949 年中国共产党在全国执政以后，除了在政治、经济、文化等方面给广大人民以主人翁的地位，还始终把全心全意为人民服务作为社会保障和福利思想的出发点和归宿，依据马克思主义基本理论，从中国当时现实国情出发，提出和实施了一系列致力于提高和改善中国人民社会保障和福利水平的理论、路线、方针和政策，创建了具有中国特色的社会保障和福利制度，充分发挥社会主义制度的优越性，不断改善和提高中国广大人民的生活水平和生活质量，极大地调动了全国人民建设社会主义的积极性和创造力。

---

① 太行山区农民文化丰收. 人民日报，1957 年 12 月 18 日.

“没有社会的安定，就没有社会的发展；没有社会保障，就没有社会的安定。”这句国际劳工组织的名言，客观地描述了社会保障在现代经济社会发展进程中不可或缺的重要作用。也就是从这个意义上说，社会保障的作用既是经济运行的“调节器”，化解社会不公的“平衡器”，更是维护社会安定的“稳定器”和保证基本生存的“安全网”。“社会保障”亦称“社会安全”，由于它在早期主要是指社会保险，所以人们习惯上又把它叫做“社会保险”，于1935年在美国制定的《社会保障法》中首次出现。由于其概括而又确切地表达了全世界人民对自身作为一个社会公民应当享有的基本生活保障的一种最深切而广泛的愿望，所以1944年在美国召开的第26届国际劳动大会上通过决议，以“社会保障”代替了“社会保险”的提法。自此，这一概念为国际社会所普遍认同和使用。国际劳工局对社会保障的界定是：“社会保障即社会通过一系列的公共措施对其成员提供的保护，以防止他们由于疾病、妊娠、工伤、失业、残疾、老年及死亡而导致的收入中断或大大降低而遭受经济和社会困窘，对社会成员提供的医疗照顾以及对有儿童的家庭提供的补贴”。[①] 在中国，一些学者根据自己的理解也给社会保障下了不同的定义。广义的社会保障是“指国家或政府通过立法形式，运用社会化的保障手段，满足一定社会群体的基本生活需要，同时根据经济和社会发展状况逐步增进公共福利和服务，以维护社会和谐发展的一系列有组织的措施、制度和事业的总称。”我国学者对社会保障的外延作出划分，把它确定为社会保险、社会救济、社会福利和优抚保障[②]。由此可见，社会保障的主体是国家或政府。社会保障的对象是全体社会成员。社会保障的手段是立法。社会保障水平的“度”是人的基本生活需要。社会保障制度是国家的社会经济政策，其实施的目的是维护社会公平、促进经济发展。而狭义的社会保障就是指社会保险。本书在此使用的主要是狭义的社会保障。

（一）建立城镇保险制度

1949年中国人民政治协商会议通过的《共同纲领》中，第32条明确规定了要在企业中“逐步实行劳动保险制度”，[③] 其后1950年6月29日，中央人民政府颁布《中华人民共和国工会法》，明确了工会的职责：“工会有保护工人、职员群

① 孟醒．统筹城乡社会保障．经济科学出版社，2005年，第6页．

② 张民省等．继承与完善——中国社会保障理论与实践体系研究．科学出版社，2012年，第4—9页．

③ 中共中央文献研究室．建国以来重要文献选编（第1册）．中央文献出版社，1992年，第8页．

众利益，监督行政方面或资方切实执行政府法令所规定之劳动保护、劳动保险、工资支付标准、工厂卫生与技术安全规则及其他有关之条例、指令等，并进行改善工人、职员群众的物质生活与文化生活的各种设施之责任。”[①] 1954 年颁布的《中华人民共和国宪法》第 93 条也规定：“中华人民共和国劳动者在年老、疾病或者丧失劳动能力的时候，有获得物质帮助的权利。国家举办社会保险、社会救济和群众卫生事业，并且逐步扩大这些设施，以保证劳动者享受这种权利。”[②] 这一切成为制定和完善全国统一的劳动保险条例的法律依据。争取劳动者全面的社会保障，是中国共产党从诞生那一天起就始终坚持的奋斗目标，为此，中国共产党领导人民群众和当局政府进行了不屈不挠的斗争，也取得了突出的成绩。特别是在共产党领导的各根据地颁布和制定了一系列旨在保障人民群众基本利益的各项法律和条例，改善了人民生活，调动了人民投入民主革命的积极性。

1. 建立企业劳动保险制度

在城镇国有企业，主要是通过建立劳动保险制度解决职工的后顾之忧。在最早解放的东北地区，1948 年 12 月，首先制定了《东北公营企业战时暂行劳动保险条例》（以下简称《东北条例》），次年 4 月在全区国营的铁路、矿山、军工、军需、邮电、电气、纺织等七个行业的企业实行，随后扩大到常年固定生产的公营工矿企业。《东北条例》的颁布实施，使东北 420 个厂矿 79.6 万名职工享受到了社会保险待遇。这个条例，是我国第一次在较大范围内实行的社会保险制度，这是新中国劳动保险工作的序幕。它的实施，对于激发职工的政治热情，密切党群关系，促进生产的恢复和发展，支援解放战争，起了重大的作用；也为中华人民共和国成立以后在全国范围内建立社会保险制度和培养干部，积累了经验。截至 1951 年 2 月，全国实行劳动保险的企业共达 1 213 个，职工人数 1 427 519人[③]。

新中国成立伊始，中央人民政府就在劳动部设立了劳动保险局，中华全国总工会设立了劳动保险部，建立国家社会保险领导机构，负责全国社会保险的组织与实施。不久，由政务院总理周恩来亲自主持，中央人民政府劳动部部长李立三直接领导《劳动保险条例》的起草工作开始了。起草委员会反复研究、修改，形成正式的《劳动保险条例》草案，1950 年 10 月 27 日第 56 次政务院会议初步通

① 中共中央文献研究室．建国以来重要文献选编（第 1 册）．中央文献出版社，1992 年，第 329 页．

② 中共中央文献研究室．建国以来重要文献选编（第 5 卷）．中央文献出版社，1993 年，第 540 页．

③ 中国社会科学院，中央档案馆．中华人民共和国经济档案资料选编・劳动工资和职工保险福利卷（1949—1952）．中国社会科学出版社，1994 年，第 682 页．

过，以草案形式在《人民日报》上公开发表，征求全国人民意见。当时，国民经济正处于恢复时期，而抗美援朝战争正在进行，国家财政经济也没有统一。即使在这样经济严重困难的情况下，为企业职工解决暂时或永久丧失劳动能力时的困难，党和政府就着手建立社会保险制度，充分体现了其全心全意为人民服务的宗旨，显示了社会主义制度的优越性。因此，《劳动保险条例》草案登报公布的当天，报纸立即被抢购一空，职工群众争先阅读。他们对比新旧社会，感慨万千地说：还是社会主义好，生老病死有“劳保”。许多职工把《劳动保险条例》比作农民在土改中分得的土地，庆祝生活有了保障。有的职工毅然决然地把准备养老用的积蓄，全部捐献给国家购买飞机大炮，支援抗美援朝战争。沈阳橡胶七厂女工韩雅琴在旧社会因生育而被开除，当她看到《劳动保险条例》草案内容后，百感交集地说：“现在生孩子有产假，工资照发，还有生育补助费，真是做梦也没有想到的事”。[①] 到 1951 年 1 月底，共收到各地意见书 141 件。1951 年 2 月 26 日，《中华人民共和国劳动保险条例》（以下简称《劳动保险条例》）发布，规定从 1951 年 3 月 1 日起施行。为了顺利贯彻《劳动保险条例》，劳动部于 3 月 24 日公布并开始试行《保险条例实施细则草案》。同时，劳动部会同中华全国总工会举办了全国保险干部培训班，作好组织上的准备。

首先，《劳动保险条例》第一条明确了立法基本宗旨“为了保护雇佣劳动者的健康，减轻其生活中的特殊困难，特依据目前经济条件，制定本条例。”其次，规定了参保范围。当时限制在职工人数 100 人以上的工厂、矿场及其附属单位和业务管理机关以及铁路、邮电、航运三个产业的企业及其附属单位实行。当时，100 人以上的企业数量虽然不多，但职工人数却很集中。以上海为例，全市 16 个产业有 5 315 个企业，41.5 万职工，其中 100 人以上的企业只占 14%，而职工人数却占职工总数的 80%以上。对暂不实行劳动保险的企业，采取由劳资双方进行协商或资方与工会协商，签订集体合同的办法，规定适当标准的保险待遇。再次，规定了保险待遇。该条例对职工生、老、病、死、伤、残时的生活待遇、医疗待遇和集体福利事业作出了具体规定，其适用范围包括国营、公私合营、私营和合作社等多种经济形式。凡因疾病、工伤、残废、年老、死亡和生育等事项，均按照一定条件与标准，享受补助工资、医药费、补助金、退休金、抚恤金待遇以及疗养、休养和其他集体福利。甚至连工人、职工供养的直系亲属患病或死亡时，也享有一定的劳动保险待遇。最后，规定了保险资金的筹措、使用、管

① 严忠勤. 当代中国的职工工资福利和社会保险. 当代中国出版社，香港祖国出版社，2009 年，第 250 页.

理和监督。保险费用按工资总额3%由各企业单位行政拨付，且明文规定："此项劳动保险金，不得在工人与职员工资内扣除，并不得向工人与职员另行征收。"各级人民政府劳动行政机关监督劳动保险金的缴纳，检查劳动保险业务的执行。后来保险条例实施范围又扩大到所有国有企业，大部分集体所有制企业也基本参照执行。

该条例经过1953年、1956年两次修订，实施范围几乎覆盖了城市各种企业、金融单位及国有农场、牧场等，新中国企业职工的劳动保险制度得以确立。《劳动保险条例》的实施，解决了职工在旧社会依靠个人无法解决的困难，因而大大地鼓舞了他们的劳动热情。当时许多工矿企业掀起了爱国主义劳动竞赛，订立了爱国公约，推动了增产节约运动的开展，生产面貌日新月异。正如劳动部部长李立三1950年3月8日在第一次全国劳动局长会议上所言，《劳动保险条例》不仅是广大工人群众所需要，也是公营企业行政方面及私营企业的进步资本家所需要的。需要颁布这样的法令来鼓励劳动者的劳动热忱以促进生产的发展。对于职工的保险问题，毛泽东也非常重视。1952年6月3日，他在《1951年度国家预算执行情况及1952年度国家预算草案的报告》稿上，特别加写："在实施增产节约的同时，必须注意职工的安全、健康和必不可少的福利。如果只注意前一方面，忘记后一方面，那是不对的。"①

1953年3月，全国总工会组织召开了第一次全国劳动保险工作会议。会议资料显示，在《劳动保险条例》实施的3年时间里，实行劳动保险制度的职工人数逐年增加。1951年为269万人，1952年为330万人，1953年为420万人，实行的企业共4 400多个；签订集体劳动保险合同的单位4 300多个，职工73万人；全国的劳动保险基金，1951年为300亿元，1952年为730亿元，1953年为850亿元，3年共1 880亿元；享受各种劳动保险待遇的职工2 200多万人次②。经过1956年的修订，全国实行劳动保险的职工达1 600多万人，签订集体劳动保险合同的职工达700万人，分别比1953年增加了4倍和10倍③。至此，享受劳动保险待遇的职工人数占当年全国国有、公私合营、私营企业等单位职工总数的94%以上。

---

① 顾龙生. 毛泽东经济年谱. 中共中央党校出版社，1993年，第307页.

② 胡晓义. 安国之策——实现人人享有基本社会保障. 中国劳动社会保障出版社，中国人事出版社，2011年，第78页.

③ 当代中国丛书编委会. 当代中国的职工工资福利和社会保险. 中国社会科学出版社，1987年，第307页.

2. 建立城镇机关、事业单位工作人员的社会保险制度

机关、事业单位工作人员的社会保险制度是根据轻重缓急，通过单项法规的形式逐步建立的，最早开始实行的是退休养老制度。旧中国机关、铁路、海关、邮局等单位的职工就有退休金制度，因此新中国成立之初，首先遇到的是如何处理旧有制度与新建制度的衔接问题。为此，1951 年 11 月 12 日，内务部发布《关于 1951 年内处理工作人员退职办法》，解决当年内工作人员退职问题。1952 年 10 月 22 日，人事部颁发《各级人民政府工作人员退职处理暂行办法》。1955 年 12 月 29 日，国务院颁发《国家机关工作人员退休处理暂行办法》《国家机关工作人员退职处理暂行办法》《国家机关工作人员病假期间生活待遇试行办法》《国家机关工作人员退职、退休时计算工作年限的暂行规定》，这四个暂行办法的实施使国家机关工作人员在退休、退职、病假及工作年限计算等社会保障基本问题处理上有了明确的依据。其次是公费医疗制度。公费医疗制度是卫生保健事业的一项重要内容。最早颁发的法规是 1950 年年底内务部颁发的《革命工作人员伤亡褒恤暂行条例》。1952 年 6 月 27 日，政务院发布了《关于全国各级人民政府、党派、团体及所属事业单位的国家工作人员实行公费医疗预防的指示》，决定自 1952 年 7 月起，全国各级人民政府、党派、青工妇等团体，各种工作队及文化、教育、卫生、经济建设等事业单位的国家工作人员和革命残废军人，享受公费医疗的待遇。8 月 24 日，卫生部又颁布《国家工作人员公费医疗预防实施办法》，对有关办法进一步细化。9 月 12 日，政务院发布《关于各级人民政府工作人员在患病期间待遇办法的规定》（1954 年、1955 年做过两次修订），进一步确立了机关工作人员的疾病保障措施①。再次，实行女工作人员的生产假期保障。新中国成立以后，人民政府和工会根据《共同纲领》的规定“废除束缚妇女的封建制度”“男女平等”“保护青年、妇女的特殊利益”，着手制定保护女工的政策和办法。1951 年 10 月劳动部召开的第一次全国劳动保护会议讨论通过了《保护女工暂行条例草案》。1955 年 4 月 26 日，国务院发布《关于女工作人员生产假期的通知》，第一次对女工作人员生育产假的期限、待遇作了统一规定。产假期间（包括星期日及法定假日在内）工资照发。产假期满，因病需继续休养者，按病假处理。最后，为解决工作人员的后顾之忧，明确国家机关工作人员子女的医疗办法，1955 年 9 月 17 日，财政部、卫生部、国务院人事局发布《关于国家机关工作人员子女医疗问题的通知》，规定从 1955 年 9 月起，工作人员子女患病，各机

---

① 中共中央文献研究室. 建国以来重要文献选编（第 3 册）. 中央文献出版社，1992 年，第 241—243 页.

关可以选择统筹办法或由工作人员自理办法来解决。这些福利措施，受到了热烈的欢迎。当时的舆论普遍认为：这是因为世界上只有社会主义和新民主主义国家，才能够真正重视人民的生命。保护人民的健康，就是保护生产建设的本钱，是很重要的工作①。

（二）建立农村“五保”供养制度和合作医疗制度

新中国成立初期，通过土地改革贫困农民分得了土地和房屋，生活得到了改善，土地和家庭保障成为农村经济保障的基础。1953 年以后，农业集体化的兴起和发展，为解决我国农民生活保障开辟了新的途径。农业合作化后土地归社队统一所有，农业生产、劳动力分配也由社队统一安排，为农村劳动者从事生产、改善生活创造了基本的物质条件。贫困户可以通过参加集体经济组织，参加力所能及的农副业生产，绝大多数人的口粮和基本生活有了保障，少数生活仍然有困难的，集体也可用公益金给予适当的补助。因此，农村社会保障制度的重点是关注贫困人口和孤寡老人的生活保障。

1. “五保”供养制度的初步创建

农业合作化过程中，党和政府非常重视对无依无靠的鳏寡孤独残疾人生活的妥善安置。毛泽东在《中国农村的社会主义高潮》一书的按语中指出：“一切合作社有责任帮助鳏寡孤独缺乏劳动能力的社员（应当吸收他们入社）和虽然有劳动能力但是生活上十分困难的社员，解决他们的困难。”② 为了让这些无依无靠的鳏寡孤独残疾人入社，参加力所能及的劳动，照顾他们的工分，主要由集体经济负担他们的生活，并逐步形成了制度。1956 年 6 月颁布的《高级农业生产合作社示范章程》规定：“农业生产合作社，对于缺乏劳动能力或者完全丧失劳动能力、生活没有依靠的老、弱、孤、寡、残疾的社员，在生产和生活上给予适当的安排和照顾，保证他们的吃、穿和柴火的供应，保证年幼的受到教育和年老的死后安葬，使他们生养死葬都有依靠。”③ 即对“三无”人员（无法定扶养人、无劳动能力、无生活来源）“做到保吃、保穿、保烧、保教（儿童和少年）、保葬”，而享受五保的农户便被称为“五保户”，形成了制度化的“五保”内容。

总体来说，“五保”供养制度以农村集体经济为基础，五保供养款物的筹集方式，主要是集体分配或公益金补助，因此，集体经济水平，特别是生产队的生

① 新民晚报，1952 年 6 月 29 日.

② 建国以来毛泽东文稿（第 5 册）. 中央文献出版社，1991 年，第 531 页.

③ 中共中央文献研究室. 建国以来重要文献选编（第 8 册）. 中央文献出版社，1994 年，第 47 页.

产分配水平决定了“五保户”供养水平。合作化以后，该制度逐步在广大农村全面推广，成为我国农村社会保障制度中最具特色的一项重要内容。据 1958 年统计，全国农村享受“五保”的有 413 万户、519 万人。全国办起敬老院 15 万多所，收养 300 余万老人。“五保”供养制度是中国社会保障制度在农村社会保障极不完善的情况下，针对农村实际情况的一种重要的补充。五保户制度对无法定扶养义务人抚养、无正常生活经济来源的老人、残疾人、孤儿的生活实现了有效的保障，体现了集体经济的优越性，对安定社会秩序、保障农村社会最贫困群体的基本生存发挥了巨大的作用。

2. 合作医疗制度的兴起

“合作医疗”方式最早可以追溯到中国共产党在解放区创造和启蒙示范的“卫生合作社”形式。20 世纪 40 年代在陕甘宁边区曾经出现过“医药合作社”或称“卫生合作社”的医疗保障形式。新中国成立后，一些地方在土地改革后的农业互助合作运动的启发下，由群众自发集资创办了具有公益性质的保健站和医疗站。1950 年前后，东北各省为解决广大农村无医无药问题，也积极提倡采用合作制和群众集资的办法举办卫生机构。1952 年东北地区的 1 290 个农村卫生所中，合作社办的卫生机构有 85 个，群众集资举办的卫生机构有 225 个[①]。在农业合作化高潮的 1955 年，我国农村正式出现具有保险性质的合作医疗保健制度，这一年在山西高平、河南正阳、山东招远、湖北麻城等地农村建立了一批由农业生产合作社举办的保健站。1953 年，在农业合作化运动中，鉴于农村地区广大农民缺医少药，山西高平县米山乡的 3 家私人药铺和 10 个民间医生自愿组合，创办了高平县第一个联合诊所。1955 年 5 月 1 日，在联合诊所的基础上，在有关部门的大力支持下，米山乡联合保健站正式挂牌成立，这是当时全国第一个农村医疗保健站，它采取由社员群众出“保健费”和生产合作社提供“公益金”补助相结合建立合作医疗制度的办法。具体做法是：在乡政府领导下，由农业生产合作社、农民群众和医生共同集资建站；在自愿互利原则下，每个农民每年缴纳两角钱作为“保健费”，就能免费享受预防保健服务，患者治疗免收挂号费、出诊费等。保健站的方针是：预防为主、巡回医疗、送医送药上门，医生分片负责所属村民的卫生预防和医疗工作；保健站的经费来源于农民缴纳的保健费、农业社公益金提取 15%～20%、医疗业务收入（主要是药品利润）；用计工分和发现金相结合的办法，解决保健站医生的劳动报酬。这些做法成为以后各地农村合作医

① 胡晓义．安国之策——实现人人享有基本社会保障．中国劳动社会保障出版社，中国人事出版社，2011 年，第 80 页．

疗经费运作的基本模式。农业合作医疗具有三个鲜明的特点，即民办性、普及性和预防性。到 1956 年，全国由私人开业医组织起来的农村联合诊所从 1950 年的 803 所发展到 51 000 所以上[①]，到 1957 年全国建立 13 000 所区卫生所，合作社举办了 10 000 余个保健站[②]。农村合作医疗第一次在中国广袤的农村建立初级的医疗保障防线，解决了经济落后条件下农村人口的看病就医问题，被农民赞誉为："吃饭靠合作社，有病靠合作医疗"。我国的农村合作医疗也受到国际社会的普遍赞誉。

（三）发展社会福利事业

社会福利是指国家和社会通过社会化的福利设施和有关福利津贴，以满足社会成员的生活服务需要，并促使其生活质量随社会经济水平的发展而不断提高的制度。它是一种社会政策和服务措施，其目的在于提高广大社会成员的物质和精神生活水平，使之得到更多的享受。本书仅以新中国成立初期城镇职工福利制度为例作一论述。

新中国成立之初，由于工农业生产水平极其低下，职工生活困难重重，就业人口少，收入低，吃、住、行等设施极端缺乏。主要工矿企业职工住公房的不到十分之一；许多人聚居在条件极为恶劣的贫民窟（如上海的"棚户区""滚地龙"，北京的"龙须沟"等）。工人工作地点很少有食堂，大部分人自带干粮。妇女想参加工作，但孩子无人照顾。党中央和人民政府为了尽早地解决群众的实际困难，改善人民的生活，以利国民经济的发展，制定了一系列的方针政策和原则。1950 年召开的第一次工会俱乐部工作会议，在总结经验的基础上，制定了工人文化宫、俱乐部组织条例、工作条例。从 1951 年起，多次召开的妇女儿童福利工作会议，均把托幼工作作为会议的重要议题之一，认为这不仅是推动妇女解放事业的关键，也是增进中华民族健康，有利于国家生产建设的重要工作之一。1953 年公布的《劳动保险条例实施细则修正草案》中对各劳动单位有义务为职工提供适当的福利条件也作出了规定：实行劳动保险的企业，要根据工人职员的需要及企业经济情况，单独或联合其他企业设立营养食堂、托儿所等。1956 年 9 月 15 日，刘少奇在中共中央八大的政治报告中指出："在发展生产的基础上逐步地改善职工生活，对于提高广大职工群众的积极性，具有重大的作用。""为了改善职工生活……应当逐步增加职工的福利设施，积极设法解决职工急需的住

---

① 当代中国的卫生事业（上）．中国社会科学出版社、香港祖国出版社，1986 年，第 11 页．

② 徐杰．对我国卫生经济政策的历史回顾和思考（上）．中国卫生经济，1997 年第 10 期．

宅和其他的困难。”[①] 9月27日，在中共八大通过的《关于发展国民经济的第二个五年计划的建议》中也指出：“应该进一步改善工人和职员的居住条件，适当地增加住宅的建设，逐步地改善城市居民的交通条件和城市的服务业。逐步地改进和增设托儿所和幼儿园，改善企业、事业、机关的食堂。”[②] 这些条例、指示和领导人的讲话，大大促进了各地职工福利事业的建立和发展。

为了创办和发展职工生活、文化福利设施和建立福利补贴制度，国家从多渠道筹措资金为发展职工生活福利事业提供经费保证。①建立国家机关、事业单位职工的福利费制度。1954年以前，机关工作人员福利费提取时按财政部规定提取一定资金；1954年以后政务院将若干项补助费合并统称工作人员福利费。1956年规定，区以上工作人员福利费标准按工资总额的5%提取；乡镇干部按3%提取。②建立企业的福利基金制度。1953年，政务院财政经济委员会规定，国有企业可提取工资总额2.5%的福利基金，用于一切有关福利方面的经常补助和浴室、理发室、洗衣房、哺乳室、托儿所、食堂的开支除去收入的差额。同年11月，政务院财经委员会规定企业奖励基金的一部分可以用于改善职工物质生活与文化生活的各种福利设施和集体福利事业。同时，国家还规定私营企业的盈利部分按“四马分肥”，其中，以盈利的5%～15%用于举办职工集体福利事业和奖励先进职工。③单位行政管理、事业费中的开支。如机关、事业单位对食堂、托儿所等的补贴，职工上下班交通费补贴、房贴、水电贴、冬季宿舍取暖补贴等。④从工会经费中开支的职工福利费用。工会会费收入的20%部分可用作职工困难补助；按工资总额2%提取工会经费中的1%，用作职工文娱体育费和业余文化补习学校经费等。⑤福利设施本身的收入。例如职工电影院、溜冰场和职工业余文艺演出、体育竞赛等活动的收费，都可以积累一部分用于有计划地新建、扩建或修建文化宫、俱乐部等。

国家为改善职工生活拨出款项兴办职工福利事业，据1952年9月底的统计，在工矿、企业福利设施中，共有疗养室1 144个、营养食堂614个、普通食堂10 168个、饮水店10 114个、理发室3 253个、浴室6 989个。在集体福利设施中，有休养室44个、业余休养所135个、疗养院43个。中央直属企业的托儿所328个，可容纳16 872人；幼稚园83个，可容纳7 684人。企业图书馆（室）藏书2 103 586册，俱乐部座位295 060个，公共食堂2 711个，企业医务人员16 889人。工人文化宫、俱乐部1950年为789个，1952年为7 329个。职工住宅面

① 中共中央文献研究室．建国以来重要文献选编（第9册）．中央文献出版社，1994年，第70页．
② 中共中央文献研究室．建国以来重要文献选编（第9册）．中央文献出版社，1994年，第376页．

积达 11 121 555 平方米[①]。

“一五”时期，国家进一步兴建集体福利设施，建立了职工福利补贴制度和福利管理制度。据不完全统计，仅工矿企业举办的托儿所，1957 年就达 1.1 万个，比 1952 年增加 10 倍，受托儿童有 26.1 万人。到 1957 年，各级工会兴建的文化宫、俱乐部，总共 19 116 个，比 1952 年增加 160.8%；图书馆达到 26 482 个，比 1952 年增加 482.8%。修建的职工疗养院和医疗所，到 1957 年共有 1 515 个，床位数达 63 792 张，分别是 1952 年的 23.7 倍和 8.9 倍[②]。集体福利设施的兴办和发展，方便了职工的生活，减轻了家务劳动，也丰富了职工的业余文化生活，并为解决职工个人无法解决的生活困难提供了物质条件。在第一个五年计划期间，住房建设投资相当于国家基建投资的 9.1%，建成职工住宅9 454万平方米。大量的职工从解放初住的草棚、木板房中搬进了工人新村，较快地改善了职工的住宅条件[③]。

在建立福利补贴制度方面，主要是实行职工住房补贴、供给取暖补贴和生活困难补助制度。据当时对部分地区的调查，生活有困难的职工一般占职工总数的 5%～10%。建立了生活困难补助制度以后，在一定程度上解决或减轻了这部分职工的生活困难。1956 年，中华全国总工会和有关部门还帮助因治病而长期负债、无力偿还的职工还清了债务，使数十万职工不同程度地解除了生活上的困难。1956 年年底和 1957 年年初国务院发出通知，决定在全国企事业职工中统一实行冬季取暖补贴制度，规定在淮河、秦岭以北地区发给宿舍取暖补助，补贴标准一律按照职工本人工资的 4%计算。

在国家有关职工福利方针和政策指导下，职工福利事业各项制度和设施从无到有，从少到多，到 1956 年年底我国城市职工的福利制度逐步建立起来。这些制度的建立，确实解决了职工生活的诸多困难，提高了职工的物质文化生活，激发了职工的劳动积极性和对社会主义的热爱，对于生产的发展起了积极的促进作用，也对新中国成立初期的职工生活保障起到了巨大的作用。

综上所述，在 1949—1956 年间，中国的社会保障制度能在社会经济尚处于比较紧张的情况下基本确立，并得到全方位的迅速发展，这本身就是来之不易的巨大成果。在这一阶段，企业职工与国家机关工作人员的社会保障制度，已走上

---

① 中国社会科学院，中央档案馆．中华人民共和国经济档案资料选编·劳动工资和职工保险福利卷》(1949—1952)．中国社会科学出版社，1994 年，第 863－865 页．

② 董志凯等．中华人民共和国经济史（1953－1957）(下册)．社会科学文献出版社，第 845 页．

③ 严忠勤．当代中国的职工工资福利和社会保险．当代中国出版社，香港祖国出版社，2009 年，第 195 页．

规范化、制度化的道路。我国城乡形成了“低水平、广覆盖、多项目”的劳动保险制度和社会福利制度，它帮助广大劳动人民解除了在旧社会依靠个人能力无法解决的生、老、病、死、伤、残等困难，改善了人民的基本生活条件，这些都充分体现了社会主义制度的优越性，激发了职工的劳动积极性和对社会主义制度的热爱，为新中国社会秩序的稳定和国民经济的恢复发展做出了巨大的贡献。当然由于社会保障制度处于初创阶段，还存在着许多不足：国家和单位对职工保险、医疗费用包揽过多，造成财政和企业不堪重负；城乡二元制结构造成广大农民没有稳定的社会保障；个人积极性没有调动起来；有些制度不合理，管理不善，掌握偏宽或偏松，因而造成苦乐不均和严重浪费现象。这一切既有制度因素，又有物质条件所限，加上经验不足，管理不到位，以致这些不足只有在以后的实践中逐步完善。

第五章　总路线和“一五”计划：确立民生建设的制度保障

在国民经济恢复即将完成的 1952 年 9 月，毛泽东根据新中国成立三年来国际国内的形势发展，在中共中央书记处会议上提出了“十年到十五年基本上完成社会主义，不是十年以后才过渡到社会主义”的想法，改变了原计划先搞十至十五年的新民主主义经济建设再开始过渡的设想，这一思路得到中央其他领导人的赞同。此后又多次召开中央书记处会议进行讨论，召集民主党派座谈商讨。在各方面达成共识的基础上，1953 年 9 月 24 日，向全国正式公布了过渡时期总路线。同年 12 月，经毛泽东审阅修改的总路线学习和宣传提纲，对过渡时期总路线作了完整表述：“从中华人民共和国成立，到社会主义改造基本完成，这是一个过渡时期。党在这个过渡时期的总路线和总任务，是要在一个相当长的时期内，逐步实现国家的社会主义工业化，并逐步实现国家对农业、对手工业和对资本主义工商业的社会主义改造。这条总路线是照耀我们各项工作的灯塔，各项工作离开它，就要犯右倾或‘左’倾的错误。”[①] 于是，这条总路线就成为过渡时期党和国家的行动指南。

党在过渡时期的总路线，概括起来说，就是“一化三改造”。它的基础，是国家的社会主义工业化。宣传提纲对此的定位是：“社会主义工业是对整个国民经济实行社会主义改造的物质基础”，[②] 也是改善民生的物质基础。试想如果没有工业化作基础，指望在贫困落后的农业国基础上大幅度地改善民生纯粹是无水之源，无本之木。而工业化的实现不是一蹴而就的，必须经过长期的积累和发展。中国工业化的道路，在新中国成立初期就是通过实施国民经济发展的第一个五年计划打下初步的物质基础。

第一节　“一五”计划：初步奠定民生建设的物质基础

根据党在过渡时期的总路线，中国将在一个相当长的时间内逐步实现工业

① 中共中央文献研究室. 建国以来重要文献选编（第 4 册）. 中央文献出版社，1993 年，第 700—701 页.

② 中共中央文献研究室. 建国以来重要文献选编（第 4 册）. 中央文献出版社，1993 年，第 701 页.

化。为此必须制定一部切实可行的国民经济发展计划与社会主义改造相配套。1951年1月，毛泽东在中共中央政治局会议上提出了“三年准备，十年计划经济建设”思想之际，首次明确提出了编制国民经济发展计划的设想，接着中央着手试编第一个五年计划，后经四次修改，加上苏联提供援助，边修订边实施，终于在1955年7月30日第一届全国人民代表大会第二次会议上正式审议通过。会议认为，这个计划“是全国人民为实现过渡时期总任务而奋斗的带有决定意义的纲领，是和平经济建设和文化建设的计划。”《中华人民共和国发展国民经济的第一个五年计划》（1953—1957）也明确地指出：“采取积极的工业化的政策，即优先发展重工业的政策，其目的就是在于求得建立巩固的国防、满足人民需要和对国民经济实现社会主义改造的物质基础。”① 把优先发展重工业作为实现“一五”计划和工业化的重点。

一、“一五”计划的民生内容

优先发展重工业并不是置民生建设于不顾，单兵独进，也不是平均使用力量，而是根据需要与可能，在发展经济的基础上，逐渐实施改善民生的政策。为了体现党和国家对民生建设的重视，“一五”计划中把“提高人民的物质生活和文化生活的水平”单独作为一章列出来，分门别类地规定了各项民生指标的具体内容和增长比例。物质生活方面：提出在生产不断增长和劳动生产率不断提高的基础上，工人职员的工资和福利将有适当增长的指导思想。①规定了五年内，国有企业、合作社营企业、公私合营企业、国家机关、人民团体和文化教育卫生部门工人职员的平均工资约增长33%。②提出五年内国有企业和国家机关所支付的劳动保险基金、医药费、福利费和文化教育费将达50亿元以上；五年内，国家拨款建筑的工人职员住宅，将约达4 600万平方米。通过实施这个计划，工人职员的居住条件将有适当的改善。③努力改善广大农民生活。国家在工业生产和建设中，将有相当一部分是为了供应农民的生产和消费的需要；国家对城乡都需要的工业品采取优先供应农村的政策；积极发展农村中的文化教育事业和保健事业，以提高农民的文化生活水平，增进农民的健康。计划五年内，国家拨付的近14.4亿元的社会救济费，其中有10.6亿元将用于救济受自然灾害侵袭而在生产生活上有困难的农民。此外，国家拨付的11.7亿元以上的优抚费，其中大部分也将用来帮助农村中的荣誉军人和军人家属发展生产，改善生活。④积极发展人

① 中共中央文献研究室. 建国以来重要文献选编（第6册）. 中央文献出版社，1993年，第592页.

民保健事业。规定全国卫生行政系统和中央产业系统所属医院的病床增长77.2%，到1957年达到24.4万张。此外，还规定了疗养院病床增长数量，各级卫生所、卫生防疫站、医师等增长数量和比例。文化生活方面：①普通教育方面，“一五”期间，普通教育发展的重点是中学，特别是高级中学。1957年在校学生数将达到72.4万人，比1952年约增长1.8倍；初级中学在校学生数将达到398.3万人，比1952年增长78.6%。②工农业余教育方面，五年内，应该基本上完成在工农干部、原有产业工人和农村积极分子中扫除文盲的任务。计划扫除文盲的人数共为200～300万人。此外，还规定了出版发行、广播、文学艺术、电影、文化馆、图书馆、博物馆等的建设计划[①]。

二、“一五”计划的民生成就

第一个五年计划全面反映了中国人民建设社会主义工业国的强烈愿望，各族人民以极大的热情投入到这场火热的建设中，这是中国近代以来规模最大、效果最好的工业化开端，在全国人民的努力下，在苏联的大力援助下，经过几年的艰苦奋斗，1956年提前一年完成了第一个五年计划的各项主要指标。到1957年年底，各项经济建设指标，一般都大幅度超额完成。《关于建国以来党的若干历史问题的决议》中指出，“一五”计划建设取得了重大成就，一批为国家工业化所必需而过去又非常薄弱的基础工业建立了起来。从1953年到1956年，全国工业总产值平均每年递增19.6%，农业总产值平均每年递增4.8%。该决议对此的评价是：“经济发展比较快，经济效果比较好，重要经济部门之间的比例比较协调。市场繁荣，物价稳定。人民生活显著改善。”[②]

下面一组数据集中反映了“一五”计划的实施对民生建设的巨大推动作用。为了保证“一五”计划的圆满完成，五年内国家对于经济和文化教育事业的支出总数为766.4亿元，其中国家财政拨款为741.3亿元，由中央各经济部门和各省市动员的内部资金为25.1亿元，折合黄金7亿两以上[③]。而1952年我国的国民收入仅589亿元，人均国民收入104元。在这样低的收入水平上用这样大量的资金来进行国家建设，在中国历史上是空前的。1957年，普通高等学校发展到229所，比1952年增长14%；在校学生达44.1万人，比1952年增长1.3倍；普通

---

① 中共中央文献研究室．建国以来重要文献选编（第6册）．中央文献出版社，1993年，第539－552页．

② 中共中央文献研究室．关于建国以来党的若干历史问题的决议注释本（修订）．人民出版社，1985年，第18页．

③ 董辅礽．中华人民共和国经济史（上册）．经济科学出版社，1999年，第130页．

中学在校生628.1万人，比1952年增长1.5倍；小学在校生6 428.3万人，比1952年增长25.8%。整个“一五”期间，全国高等院校毕业生达27万人，超过了1912—1947年这36年间21万毕业生总和的28.6%。到1957年，全国每个县有医院、每个乡有诊所，共有病床29.5万张，比1952年增长84%[①]。全国共有中西医生54.7万人，医疗水平有所提高，全国城乡的环境卫生和个人卫生状况均有明显好转。人民生活也得到较大改善，1957年全国职工的平均工资达到637元，比1952年增长42.8%，农民的收入比1952年增加近30%。人民平均消费水平，1957年达到102元，比1952年的76元提高34.2%。五年内，国家投资新建职工住宅9 495万平方米，拿出103亿的资金用于职工的劳动保险、医药费、福利费等；1957年全民所有制单位支付职工的劳保福利费已相当于工资总额的17.9%，比1952年的14%提高了3.9个百分点。1957年城乡居民的储蓄存款比1952年增长3.1倍[②]。

建设社会主义的根本目的，是逐步地满足人民日益增长的物质和文化需要，提高人民的生活水平。“一五”计划根据当时我国经济极端落后的状况，提出要集中主要力量发展在国民经济中起主导作用的重工业。但重工业的发展并没有脱离农业和轻工业孤立地进行，而是在此过程中，正确地协调了农、轻、重之间的关系，做到了既“要重工业，又要人民。这样结合起来，优先发展重工业才有基础”。[③] 这种正确处理生产目的和生产手段之间关系的基本原则，成为1949—1956年新中国民生建设成功经验，为今后的民生建设提供了有益的借鉴。同时“一五”计划取得辉煌成就，不仅为社会主义工业化奠定了初步基础，也奠定了改善民生的物质基础。这一切都极大地调动了广大人民群众建设社会主义的积极性和创造性，为全面开展社会主义建设创造了良好的条件。

第二节　“三大改造”：民生建设的制度基础

过渡时期总路线提出了对农业、手工业、资本主义工商业的社会主义改造是两翼。这里着重介绍农业社会主义改造，因为它涉及中国4亿多农民切身利益，更是为工业化和其他两大改造创造条件。

新中国成立后，经过土地改革，广大农民获得了梦寐以求的生产资料——土

① 中国共产党历史第2卷（上册）. 中共党史出版社，2011年，第419页.

② 中国共产党历史第2卷（上册）. 中共党史出版社，2011年，第420页.

③ 周恩来经济文选. 中央文献出版社，1993年，第336页.

地，调动了他们的生产积极性，农民的生活也有了明显的改善。而土地改革的结果，不是消灭或者削弱小农经济，而是在某种程度上强化了小农经济。当时作为小私有者的农民中存在着两种积极性：一是生产条件较好的农民，希望通过单干发家致富；二是广大贫雇农由于缺少农具、耕畜和资金，生产经营上的困难较大，希望通过互助合作发展生产，并进而走互助合作的道路。对于第一种积极性，《土地改革法》中规定：“土地改革完成后，由人民政府发给土地所有证，并承认一切土地所有者自由经营、买卖及出租其土地的权利。”① 允许土地买卖、出租就不可避免要出现贫富分化，甚至产生新的两极分化的趋势，这是与党的共同富裕理想背道而驰的。而《共同纲领》中也原则上规定了：“在一切已实现土地改革的地区，人民政府应组织农民及一切可以从事农业生产的劳动力以发展农业生产及其副业为中心任务。并应当引导农民逐步地按照自愿和互利的原则，组织各种形式的劳动互助和生产合作。”② 因此，党中央和人民政府决定，通过互助合作的方式，一步步地实现农业的集体化，引导农民走上社会主义道路。这样既能充分发展生产力，支援国家工业化，又能极大地改善人民生活，实现共同富裕的目标。

一、农业合作化的民生动因

走互助合作的道路改造小农经济，这既是马克思主义的一个基本原则，也是苏联的农业集体化走过的道路。这是我国实现农业集体化的理论依据和现实榜样。但除此之外，从发展生产、民生建设的角度出发，中国共产党还有自己的现实需要。

（一）避免两极分化，使农民摆脱贫困

众所周知，近代中国国民经济极端贫困落后，农业经济更是处于中古时期的水平，而农业经济在国民经济中所占比例却达到了90%，农民人口也占了总人口的80%。要使中国迅速摆脱贫困，走上发展生产、建立工业化和社会主义的道路，就必须解决广大农民的贫困问题。土地改革仅仅是第一步，而依靠分散落后的小农经济是无法迅速实现这一目标的。对于通过合作化道路引导农民走集体化道路，毛泽东早在1943年11月所作的《组织起来》演讲中就表明了中国共产党的观点：“在农民群众方面，几千年来都是个体经济，一家一户就是一个生产

① 中共中央文献研究室．建国以来重要文献选编（第1册）．中央文献出版社，1992年，第343页．
② 中共中央文献研究室．建国以来重要文献选编（第1册）．中央文献出版社，1992年，第8—9页．

单位，这种分散的个体生产，就是封建统治的经济基础，而使农民自己陷于永远的穷苦。克服这种状况唯一的办法，就是逐渐地集体化；而达到集体化的唯一道路，依据列宁所说，就是经过合作社。”① 在1948年9月的中共中央政治局会议上，刘少奇所作的《新民主主义经济建设问题》的讲话中也阐明了这一点：“单是给小生产者以土地，只是建立了领导权，还必须进一步使他们成为小康之家。”② 所以一年以后的《共同纲领》把互助合作作为新中国成立后党在农村工作的重点提了出来。在毛泽东看来，解决农民贫困的根本方法只能是实行土地集体所有制，“逐步地实现对于整个农业的社会主义的改造，即实行合作化，在农村中消灭富农经济制度和个体经济制度，使全体农村人民共同富裕起来”。③因此他曾不止一次地说过：“全国大多数农民，为了摆脱贫困，改善生活，为了抵御灾荒，只有联合起来，向社会主义大道前进，才能达到目的。”④ “个体农民，增产有限，必须发展互助合作。”⑤ 甚至连长期从事乡村建设、一度反对中国共产党工业化政策的梁漱溟也认为：“只有生计问题，能逼着中国人合作，是养成中国人团体生活习惯，合作组织能力的最合适的道路。”⑥ “农业的进步一定要靠农民的合作才行。”⑦ 同时由于小农经济的不稳定性极易导致农村中的两极分化，“如果不对它实行社会主义改造，农村中少数人就会发展成为富农剥削者，而多数人不得不忍受贫困甚至破产的痛苦。因此，必须按照社会主义的原则来改造我国的农业，使我国农业由规模狭小的落后的个体农业发展到规模巨大的先进集体农业。……逐步发展互助合作，逐步由限制富农剥削到最后消灭剥削。”⑧ 由此可见，消灭私有制、消灭剥削才是中国共产党的奋斗目标。

为了宣传农业合作化这一目标，中共中央关于农业合作的决议指示多次明确了这一点。1951年9月《中共中央关于农业生产互助合作的决议》（草案）中强调：“党中央从来认为要克服很多农民在分散经营中所发生的困难，要使广大贫困的农民能够迅速地增加生产而走上丰衣足食的道路……就必须提倡‘组织起来’，按照自愿和互利的原则，发展农民劳动互助的积极性。这种劳动互助是建

---

① 毛泽东选集（第3卷）．人民出版社，1991年，第931页．
② 刘少奇论新中国经济建设．中央文献出版社，1993年，第5页．
③ 毛泽东文集（第6卷）．人民出版社，1999年，第437页．
④ 毛泽东文集（第6卷）．人民出版社，1999年，第429页．
⑤ 毛泽东文集（第6卷）．人民出版社，1999年，第298—301页．
⑥ 梁漱溟．乡村建设论文集．济南华文局，1934年，第181页．
⑦ 梁漱溟全集（第2册）．山东人民出版社，1990年，第428页．
⑧ 农业集体化重要文件汇编（上册）．中央党校出版社，1957年，第216页．

立在个体经济基础上（农民私有财产的基础上）的集体劳动，其发展前途就是农业集体化或社会主义化。”[①] 1953 年 10 月 30 日，毛泽东对中央关于统购粮食的宣传要点稿作修改时指出：“就农业来说，只有在农村中一步一步地实行社会主义的制度，才能使农业生产和农民生活一步一步地和普遍地获得提高。”（其中加点字为毛泽东所加——引者注）[②] 1953 年 11 月 4 日，毛泽东批评在合作化运动中那些“稳步而不前进”的思想时说：“不靠社会主义，想从小农经济做文章，靠在个体经济基础上行小惠，而希望大增产粮食，解决粮食问题，解决国计民生的大计，那真是难矣哉！”[③] 他之所以对合作化能使广大农民致富的理念充满自信，其依据正如他在 1955 年 7—8 月间召开的省市自治区党委书记会议上作的分析：中国由于人多地少，灾荒频繁和经营方法落后，以致广大农民的生活，虽然在土地改革以后，较以前有所改善，或者大为改善，但是他们中间的许多人仍然有困难，许多人仍然不富裕，富裕的农民只占少数。因此，他坚信：“大多数农民有一种走社会主义道路的积极性。我国社会主义工业化的建设和它的成就，正在日益促进他们的这种积极性。对于他们来说，除了社会主义，再无别的出路。这种状况的农民，占全国农村人口的 60%～70%。这就是说，全国大多数农民，为了摆脱贫困，改善生活，为了抵御灾荒，只有联合起来，向社会主义大道前进，才能达到目的。这种感觉，已经在广大的贫农和非富裕的农民中间迅速地发展起来。”[④] 正是基于这种分析，当他看到有些贫农，因为生产资料不足，仍然处于贫困地位，还有些人欠了债，有些人出卖土地，或者出租土地的现实状况时，作为党和国家的最高领导人，面对为中国革命付出巨大牺牲的农民面临的困境，焦急之情溢于言表：“这种情况如果让它发展下去，农村中向两极分化的现象必然一天一天地严重起来。失去土地的农民和继续处于贫困地位的农民将要埋怨我们，他们将说我们见死不救，不去帮助他们解决困难。”[⑤] 1955 年 10 月，他在党的七届六中全会上又说：“在土地改革后，农民发生了分化。如果我们没有新东西给农民，不能帮助农民提高生产力，增加收入，共同富裕起来，那些穷的就不相信我们，他们会觉得跟共产党走没有意思，分了土地还是穷，他们为什么要跟你走呀？那些富裕的，变成富农的或很富裕的，他们也不相信我们，觉得共产党的政策总是不合自己的胃口。结果两下都不相信，穷的不相信，富的也不相

---

① 中共中央文献研究室．建国以来重要文献选编（第 2 册）．中央文献出版社，1992 年，第 511 页．
② 建国以来毛泽东文稿（第 4 册）．中央文献出版社，1990 年，第 379 页．
③ 毛泽东文集（第 6 卷）．人民出版社，1999 年，第 302 页．
④ 黄道霞等．建国以来农业合作化史料汇编．中共党史出版社，1992 年，第 250 页．
⑤ 黄道霞等．建国以来农业合作化史料汇编．中共党史出版社，1992 年，第 253 页．

信，那么工农联盟就很不巩固了。要巩固工农联盟，我们就得领导农民走社会主义道路，使农民群众共同富裕起来，穷的要富裕，所有农民都要富裕，并且富裕的程度要大大地超过现在的富裕农民。”[①] 毛泽东认为合作社不仅能阻止农民因困难卖地，还可以避免贫富分化，实现农民共同富裕。这就是中国共产党带领广大农民走的金光大道。

（二）搞互助合作是粮食增产的主要方法

国以民为本，民以食为天。粮食生产从古至今都是统治者必须考虑的安定民生的首要问题。由于旧中国农业非常落后，粮食问题常常成为困扰历届政府之所在。新中国成立后，由于帝国主义的封锁，加上有限的外汇必须用于购置工业化所需先进设备，所以粮食供应一直处于紧张状态。1950 年 3 月，政务院决定改变粮食加工标准，提倡食用“九二米”“八一面”，并规定一切粮食公司商店只许出售粗米粗面。所谓“九二米”就是指 100 公斤糙米碾磨出 92 公斤白米；所谓“八一面”就是指 100 公斤小麦碾磨出 81 公斤面粉，这样可以保留较多的谷粒糊粉层和谷胚，营养价值相对较好。政务院这一规定，初衷就是减少浪费，增加口粮。当初算了一笔账，如果人人都吃“九二米”和“八一面”，全国一年可节粮 8 亿市斤，至少可以养活 200 万人[②]。虽然由于实行了土地改革，粮食产量有所提高，人民生活也有一定程度的改善。但是随着过渡时期总路线的提出和“一五”计划的执行，大规模工业建设导致城市人口急剧增加，工业对农业原料市场的需求增大，造成了粮食生产供不应求的局面。陈云坦承：农业生产赶不上工业建设的需要，“这是在革命胜利后用突击方法发展工业的国家必然要发生的现象”。[③] 他预料到粮食问题将是个长期的、全局性的问题：“粮食问题的紧张情况在十五年到二十年内是不可能彻底解决的，因为粮食增产赶不上需要的增加。……农村的一切工作，不论是生产、互助合作、党的建设都要围绕粮食这个中心环节来进行。谁想戴着一副白手套企图不沾染粮食问题而去进行农村各项工作，谁就要犯严重的错误。”[④] 对于粮食问题的重要性，陈云有过这样的描述：“粮价稳定是一切物价稳定的关键，此关一破，有全局难收之险。”[⑤] 正所谓是“牵一发而动全身”，这是因为当时人们的收入，用在吃的方面的占 60％～70％，而副

---

① 毛泽东选集（第 5 卷）. 人民出版社，1977 年，第 196－197 页.

② 陈煜. 中国生活记忆——建国 60 年民生往事. 中国轻工业出版社，2009 年，第 25 页.

③ 中共中央文献研究室. 陈云年谱（中卷）. 中央文献出版社，2000 年，第 210 页.

④ 陈云文集（第 2 卷）. 中央文献出版社，2005 年，第 544 页.

⑤ 陈云文集（第 2 卷）. 中央文献出版社，2005 年，第 257 页.

食的价格统统是跟着粮价走的。“粮价涨了，物价就要全面涨。物价一涨，工资要跟着涨。工资一涨，预算就要超过。这样一来，就会造成人心恐慌，人民政府成立以后老百姓叫好的物价稳定这一条，就有丢掉的危险。”① 因此，党和政府不得不从 1953 年 10 月开始在全国实行粮食统购统销政策，这才使粮食供应形势暂时缓和下来，但是没有从根本上解决问题。

为提高粮食产量，当时能想到的办法无非两条：一条办法是发展国有农场。移民垦荒，扩大耕地面积。但根据“一五”计划财政预算中投资的分配，到 1957 年累计，只能由国家投资垦种约 1 500 万亩，加上群众零星开荒，总共只有 2 500 万亩左右，生产粮食不过几十亿斤到一百亿斤，只等于增产数的 1/10；所以，扩大耕地面积不能作为当时农业增产的主要出路。另一条办法是提高现有耕地单位面积产量。依靠当时这种小农经济的力量是有限的，要靠在农村中实现大规模机械化是工业发展以后的远景，因此在可见的几年之内必须依靠大力发展农业合作化，在合作化的基础上适当地进行各种可能的技术改革。陈云总结了农业增产的三种办法，即开荒、修水利、合作化。这些办法都要采用，但他认为见效最快的，在当时还是合作化。他算了一笔账：“搞合作化，根据以往经验，平均产量可以提高 15%～30%，增产 30%，就有 1 000 亿斤粮食。并且只有在农业合作化以后，各种增产措施才更容易见效。所以合作化是花钱少收效快的增产办法。”② 后来的实践证明，合作化后的增产幅度确实比较大。1949 年，粮食产量是 2 200 多亿斤，1952 年全国粮食产量 3 200 亿斤，1957 年接近 4 000 亿斤，合作化使粮食产量在 5 年里增加近 1 000 亿斤，平均每年增产近 200 亿斤③。

刚开始毛泽东只是从理论上设想：既然西方资本主义在其发展过程中有一个工场手工业阶段，即尚未采用蒸汽动力机械，而依靠工场分工以形成新的生产力的阶段，那么中国的合作社，依靠统一经营形成新生产力，提高粮食产量，也是可行的。山西省委第一书记陶鲁笳向他汇报：1953 年全省 2 242 个社的粮食总产比 1952 年增加 27.6% ，单产增长 21.6% ，比互助组高 21.5% ，比单干高 39%。1954 年全省因灾减产 4.8% ，而初级社占 20%的平顺、武乡等 20 个县的粮食产量比 1953 年增长 3.8%④。陶鲁笳的汇报，尤其是合作社在受灾时期不仅没有减产反而增产的事实，使毛泽东坚定地认为通过合作化必定能破解粮食增产

① 陈云文选（1949—1956）. 人民出版社，1984 年，第 206 页.

② 陈云文选（1949—1956）. 人民出版社，1984 年，第 236—238 页.

③ 朱佳木. 中国工业化与中国当代史. 中国社会科学出版社，2009 年，第 8 页.

④ 中国共产党山西历史纪事（1949.9—1976）(10). 中央文献出版社，1999 年，第 138—139 页.

的难题。1955年7月31日在省市自治区党委书记会议的报告中，他满怀信心地说："现在已经有的65万个农业生产合作社，百分之八十以上的社是增产的，百分之十几的社是不增不减的，百分之几的社是减产的。"只要通过大力整顿，"就整个来说，我们的合作社的发展是健康的，是可以基本上保证增产而避免减产的"。[①] 正因为毛泽东认定合作化加快就能解决粮食问题，后来与邓子恢在合作社发展问题的分歧也由此产生。1955年春季农村出现紧张情况，中央农村工作部部长邓子恢认为造成农村紧张，最突出的问题是粮食，但最根本的因素还是合作化运动中的问题，出乱子主要是在合作化方面。因而主张在合作化问题上放慢脚步，把农民生产积极性发挥出来，增加生产，解决粮食问题。但他的正确主张遭到毛泽东的坚决反对，毛泽东果断决定在粮食问题上向农民让步，减少征购数量，以缓和同农民的紧张关系，以此换取在农业合作化方面加快步伐，增加农业生产，从根本上解决粮食问题。并因此而展开了一场对邓子恢所谓"小脚女人"、右倾机会主义的大批判，使农业合作化运动在1955年下半年得到极大的提速。在毛泽东看来，公有制程度越高，生产力越解放，产量越高。他满怀信心地说："在三个五年计划完成的时候，即到1967年，粮食和许多其他农作物的产量，比人民共和国成立以前的最高年产量，可能增加100%到200%。"[②] 这种通过发动群众批判所谓右倾思想、反对资本主义道路，用片面改变生产关系的方式来发展生产力，提高粮食产量的做法不符合客观实际，在实践中也没有取得预期的效果，反而助长了急躁冒进思想，为后来的"大跃进"和人民公社化运动埋下了种子。

（三）为配合工业化和对资本主义工商业改造的需要

落后国家实现民族独立后的主要任务就是迅速实现国家的工业化，中国贫困落后的现状和严峻的国际形势更促使中国共产党决心以苏联为榜样，采用优先发展重工业的发展战略开始执行"一五"计划重点建设。中国共产党原先的建设思路是：首先通过国民经济的恢复，使农业、手工业得到一定的发展，等到有了较多的资金积累再发展重工业，然后用重工业生产的机器设备武装农业。但是这个设想实现起来很困难，因为当时整个中国经济水平极其低下，重工业极端落后，根本无法在短时间内给农业提供大量机器和生产工具，因而靠生产工具的改革来

① 黄道霞等. 建国以来农业合作化史料汇编. 中共党史出版社，1992年，第252页.

② 毛泽东选集（第5卷）. 人民出版社，1977年，第223页.

提高农业生产在当时并不现实。鉴于农业落后对工业建设有很大的制约作用这个现实，依据新中国成立初期的恢复和发展成就，党中央果断地放弃了苏联模式中的先发展重工业，通过重工业提供机械，后实现集体化的思路，制定了一条先搞农业集体化，为工业发展提供原料和积累资金，再实现机械化的农业改造道路解决这一矛盾。由此，把农业合作化作为促进工业化和资本主义工商业社会主义改造的有力措施的方针确立了下来。

为了适应国家工业化建设日益发展的需求，同时带动和影响其他方面生产资料所有制改造的顺利进行，有必要加快农业社会主义改造的步伐，推动农业互助合作运动向着更广、更高的阶段发展。正如总路线学习宣传提纲中所指出的那样：“建立在劳动农民的生产资料私有制上面的小农经济，限制着农业生产力的发展，不能满足人民和工业化事业对粮食和原料作物日益增长的需要，它的小商品生产的分散性和国家有计划的经济建设不相适应，因而这种小农经济和社会主义工业化之间的矛盾，已随着工业化的进展而日益暴露出来了。”[①] 因此，从1953年秋季开始，毛泽东和中共中央在农业战线采取了互相联系、互为促进的两项重大举措。一是实行粮食统购统销的政策，切断了农村经济同城市资本主义经济的联系，这样既可以加速实现对工商业的社会主义改造，又为把农村经济纳入国家计划经济轨道创造了必要的经济环境；二是制定第二个关于农业生产合作的决议，即《中共中央关于发展农业生产合作社的决定》，为提高农业合作化速度确定指导方针。《中共中央关于粮食的计划收购与计划供应的决议》指出：实现粮食统购统销，“把分散的小农经济纳入国家计划建设的轨道之内，是引导农民走向互助合作的社会主义道路，和对农业实行社会主义改造，所必须采取的一个重要步骤，它是党在过渡时期的总路线的一个不可缺少的部分。”[②] 毛泽东还委托邓小平到全国粮食会议上讲话，嘱咐他讲粮食征购一定要联系过渡时期总路线去讲[③]。两者存在着的密切关系是：实行粮食统购统销可以促进农业合作化的发展；农业合作化的实现，又有利于粮食统购工作的进行。国家同几十万、上百万个生产合作社打交道，比起同一亿多个体农户打交道，要容易和便利得多，毛泽东把它形象地比喻为把“小辫子梳成大辫子”。他甚至认为：“只要合作化了，全体农村人民会要一年一年地富裕起来，商品粮和工业原料就多了”。[④] 因此，

① 中共中央文献研究室．建国以来重要文献选编（第4册）．中央文献出版社，1993年，第693页．

② 中共中央文献研究室．建国以来重要文献选编（第4册）．中央文献出版社，1993年，第479页．

③ 薄一波．若干重大历史决策与事件的回顾（修订本）（上卷）．人民出版社1997年，第274、275页．

④ 毛泽东选集（第5卷）．人民出版社，1977年，第197页．

毛泽东在1955年7月31日所作的《关于农业合作化问题》报告中用了相当大的篇幅从农业合作化与工业化相互关系的角度，论证加快发展农业合作化的必要性，批评邓子恢等人采取了“特别迟缓的速度”。他的理由是：第一，“如果我们不能在大约三个五年计划的时期内基本上解决农业合作化的问题，即农业由使用畜力农具的小规模经营跃进到使用机器的大规模经营，包括由国家组织的使用机器的大规模的移民垦荒在内（三个五年计划期内，准备垦荒四亿亩至五亿亩），我们就不能解决年年增长的商品粮食和工业原料的需要同现时主要农作物一般产量很低之间的矛盾，我们的社会主义工业化事业就会遇到绝大的困难，我们就不可能完成社会主义工业化。”① 第二，重工业生产的各种机械设备，“只有在农业已经形成了合作化的大规模经营的基础上才有使用的可能，或者才能大量地使用。”进而得出结论：“在农业方面，在我国的条件下（在资本主义国家内是使农业资本主义化），则必须先有合作化，然后才能使用大机器。”第三，农业还可以通过缴纳农业税、购买工业品为国家积累资金，而轻工业的发展也离不开农业，“大规模的轻工业的发展，不是在小农经济的基础上所能实现的，它有待于大规模的农业，而在我国就是社会主义的合作化的农业。因为只有这种农业，才能够使农民有比现在不知大到多少倍的购买力。”② 因此，同年8月，毛泽东在辽宁省委报告上所写的批语，再次强调，农业社会主义改造的速度必须和社会主义工业化的速度相适应，不可只强调工业化，减弱农业社会主义改造，否则势必遇到极大的困难，“而目前党内正有许多人还不了解这一点”③。农业合作化固然能促进工业化和资本主义改造的实现，但把本来是国家大规模工业建设与落后农业之间的矛盾的反映，看做是“国家计划经济与小农经济和自由市场的矛盾”，是“社会主义因素与资本主义因素之间的矛盾”，则显然走偏了方向。

二、合作化过程中关注的民生重点

通过互助合作运动，消除农民生产资料私有制，建立社会主义集体所有制，借以解放生产力，发展经济，改善民生，这是党中央搞互助合作的初衷。因此，在互助合作运动中，虽然存在着这样那样的缺点和不足，但是，党中央关注的目光始终没有偏离民生的现实。

---

① 毛泽东文集（第6卷）. 人民出版社，1999年，第431页.

② 毛泽东文集（第6卷）. 人民出版社，1999年，第432页.

③ 黄道霞等. 建国以来农业合作化史料汇编. 中共党史出版社，1992年，第289—290页.

（一）检验合作社办得好坏的主要标准是看是否增产

1951 年第一次互助合作会议通过的《中共中央关于农业生产互助合作的决议》（草案）中提出了一个重要问题，就是把什么作为判断农村互助合作运动好坏的标准。能够吸引农民自愿放弃单干奔富裕的强烈愿望而进入生产资料逐渐归公的互助组、合作社，它的好处体现在哪里？草案的回答是：“示范是在多方面的，但一切事情需要能够真正做到提高生产率，达到多产粮食或其他作物、增加收入这样的目的。只有在多产粮食、增加收入这样的号召下，才可能动员农民组织起来。也只有真正做到这一点，农业互助组和农业生产合作社才是真正为农民服务，而为群众所欢迎，因而可能巩固下来，并影响周围的农民逐步地组织起来。因此，提高生产率，比单干要多产粮食或多产其他作物，增加一般成员的收入，这是检查任何互助组和生产合作社的工作好坏的标准。”[①] 由此可见，互助合作刚开始时，中央确实是把互助组、合作社生产粮食的多少作为互助合作成功与否的标准提出来的。

1951 年 10 月 14 日，东北局书记高岗就《关于东北农村的生产合作互助运动》给毛泽东写了一份报告说，要让广大农民加入互助组，关键是看我们对合作互助组领导的实际成效如何，即是否提高了农业生产力，多打了粮食，增加了农民的收入。同年 11 月 21 日，河北省委给华北局的一份综合报告中也提到，今年的农业生产，贯彻了“生产为压倒一切的中心工作”的方针，战胜自然灾害，是实现农业增产的关键性问题[②]。毛泽东批转了这两个报告。在生产上，毛泽东强调农业生产合作社必须比单干户和互助组增加农作物的产量。“决不能老是等于单干户或互助组的产量，如果这样就失败了，何必要合作社呢？更不能减低产量”。[③] 正因为把是否增产作为办好互助组和合作社的标准，因此刚开始的互助合作办的少而精，而且把主要精力放在提高产量上。1952 年的农业生产也有很大发展，粮食总产量达到 3 200 多亿斤，比上年增产 400 亿斤[④]。1953 年 10 月 15 日，在第三次互助合作会议召开前，毛泽东与陈伯达、廖鲁言谈话时表明了他对互助合作提高产量的要求：“资本主义道路，也可增产，但时间要长，而且是痛苦的道路。”“发展合作社，也要做到数多、质高、成本低。所谓成本低，就

① 中共中央文献研究室．建国以来重要文献选编（第 2 册）．中央文献出版社，1992 年，第 517 页．
② 高化民．农业合作化运动始末．中国青年出版社，1999 年，第 48—49 页．
③ 毛泽东文集（第 6 卷）．人民出版社，1999 年，第 426 页．
④ 中国农业年鉴（1980）．农业出版社，1981 年，第 34 页．

是不出废品……最后的结果是要多产粮食、棉花、甘蔗、蔬菜，等等。不能多打粮食，是没有出路的。于国于民都不利。”[①]毛泽东三番五次地提出，农业合作社必须增产，不能减产。在他的眼里，这是一个至关重要的问题，是农业合作化成败的关键。1955 年 7 月 29 日，毛泽东在中央农村工作部向他报送的一份农业合作化运动最近情况简报文件的正反面写道：“增加生产：必须完成，并争取超额完成五年计划所规定的增产指标，决不能减产。是否能做到？我们党是否在这个问题上要犯一次大错误？苏联所犯过的错误我们是否能避免？”[②] 在此之前的 7 月 26 日他同陶鲁笳谈话时，就分析了苏联集体化减产、死牛，农业生产到现在还没有达到十月革命前的最高水平的教训。由此可以看出，毛泽东在即将作出农业合作化大发展的决策时，考虑到各种可能性，既从正面思考，也从反面琢磨，他特别牵挂的是增产还是减产的问题。这反映了他的某种担心，他希望力求避免苏联农业集体化时农业大减产和生产力遭到严重破坏的错误。

毛泽东对合作社增产的要求反映在他对生产计划的制定和实施上，只有落实了才能最终实现增产增收，从而达到让农民真正得到实惠的目的。1955 年 9 月 10 日，他在批转河北省委的一个报告时，要求各地都要作出农业增产的规划，写道：“这个报告特别值得注意的，是除合作化规划之外，作了全省的农业增产规划，请你们着重地加以研究。中央要求全国各省委、市委、自治区党委一律仿照河北办法……对自己区域的农业增产问题，经过研究，作出全面的规划，报告中央，是为至要。”[③] 用了“是为至要”四个字，可见毛泽东对这个问题多么重视。即使到了七届六中全会对“右倾”机会主义大加批判、农业合作化全面提速之际，毛泽东还在总结发言中说：“以后在发展合作社的工作上，要比质量，比规格。重点是比质量。质量的标准是什么呢？就是要增加生产和不死牲口。怎样才会增加生产，怎样才会不死牲口？这就要遵守自愿互利的原则，要有全面规划，要有灵活的指导。我们务必避免苏联曾经犯过的大批杀掉牲口的那个错误。请你们各位注意，务必不要出大问题，不要发生死一批牛的事。我就是怕死牛。因为我们现在拖拉机还很少，牛是个宝贝，是农业生产的主要工具。”[④] 因此，毛泽东在七届六中全会上所作的结论中就提出：要把增加生产和不死牲口，作为检验农业合作社质量好坏的标准。对于这个观点，当时参加七届六中全会的许多

① 毛泽东文集（第 6 卷）. 人民出版社，1999 年，第 298—301 页.
② 建国以来毛泽东文稿（第 5 卷）. 中央文献出版社，1991 年，第 228—229 页.
③ 逄先知、金冲及. 毛泽东传（1949—1976）（上册）. 中央文献出版社，2003 年，第 394 页.
④ 黄道霞等. 建国以来农业合作化史料汇编. 中共党史出版社，1992 年，第 264 页.

高层领导都有同感。陈云指出：“增加我国农业产量的方法是很多的”，“就目前的需要和可能来说，增加农业产量的主要办法，无疑是实现农业生产的合作化。”李富春也在发言中说：“我们决不能设想，短腿小脚的农业就能够适应于长腿大脚的工业。”他还说：“认为农业合作化可以放慢脚步的观点，是与通过加速资金积累的方针相违背的”，“又是同社会主义经济为提高人民生活水平的目的相违背的。”毛泽东在《只花一个多月时间就使全村合作化》一文的按语中也指出：“一切合作社，都要以是否增产和增产的程度，作为检验自己是否健全的主要标准。”这一以是否增产，即是否有利于发展生产力，作为检验农业合作社是否健康的主要标准的思想无疑是正确的，这也是毛泽东一贯的思想。

（二）农业生产是农村压倒一切的工作

农业生产是季节性最强的工作，误了农时会影响农民一年的收成。而新中国成立初期的中国处于社会变革最激烈的时期，各种社会政治活动频繁而琐碎。特别是对农村具有决定意义的土地改革和农业合作化运动，更是在一个阶段成为农村的主要工作。是否就应该以运动为中心，忽视甚至放弃农业生产这个中心呢？对此，中共中央明确指出，尽管目前农村中的工作很多，再加上某些业务部门的本位主义思想，到了县、区、乡就成了“人人是上级，事事是中心”，“样样都要首长亲自负责，党委保证”。此外，区乡工作中任务多，会议集训多，公文报告表册多，组织机构多，积极分子兼职多的“五多”现象也相当严重。这使乡村干部顾此失彼，工作经常处于忙乱被动状态。这种情况不改变，势必脱离群众和违误农时，严重影响农业生产，造成不可补救的损失。对此，一贯主张辩证法中“两点论”和“重点论”相结合的毛泽东，在 1953 年 3 月 26 日《关于农业生产互助合作的决议》正式发表时，对此作了重要补充，他斩钉截铁地指出：“在农村中压倒一切的工作是农业生产工作，其他工作都是围绕农业生产工作而为它服务的。任何妨碍农业生产的所谓工作任务和工作方法，必须避免。”[①] 他还亲自起草了《中共中央关于解决区乡工作中“五多”问题的指示》。与此同时，《人民日报》发表了《关于春耕生产给各级党委的指示》和《领导农业生产的关键所在》的社论。这篇社论由杜润生执笔起草，经毛泽东审阅修改，把中央指示的精神概括为必须首先解决两个关键问题：第一，各级领导机关要“切实将生产任务当做当前农村中压倒一切的中心工作，反对工作上的平均主义和分散主义”；第

① 黄道霞等．建国以来农业合作化史料汇编．中共党史出版社，1992 年，第 117 页．

二，要“从小农经济的生产现状出发改进对农业生产运动的领导方法，使之符合于现在农村经济的现实状况，反对工作上的主观主义和命令主义”，以此作为指导农村工作的指南。遗憾的是，这一指导思想未能始终如一地坚持下来。

以农业生产为中心的思想还体现在对农业生产技术的高度重视上。由于旧中国工业处于极端落后的状态，更谈不上对于农业的生产技术支持。新中国成立后在土地改革和合作化运动中，毛泽东和党中央非常重视社会革命与技术革命的结合。1954 年 6 月 7 日，毛泽东在审阅修改中央农村工作部关于第二次全国农村工作会议的报告时，提出在农业合作化过程中同时进行两个革命即社会革命和技术革命。他将这段话修改为：“这种有计划地大量增产的要求和小农经济分散私有的性质以及农业技术的落后性质之间的矛盾是越来越明显了，困难越来越多了。这是两个带根本性质的矛盾。解决这些矛盾的第一个方针，就是实行社会革命，即农业合作化，就必须把劳动农民个人所有制逐步过渡到集体所有制，逐步过渡到社会主义。第二个方针，就是实行技术革命，即在农业中逐步使用机器和实行其他技术改革。”[①]（加点字为毛泽东加写的话——引者注）这是毛泽东提出的一个新思想、新概括，实际上是强调在变革生产关系的过程中发展生产力，而且是把生产力中的第一要素科学技术提到了重要位置。这个思想他在后来的《关于农业合作化问题》的报告里进一步加以发挥了。他在这个报告中对社会改革和技术改革的进程作出一个比较长远的规划：在第一、第二两个五年计划时期内，农村的改革以社会改革为主，技术改革为辅。第三个五年计划时期内，农村的改革将是社会改革和技术改革同时并进。“中国只有在社会经济制度方面彻底地完成社会主义改造，又在技术方面，在一切能够使用机器操作的部门和地方，统统使用机器操作，才能使社会经济面貌全部改观。”[②] 鉴于中国的经济条件，他已经预计到技术改革的时间比社会改革的时间要长一些，根据他的推算，在全国范围内基本上完成农业方面的技术改革，大概需要四个至五个五年计划，即二十年至二十五年的时间。由此可见，毛泽东和党中央认识到不管生产关系如何变动，生产力的发展才是最重要的目标，而科技发展在农业生产中的作用更是举足轻重的。

（三）强调要照顾个体农民发家致富的积极性

土地改革后，作为个体农民发家致富的积极性是推动生产恢复发展的重要因素，党中央对此也是肯定的。在 1951 年 9 月第一次农业互助合作会议上，被邀

① 建国以来毛泽东文稿（第 4 册）. 中央文献出版社，1991 年，第 497 页.

② 毛泽东文集（第 6 卷）. 人民出版社，1999 年，第 438 页.

请参加会议的著名农民作家赵树理以家乡亲戚为实例，说明土改后农民最热心的是个体生产，陈伯达向毛泽东如实汇报了他的意见。毛泽东认为，赵树理的意见很好。草案不能只肯定农民的互助合作积极性，也要肯定农民的个体经济积极性。因此，《关于农业生产互助合作的决议》（以下简称《决议》）（草案）指出：“农民在土地改革基础上所发扬起来的生产积极性，表现在两个方面：一方面是个体经济的积极性，另一方面是劳动互助的积极性。”解放后农民对于个体经济的积极性是不可避免的，党中央充分地了解了农民这种小私有者的特点，并提出不能忽视和粗暴地打击农民这种个体经济的积极性。在这方面，党中央坚持了巩固地联合中农的政策。对于富农经济，在政策上也是允许它存在的。根据我们国家当时的经济条件，“农民个体经济在一个相当长的时期内将是大量存在的。”[①]而且《决议》（草案）还批评了忽视、挫伤这种积极性的错误倾向。毛泽东保护农民发展个体生产的积极性的思想还体现在他与邓子恢等人的谈话中。1953 年 1 月，被毛泽东钦点为中央农村工作部部长的邓子恢携秘书杜润生向毛泽东报到。杜润生谈到土地改革后，成了小农经济的天下，向互助合作方向前进，得从小农经济的现状出发，加以引导，不搞不行，太着急也不行。邓子恢也说河南提出允许“四大自由”（土地租佃和买卖自由，借贷自由，贸易自由），为了让农民放心，发布告示，毛泽东对此深表赞同[②]。为了慎重起见，中央把《决议》（草案）发给各地征求意见。鉴于有些地区为了加快推进发展互助组，对单干户存在歧视排挤的现象，发表前毛泽东对《决议》（草案）又作了重要修改和补充。强调在发展农业互助合作时，必须十分注意对单干农民的政策问题。他特地加写了一段话：“要充分地、满腔热情地、没有隔阂地去照顾、帮助和耐心地教育单干农民，必须承认他们的单干是合法的（为共同纲领和土地改革法所规定），不要讥笑他们，不要骂他们落后，更不允许采用威胁和限制的方法打击他们。农业贷款必须合理地贷给互助合作组织和单干农民两方面，不应当只给互助合作组织方面贷款，而不给或少给单干农民方面贷款。在一个农村内，哪怕绝大多数农民都加入了互助组或合作社，单干农民只有极少数，也应采取尊重和团结这少数人的态度。”[③] 3 月 26 日，《决议》正式在《人民日报》上发表。

1953 年春，华北、东北、华东等局部地区出现了急躁冒进现象，在农民群众中引起了思想混乱，并直接影响了备耕工作和春耕生产，这个问题从根本上来

① 中共中央文献研究室. 建国以来重要文献选编（第 2 册）. 中央文献出版社，1992 年，第 510 页.
② 邓子恢传编辑委员会. 邓子恢传. 人民出版社，1996 年，第 451 页.
③ 黄道霞等. 建国以来农业合作化史料汇编. 中共党史出版社，1992 年，第 119 页.

说还是未能实事求是地从农民利益出发，对互助合作急于求成的结果。3 月 8 日，邓子恢及时将这些情况向中央作了汇报。中共中央十分重视，当天就发出《对各大区缩减农业增产和互助合作发展的五年计划数字的指示》，16 日又发出《关于春耕生产给各级党委的指示》，17 日发出《关于布置农村工作应照顾小农经济特点的指示》等一系列指示。在这些指示中，中央深刻分析了农村各项工作中产生急躁冒进、强迫命令的错误和屡纠屡犯的原因，指出不顾小农经济的私有性、分散性这些本质特点而强求一律，一些经验和措施未经群众自己亲身的体验就急于推广，必为群众所难接受，带来不必要的损失并导致农民的不满，将好事变成坏事。因此，中共中央指出："如果在组织互助组合作社时，对他们采取强迫态度，侵犯个体农民的利益，就会使他们离开互助合作组织。没有一个农民会相信当前强迫他们和侵犯他们利益的互助组合作社，可以在未来满足他们利益的。"① 中央强调："在向农村布置任务的时候，领导农业生产的时候，时刻记住并照顾小农经济的特点，多强调自下而上，集中群众要求，因地制宜，而不可强调自上而下布置任务。"② 即使是对农民有利的事，也要注意分散小农经济状况下，这一村与那一村、这一户与那一户、这块地与那块地经营条件均有其差别性，勉强要求整齐划一，必为群众所难接受；每个农民对于生产技术的微小改革都抱有一种不放心的看法而不敢轻易去试验，试验不成即影响一年的生活，甚至有几年都翻不了身来的危险。另外，还必须意识到现有农业生产技术条件的落后性，农民的文化技术水平更低，在改进农业技术工作中要注意到这一点。有些地方盲目提倡打井灌溉，打了好多"看井"；推广新式步犁，卖出了好多"挂犁"（不实用只能挂起来看着）；上级提倡密植，农民反对，背后出现了"明密暗疏"，"前播后拔"等现象，这都是领导农林生产中不顾小农私有特性的主观主义表现。

1955 年春，一方面农业生产合作社发展过快（2 个月时间办起了 38 万多个新社）；另一方面粮食收购数量增加，1954 年遭受严重水灾，全国粮食生产计划没有完成，粮食收购却比原计划多了 100 亿斤，引起农民特别是中农的不安。各地纷纷"闹粮荒"，许多地方还发生大批出卖耕畜、滥宰耕畜、杀羊、砍树等现象。党中央意识到问题的严重性，于 1955 年 1 月 10 日，发出《关于整顿和巩固农业生产合作社的通知》，指出："将合作化工作看得过分容易简单，而忽视了农民特别是中农在改变生产关系时，可能发生的严重的怀疑和顾虑，以及可能在农村中引起的震动。最近许多地方发生大批出卖耕畜、杀羊、砍树等现象，原因固

① 黄道霞等. 建国以来农业合作化史料汇编. 中共党史出版社，1992 年，第 134 页.

② 黄道霞等. 建国以来农业合作化史料汇编. 中共党史出版社，1992 年，第 129 页.

有多端，但是必须了解，在合作化运动大发展当中，农民怕财产归公，想早抓一把的思想，也是其中的一个重要因素。”① 4月，毛泽东到南方视察，他在上海听柯庆施反映，在县区乡三级干部中，有30%的人反映农民要“自由”的情绪，不愿意搞社会主义。毛泽东深刻地认识到：“生产关系要适应生产力发展的要求，否则生产力就会起来暴动。当前农民杀猪、宰羊，就是生产力起来暴动。”②由此可见，毛泽东也意识到了如果不顾小生产者的觉悟水平，过早过快地改变生产关系，对生产力将是极大的破坏。可惜这个思想没有能够坚持到底，1955年下半年，在合作化高潮中把小农思想当做自发的资产阶级思想加以批判，最终超越了历史发展的阶段。

（四）坚持自愿互利的原则

在中国农业合作化是坚持自愿互利的原则，通过和平渐进的方式逐步实现的。这就从根本上抓住了当时兴办农业生产合作社中的一个重要问题。1951年9月《关于农业生产互助合作的决议》（草案）中强调在农业互助合作运动中必须绝对遵守自愿和互利的原则。指出：“采取急躁的态度，不顾农民自愿和经济准备的各种必需的条件，过早地、不适宜地企图在现在就否定或限制参加合作社的农民的私有财产，或者企图对于互助组和农业生产合作社的成员实行绝对平均主义，或者企图很快地举办更高级的社会主义化的集体农庄，认为现在可以一蹴而就，在农村中完全到达社会主义。这些是‘左’倾的错误的思想。”③在工作方法上，强迫命令，违反自愿互利原则在一些地方基层工作中时有出现。据1953年4月2日《人民日报》报道，山西省农村党员中有15%～21%的党员存在着强迫命令作风。如有的村支部书记在群众大会上宣布：“现在我命令大家参加互助组，谁不参加，谁就不爱国。”河北省大名县有的村用强迫登记办法建社。五区堤上村的两个社，发展社员时在街上摆了两张桌子，村干部向群众说：“社会主义，资本主义，两条道路，看你走哪条，要走社会主义的在桌上签名入社”；“咱村就这两个社，不入这个入那个，凭你自由选择，反正得入一个。”有的区干部在群众大会上讲，“不入社，以后社里的东西不借给你使，叫你自己打井。”对于自愿互利的基本原则，毛泽东在1955年5月17日十五省市委书记会议上作解释说：

① 中共中央文献研究室．建国以来重要文献选编（第6册）．中央文献出版社，1993年，第11－12页．

② 缅怀毛泽东（下册）．中央文献出版社，1993年，第380页．

③ 中共中央文献研究室．建国以来重要文献选编（第2册）．中央文献出版社，1992年，第515页．

“发展合作社的原则是自愿互利。牲口（连地主富农的在内）入社，都要合理作价，贫农不要在这方面占便宜。在土地、农具、牲口上，贫农都不要揩油。互利就能换得自愿，不互利就没有自愿。互利不损害中农，取得中农自愿入社，这首先有利于贫农，当然也有利于中农。……在合作社里面，中农有牲口、农具，贫农有了钱也就说得起话了。”① 正因为有了这样的认识，同年7－8月间召开的省市自治区党委书记会议上，毛泽东在《关于农业合作化问题》的报告中指出：“坚持自愿、互利原则，现在必须注意解决以下各项问题”，他把当时合作社在这方面存在的问题归纳为六个方面：①耕畜和大农具是否以迟一两年再入社为适宜，入社作价是否公道和还款时间是否过长；②土地报酬和劳动报酬的比例是否适当；③合作社所需要的资金如何筹集；④某些社员是否可以使用自己的一部分劳动力去从事某些副业生产（因为现在我们建立起来的农业生产合作社，一般地还是半社会主义性质的，所以，上述四个问题必须注意解决得恰当，才不至于违反贫农和中农之间的互利原则，只有在互利的基础之上才能实现自愿）；⑤社员的自留地应有多少；⑥社员成分问题，等等。由此可见，即使在农业合作化运动高潮时刻，从毛泽东内心来说，还是希望坚持自愿互利这个原则的。只是当时以批判右倾机会主义为中心来加快合作化，导致了各地为了数量上的标准，没有在实际工作中始终如一地坚持。

农业合作化完成了对于几亿分散落后农民个体经济的社会主义改造，在农村实现了生产资料的公有制。随着土地及耕畜、大型农具等主要生产资料归农业生产合作社集体所有，在广大农村建立起劳动群众的社会主义集体所有制经济，亿万农民从此彻底摆脱了小块土地私有制的束缚，走上合作经济的发展道路。没有土地的集体所有，便没有社会主义的中国农村，这是一个重要的标志。农业合作社发挥了集体经济的优越性，已为“一五”期间农村生产力的解放、农业生产连年增长、农民生活水平逐渐提高所证明。在此基础上办了许多单家独户的个体农民根本办不了的事情，在抗御自然灾害中显示出组织起来的力量，特别是在全国普遍开展规模不等的农田水利基本建设，为以后农业的发展提供了长期发挥效益的重要物质条件，为实行机械耕作、排灌和科学种田，创造了有利条件。同时社会主义制度的确立，更是从根本上铲除了两极分化产生的土壤，使农民生产生活逐步提高，向共同富裕发展有了制度保证。

过渡时期总路线和“一五”计划的实施，从制度上和物质条件上为新中国的

---

① 黄道霞等. 建国以来农业合作化史料汇编. 中共党史出版社，1992年，第239页.

民生建设创造了条件。虽然“一五”计划的实施远没有完成工业化的重任，但是它仅用四年时间就使一个只能造桌子、椅子，只能靠手工工具生产粮食的落后的农业国，第一次有了自己生产的汽车、拖拉机和飞机，它使第一个五年计划时期成为改革开放之前经济效益最好、人民得到实惠最多、生活改善最快的一个时期。

第三节　八大前后新探索：民生建设的新起点

一、探索的社会历史条件

1956 年对新中国来说是一个非常重要的年份，这一年国内国外都发生了重大变化。在国内，社会主义改造基本完成，中国开始进入全面建设社会主义的新阶段，全党的工作中心逐渐转移到集中力量发展社会主义建设上来，但由于改造后期工作过急过快，也造成了一些遗留问题。国际上，这一年被毛泽东称为“多事之秋”。某些社会主义国家暴露出一些严重的矛盾和问题。其中最引人瞩目的是，上半年苏共二十大的召开，斯大林错误问题被揭露；下半年波兰和匈牙利事件的发生。这一切使中国共产党认识到必须彻底破除对斯大林和苏联经验的迷信，努力探索适合本国国情社会主义建设道路，才能使中国得到发展。

（一）社会主义改造基本完成，开始集中力量探索社会主义建设道路

1956 年下半年，面对社会主义改造提前完成的大好形势，党中央认为社会主义改造胜利结束只是个时间问题，现在要做的是在中国这样一个贫穷落后、人口众多的国家怎样建设社会主义？这是一个非常困难和复杂的问题。因为在如何建设社会主义方面我们毫无经验，前几年照搬照抄苏联的经验，但不断暴露出来的一些问题，又使我们怀疑苏联的经验是否适合我国国情。与此同时，第一个五年计划的许多重要指标已有确实把握提前完成，中共中央决定召开第八次全国代表大会。为了给这次大会起草政治报告作准备，从 1955 年 12 月至次年 4 月，刘少奇、毛泽东等党和国家领导人先后约谈了 30 多个部委办的负责人，还让省市自治区党委、工交部门约 200～300 个重要工厂、建设工地也向中央汇报，希望通过调查研究，掌握第一手资料，为党的决策作依据。此时正值苏共二十大秘密报告出台，“以苏联为鉴戒”的思想更加明确了。毛泽东联想到民主革命时期教

条主义带给我们的危害，认为从苏共二十大中获得的教益，就是社会主义革命和建设时期，我们要进行第二次结合，找出在中国怎样建设社会主义的道路。据此，1956 年 4 月 25 日，毛泽东在中央政治局扩大会议上作《论十大关系》的报告，全面阐述了社会主义建设中的十大关系，确定“努力把党内党外、国内国外的一切积极的因素，直接的、间接的积极因素，全部调动起来，把我国建设成为一个强大的社会主义国家”的基本方针。十大关系涉及生产力和生产关系、经济基础和上层建筑各方面，但这不是平行并列的。它侧重于讨论经济问题，毛泽东认为：“在这十大关系中，工业和农业，沿海和内地，中央和地方，国家、集体和个人，国防建设和经济建设，这五条是主要的。”① 而这五大关系中有两大关系直接关系民生建设的成败：农轻重关系是民生建设的最基础关系，没有这三个方面的建设，一切民生建设的物质基础就不存在；不处理好这三者关系，民生建设可能会出大问题；而国家、集体和个人的关系就是民生建设基本的利益分配原则。社会主义建设的最终目的就是满足人民日益增长的物质和文化生活需要，《论十大关系》的发表开启了探索社会主义民生建设的道路。

（二）借鉴苏东社会主义建设的教训，中国更加重视民生建设

从整个国际大环境看，到 1955 年年底和 1956 年年初，党中央逐渐认识到国际形势正在趋向缓和。这一切正如八大所指出的：“世界局势正在趋于和缓，世界的持久和平已经开始有了实现的可能。”② 据此毛泽东认为现在有可能给我们十二年的和平时间来完成社会主义改造和基本上实现工业化，这对我们集中力量搞建设，改善民生提供了良好的国际环境。

但在社会主义阵营里，情况却有些复杂。首先是在 1956 年 2 月 24 日，苏共二十大上赫鲁晓夫作了揭露斯大林错误的秘密报告，虽然它在一定程度上破除了苏联的迷信，但这个秘密报告，无论在内容上或方法上，都有严重错误，影响了社会主义的声誉，造成了社会主义阵营的混乱。果然在同年的 6 月 28 日，波兰波兹南市工人为减税和增加工资而举行了游行示威，示威群众与波兰执政党——波兰统一工人党派来镇压的军队发生了流血冲突，造成大量死伤。“冰冻三尺，非一日之寒”，波兹南事件是 1948－1953 年间波兰模仿苏联模式所造成的恶果。在经济指导思想上，片面强调重工业，忽视轻工业和农业，结果出现了周期性的

---

① 毛泽东文集（第 7 卷）. 人民出版社，1999 年，第 370 页.

② 中国共产党第八次全国代表大会文献. 人民出版社，1957 年，第 818 页.

比例失调，生产下降、倒退。在国民收入的使用和分配上，实行高积累、低消费的方针，人民生活得不到改善，市场商品紧缺。因此人民便认为，党只对完成指标感兴趣，而不关心他们的生活。10 月下旬至 11 月下旬，匈牙利爆发了更大规模的示威游行和流血冲突。其经济原因也是党和政府对于不断提高人民生活没有采取足够的措施。在第一个五年计划期间实际工资提高得很少，加上不少消费品供应不足，且价格高昂，使一部分劳动者感到生活困难，使广大人民要求进一步改善生活条件的正当愿望落空。

中国第一个五年计划建设是学苏联的，虽然受苏联模式的影响还没有东欧国家那么严重，但也存在偏重积累、忽视改善人民生活，在建设上不顾国力条件急躁冒进的倾向。从 1956 年 9 月到 1957 年 3 月半年时间内，全国发生数十起罢工、请愿事件，每起事件少则数十人，多则一二百人甚至近千人。在农村，1956 年夏收以后，不少地方连续发生闹缺粮、闹退社的风潮。广东省农村到年底先后退社的有 7 万余户。浙江省农村发生请愿、殴打、哄闹等事件 1 000 多起。仅仙居一个县的 33 个乡镇中有 29 个乡镇先后发生了闹事事件[①]。从国际事件的教训，联系到国内情况，党中央、毛泽东多次分析过国内闹事的问题。周恩来指出："最近的国际形势是最值得我们注意的。"从苏共二十次代表大会批判斯大林以来，暴露了社会主义建设中不少问题，而引起的问题更多。从波兰的波兹南事件，到匈牙利的事变，没有暴露出来的问题其他国家还有。我们国家引以为训的事不少[②]。毛泽东则把工人罢工、学生罢课这一类问题产生的根源，归结为官僚主义。他说："我们一定要警惕，不要滋长官僚主义作风，不要形成一个脱离人民的贵族阶层。谁犯了官僚主义，不去解决群众的问题，骂群众，压群众，总是不改，群众就有理由把他革掉。"[③] 刘少奇也指出："人民群众关心集体、关心国家是发展社会主义民主的物质基础。如果我们当中有这么一部分人，把公有制的财产似乎不自觉地据为己有，无限制地享受，这样就会引起蜕化，形成官僚阶层、官僚集团，就会引起人民群众的反对，引起冲突、闹事。"[④] 1957 年 2 月 22 日《中华全国总工会党组关于职工罢工请愿情况的报告》指出："罢工请愿事件的发生，大部分是由于企业行政上的官僚主义。"青年团中央在分析学生闹事的原因时，强调指出："根据闹事的情况来看，反革命分子捣乱、破坏是极少数，

① 黄道霞等. 建国以来农业合作化史料汇编. 中共党史出版社，1992 年，第 432 页.

② 转引自金冲及，陈群. 陈云传（下卷）. 中央文献出版社，2005 年，第 1036 页.

③ 逄先知、金冲及. 毛泽东传（1949—1956）上卷. 中共中央文献出版社，2003 年，第 612 页.

④ 刘少奇论新中国经济建设. 中央文献出版社，1993 年，第 341 页.

绝大部分都是些幼稚青年因在学习、生活上满足不了自己要求而闹事的。”①

1956年9月召开的中共八大上，刘少奇所作的政治报告明确指出：“由于社会主义革命已经基本上完成，国家的主要任务已经由解放生产力变为保护和发展生产力”。② 而发展生产力，逐步满足人民不断增长的物质文化需要，搞好民生建设，正是社会主义生产的根本目的。

面对社会主义建设中越来越突出的新问题该怎么处理，全党既没有思想准备，也没有经验。一些干部习惯于按照革命时期的经验办事，用类似处理敌我矛盾的办法处理罢工、罢课事件，造成了矛盾激化。以当时江苏省干部对待闹事的态度为例，既有束手无策、迁就许愿、企图压服群众的错误做法，也有上级主要领导亲临现场，直接与群众见面，在解决困难的同时，迅速组织群众投入生产的正确处理方法。中共中央批转江苏省委关于正确处理农村人民闹事问题的指示，认为江苏省委“正确处理人民闹事问题的指示很好，很值得仔细看一看”，希望各地也照江苏省委的办法，冷静分析农村形势，认真调查闹事原因，总结处理闹事经验，教育干部克服官僚主义作风③。

对此毛泽东非常重视，认为在进入社会主义社会以后，虽然敌我矛盾依然存在，但正确处理人民内部矛盾已经成为国家政治生活的主题。正是基于这种认识，1957年2月27日，毛泽东在最高国务会议第十一次（扩大）会议上，以《如何处理人民内部的矛盾》为题发表讲话，认为社会主义社会的基本矛盾是既相适应又相矛盾。毛泽东所指的“相适应”，就是社会主义生产关系更能够适合生产力的发展，能够容纳生产力以旧社会所没有的速度迅速发展，因而能够逐步满足人民不断增长的物质文化需要的这样一种状况。而所谓“相矛盾”，就是旧的意识形态的存在，国家机构中某些官僚主义作风的存在，国家制度中某些环节上缺陷的存在，又是和社会主义的经济基础相矛盾的。“矛盾不断出现，又不断解决，就是事物发展的辩证规律。”④ 毛泽东认为，社会主义社会的这一矛盾能够在社会主义制度这个框架内通过自身的改革不断得到调整和解决。对于人民内部矛盾的认识，刘少奇也有自己独到的认识。在毛泽东讲话两个月后，他在上海市委党员干部大会上阐述人民内部矛盾问题时，特别强调消除官僚主义的意义。他认为：人民内部矛盾大量地表现在人民群众同领导者之间的矛盾问题上，更确

---

① 薄一波．若干重大决策与事件的回顾（下卷）．中共中央党校出版社，1993年，第570页．

② 中共中央文献研究室．建国以来重要文献选编（第9册）．中央文献出版社，1994年，第341、342页，第350—351页．

③ 黄道霞等．建国以来农业合作化史料汇编．中共党史出版社，1992年，第430—431页．

④ 毛泽东文集（第7卷）．人民出版社，1999年，第216页．

切地讲，是表现在领导上的官僚主义与人民群众的矛盾问题上。“如果领导机关不犯官僚主义，问题就可以解决了，矛盾就缓和了。”[①] 他指出一些地方开始萌芽一种等级制度，这是一种封建制度，应该废除[②]。刘少奇还提出，人民内部矛盾的主要表现及其产生的主要原因是分配问题，是经济利益问题。他深刻地指出：“人民内部矛盾还特别表现在分配问题上面……我们现在是社会主义制度的国家，分配的原则是按劳取酬，公平合理。如果不按劳取酬，不公平合理，就阻碍生产力的发展。如果按劳取酬贯彻得比较好，分配得公平合理，大家满意，就会促进生产力的发展。”[③] “分配制度是生产关系的重要部分。分配制度搞好了，人们有奔头了，积极了，就能促进生产力的发展。分配制度不合理，就会阻碍生产力的发展。这是经济学的一个原理之一。”[④] “我研究了一些地方的闹事，几乎全部是为了经济性质的切身问题。”[⑤] 刘少奇把人民物质利益，尤其是收入分配问题这个民生之源当做解决人民内部矛盾的重要内容，实质上是从民生建设的高度找到了解决人民内部矛盾的关键，因为一切生产力的发展最终归结为改善人民生活的民生建设。中国共产党人关于社会主义社会基本矛盾的论断，第一次科学地揭示了社会主义社会发展的动力，为解决进入社会主义初级阶段以后遇到的矛盾及其解决方法提供了一把钥匙，实际上成为后来的社会主义改革理论的认识基础，更是社会主义民生建设的理论依据。

二、解决三大改造的民生后遗症

社会主义改造后期的加速，形成全国性的群众运动浪潮，在很大程度上是七届六中全会批判“右倾机会主义”所起的推动作用，而形势发展之快，令中央到地方都没有预料到。具体的组织指导工作不容易完全跟上，也产生了一些暂时的、局部的错误。改造工作中的缺点和偏差除了“要求过急，工作过粗，改变过快，形式也过于简单划一”之外，在当时存在的问题还有很多。如农业方面主要是高级农业生产合作社全部实行大社一级所有，完全实行集中生产、统一经营和统一经济核算，实际上不适合我国各地生产力和各种资源环境千差万别的情况，也不适合农业内部结构中农副业等多种经营方式的特点。手工业在合作化的过程中，过多地实行了合并和统一计算盈亏，不利于手工业的经营。导致一部分手工

① 刘少奇选集（下卷）．人民出版社，1985 年，第 303 页．
② 刘少奇选集（下卷）．人民出版社，1985 年，第 304 — 305 页．
③ 刘少奇选集（下卷）．人民出版社，1985 年，第 304 页．
④ 刘少奇论新中国经济建设．中央文献出版社，1993 年，第 328－329 页．
⑤ 刘少奇选集（下卷）．人民出版社，1985 年，第 305 页．

业产品发生了质量下降、品种减少的现象；一部分服务性手工业在合并经营后，对于居民和手工业者自己都发生了许多不便。资本主义工商业在改造高潮中，也发生了一些盲目合并的现象，产生了同手工业盲目合并类似的问题。所以八大前后对民生建设新探索也主要围绕着这几个方面来进行。

（一）农业方面

1956 年 3 月全国农村基本上实现初级农业合作化之后，各地农村的高级社迅速地发展和扩大，仅几个月时间就实现了高级农业合作化，转变得过于仓促。高级社实行大社一级所有，集中生产、统一经营和统一经济核算，这种过分统一、核算单位过大、副业手工业被忽视，导致社员生产积极性下降，收入减少，影响了农民生活的改善。陈云认为："许多副业只有放开手让社员分散经营，才能增产各种各样的产品，适应市场的需要，增加社员的收入。在每个社员平均占地比较多的地方，只要无碍于合作社的主要农产品的生产，应该考虑让社员多有一些自留地，以便他们种植饲料和其他作物来养猪和增加副业产品。"① 中央也关注到了这个问题，1956 年 8 月底，由邓子恢主持起草的《中共中央、国务院关于加强农业生产合作社的生产领导和组织建设的指示》（草案）中指出："农业生产合作社应该积极发展副业生产，除了必须集体经营的，可以由社统一经营外，一切有利于分散经营的，应该尽可能鼓励和帮助社员家庭各自经营或提倡社有私营，做到合理分工，有利生产。"并规定对于自留地，"为了满足社员家庭饲养业和日常生活的需要，应按社章规定允许社员留够。"② 中共八大也对农业集体经济内部关系的调整作出部署，根据一部分合作社成立比较急促，存在许多遗留问题的情况，调整现有组织形式，纠正过分强调集体利益而忽视社员个人利益、个人自由和家庭副业的偏向，要求合作社在产品分配方面实行"少扣多分"，在生产经营方面实行"大的集中、小的分散"，在生产资料处理方面实行"主要公有、次要私有"，强调必须勤俭办社和民主办社，允许农民保留自留地。1957 年 9 月 14 日，中共中央在一天之内连续下发了《中共中央关于整顿农业合作社的指示》《中共中央关于做好农业合作社生产管理工作的指示》《中共中央关于在农业合作社内部贯彻执行互利政策的指示》三个指示。提出调整社队规模，一般一村一社，作为基本生产单位的生产队以 20 户左右为宜，十年内不予变动；社对队实行"包工、包产、包财务"的"三包"制度，超产提成，减产扣分，特别

① 陈云文选（第 3 卷）．人民出版社，1995 年，第 7—8 页．

② 人民日报，1956 年 9 月 13 日．

提出：“生产队在管理生产中，必须切实建立集体的和个人的生产责任制，按照各地具体条件，可以推行‘工包到组’，‘田间零活包到户’的办法，这是建立生产责任制的一种有效办法。”① 这些指示大都是由邓子恢领导的农村工作部制定的，是向着实行农业生产责任制创造性的尝试。从 1956 年到 1957 年上半年，四川、安徽、浙江、广东、河北等一些地方还出现了包产到户之类的试验。其中浙江永嘉县搞的包产到户试验最为突出，虽然一开始就引起争议，但由于效果很好，一度得到省里的支持。1957 年 2 月 28 日，刘少奇听到河南新乡地区的农业社实行包产到队，固定三年不变，超产奖励，他高兴地称赞道：“这个办法好。农民有奔头，奔明年，奔后年。”认为实行这个办法，是对农业生产关系的一种调整。用分配制度调整农民的积极性，就能促进生产力的发展。“办太大的社，就是生产关系跑到生产力前面了；生产力只是那么个水平，就适宜于生产单位小一点，特别是分配单位小一点好，太大了则生产关系超过了生产力。包产到队，分配单位缩小，有利于巩固集体所有制。”②

从这些政策措施中可以看出，当时的中央领导已经认识到了以一家一户为生产经营单位的小农经济的历史特点，只承认提高农民的劳动互助积极性而否认个体经济积极性不利于推动农村经济的正常发展。遗憾的是，承包责任制推行之始就遭到了非议，后来甚至被上升到资本主义与社会主义两条道路、资产阶级和无产阶级两个阶级斗争的高度。尽管如此，从某种意义上看，当时对农村集体经济经营管理体制所作的改革初步尝试，为改革开放以后农村实行家庭联产承包责任制提供了积极的、有益的经验。

（二）手工业方面

手工业生产存在的问题主要是由于手工业合作化高潮来势迅猛，各级领导机关对此思想准备和组织准备不足，尤其对我国手工业长期形成的分散生产、独立经营的特点注意不够，主要表现在：第一，组织形式上的盲目合并，原有的供、产、销关系被打乱，一定程度上影响了手工业的发展。由于当时认为只有实行集中生产，统一核算的大社才属于社会主义性质，各地盲目办大社、并大社的现象普遍发生。有的合作社社员人数高达 1 400 余人；有的地方组织的综合社，包括十几个行业；有的合作社跨区、乡纵横达几十公里，发一次工资骑自行车要跑上

① 中共中央文献研究室．建国以来重要文献选编（第 10 册）．中央文献出版社，1994 年，第 558 页．

② 刘少奇论新中国经济建设．中央文献出版社，1993 年，第 328—329 页．

几天路程。许多城市把遍布居民区的修理服务性行业归类合并，只设少量门市部，给居民带来不便。第二，在集中生产、统一经营的方式下，合作社的产品花色品种比自营时大为减少，产品质量和服务质量有所下降。一些传统手工艺品质量下降，有的甚至面临失传的危险。第三，由于盲目集中，组织管理混乱，使手工业者本来不多的财产受到损失。统一计算盈亏，也使一部分技术高的社员降低了劳动收入。手工业合作化后，约有20%的社员收入比入社前有所减少，约有5%的社员生活比较困难。不论新社或老社，分配中的平均主义都较为普遍。师傅带徒弟一般不给予报酬。劳保福利差的问题，因积累少也无力解决。北京、天津、上海等地出现少数社员退社的现象。

党中央、国务院及时发现并注意到这些问题，要求予以纠正。1956年1月30日，周恩来在全国政协二届二次会议上指出："必须掌握手工业各种不同的复杂情况，正确地执行对手工业社会主义改造的政策"；"在合作化以后，凡是不宜于集体生产的，就应该保持分散生产的形式"。2月8日，国务院《关于目前私营工商业和手工业的社会主义改造中若干事项的决定》明确规定：参加合作社的个体手工业户，必须保持他们原有的供销关系，不要过早过急地集中生产和统一经营。手工业中的某些分散、零星的修理业和服务业，应该长期保留他们原有的便利群众、关心质量的优点。某些适合于个体经营的，应该维持他们原有的单独经营方式。不能因为他们没有什么机器，门面不大，并起来很方便就轻易合并。"主要原因是做管理工作的人，只考虑合在一起容易管理，而没有考虑应不应该合并"。陈云明确提出："并错了的怎么办呢？要分开来，退回去。"① 3月4日，毛泽东在听取中央手工业管理局负责人汇报时指出："在手工业改造高潮中，修理和服务行业集中生产，撤点过多，群众不满意。这就糟糕！现在怎么办？'天下大势，分久必合，合久必分'。"还说："提醒你们，手工业中许多好东西，不要搞掉了。王麻子、张小泉的刀剪一万年也不要搞掉。我们民族好的东西，搞掉了的，一定都要来一个恢复，而且要搞得更好一些。"② 手工业合并以后，周恩来说，大家都是"王麻子"，都是"张小泉"，那就不行了，还是多几个牌号好一点③。针对这种情况，1956年7月，中共中央批转了《关于当前手工业合作化中的几个问题的报告》。根据中央的指示，各地对手工业改造中的一些问题进行了纠正和调整。如盲目合并的手工业合作社有很大一部分改成合作小组，以适应不

① 陈云文选（1949—1956）. 人民出版社，1984年，第296—297页.

② 毛泽东文集（第7卷）. 人民出版社，1999年，第11、12页.

③ 周恩来统一战线文选. 人民出版社，1984年，第349—350、351页.

同行业的特点，分别采取集中生产或分散生产的方式；在管理体制上，对手工业合作组织的供产销实行按行业归口管理，改变了过去生产时断时续的状况，使手工业生产有了较大提高。经过初步调整，手工业生产合作社普遍增加了生产，提高了收入，表现了集体经济的优越性。

1956 年，手工业合作社（组）产值为 76 亿元，提前一年完成“一五”计划指标；人均年产值 1 702 元，比 1955 年提高 33.5%。新社员同入社前比较，老社员同 1955 年比较，有 90%增加了收入，劳动条件也得到改善。

（三）工商业方面

在工商业社会主义改造高潮中，不少地方不顾实际情况和条件，机械地仿效北京市的做法，对行业繁杂、数量众多、情况各异的私营工商业不加区别地宣布实行公私合营，发生了不少影响经济正常运行的问题。问题主要有：第一，许多地方忙于批准合营，没有按步骤进行清产核资、生产安排，而是急于进行行业改组，把许多工厂、商店以至小手工作坊、个体的夫妻店统统合并起来，实行集中生产、统一经营、统一核算。导致原来私营工商业有利于拾遗补缺、灵活经营等优点被改掉了。第二，合营后，行业改组缺乏客观依据，许多不该合并的行业合并了，不该分开的分开了，有些虽可合并但规模过大。如规定雇 4 个工人以上企业归属工业，4 个工人以下的归手工业，使某些长期形成的行业规律被人为地割裂开。有些工商业部门历来有前店后厂的传统，改组中将前面归商业，后面归手工业，这就打乱了企业原有的供销渠道、生产协作和赊销关系，造成供产销脱节现象，妨碍了正常的生产和经营。第三，遍布城市居民区的商业、饮食、修理、服务业网点，因盲目合并而撤销过多，给人民生活带来不便。许多企业在合营后，失去了原来的产品特色和经营特色，产品品种减少，质量有所下降。比如有人反映“东来顺”的羊肉片每斤切 60 片的变成了 30 片，“全聚德”的烤鸭、天源的酱菜也不好吃了。第四，一些地方在合营后，对原私营企业资方人员的安排和使用欠妥当，没有发挥他们应有的作用。

针对以上问题，中共中央采取了以下解决办法。

第一，针对公私合营中盲目合并、改组过多等问题，提出了“大部不变，小部调整”的方针。1956 年 1 月，中共中央发布了《对目前资本主义工商业改造应注意的问题的指示》（以下简称《指示》），指出：“对一切已经批准了公私合营的企业，原有的制度，包括进货办法、销货办法、管理制度、会计制度、工资制度，暂时原封不动地保留下来，不要改变。”《指示》提出“应当将资本主义工商业经营技术中有用的东西，看成是民族遗产，把它保留下来，决不应该不加分析地全盘否定。”为了扩大合营范围，有些地方甚至把剃头担子都合到理发铺子去了，本来理发铺子就不多，再把剃头担子并掉，对群众特别是码头工人和郊区农民更不方便。因此，《指示》要求“城乡小贩中，有一部分是分散的肩挑小贩，对这些人的组织和改造，应该暂缓进行。”[①] 1956 年 8 月 23 日，在谈到关于工商业改造组织形式时，陈云认为：“现在看来，不仅服务性行业集中是错误的，即使制造性行业过分集中也是错误的。”“如果全部集中起来，统一计算盈亏，产品必然会减少。……小工厂和手工业品种复杂，千变万化，有很大的灵活性，能够适应市场需要。大工厂需要有小工厂配合，否则人民多样性的需要无法满足。”[②] 这些指示和措施在一定程度弥补了当时工商业改造速度太快而造成的改变过大、企业一时不适应的问题。

第二，针对由此带来的产品质量降低、经营品种减少的问题，陈云组织起草了《国务院关于目前私营工商业和手工业的社会主义改造中若干事项的决定》(以下简称《决定》)。鉴于私营工商企业从批准公私合营到完成改造，需要相当长时间，因此在批准合营以后，“一般在六个月左右的时间内，仍然应该按照原有的生产经营制度或习惯进行生产经营。”《决定》强调：“私营工商业和手工业在社会主义改造中，都必须保持产品质量和经营品种，对于已经降低了质量的产品和已经减少经营的品种，必须迅速恢复。所有合营的工厂商店和手工业合作组织，都必须指定经理或一位副经理专管产品质量和经营品种的工作，保证不降低质量，不减少花色品种。”[③] 对原有私营工厂和店铺的招牌，陈云认为最好把它保存下来。“如果统统改掉，编成号头，使人搞不清楚，还不如‘瑞蚨祥’‘全聚德’等各种各样的牌子挂着好一点。”[④] 造成合营以后产品质量下降，花色品种减少的根本原因是合营以后缺少市场竞争的推动作用。陈云分析其原因：“因为我们没有什么竞争，统统是国家收购的，结果大家愿意生产大路货，不愿意生产数量比较少和质量比较高的东西。”[⑤] 并预料到公私合营以后，这种情况很可能进一步发展。为此，陈云提出新的办法，一是对有些商品，如百货中的一部分，国家不再统购包销。二是对商品的设计人员，要给予奖金。三是优质优价。四是

---

① 中共中央文献研究室．建国以来重要文献选编（第 8 册）．中央文献出版社，1994 年，第 90 页．

② 金冲及，陈群．陈云传（下卷）．中央文献出版社，2003 年，第 1020 页．

③ 中共中央文献研究室．建国以来重要文献选编（第 8 册）．中央文献出版社，1994 年，第 122 页．

④ 陈云文选（1949—1956）．人民出版社，1984 年，第 286 页．

⑤ 金冲及，陈群．陈云传（下卷）．中央文献出版社，2005 年，第 984—985 页．

要设专人负责。五是给好的原料[①]。刘少奇也对国营商业提出要求：“必须责成国营商业品种齐全。这是人民的需要，不能怕麻烦……小百货是一个很重要的问题，社会主义的商业的货物应当比资本主义商业更齐全，这才能显示它的优越性。”[②]

第三，私营商业中不雇店员的小商店数量很多，就其经济性质来说属于个体经济范畴，必须采取与对资本主义商店相区别的办法，慎重对待。以北京为例，私营商业共2万户，雇店员的不到1万户，50%以上是不用店员的。有的小商店只能站两个顾客，但是他卖的东西适合附近群众的需要，品种齐全、经营时间灵活，这样的铺子居民很需要，所以能够存在下去。这样的小商店在宣布公私合营后，不宜实行定股定息的固定工资制，而应该继续实行经销、代销的办法，以保持他们分布面广、经营商品零星多样、作息时间灵活、对消费者十分便利等特点。如果每月给他们一律发30～50元固定工资，“干不干二斤半，做不做二尺五”，那小商店的货物品种就不会那么齐了，半夜十二点钟门也敲不开了。他们的经营积极性就会大为降低，对消费者造成很大的不便。因此，工资制办法是不能刺激他们的经营积极性的。陈云认为，“这种小铺子最终可以向两方面发展，一部分吸收到国有公司里来，或者变成公私合营的商店；还有一部分，在很长时间里要保留单独经营方式。手工业者、摊贩等，更要长期让他们单独经营。”[③]把他们搞掉了，对人民、对国家都是不利的。

第四，对资方人员的合理安排问题。随着合营高潮的到来，一些资本家担心今后的出路，心中惶惶不安，抱着得过且过的念头，无心生产。为了打消他们的顾虑，毛泽东多次亲自出面做工作，为他们打通思想，消除忧虑，指明前途。在1955年10月27日召开的工商业资本家头面人物座谈会上，他指出：“人们考虑的，不外是一个饭碗，一张选票，有饭吃不会死人，有选票可以当家做主，说文明点就是一个工作岗位和一个政治地位。”对他们不能采取先挤垮再收容的方法，“现在不先挤垮，抵触、破坏可以少一些。这样做看起来似乎慢一点，但整个生产力是向前发展的。”[④] 并说要把资本家有能力的骨干放在领导地位。对此陈云也说：对资本家“都安置起来，就要给他们饭吃。”对他们的工资，一般地（不是所有的人）不降低。他们的工资如果比国有企业的标准高，可以采取暂时保留

① 陈云文选（1949—1956）．人民出版社，1984年，第299页．

② 刘少奇论新中国经济建设．中央文献出版社，1993年，第285—286页．

③ 陈云文选（1949—1956）．人民出版社，1984年，第294页．

④ 逄先知，金冲及．毛泽东传（上册）．中央文献出版社，2003年，第442页．

工资的办法，也可以想其他办法保证资本家的收入。“不应该让有经营能力的资方实职人员坐‘冷板凳’，而要尽可能地使用他们。”① 对小商小贩如何安排？陈云认为“我们只有两条路：一条是包下来，发工资或发救济费；一条是允许他们继续经营，保证他们有一定的收入。”而后一种办法能调动他们的积极性，方便人民群众的生活。

通过采取上述措施，克服了公私合营后存在的一些问题，提高了生产，活跃了市场。据统计，全行业公私合营以后，1956 年全国公私合营工业总产值达 191.1 亿元，较 1955 年这些企业的总产值增加了 32%，1957 年又比 1956 年增加 8%。1956 年全国公私合营商店、合作商店和合作小组的零售总额较 1955 年这些企业的零售总额增加 15%以上。另外，1956 年全国公私合营工业的劳动生产率比 1955 年提高了 20%～30%②。

三、探索社会主义建设中的民生新问题

三大改造完成以后，全面建设社会主义的新任务很快摆在面前，对于如何在中国建设社会主义，全党不仅没有经验，而且缺乏足够的思想准备，因而也不可能有一整套完整的理论。当时曾向苏联学习过，但经过“一五”计划的建设，党对苏联经济建设中存在的缺点和错误也逐步有所了解，认识到学习苏联终究不能代替对自己道路的探索，所以唯一的办法就是在实践中逐渐摸索，遇到新问题，寻找新办法，不断总结经验教训，走出一条适合自己国情的社会主义建设道路。

（一）探索计划与市场的关系

由于三大改造的完成，社会主义经济已经在我国占据了绝对的统治地位，这就使国家有可能在适当的范围内，更好地运用价值规律，来影响那些不必要由国家统购包销的、产值不大的、品种繁多的工农业产品的生产，来满足人民生活多样化需要。为了适应上述情况，国家在计划与市场方面作了重要调整。周恩来在八大所作的《关于发展国民经济的第二个五年计划的建议的报告》中提出了国家计划指导下利用价值规律调节的措施：“在国家统一市场的领导下，将有计划地组织一部分自由市场；在一定范围内，将实行产品的自产自销；对某些日用工业品，将推行选购办法，对所有商品，将实行按质分等论价办法，等等。”③ 采取

---

① 陈云文选（1949—1956）. 人民出版社，1984 年，第 286 页.

② 中共中央党史研究室. 中国共产党历史第二卷（1949—1978）上册. 中共中央党校出版社，2011 年，第 358 页.

③ 中共中央文献研究室. 建国以来重要文献选编（第 9 册）. 中央文献出版社，1994 年，第 203 页.

这些措施，不仅不会破坏国家的统一市场，相反地，将会对国家的统一市场起有益的补充作用。陈云在大会发言中提出“三个主体、三个补充”的思想：在工商业经营方面，国家经营和集体经营是主体，附有一定数量的个体经营；生产的计划性方面，计划生产是工农业生产的主体，按照市场变化而在国家计划许可范围内的自由生产作为补充；在社会主义的统一市场里，国家市场是主体，附有一定范围内国家领导的自由市场作为补充[①]。八大以后，遵循有计划地引进市场调节机制的方针，自由市场一度活跃，个体工商户有明显增长，与人民衣食住行密切相关的市场生产和销售有了初步改善。以上海为例，1956 年 9 月份个体手工业户有 1 661 户，10 月份即增加到 2 885 户，到年底增加到 4 236 户[②]。

由于三大改造是在总路线的指引下进行的，而“党在过渡时期的总路线的实质，就是使生产资料的社会主义所有制成为我国国家和社会的唯一的经济基础”。以为只有这样，才是社会主义。这导致了社会主义改造中的公有制一统天下的片面性和绝对化。而当时的生产力发展水平却并不适应这种完全公有制的格局，因而在扩大市场调节的过程中，出现自发经营的较大的手工业个体户和手工工场，人们称之为“地下工厂”，也出现了“地下商店”。如何看待它们的存在和发展呢？这个问题引起了毛泽东和党中央的思考。毛泽东首先认为“基本性质仍是资本主义的”，但并不妨碍它的存在，而且对它的存在原因作了分析并肯定了它的合法性：“上海的地下工厂同合营企业也是对立物。因为社会有需要，就发展起来。要使它成为地上，合法化，可以雇工。”其次，他认为“最好开私营工厂，同地上的作对。”“只要社会需要，地下工厂还可以增加。”最后，他辩证地说：“可以消灭了资本主义，又搞资本主义”，并认为这是中国的新经济政策[③]。对于这个观点，刘少奇深表赞同。他通过调查研究了解到上海有一百多个地下工厂，天津也有，比较大的地下工厂有工人 5 000 多人。“有这么一点资本主义，一条它可以作为社会主义经济的补充，另一条是它可以在某些方面同社会主义经济作比较。”[④] 对于工业“黑户”，暂时不要去管他。对于商业黑户，可以用国家计划和价值规律去调节。刘少奇甚至认为除了国家办学校以外，还可以集体办学、互助办学，也可以由一些自由职业者办私塾[⑤]。周恩来也在国务院全体会议上说：“主流是社会主义，小的给些自由，这样可以帮助社会主义的发展。工业、农业、

---

① 陈云文选（第 3 卷）. 人民出版社，1995 年，第 13 页.

② 中共中央党史研究室. 中国共产党历史第二卷（1949—1978）上册. 中共中央党校出版社，2011 年，第 404 页.

③ 毛泽东文集（第 7 卷）. 人民出版社，1999 年，第 170、171 页.

④ 刘少奇论新中国经济建设. 中共中央文献出版社，1993 年，第 326—327 页.

⑤ 刘少奇论新中国经济建设. 中共中央文献出版社，1993 年，第 330 页.

手工业都可以采取这个办法。”[①]

市场和人民生活是不可分的，有了正确的指导思想，接下来就是具体落实的问题了。作为中共中央、国务院主管经济工作的副主席、副总理，后来又兼任商业部部长的陈云，他对市场的看法无疑是最深刻的，他提出的方案也是针对中国现实需要的。陈云联系苏联忽视市场的教训，提出中国要走出活跃市场的新路，首先要学习资本家的经营之道。因此，第一，取资本家之长，补社会主义之短。他举出了商业资本家擅长市场经济的五大长处。第二，取苏联之长，补中国之短。鉴于苏联的教训，我们要来个大计划小自由，即主要方面有计划，对次要产品搞自由市场[②]。第三，以满足人民多层次多方面需要为社会主义生产的目的。中国社会主义经济发展的目的，归根结底是有利于人民，满足人民的需要。中国社会生产力本身水平是多层次的，绝大多数合营工厂是制造日用消费品的，人民对日用消费品的需要也是多样的，经常变化的。大工厂和小工厂、集体经济和家庭经济各有优势，具有互补性，不能采取简单划一的组织形式。认为小厂并大厂产量会提高这种“合理化”不能适应人民的消费需要，是一种单纯考虑产量不顾市场的主观意识。“目前，办工业、办商业、办手工业，都要为消费者服务，为消费者打算，为消费者便利着想。”[③] 应该从实际出发，采取不同的组织形式，把市场搞活，增加产品的品种、数量，提高生产者的积极性与适合人民市场的需要。

正确处理计划与市场的关系是社会主义国家经济发展和民生建设的一个重大课题，它在中国社会主义建设初期就被明确地提了出来，说明中国共产党在探索社会主义民生建设方面是有所用心的，其探索方向也是正确的，可惜的是这一正确指导思想没有深入研究下去，更没有始终如一地坚持下来。以致所有制形式过于单一的问题，成为长期困扰中国经济发展和民生建设的一个症结。

（二）探索如何解决副食供应不足之道

民以食为天，吃的问题是人民生活中头等大事。除了粮食外，猪肉、油脂和其他副食品都属于吃的范围。随着人民生活的逐步改善，副食消耗量不断增加，大多数中小城市和乡村的猪肉供应相当紧张，人民群众很不满意。全国生猪的生

---

① 中共中央文献研究室. 建国以来重要文献选编（第10册）. 中央文献出版社，1994年，第164、165页.

② 朱佳木. 陈云年谱（1905—1995）（中卷）. 中央文献出版社，2000年，第327页.

③ 陈云文集（第3卷）. 中央文献出版社，2005年，第99页.

产，新中国成立头几年逐年增长。从1950年的6 000万头，到1954年6月的1亿头，每年增加1 000万头。但此后全国生猪的生产呈下降的趋势，1956年6月又降到8 000万头。同时每头猪的平均质量也下降了，解放初期是157斤，到1956年6月降至141斤。由于生猪的生产减少，大中城市猪肉供应量下降，小城市和农村集镇经常没有肉卖。另一方面，由于就业的人数增加，城乡人民购买力却不断提高，对猪肉的需求也日益增多。广东、上海发了肉票，北京市每人一次只准买五角钱猪肉。

为此，1956年7月1日，国务院发布了一个关于发展养猪事业的指示，其中规定采取“私有、私养、公助”的办法，积极组织社员家庭多养猪。在八届二中全会上，陈云分析了生猪生产降低的原因并有针对性地提出增加生猪生产的六个办法。一是农业生产合作社必须负责安排社员养猪的饲料。“在必要和可能的条件下，农业生产合作社要给养猪的农民多留一点自留地，让农民自己种饲料。”①二是为保证养猪饲料来源，要有计划地恢复农村的粉坊、豆腐坊、榨油坊和小集镇的碾米厂。三是适当地提高生猪的收购价格，禁止压级压价，保证农民养一头猪除了本钱外能得到200～250斤原粮的利益。为落实这一点，陈云主持起草了《关于发展养猪生产的决定》，提出：国家在全国范围内提高生猪收购价格，同时决定：“今后收购的肥猪，每头给养猪农民留肉八斤到十斤，发给一年有效的证明，凭证供应。”② 四是农业生产合作社必须在各方面帮助养猪社员。五是县级或县级以下应该成立生猪生产指导委员会。六是防止猪病③。同时为缓解猪肉供应紧张的状况，陈云还建议减少猪肉的出口。计划1956年比上年减少5吨的基础上，1957年再比1956年减少10吨。过去出口猪肉主要是为了换取进口机器设备，发展重工业。减少猪肉出口，是贯彻“要重工业，又要人民”的方针、正确处理国家建设与人民生活关系而采取的重要措施。由于方法得当，措施有力，到1957年年底生猪的存栏数增加到1.459亿头，比1956年年底增加73.6%，一举扭转了1954年6月以来逐年下降的趋势。

猪肉能产猪油，猪肉减少势必就增加了人民对食用油的需要。当时，油脂的生产和供应状况也和猪肉形势一样严峻。为此中央规定：有调出任务的省份必须按计划调出；城乡食油供应标准不能提高；不种油料作物的合作社应该逐步种植，并逐步做到自给；对油料的购销价格和税收应该适当调整；土榨油坊必须研

① 陈云文选（第3卷）．人民出版社，1995年，第18页．

② 人民日报，1957年3月1日．

③ 陈云文选（第3卷）．人民出版社，1995年，第14—21页．

究技术，提高出油率；1957 年将减少油脂出口 7 万吨。此外，陈云还提出从其他副食品方面想办法，以缓和猪肉和食用油供应紧张状况。办法一，增加鸡、鸭、鹅、兔子、鱼这些不用粮食或者少用粮食的家禽和鱼类的养殖。办法二，通过冷藏等手段调整副食品的季节供应。办法三，改进各大城市、工矿区的蔬菜供应①。

为了更好地落实八大对市场供应的调节措施，从源头上解决副食品生产销售的问题，陈云在八届二中全会上提出在放宽农村市场管理、开放自由市场后出现的一些问题的解决办法。第一，减少法定统购物资，扩大自由市场的产品②。第二，价格政策要作一些调整。“统购产品任务完成以后，允许自己卖，卖的价钱，可以等于我们的销价。”第三，对农民贸易要作一些新的规定。凡是农民自产的东西，应该让农民买卖；不提倡农业生产合作社做贩运生意，“凡是农业生产合作社兼营的手工业，和市镇上的专营手工业有冲突的时候，应该照顾专营手工业，不然他们没有饭吃。”第四，改变对市场的领导办法。“现在要搞过儎行、交易所，帮助农民和小商贩之间的交易和贩运。”③ 通过这些措施的落实，较好地调动了农民生产和销售土特产的积极性，也在很大程度上解决了城市副食供应的问题。

（三）探索经济建设和人民生活关系

面对中国一穷二白的落后面貌，党和人民迅速发展生产，早日实现“一五”计划和工业化的愿望非常强烈，导致建设摊子铺得过大，基本建设投资多用了 15 亿元，农业贷款和其他贷款多支出了 5 亿多元，职工工资多开支了 6～7 亿元，造成了生活资料和生产资料供不应求的紧张局面。解决商品供应紧张的问题，实质是要正确处理经济建设和人民生活的关系。

经济建设和改善人民生活是社会主义建设中的一对矛盾，而在生产力发展水平较低的情况下，显得更加突出。虽然发展经济的根本目的是改善人民生活，但改善人民生活不能贪多求高，必须以经济建设为基础。如何平衡两者的关系呢？这对刚刚开始社会主义建设的中国人民来说还是一个陌生的课题。对于两者的关系，毛泽东提出了总的指导方针：“我们的方针是统筹兼顾、适当安排。”无论什么问题，“都要从对全体人民的统筹兼顾这个观点出发，就当时当地的实际可能

---

① 陈云文选（第 3 卷）. 人民出版社，1995 年，第 21—23 页.

② 陈云文选（第 3 卷）. 人民出版社，1995 年，第 25 页.

③ 陈云文选（第 3 卷）. 人民出版社，1995 年，第 25—26 页.

条件，同各方面的人协商，作出各种适当的安排。”① 刘少奇八大政治报告中也有过明确的论述：“在工业农业生产发展的基础上增强国防力量，提高人民的物质生活和文化生活的水平。”“在发展生产的基础上逐步地改善职工生活，对于提高广大职工群众的积极性，具有重大的作用。”② 对此，陈云的观点是“经济建设和人民生活必须兼顾，必须平衡”。面对中国百废待兴全面建设的局面，他认为“在相当长的一段时间内，这种平衡大体上是个比较紧张的平衡”。原因是：“我们的耕地只有这么些，但人口多，吃的、穿的都靠它。如果不搞建设，失业半失业照旧，社会购买力很低，商品供应当然一时可以不紧张，但不搞建设更不行。搞建设，增加就业，一部分农村人口转入城市，就要多吃、多穿、多用，社会购买力就要提高，商品供应就会紧张。”③ 陈云承认实现工业化对中国经济发展的巨大作用，但建设独立的完整的工业体系，决不能不顾国力和人们承受能力，在规模上贪大，在速度上求快。他强调指出：“我们的建设规模究竟多大，是个根本性的问题。前三年是按计划进行的，主要是今年（1956 年）大了。”“国家建设和人民生活的矛盾要很好解决，把比例摆好。”由于 1956 年建设冒进了，1957 年的计划指标要削减下来。“如果明年不退，以后总要退下来，不退也得退。”因为国家建设的规模和速度冒了，其结果“势必造成人民生活必需品的供应紧张，人人都有意见”。陈云说：“今后搞建设，粮食、肉、植物油等吃的东西必须得到保证。”④ 为保证人民的生活需要，刘少奇对此提出要求：“工业部门要根据人民的需要进行生产，商业部门要根据人民的需要进行分配。商品积压与脱销的原因，在于不适应人民的需要，必须力求改进。这是客观规律，不能违背。”⑤

在正确处理两者关系问题上，陈云提出了一个基本原则就是：“为了照顾民生和建设，应该是在照顾必需的、最低限度的民生条件下来搞建设。在物资分配上，首先应该是在照顾必需的民生的生产，保证必需的民生（当然不是大吃大喝），有余再搞建设。这就是既要建设又要人民，这样的建设才是可靠的。现在是建设不可靠，民生也不可靠。”⑥ 他总结前几年的教训，在物资分配方面，过去照顾基建多，照顾生产少。“今后应该首先保证生产，其中主要部分应该保证

① 毛泽东文集（第 7 卷）. 人民出版社，1999 年，第 228 页.
② 刘少奇论新中国经济建设. 中央文献出版社，1993 年，第 307 页.
③ 陈云文选（第 3 卷）. 人民出版社，1995 年，第 29 页.
④ 中共中央文献研究室. 陈云年谱（中卷）. 中央文献出版社，2000 年，第 338 页.
⑤ 刘少奇论新中国经济建设. 中央文献出版社，1993 年，第 284—285 页.
⑥ 陈云文集（第 3 卷）. 中央文献出版社，2005 年，第 133—134 页.

最低限度的民生，有余搞建设，这样，基本建设就不容易冒了，也可以避免东欧国家犯的错误。”① 他提出了“物资要合理分配，排队使用”的方针。其顺序是：“在原材料供应紧张的时候，首先要保证生活必需品的生产部门最低限度的需要，其次要保证必要的生产资料生产的需要，剩余的部分用于基本建设。先保证生产、后供应基建这种排队的必要，主要是为了维持最低限度的人民生活的需要，避免盲目扩大基本建设规模，挤掉生活必需品的生产。在财力物力的供应上，生活必需品的生产必须先于基建，这是民生和建设的关系合理安排的问题。”② 像陈云这样明确地提出按照生活、生产、基建的次序安排国民经济发展，在我国社会主义经济建设方针中还是第一次，具有开创性意义。这既是总结苏联教训的结果，又是对中国社会主义建设规律的新探索，从根本上来说就是“以人为本”的民生建设思想在社会主义建设时期的重要体现。

通过新中国成立头七年的新民主主义社会建设和短短一年的社会主义建设实践，中国共产党人在进行工业化建设的同时，认识到社会主义建设不能急于求成，必须从中国经济贫困落后的实际出发，坚持建设规模一定要和国力相适应，国家建设必须同人民生活相兼顾，要统筹兼顾消费与积累比例的原则，才能最终达到人民生活改善的目的。

1956 年中国共产党第八次全国代表大会召开前后，中国社会处于由新民主主义社会向社会主义社会过渡的历史转折之际，既要解决由于三大改造提速完成后遗留的历史问题，又面临着崭新的社会主义建设带来的新问题。中国共产党人以开拓新时代，解决新问题的气魄，在吸取苏联东欧民生建设的经验教训的基础上，根据中国的实际情况，以八大正确方针为指导，冲破苏联模式的束缚，在民生建设的道路上做了大胆的尝试和探索，取得一定的成就，但因 1957 年反右扩大化和 1958 年的“大跃进运动”，这些正确的方针政策和具体做法未能始终如一地坚持下去，但这个时期的探索成为后来探索中国特色民生建设之路的历史源头，对今天的民生建设依然有着重要的借鉴作用。

---

① 朱佳木. 陈云年谱（1905 — 1995）（中卷）. 中央文献出版社，2000 年，第 357 页.

② 陈云文选（第 3 卷）. 人民出版社，1995 年，第 53 页.

第六章　新中国成立初期民生建设的历史反思

1949—1956 年这七年是新中国成立的最初时期，中国共产党在领导人民进行国民经济恢复和发展、实施工业化战略和实行社会主义改造的同时，对民生建设也付出了极大努力，取得举世瞩目的成就，但也存在一定的不足和缺点，对其进行系统总结，为当今民生建设提供参考和借鉴，正是我们现在研究这一问题的出发点和落脚点。

第一节　新中国成立初期民生建设的成功经验

新中国成立后头三年，主要任务是医治战争创伤，迅速恢复发展国民经济。后四年主要是实施过渡时期总路线，以完成“一五”计划，进行工业化和生产资料私有制的社会主义改造为中心。这两个时期尽管主要矛盾和中心任务有所不同，但是贯穿始终的努力发展生产力，积极改善民生的中心工作没有偏离。在这个共和国初创、中共刚开始全面执政的特殊时期，中国共产党以非凡的政治勇气和大胆创新的实践举措，在领导中国人民实现由新民主主义社会向社会主义社会过渡的巨大社会变革中，成功地实现了生产资料私有制的社会主义改造，提前、超额完成了第一个五年计划，取得了举世瞩目的巨大成就，这一点就连外国人也不得不承认和佩服。“在毛泽东的领导下，中国人民不愁吃穿，没有失业，生活安定，他们个个都有一种自豪感，人人争做贡献。”[①] 正如《建国以来党的若干历史问题的决议》所指出的：“在一个几亿人口的大国中比较顺利地实现了如此复杂、困难和深刻的社会变革，促进了工农业和整个国民经济的发展，这的确是伟大的历史性胜利。”[②] 其中尤其值得人们深思的是：在这样巨大的历史变革面前，作为小生产私有者的农民、作为剥削者的民族资产阶级不仅没有进行激烈的反抗，反而积极配合党和国家顺利地完成了生产资料私有制的改造；不仅没有引起巨大的社会动荡，反而极大地加强了人民的团结。从中国共产党的民生政策角度分析，其成功经验可以概括为以下几个方面：

---

① ［美］R. 特里尔. 毛泽东传. 河北人民出版社，2010 年，第 206 页.

② 中共中央文献研究室.《建国以来党的若干历史问题的决议》注释本（修订）. 人民出版社，1985 年，第 18 页.

一、重视人民利益，时刻警惕腐化堕落

关心民生是马克思主义思考问题的基本出发点，中国共产党人继承了马克思主义的民生思想，提出了人民是创造世界历史的动力、是真正的英雄的论断。因此，中国共产党人在领导中国革命和建设的过程中，逐步形成了“全心全意为人民服务是党的宗旨”的基本理论，并将它确立为改善民生的治国理念。毛泽东鲜明地指出：“全心全意地为人民服务，一刻也不脱离群众；一切从人民的利益出发，而不是从个人或小集团的利益出发；向人民负责和向党的领导机关负责的一致性；这些就是我们的出发点。”从马克思主义的唯物主义立场出发，“我们是无产阶级的革命的功利主义者，我们是以占全国人口百分之九十以上的最广大群众的目前利益和将来利益的统一为出发点的。”① 群众利益比天大，正因为如此：“对于广大群众的切身利益问题，群众的生活问题，就一点也不能疏忽，一点也不能看轻。”② 他还进一步指出：“应该使每个同志明了，共产党人的一切言论行动，必须以合乎最广大人民群众的最大利益，为广大人民群众所拥护为最高标准。”③《共同纲领》对此也作出了明确规定：“中华人民共和国的一切国家机关，必须厉行廉洁的、朴素的、为人民服务的革命工作作风，严惩贪污，禁止浪费，反对脱离人民群众的官僚主义作风。”

中国共产党人的这种民生情怀体现在新中国成立初期的各项方针政策中。新中国成立后在完成剿匪反霸，社会刚刚稳定之际，立即开始了大规模的新区土地改革。根据新中国成立后的新情况，在土改中改变了民主革命时期土改的一些过激做法，放宽了政策，照顾到了绝大多数人的利益和要求。比如保存富农经济政策、只没收地主“五大财产”给生活出路、中农土地完全不动、提高小土地出租者保留土地的标准，连逃亡地主，只要他真心悔过，仍分给他土地。物价是百姓每天必须面对的最基本的生活问题，新中国成立初期尽管财政经济存在巨大的赤字，但党中央从人民利益出发，尽量减少党政机关的开支，宁可降低干部和公职人员的生活标准，甚至冬天不发新棉服，也要坚持不增发货币，决不给难以抑制的物价火上浇油。同时克服运输困难，要求其他货物让路，尽可能多地调动粮、棉、煤等紧缺物资运输。甚至为了解决上海等大城市的粮荒，不惜从四川等地辗转运来，对运输成本已超过了粮价的粮食仍然平价销售。党中央在既要弥补巨大的财政赤字，又考虑到不能增加人民负担的前提下，反复权衡各种调节手段：是

① 毛泽东选集（第 3 卷）. 人民出版社，1991 年，第 864 页.

② 毛泽东选集（第 1 卷）. 人民出版社，1991 年，第 136 页.

③ 毛泽东选集（第 3 卷）. 人民出版社，1991 年，第 1096 页.

多收税，发公债还是少发钞票？会不会给人民加重负担？每一政策措施的出台，都以民生标准反复权衡，无不体现着人民的利益高于一切，对人民利益的高度负责精神。在禁毒禁娼过程中，国家在新中国成立初期各项工作千头万绪、社会事业百废待兴，处处需要花钱，而财政经济状况又极为紧张的情况下，仍然雷厉风行地实施了禁毒禁娼的举措，把稳定社会秩序，扫清旧社会污泥浊水放在重要位置，为烟民无偿提供戒烟药物，甚至不惜花高价为妓女医治性病进口紧张的西药。其他像灾荒救济、失业救济、社会保险等事业的举办，都体现了这一精神。

党的领导干部能不能以群众利益为重，能不能关心民生是与其作风密切联系的。陈云尖锐地指出："执政党的党风问题是有关党的生死存亡的问题。"① 早在延安整风时期，毛泽东就多次提醒中共不能犯胜利时骄傲的错误。他把郭沫若在重庆《新华日报》上发表的《甲申三百年祭》，列为延安整风的必读文献，要求全党"引为鉴戒"。在七届二中全会上，毛泽东就要求全党："务必使同志们继续保持谦虚、谨慎、不骄、不躁的作风，务必使同志们继续地保持艰苦奋斗的作风"，提出要警惕糖衣炮弹的袭击，防止资产阶级腐朽思想的侵蚀预警。全会还根据毛泽东的提议，作出禁止给党的领导人祝寿和用党的领导人的名字作地名等规定。这一切表明中国共产党从执政前夕就预料到在和平建设环境中，在共产党掌握最高权力之后面临的新考验。新中国成立以后又相继进行了整风整党运动、"三反""五反"运动等。而"三反"运动就是在增产节约中暴露出各级党政机关内部存在着惊人的贪污浪费和官僚主义现象而开展的。1951 年 12 月 1 日，中共中央向全党发出警告："一切从事国家工作、党务工作和人民团体的党员，利用职权实行贪污和实行浪费，都是严重的犯罪行为。"将群众所痛恨的违法乱纪分子严加惩处和清除出党组织，"轻者批评教育，重者撤职，惩办，判处徒刑（劳动改造），直至枪毙一批最严重的贪污犯，才能解决问题。"②

而官僚主义的特点是脱离群众，脱离实际，颠倒了主人与公仆的关系，不关心群众的痛痒。刘少奇在八大政治报告中总结民生工作的失误时也说："目前职工生活中的有些问题是必须解决而且是可能解决的，其之所以没有解决，只是因为企业的领导者、工会组织和有关主管部门没有积极努力。我们必须坚决反对这种不关心群众痛痒的官僚主义态度。"③ 正如邓小平后来所指出的：要克服官僚主义，"一定要关心群众生活。这个问题不是说一句话就可以解决的，要做许多

① 陈云文选（第 3 卷）. 人民出版社，1995 年，第 273 页.

② 毛泽东文集（第 6 卷）. 人民出版社，1999 年，第 191 页.

③ 中共中央文献研究室. 建国以来重要文献选编（第 9 册）. 中央文献出版社，1994 年，第 70－71 页.

踏踏实实的工作”。[①] 与官僚主义相联系就是贪图享乐和浪费之风。一些干部，不把自己看做是人民的公仆，而看做是人民的主人，搞特权，特殊化，引起群众的强烈不满，损害党的威信。在“三反”中被判处死刑的刘青山、张子善就是个典型。这两人都是三十年代入党的干部，在敌人的枪林弹雨中出生入死，为革命做了不少工作。在新中国成立后短短两年的时间里，利用职权盗用公款171亿元（旧币，下同），倒买倒卖非法经营，盘剥治河民工款22亿元，从国家资财中贪污挥霍3.7亿元，生活腐化堕落，最终成为人民的罪人[②]。在“三反”中，经法院审判，依据《中华人民共和国惩治贪污条例》对9 942名贪污犯判处有期徒刑；67名贪污犯被判处无期徒刑；42名贪污犯被判处死刑；9名贪污犯被判处死缓[③]。通过“三反”运动，重温了党的全心全意为人民服务的宗旨，树立了党和国家工作人员廉洁、朴素、为人民服务的工作作风。

在反对官僚主义廉洁党风的问题上，作为党和国家领导人的毛泽东以身作则，率先垂范。新中国成立初期，毛泽东的一些亲朋故旧纷纷投书北京，要求他帮助解决各种私人问题，有的要求他帮助调入北京安置工作，有的要求他出面介绍工作。对此，毛泽东都以工作“不宜由我推荐，宜由他自己在人民中有所表现”[④]、“未便率尔绍介，应就当地有所表现，向当地组织请求，听候解决”[⑤]、“不能给予特殊救济，以免引起一般人民不满”[⑥] 等予以拒绝，一切按正常规矩和制度办理。对于因生活困难要求政府救济者，在可能的范围内用自己的钱款予以资助。从1949年到1956年，毛泽东以个人身份汇款给困难群众的信件就有数十封，这些资助未花国家一分钱，显示了人民领袖关心民众、廉洁党风的崇高品格。毛泽东不谋私利的态度也影响了儿子毛岸英，他在拒绝帮亲戚谋位置的复信中写道：“至于父亲，他是这种做法最坚决的反对者，因为这种做法是与共产主义思想、毛泽东思想水火不相容的，与人民大众的利益不相容的，是极不公平，极不合理的。”[⑦] 这再次从一个侧面反映出毛泽东以人民的利益为最高准则的伟大品格和反对官僚主义廉洁党风的坚定决心。

---

① 邓小平文选（第2卷）. 人民出版社，1994年，第27页.

② 薄一波. 若干重大决策与事件的回顾（上卷）. 中共中央党校出版社，1991年，第149页.

③ 中共中央党史研究室. 中国共产党历史第二卷（1949—1978）（上册）. 中共党史出版社，2011年，第162页.

④ 中共中央文献研究室. 建国以来毛泽东文稿（第1册）. 中央文献出版社，1987年，第341页.

⑤ 中共中央文献研究室. 建国以来毛泽东文稿（第1册）. 中央文献出版社，1987年，第355页.

⑥ 中共中央文献研究室. 建国以来毛泽东文稿（第1册）. 中央文献出版社，1987年，第375页.

⑦ 龚固忠，刘斌珍. 毛岸英省亲记. 湖南党史月刊，1990年第7期.

二、大力发展生产力，构建民生建设的物质基础

解决民生问题不能脱离生产力发展的实际。新中国成立初期生产生活资料匮乏，因此利用当时一切资源尽可能保障人民基本生活，在生产力水平较低的历史条件下具有重要意义。新中国成立初期面临着错综复杂的严峻形势，既要完成民主革命遗留任务，又要恢复发展生产改善民生；既要进行生产资料私有制的社会主义改造，改变生产关系，又要实行“一五”计划，发展生产力，实现工业化。刚刚执政的中国共产党对于搞革命、搞武装斗争经验丰富，但搞建设、发展生产力却是门外汉。但党和政府却能很快地把工作重心从农村转入城市，从革命转向经济的恢复发展。我们党领导的新民主主义革命，根本目的是推翻压在中国人民头上的三座大山，解放被束缚的生产力，实现国家繁荣富强，人民共同富裕。毛泽东在这方面也有许多论述。1951 年 1 月 28 日，毛泽东在为中共中央起草的《中共中央政治局扩大会议决议要点》的党内通报中指出：“力争在增加生产的基础上逐步改善工人生活。”① 在 1953 年夏季全国财经工作会议上的讲话中，毛泽东再次强调：“关于改善工人生活的问题，我们的重点必须放在发展生产上，但发展生产和改善人民生活二者必须兼顾。福利不可不谋，不可多谋，不谋不行。”② 周恩来更明确地指出：“社会主义经济的唯一目的，就在于满足人民的物质和文化的需要，而为了充分满足人民的物质和文化的需要，又必须不断地发展社会主义经济。”③ 1955 年国务院副总理李富春在《关于发展国民经济的第一个五年计划的报告》中坦陈：“我们不否认，我国人民目前的生活水平还是比较低的。但是，人民需要的满足决定于生产力的水平，决定于社会所拥有的现有物质资源，人民生活水平的提高必须建立在生产发展和劳动生产率提高的基础上。”④

正因为有了这样的认识，新中国成立初期的这七年，中国共产党在国民党遗留的废墟上，肩负起挽救经济危局、解除民生疾苦、走向国富民强的重大使命。既然经济文化如此落后，要改善民生就必须首先改变中国贫穷落后的现状，否则一切都无从谈起。在党的领导下，首先结束了半殖民地半封建社会制度，没收了官僚资本和封建地主阶级的土地，解放了深受帝国主义、封建主义和官僚资本主义压迫的生产关系，人民从过去的受压迫受剥削者的地位一下变成了国家的主

---

① 毛泽东经济年谱．中共中央党校出版社，1993 年，第 260 页．

② 毛泽东经济年谱．中共中央党校出版社，1993 年，第 328 页．

③ 周恩来选集（下卷）．人民出版社，1984 年，第 143 页．

④ 中共中央文献研究室．建国以来重要文献选编（第 6 册）．中央文献出版社，1993 年，第 347 页．

人，极大地调动了广大人民的积极性，仅用三年时间就恢复了国民经济。到1952年国民经济恢复结束的时候，工农业总产值810亿元，按可比价格计算，比1949年增长77.6%，平均每年增长21.1%。其中工业总产值为349亿元，比1949年增长145.1%，平均年递增率为34.8%；钢产量达到134.9万吨，比1949年增加7.54倍，比历史最高水平增加46.3%；生铁产量比1949年增加6.72倍，比历史最高水平增加7.2%；原油、水泥、电力、原煤等都超过历史最高产量。棉纱、棉布、食糖等主要轻工业产品产量也超过历史最高水平。农业总产值461亿元，比1949年增长53.5%，平均年递增率为14.1%。主要工农业产品的产量已超过新中国成立前的最高水平①。国民经济的恢复发展为改善民生提供了有力的物质条件。1952年国民收入比1949年增长69.8%，财政收入比1950年增长181.7%。在财政总支出中，用于经济建设的支出逐年提高，社会文化事业的支出有所增长。城乡人民收入逐年增多，生活普遍得到改善。农民货币净收入由1949年的68.5亿元增加到1952年的127.9亿元，增加86.7%；1949—1952年，各地农民收入一般增长30%以上②。1949年，广大农民用于购买消费品的金额是65.3亿元，到1952年，猛增为117.5亿元，比1949年增加了79.9%③。农村中有不少农户开始盖新房，拴车买马，添置生产资料。1952年，全国各地区职工的平均工资比1949年增加了60%～120%④，工人的工资收入一般已达到或超过抗日战争以前的水平。1952年，全国职工和国家机关工作人员普遍增加了一次工资。据统计，国家机关工作人员1952年所得工资，比1951年一般增加了10%～30%；高等学校教师的工资，1952年比1951年提高了18.6%，中等学校教师的工资提高了25.5%，初等学校教师的工资提高了37.4%⑤。据调查，抗日战争前的1936年，全国每一职工（包括家属在内，下同）平均消费额约为140元左右（按1957年的物价计算，下同），1952年则增加到189.5元，增加了35%左右⑥。

在过渡时期总路线中，明确了工业化和改造同时并举的方针，通过社会主义改造解决生产关系对生产力的阻碍，通过实施“一五”计划进一步发展生产力，为民生发展提供政治制度保障和物质基础前提。五年内全国完成投资总额为550

① 中国统计年鉴（1983）. 中国统计出版社，1983年，第17页.
② 中国共产党历史第二卷（1949—1978）（上册）. 中共党史出版社，第178页.
③ 1949—1952年中国经济分析. 中国社会科学出版社，1996年，第319页.
④ 中华人民共和国三年来的伟大成就. 人民出版社，1952年，第8页.
⑤ 中华人民共和国三年来的伟大成就. 人民出版社，1952年，第63、131页.
⑥ 国家统计局. 伟大的十年. 人民出版社，1959年，第188、193页.

亿元，新增加固定资产 460 亿元，相当于 1952 年年底全国固定资产原值的 1.9 倍。苏联帮助中国建设的 156 个建设项目，到 1957 年年底，有 135 个已施工建设，有 68 个已全部建成和部分建成投入生产。汽车、发电、冶金、机床、重型机器、精密仪表等快速建设起来，增加了基础工业实力。工农业大幅增产，1957 年工农业总产值达到 1 241 亿元，比 1952 年增长 67.8%。1957 年的国民收入比 1952 年增长 53%。在工农业总产值中，工业总产值的比重由 1949 年的 30%上升到 1957 年的 56.7%，农业总产值 537 亿元，增长了 24.8%，所占比重由 1952 年的 56.9%下降为 43.3%。第一个五年计划的任务超额完成，所取得的工业成就远远超过了旧中国的 100 年[①]。工业产值的大幅增长，初步改变了我国工农业总产值中以农业为主的局面，表明我国已逐步向工业化迈进。“一五”计划的实施，填补了我国工业发展的空白，重工业主要产品产量大幅度增长，转变了落后的经济结构，提升了国家经济实力，这一切促进了文化、教育、卫生等社会事业的发展，提高了人民生活水平。

由于我国人口多，底子薄，又面临着工业化的重任，特别是我国在“一五”时期提出的以发展重工业为重点的发展战略，更是需要巨大的资金投入，因此，想要在短时间内迅速提高民生水平也是不现实的。对此，党中央有着清醒的认识。工资改革是关系国民经济发展和职工生活的大事。1952 年 11 月 7 日，党中央对有关调整工资的方针作了重要指示：调整工资的目的在于使现有的工资较为公平合理，便于发展生产、增强团结。调整的办法应该是：高的不再高，低的逐步向高的看齐，但低的向高的看齐，是分作三年、五年、八年、十年逐步提升，而不是在短时间内完成的。1956 年 2 月 29 日，在大量调查研究的基础上，召开了全国工资会议。会议按照“在发展生产和提高劳动生产率的基础上逐步改善职工生活”和“按劳取酬”的原则，制定了新的工资方案。决定采用统一的货币工资，改进工资等级，推广计件工资和奖励工资制，改进企业奖励工资制度和津贴制度。通过这次改革，职工生活水平有了一定的提高，工作积极性得到进一步发挥，劳动生产率普遍提高。

随着经济发展水平的提高，劳动者的福利待遇不断提高，这是每个劳动者的权利和愿望，但是并不是所有改善民生的措施都能如愿以偿。1953 年 7 月，毛泽东在劳动部党组关于国有企业中的工资、年终双薪、年休假问题的处理办法的报告上批示：要求发出中共中央 1953 年 7 月 9 日关于国有企业中的工资、年终

① 中共中央党史研究室. 中国共产党历史第二卷（1949—1978）上册. 中共党史出版社，2011 年，第 419 页.

双薪、年休假问题的指示和宣传指示。这两个指示的精神是，由于经济比较困难，国家决定一般不动标准工资，取消年终双薪，暂缓实行年休假制度。主要原因是由于国内农村灾情相当严重，抗美援朝战争所需国防经费还不可能有多大减少，加上国家有计划的经济建设已经开始，必须积累必要资金投入工业建设。这样做完全是从工人阶级的长远利益和整体利益出发的。但是由于这些措施使工人群众的一部分眼前利益和局部利益不能得到满足，如果采取简单命令的方法执行，一定会有许多困难。因此，必须依靠充分的宣传解释工作来贯彻这些措施。只要向所有干部和工人进行广泛和深入的宣传解释工作，这些措施的执行就不仅不致引起工人群众的不满，而且能进一步提高他们的觉悟程度和劳动热情[①]。刘少奇在八大政治报告中也指出："职工群众有许多困难不是短时间内可以解决的，只有在社会主义建设得到更大的发展以后才能解决。我们还需要艰苦奋斗，不应当只管个人利益和目前利益，而忽视全国的和长远的利益。这一点必须向职工群众说明。"[②] 党的八大修订的《中国共产党章程》同样指出，党的一切工作的根本目的，是最大限度地满足人民的物质生活和文化生活的需要。在 1956 年 11 月的中共八届二中全会上，毛泽东强调，"国家预算要保证重点建设又要照顾人民生活"，"一九五六年的人民生活有所改善，就业有所增加，人民是高兴的。但是，人民生活的改善，必须是渐进的，支票不可开得过多。过高的要求和暂时办不到的事情，要向人民公开地反复地解释"。[③] 因此，必须在发展生产的基础上，逐步地和不断地改善人民的生活状况，而这也是提高人民生产积极性的必要条件。正是在尊重客观现实的基础上，新中国成立初期的中国民生建设才能够取得如此巨大的发展，正如国外学者所评价的："这个国家已在工业化的道路上起步，经济增长速度给人以深刻印象，人民生活水平有了虽然不大，但却是颇为令人瞩目的提高。"[④]

三、突出公平公正原则，使广大人民普遍受益

社会差别与不平等是每一个社会不可避免的事实，提倡社会公正的目的不是要消灭社会差别，而是期望通过良好的制度安排合理有序地调节社会成员的权利和义务。公平公正是社会稳定的基础，对社会公平公正的不懈追求是中国共产党

① 建国以来毛泽东文稿（第 4 册）. 中央文献出版社，1990 年，第 291—292 页.

② 中共中央文献研究室. 建国以来重要文献选编（第 9 册）. 中央文献出版社，1994 年，第 70 页.

③ 毛泽东文集（第 7 卷）. 人民出版社，1999 年，第 159 页.

④ ［美］费正清，麦克法夸尔. 剑桥中华人民共和国史（1949—1965）. 上海人民出版社，1990 年，第 57 页.

人民生思想的一个显著特征。被誉为“现代经济学之父”的英国古典经济学家亚当·斯密在《道德情操论》中说过：“如果一个社会的经济发展成果不能真正分流到大众手中，那么它在道义上将是不得人心的，并且是有风险的，因为它注定会威胁到社会稳定。”中国共产党从成立的那一天起，就把要使中国人民彻底摆脱贫穷落后的生活状态，为中国人民缔造一个自由、富强、公正的新世界作为自己的理想。旧中国最大的不平等来源于制度的不平等。为了彻底改变这状况，以毛泽东为代表的中国共产党人带领中国人民进行了艰苦卓绝的斗争，建立了新中国，使人民真正当家做主，摆脱了这一束缚。

新中国建立后，无论是在体制的设计上，还是在实际操作层面上，中国共产党人都十分关注公平公正，把国家政权交由人民管理，强调人民是国家的主人，党员干部必须全心全意为人民服务，各种利益分配在各阶层各地区各领域尽量合理，广大人民群众平等地享受教育和医疗卫生的权利，特别是在社会保障制度的覆盖上，保障了绝大多数人民的基本生存权利。对此，美国毛泽东研究专家，哈佛大学教授罗斯·特里尔充分肯定了毛泽东在追求公平公正领域做出的杰出贡献，他的评价是：“毛泽东的新政府使新中国比旧中国在三种方式上有更多的社会正义。酬劳取决于工作而不再是出生或者土地资本的占有。因此中国的产品分配成为世界上最为平等的分配方式之一，绝对贫困和死于身无分文的人极少。并且，进步的基本手段——首先是卫生保健和初级教育——不再是少数人可以购买的商品。”①

为了保障人民能够获得公平公正的权利，中国共产党人首先创造了实现这一权利的制度基础，推翻了三座大山，建立了属于社会主义体系并逐渐向社会主义转变的新民主主义制度，并不断地创设条件，逐渐过渡到没有剥削没有压迫、生产资料公有的社会主义制度。其次，在这个过程中，运用政权的力量，创造公平公正的社会条件。新中国成立后开展的轰轰烈烈的土改运动，就是通过剥夺封建地主阶级的土地，分配给无地少地的贫雇农，使他们获得基本的生产生活资料。基本保存富农经济，中农的土地完全不动，对于无地少地人口中若干特殊问题的处理也是按照公平合理的办法解决的。但这种公平公正又不同于太平天国农民政权实行的《天朝田亩制度》的绝对平均主义，真正做到了孙中山提出而无法实现的“耕者有其田”，使生产资料第一次掌握在劳动者手中，解决了农民千百年来的最大夙愿，使广大农村的民生建设有了基本保障。1956 年三大改造的基本完

① ［美］罗斯·特里尔（Ross Terrill）. 毛泽东传. 人民大学出版社，2006 年，第 500 页.

成，使我国的社会经济结构发生了根本性的变化，社会主义经济成分占绝对优势，社会主义公有制成为我国社会的经济基础。1956 年同 1952 年相比，国有经济、合作社经济、公私合营经济三者合计占国民收入的 92.9%，个体经济由 71.8%下降到 7.1%，资本主义经济则由 6.9%下降到接近于零。这表明，几千年来以生产资料私有制为基础的剥削制度已经基本被消灭，以生产资料公有制为基础的社会主义经济制度已经建立起来，这就为人民最终在经济上获得公平创造了条件。最后，在实际操作中，实行各种政策措施，保障人民公平公正的权利得以落实。比如《中华人民共和国婚姻法》的颁布，把过去受尽欺压的妇女从封建枷锁中解放出来，不仅不加以歧视，而且出于对妇女权益的保护，在婚姻自主、财产分配、子女抚养等方面都给予照顾。在社会保障方面，在城镇职工和国家机关工作人员中，普遍实行劳动保险制度，不因企业的所有制形式、工作领域等有所厚薄。而在农村，对鳏寡孤独残疾人等丧失劳动能力者提供“五保”供养，使他们获得基本的生活来源；在医疗保障上，普遍实行农村合作医疗，对每一个农民都实行平等的保障。1953 年以后，由于农业生产短时间内无法满足工业发展和人民生活的需求而实行了粮棉油的统购统销，它有效地避免了生产资料公有制下可能出现的“按权分配”等腐败问题，也更符合社会主义社会所应有的公平和公正。

针对历史原因造成的工农差别，在《论十大关系》一文中，毛泽东批评了苏联实行的义务交售制的做法，指出“我们是采取缩小剪刀差，等价交换或者近乎等价交换的政策。”① 根据经济规律，尽力纠正旧时代遗留下来的工农业产品“剪刀差”。针对社会主义制度下的现实差别，则主张通过一系列政策措施，调节收入差距，以确保公平公正。如工资“主要加在下面，加在工人方面，以便缩小上下两方面的距离。”“在向农民供应工业品方面，采取薄利多销、稳定物价或适当降价的政策，在向缺粮区农民供应粮食方面，一般略有补贴。”② 由此可见，中国共产党始终是主张利用社会主义制度的优越性，通过设置公平公正经济制度为基本原则。诚然，这种公平观或多或少带有平均主义的倾向，这既是因为过分恪守社会主义的公平原则所导致，也是由于当时物资极度缺乏的历史条件决定的，但唯有如此才能体现社会主义制度的优越性，同时调动广大人民群众的积极性。也正是这种公平公正的制度设计，避免了 20 世纪五六十年代，发展中国家

① 中共中央文献研究室．建国以来毛泽东文稿（第 6 册）．中央文献出版社，1992 年，第 89 页．

② 中共中央文献研究室．建国以来毛泽东文稿（第 6 册）．中央文献出版社，1992 年，第 89－90 页．

普遍效法西方国家工业化过程中，片面追求经济高速增长而忽视社会公平，出现了贫富分化、收入分配不断拉大等社会问题。这些国家和地区虽然人均GDP水平不低，但却有大量的居民生活在贫困线以下。与这些国家相比，由于我国实现了生产资料公有制，坚持实行“按劳分配”的原则，排除了任何人凭借生产资料所有权占有他人劳动成果的可能性，因此消除了贫富分化的根源。正如美国学者所评价的那样：“由于中国强调限制工资的差别，所以中国的收入分配比其他一些共产主义国家和西方国家更为平等。”①

四、革命与民生建设统筹考虑，全面推进

新中国成立初期为了完成民主革命遗留任务，中国共产党曾经发动“五大运动”加以解决。开展社会政治运动，必然会或多或少地对生产建设和民生改善产生影响。在运动中，为了保证农业生产不误农时，尽量不受或少受运动影响，中央曾一再强调要以农业生产为中心，任何妨碍必须避免。1950年4月28日，毛泽东给华东、华南、西南、西北局负责人发电报，询问目前春耕情况，了解所属各省区党委是否已经集中注意力从事春耕生产的组织和领导，农民是否缺乏种子肥料及粮食的问题是否可以得到解决，今年是否有争取一个丰收年的希望，嘱咐他们“此事关系极大，务望注意。”② 互助合作运动是新中国成立初期农村一场深刻的社会变革，如何协调革命和生产的关系就显得十分重要。1953年3月19日，毛泽东在为中共中央起草的党内指示中提出：“农业生产是农村中压倒一切的工作，农村中的其他工作都是围绕着农业生产而为它服务的。凡足以妨碍农民进行生产的所谓工作任务和工作方法，都必须避免。”③ 在同月下发的《中共中央关于农业生产互助合作决议》上，毛泽东又一次作出批示并加以修改，也强调了这一点。

新中国成立初期，政治经济斗争错综复杂，但是，党和人民政府紧紧抓住争取国家财政经济状况的基本好转，恢复和发展生产这个中心，正确处理政治与经济的关系，把开展大规模政治运动同经济建设很好地结合起来，并注意把人民群众在政治运动中激发出来的革命热情，直接引导到恢复和发展生产上去，做到了政治运动不冲击经济工作，经济工作直接促进民生改善。1950年5月20日，毛

① ［美］保罗·R. 格雷戈里，罗伯特·C. 斯图尔特. 比较经济体制学. 生活·读书·新知三联书店，1988年，第813页.

② 中共中央文献研究室. 建国以来毛泽东文稿（第1册）. 中央文献出版社，1987年，第314页.

③ 中共中央文献研究室. 建国以来毛泽东文稿（第4册）. 中央文献出版社，1990年，第137页.

泽东给各中央局负责同志写了一封信，要求他们“必须亲自抓紧财政、金融、经济工作，各中央局会议必须经常讨论财经工作，不得以为只是财经业务机关的工作而稍有放松。”他指出，“各分局、大市委、省委、区党委亦是如此。”他还告诉各中央局负责同志，“中央政治局现在几乎每次会议都要讨论财经工作。”[①] 各级政府认真贯彻了上述方针。比如在繁重的新解放区土地改革中，党中央一开始就明确规定，土地改革的目的就是解放农村生产力，发展农业生产，土地改革一律利用农闲时间进行，并及时将消灭富农经济的政策改为保存富农经济的政策，对地主阶级也只没收“五大财产”，其他浮财一律不动。1951 年 8 月，在土地改革已经在一部分农村完成的情况下，中共中央及时发出指示，明确指出，“对农村工作除继续完成土地改革外，对土改后的农村，应以提高农村生产和农民政治觉悟为中心任务去布置一切工作。”[②] 正是有了党中央的正确指导，各地都把农业生产的好坏作为检查土改工作的一个重要标准，安排土改步骤时注意与农业生产环节相适应，农忙搞生产，农闲搞土改，土改和生产两不误。这样，历时三年的翻天覆地的土改运动顺利完成，在这期间农业生产也有了很大的发展，农民的生活水平有了较大的改善。

抗美援朝战争爆发，当时国内曾有人担心，由于支援朝鲜前线，国内的经济恢复工作会受到极大影响从而难以为继。中共中央经过审慎的研究，制定了“边抗、边稳、边建”的方针，一方面仍然坚持把恢复和发展经济作为当时的中心工作来抓；另一方面把确保战争的胜利放在第一位，如果不把美帝国主义的嚣张气焰打下去，一切经济建设都难以顺利进行。因此，陈云提出了财政工作的部署要战争第一，维持市场，稳定金融物价第二，其他各种带投资性的经济文化支出第三。尤其是稳定市场这一点，不但有经济意义，而且有重要的政治意义。因为一旦物价飞涨，必然使人民生活受到影响，容易导致对政府的不满及政局的不稳，所以宁可削减经济、文化支出，也要保证市场物价的稳定。在进行经济建设方面，当时从实际情况出发采取重点进行和有计划推进两项措施。在新中国成立后的头三年里，拿出 66.27 亿元进行重点建设。当时重点进行了水利、交通运输和以煤、电、钢铁为主的工业建设。这个方针的深刻含义在于，要正确处理战争期间国内社会经济生活中的各种关系，仗要保证打好，经济要稳定，建设仍要占一定地位，还在可能的条件下改善人民生活，三者是相辅相成，互相促进的。鉴于敌人对我们的封锁禁运，1951 年 10 月中共中央决定，在全国各条战线开展一个

① 毛泽东文集（第 6 卷）. 人民出版社，1999 年，第 59 页.

② 中共中央文献研究室. 建国以来重要文献选编（第 2 册）. 中央文献出版社，1992 年，第 398 页.

爱国增产节约运动，用实际行动支持抗美援朝战争和国内经济建设。工人提出："工厂就是战场，机器就是枪炮"，农民的口号是"多产棉花多打粮，打败美国野心狼"。国内轰轰烈烈的抗美援朝运动，激起人民的爱国热情，更快推进了生产发展和民生建设的进程。

社会是个统一的整体，政治、经济、文化、社会建设相辅相成。尽管在新中国成立后的头七年里，社会制度发生巨变，社会改革任务繁重，政治运动频繁，又发生了抗美援朝战争这样激烈的军事冲突，但是，党和人民政府始终不忘恢复和发展生产这个中心任务，在每次运动中都遵循不使运动冲击经济工作的原则，重大政策的制定都服从发展生产的需要，并把这些变革作为保障民生建设的重要前提，同步推进。正是由于党中央运筹帷幄，决策正确，我们在政治斗争取得伟大胜利的同时，在恢复和发展生产改善民生方面也取得了光辉的成就。正如《建国以来党的若干历史问题决议》中的评价："在这个历史阶段中，党确定的指导方针和基本政策是正确的，取得的胜利是辉煌的。"①

第二节　新中国成立初期民生建设的不足与教训

1949—1956 年新中国经历从半殖民地半封建社会到新民主主义社会再到社会主义社会的巨大社会变革，国民经济在恢复的基础上得到了较大发展，特别是三大改造的完成和"一五"计划的实施，为全面社会主义建设奠定了基础，民生建设也有了长足的发展，取得了丰硕的成果。但是，由于我们党对领导社会主义建设缺乏经验，曾照搬照抄过苏联的一些经验，加上中国经济文化的极端落后，在民生建设方面也存在着一定的不足与缺陷。其表现有如下几点。

一、过快改变生产关系，导致生产力难以适应

民生改善的基础是生产力的发展和社会物质财富的增长。众所周知，新中国成立初期，中国的社会生产力水平极其低下，物资十分匮乏，人民生活非常贫困，不少民众的温饱尚未解决。在这样一穷二白、人口众多的现状面前，以全心全意为人民服务为宗旨的共产党，决心带领全国人民奋发图强，把中国从一个落后的农业国变成一个先进的工业国，从新民主主义社会向社会主义社会转变。因为只有社会主义能够救中国，也只有社会主义才能发展中国，无论是封建的、资

---

① 《建国以来党的若干历史问题的决议》注释本（修订）. 人民出版社，1985 年，第 15 页.

本主义的生产关系，还是小农经济的私有制都无法在短时间内解放和发展生产力，调动最广大的人民群众生产的积极性，迅速摆脱贫困落后的面貌，尽快让全国人民过上衣食无忧的幸福生活。而当时生产力的落后状况难以在短时间内得到改变。然而通过土地改革运动，中国共产党意识到：改变生产关系可以使生产力大幅度提高，这是迅速发展生产力最为有效的办法。因此，在解决民生问题的发展动力上，毛泽东忽视了生产力在社会发展中作为最根本的决定性力量的作用，更多地注意变革生产关系和上层建筑。

早在民主革命时期，毛泽东得出了“革命加生产即能解决吃饭问题”[①] 的结论。它集中概括和形象地表述了马克思主义关于生产力和生产关系、经济基础和上层建筑之间关系的唯物历史观。在毛泽东看来，要从根本上解决中国的生产发展问题，必须以革命为手段，改变腐朽没落的生产关系，才能使生产问题、民生问题得到彻底解决。新民主主义革命的巨大成功、思维的惯性力量使得中国共产党人将革命时期的这一特定条件下的真理当做普遍真理照搬到中国社会主义改造中来，于是出现了通过生产关系的大变革来促进生产力发展，将原计划用 10～15 年发展经济的新民主主义阶段压缩在三年内完成，用三个五年完成的社会主义改造提前到四年之内结束。正如毛泽东自己所说的：“我注意的较多的是制度方面的问题，生产关系方面的问题。至于生产力方面，我的知识很少。”[②] 这种用加速改变生产关系人为地推动生产力发展的做法，严重背离了生产力发展与生产关系变革、上层建筑的变革相统一的原则，最终导致新民主主义社会提前结束，三大改造大大加速，表面上胜利地实现社会主义公有制的一统天下，但是这种公有制普及不是生产力发展的结果，而是人为提速的产物，不仅没能促进生产力的发展，反而因超越生产力发展的水平而妨碍了其发展，只能挫伤人民群众发展生产的积极性，自然也无法达到尽快改善民生的目的。

新中国成立后，通过土地改革，广大农民获得了生产资料，调动了他们发展生产参加各项社会活动的积极性，生产力在短时间内得到迅速提高，人民生活也得到较大改善。随着国民经济的逐渐恢复，国有经济在国民经济中所占比重迅速上升，农村中互助合作事业普遍发展起来，毛泽东认为向社会主义过渡的条件逐渐具备。因此 1952 年 9 月 24 日，毛泽东在中央书记处会议上提出从现在起用 10～15 年完成向社会主义过渡的思想。他审阅过渡时期总路线学习和宣传提纲时看到这样一句话：“党在过渡时期的总路线的实质，就是使生产资料的社会主

① 毛泽东选集（第 4 卷）. 人民出版社，1991 年，第 1512 页.

② 毛泽东著作选读（下册）. 人民出版社，1986 年，第 829 页.

义所有制成为我国国家和社会的唯一的（加点字——引者注）经济基础。”毛泽东十分欣赏这个观点。而且他还进一步发挥了这个观点，他认为：“我们之所以必须这样做，是因为只有完成了由生产资料的私人所有制到社会主义所有制的过渡，才利于社会生产力的迅速向前发展，才利于在技术上起一个革命……借以达到大规模地出产各种工业和农业产品，满足人民日益增长的物质和文化需要，提高人民的生活水平。”[①] 后来又提出要让“资本主义绝种”“小生产绝种”。这个理论观点，代表了毛泽东和中国共产党当时对社会主义的理解，导致这种理解的原因有三：一是当时对马克思主义经典作家理论的片面理解，二是苏联模式的影响，三是希望迅速改变当时贫困落后的面貌的迫切心情。根本出发点是为了迅速发展社会生产力，为了提高人民的生活水平，为了巩固人民政权。但是，认定只有使生产资料社会主义所有制（即公有制）成为国家唯一的经济基础，才能做到这一切，显然是不符合实际的，尤其不符合中国这个经济十分落后的国家的实际[②]。也正是在这一理论观点的指导下，才出现了三大改造后期的加速高潮，并成为以后几十年间社会主义建设急于求成的理论依据。

在农业合作化问题上，长期以来，苏联农业集体化的模式给中国共产党人以深刻的影响。这种模式，就是先搞机械化，后搞集体化；依靠政权力量，强制消灭私有经济，一举实现全盘集体化。中国共产党鉴于中国经济文化落后，特别是工业化水平非常低下，在短时间内不可能为农业发展提供大量的机械设备的状况下，提出了先合作化后机械化的新思路，突破了苏联的模式，为中国农业社会主义改造走出一条创新的路子，这是中国共产党人在合作化问题上的独到之处，也是对马克思主义合作化理论的重大发展。问题是在这个过程中，合作化的速度、规模以及生产资料公有化程度必须与生产力相适应。而恰恰在这个问题上，中国共产党人犯了急于求成的错误。第一，在土地改革完成后，没等农民个体经济的积极性得到充分发挥就夸大贫富差距两极分化的可能性，所谓“趁热打铁”地迅速推进了互助合作运动。第二，在互助合作的过程中，虽然提出了由低到高的发展三个阶段，但是各个阶段立足未稳、尚未巩固的时候又迅速向第二阶段推进，有的甚至跳跃式地前进，没有经过初级社，直接进入高级社。毛泽东认为：“一般规律是经过互助组到合作社，但是直接搞社，也可以允许试一试。走直路，走得好，可以较快地搞起来，为什么不可以？可以的。”[③] 第三，在每年的发展计

① 中共中央文献研究室．建国以来重要文献选编（第4册）．中央文献出版社，1993年，第702页．
② 逄先知，金冲及．毛泽东传（1949—1976）（上册）．中央文献出版社，1993年，第267—268页．
③ 毛泽东文集（第6卷）．人民出版社，1999年，第299页．

划数量上，不关注客观条件是否成熟，制定过高的计划数字，互相攀比，甚至提出“要分派数字，摊派”，“韩信用兵，多多益善”。[①] 集体经济组织规模超过生产力水平和基层干部的管理水平。第四，采用群众运动和阶级斗争的方式，对在互助合作运动中主张稳步发展的同志进行上纲上线的批判，扣上“小脚女人”“右倾机会主义”的帽子，必然导致急躁冒进思想的泛滥。

由于毛泽东十分重视和提倡农业生产关系的改变，到 1955 年下半年，全国出现了众多的高级社。据统计，1955 年 10 月底全国已有农业生产合作社 128 万个，入社农户为 3 813 万户；11 月底为 158 万个，入社农户为 4 940 万户；12 月底则达到 190 万个社（为农业合作化运动中入社数最高点），入社户为 7 545 万户。1956 年 1 月底高级社的入社数为 13.6 万个，2 月底为 23.5 万个，3 月底为 26.3 万个，4 月底为 28.8 万个，5 月底为 30.3 万个[②]。到 1956 年年底，全国 96%的农户入了社，加入高级社的农户高达 87%。原先计划 18 年完成的目标，提前了 11 年[③]。高级社在生产、劳动、分配和生活方面都高度组织化。毛泽东希望通过这种方式，迅速实行农业的社会主义改造，使农业能够由落后的小规模生产的个体经济变为先进的大规模生产的合作经济，以便逐步克服工业和农业这两个经济部门发展不相适应的矛盾，并使农民能够逐步完全摆脱贫困状况而过上共同富裕和普遍繁荣的生活。而实际的效果却并没有想象的那么美好，正如《建国以来党的若干历史问题的决议》所明确指出的：“一九五五年夏季以后，农业合作化……要求过急，工作过粗，改变过快，形式也过于单一，以至于在长时间留下了一些问题。”[④] 不顾及生产力发展水平实际状况，人为地、过早地使生产关系过渡到公有制并没有促进生产力的发展。历史给出的答案是：“完成农业集体化以后的 22 年，是我国农业发展最慢的阶段。特别是人均粮食产量，1956 年已达到 620 斤，到 1978 年只增加到 637 斤，22 年增长 17 斤，平均每年增长约 8 两，几乎跟不上人口的增长。”[⑤] 1984 年通过实行家庭联产承包责任制后，人均粮食产量迅速增长，达到近 800 斤，跨上了一个新台阶，为解决全国人民的温饱问题，走向小康社会奠定了重要基础。这说明，过早地、全面地实行农业集体化在事

---

① 毛泽东文集（第 6 卷）. 人民出版社，1999 年，第 298 页.

② 我们农业合作化运动发展过程. 统计工作通讯，1956 年第 15 期.

③ 逄先知，金冲及. 毛泽东传（1949—1976）上册，中央文献出版社，1993 年，第 416 页.

④ 中共中央文献研究室.《建国以来党的若干历史问题的决议》注释本（修订）. 人民出版社，1985 年，第 18 页.

⑤ 赵德馨，苏少之. 两种思路的碰撞与历史的沉思：1950—1952 年关于农业合作化目标模式的选择. 中国经济史研究，1992 年第 4 期.

实上并未使农业生产力获得所预想的长足进步，反而由于没有适应当时生产力发展实际水平而导致农业生产长期停滞不前。由此也导致了占全国 80%以上的农民的生活水平长期得不到提高，不少农民连基本的温饱问题尚未解决。

二、过多强调政治动员，频繁使用群众运动方式

“一切为了群众、一切依靠群众，从群众中来、到群众中去”的群众路线，是我们党的根本工作路线和生命线，这是我们党的优良传统。在运动中通过政治动员、发动群众参加革命和生产，这是我们党的政治优势。群众运动作为我们党在特定历史时期、特定历史条件下贯彻群众路线的一种形式，曾经在中国革命中发挥过重要作用。

毛泽东在《农村的社会主义高潮》一书的按语中提出一个著名论断：“政治工作是一切经济工作的生命线”，并强调：“在社会制度发生根本变革时期，尤其是这样。”[①] 这句话虽然是在 1955 年时讲的，但它的思想内涵在民主革命时期就有了，当时更多地是从党对军队的领导这个角度去阐述的。新中国成立后，毛泽东把这一思想进一步贯彻到经济建设中来，特别是由于新中国成立初期党和国家面临着没有建设经验、生产落后、科技水平低、人民生活贫困、法律法规极不健全等暂时无法解决的问题，采用革命战争时期行之有效的政治动员和群众运动的方式，就成为解决新政权面临问题的首选方式。通过宣传动员、政策动员、思想教育动员等多种政治工作方式，调动了广大人民群众主人翁积极性，仅用三年时间就胜利地完成了国民经济的恢复工作，进而提出过渡时期总路线，比较成功地实现了生产资料私有制的社会主义改造，提前超额完成了“一五”计划。新中国成立初期的政治动员、群众运动对当时的社会产生了深远的影响，它调动了群众的参与热情，为党凝聚了广泛的社会力量，推动了经济的发展。然而，由于过分地强调政治动员，不管是否适合，均采用群众运动的方式，因此对当时的生产和民生建设也产生了一些负面效应。

政治动员本是一把双刃剑：如果政治动员的行为主体能够抓住问题关键因势利导，就能为生产力发展、社会变革提供动力之源；如果动员方式、手段过于激烈，在动员强大压力下，容易产生急躁冒进、强迫命令，甚至“不惜一切代价”的冒险主义做法，可能产生为实现目标而不择手段的极端行为，影响社会系统和社会生活的正常运行。例如：《中华人民共和国婚姻法》（以下简称《婚姻法》）

① 毛泽东文集（第 6 卷）．人民出版社，1999 年，第 449 页．

的颁布实施，冲击了几千年以来的封建婚姻观念，矛头直指婚姻家庭领域的封建制度、封建思想和封建习俗。但是由于对几千年来封建婚姻思想根深蒂固的影响估计不足，有些干部在工作中带有急躁情绪，企图在短期内或一次运动中解决问题，对包办婚姻采取“一刀切”的办法，不管夫妻感情是否良好、婚姻关系是否稳定，凡是包办的一律强行解除，寡妇强迫改嫁。以至于不少群众，特别是农民因对《婚姻法》不了解而产生恐慌和误解：把《婚姻法》当成是“离婚法”“女人法”，认为现在“要斗争男人、婆婆了”，说是“穷人翻了身，老婆离了婚”。更有甚者，把对敌斗争的方式也照搬到处理婚姻家庭关系中来，错误地提出“依靠寡妇、光棍、童养媳，团结未婚青年男女”，把对婚姻法有不同认识的父母作为斗争对象，召开斗争会、坦白会，过火的斗争形式在群众中引起了不小的疑惑和恐慌，致使一些有过不正当关系的男女和曾有虐待妇女行为的群众惶恐万分而走了绝路。也有人因此对党和政府的政策产生怀疑，编了这样的顺口溜：“人民政府不凭一心，穷人老婆离了婚；离了老婆真可怜，老婆离了还要田；上面政策不了解，害来害去害穷人。”① 由此不难看出，几千年来习惯势力在群众干部中的影响很难通过一两次运动真正消除，妇女争取婚姻自由的斗争依然任重道远。

在农业合作化运动中，农业互助合作组织是建立在自愿互利基础上的经济自治组织。农民是否参与生产互助合作，何时以及以何种方式参与，能否自由退社等均应取决于农民自愿，完全是一种自由选择的经济行为。所以，在合作化之初中共中央文件一再强调，农业互助合作要照顾小农经济的特点，保护个体农民发家致富的积极性，以发展生产为中心，坚持自愿互利原则和积极领导、稳步前进的方针，通过互助组、合作社不断增产的成果来吸引单干户，反对强迫命令的作风。但是，过渡时期总路线颁布后，为了适应社会主义工业化的发展要求，农业合作化必须提速，而农民又是被认为最为保守的力量，因此，各地采取各种方式进行政治动员，山西省派出了 100 多万人的宣传队深入农村进行宣传；河北省则由著名的劳动模范、互助合作运动带头人耿长锁发表《给全国农民兄弟的一封信》，信中热情洋溢地向全国农民发出倡议：积极响应毛主席的伟大号召，为早日过上大家富裕的生活而参加合作社；各地的报纸、电台等宣传媒体每天都在公布合作化运动的进展。这一切使各级各地对合作社指标层层加码，互相攀比形成风气。1954 年第二次全国农村工作会议之后，把过去坚持的“以发展农业生产作为农村工作的中心”的指导思想彻底颠倒了，变成了“以农业合作化运动为生

① 乔素玲. 建国初期婚姻制度变革的地域性. 中国法律史学会成立 30 周年纪念大会暨 2009 年年会议论文集.

产运动的中心”。在高级社阶段，由于层层下达指标，为了完成任务，不得不采取高压政策，各地普遍存在强迫命令现象。一些地区为发动农民入社，甚至威胁、捆绑、打骂群众。初级社的好处尚未被农民消化吸收，就在短期内对农民视如生命的土地和其他生产资料实行公有化，迅速进入高级社，并且不断扩大高级社的规模，这些做法明显地超越了农民的需求、管理水平和心理承受能力。正如邓小平后来对当年农业合作化时的评论：“农业合作化，一两年一个高潮，一种组织形式还没有来得及巩固，很快又变了。从初级合作化到普遍办高级社就是如此。如果稳步前进，巩固一段时间再发展，就可能搞得更好一些。”[①] 这样，通过上下互动、左右对比，农业合作化运动就呈现出不顾客观条件一哄而上、一浪高过一浪的不可控态势。正如薄一波所说：“在有几亿人口的农村，把合作化当做政治运动来搞，难免带有一定的强制性，一旦大规模地搞起来，有些行动就难以控制了。即使及时发现了某些偏差，但在运动的‘惯性’冲力面前，想纠正也很难完全纠正。”[②] 特别是1955年夏季以后，在错误批判以邓子恢为代表的农村工作部右倾保守思想之后，全国合作化运动进入高潮，本来准备用18年完成的农业社会主义改造目标，最后竟然提前了11年完成，留下的后遗症也不容忽视。比如：忽视生产力的发展，过分强调集中和公有，把公有制与商品经济对立，组织管理混乱，等等。

新中国成立初期开展的全国大规模的扫盲运动中，也存在着同样的问题。当时采取的方式是以政府为主导、动员全民参与、强制性推行的运动式模式。在扫盲过程中，也是采取了政治动员、群众运动的方式，不顾客观条件，不切实际地提出了过高的脱盲指标，比如要求脱盲率100%的目标追求显然在现实操作中是不可能实现的，这既不符合教育教学的理论常识，也没有现实成功的可能性。文化的启蒙、人格的塑造不能单靠某个偶然事件，通过掀起一场运动在短时间内立竿见影。只有在经济全面发展的基础上尊重教育规律，长期重视这种教育，使整个社会形成良好的文化学习氛围，扫盲教育的效果才能真正巩固下来。通过运动模式，有些人在不自觉的从众心理驱使下、怕落后的政治压力逼迫下，被裹挟进去后并没有认真学习，因此经常出现扫盲高潮之后大量“复盲”现象就是例证。另外，政治运动中，通过扣政治帽子、划政治界线的做法也助长了粗暴、不讲法治的行政思维的形成，形成了形式主义和弄虚作假的不良作风，使政治运动的积极作用被大大消解。

---

① 邓小平文选（第2卷）．人民出版社，1994年，第316页．

② 薄一波．若干重大决策与事件的回顾（上卷）．人民出版社，1997年，第419页．

总之，政治动员与群众运动在新中国成立初期的民生建设中，对动员人民革命和建设的积极性，发挥人民的主人翁精神，起过积极作用。但是民生问题的解决，主要取决于生产力的发展和经济状况的改善，这是一个长期的、艰苦的发展过程，不是靠几次群众运动所能解决的。如果只靠群众运动和政治动员鼓动起来的热情必然不能持久，必须依靠党和政府的正确决策，通过大力开展经济建设，发展生产力来逐步提高。

三、过分强调公平，造成公平与效率的失衡

回顾人类社会历史，公平正义曾是许多朝代统治者自我标榜的口号，是思想家反复论证的道义主题，更是劳动人民难以实现的梦想和渴望。中国古代就有大同的社会理想，近代太平天国主张“无处不均匀，无人不饱暖”的理想社会。千百年来公平正义的社会都是人们为之奋斗的理想，但是这个理想却总是可望而不可即。到底是什么阻碍了这种理想的实现呢？马克思主义经典作家通过对私有制度的分析，认识到只要生产资料私有制存在，人类的这种不公平就无法改变。只有消灭私有制，在社会主义条件下迅速发展生产力，才能从根本上消灭剥削制度，这充分说明社会主义制度为实现公平正义创造了前提条件。中国共产党人接受了马克思主义，带领中国人民通过浴血奋战取得新民主主义革命胜利，建立了社会主义制度。新中国的成立，在毛泽东看来，“我们实行这么一种制度，这么一种计划，是可以一年一年地走向更富更强的，一年一年可以看到更富更强些。而这个富是共同的富，这个强是共同的强，大家都有份。”① 1955 年 11 月 22 日，全国工商联执委会会议告全国工商界书也这样说道：“我们建设社会主义的目的，就是要大家有事做，有饭吃，大家共同富裕。”② 这一切表明中国共产党人是以人民利益为最高准则，追求民生幸福的最终目的就是要消除私有制条件下的两极分化，实现发展的成果共享，致力于共同富裕的社会。但在具体实践的过程中出现了一定的偏差，一度陷入了平均主义的误区。

公平是社会主义制度的本质要求和主要价值取向，追求公平又离不开一定的效率，处理效率与公平的关系，历来是各国执政党最棘手的难题之一。新中国建立后，中国共产党人把建立公平正义的社会制度作为区别于一切剥削阶级政治制度的重要标志，认为公平是社会主义的本质属性，进而不能容忍社会中发生任何不平等的现象。但现实是脱胎于半殖民地半封建社会的新中国，生产力落后和物

① 毛泽东文集（第 6 卷）. 人民出版社，1999 年，第 495－496 页.

② 人民日报，1955 年 11 月 22 日.

质文化资源匮乏，若不能用效率来促进生产力的发展，调动广大人民的积极性的话，必然在短时间内无法实现工业化，更无法满足人民日益增长的物质文化需要。而为强调经济上的公平，把政治上的公平原封不动地照搬到经济分配上，牺牲效率来追求绝对公平，其结果必然导致分配上平均主义，形成普遍贫穷，既挫伤人民群众积极性、创造性，更造成人们在社会主义信仰和评价标准上产生对公平正义的误解。

生产关系一定要适应生产力的发展是马克思主义一个最基本的原理。但马克思在阐述这条原理时，他依据的是发达的资本主义国家中腐朽的生产关系成为生产力发展障碍的现实而言的。而中国当时的基本国情是人口多，底子薄，生产力发展水平普遍落后且发展极不平衡，真正阻碍生产力发展的并非资本主义而是原先的封建土地制度。因此，土改结束以后应该有一个较长时期发挥农民个体经济积极性，发展农村商品生产，逐步创造条件实现集体化。土改后的中国农村，确实存在着阶级分化的可能性，但是可能性仅仅是一种趋势，要变成现实还有相当长一段路要走。而当时中国共产党的领导和人民民主专政、公有制的主导地位，让私营和个体经济在新民主主义阶段充分发展，对恢复国民经济、改善民生的积极作用会大大高于其消极作用。况且，土地买卖和雇工剥削虽然已有发生，但并不严重。一部分农民进城做工、做生意等，离开了农村，便将土改分得的土地出卖或出租，这是社会合理分工的结果，不是两极分化。而在当时中国的生产力水平下，资本主义式的富农一时很难形成，即使偶有出现，国家也可以用税收等手段加以限制。针对农村中出现的新贫雇农和新富农，毛泽东非常担心新的两极分化如不加以限制，很可能会使社会资本主义化。正是这种担忧连同后来的统购统销客观上切断了城乡资本主义的联系，全国土改刚刚完成的当年（1953 年），全国范围的农业社会主义改造就开始了。因此过分担心两极分化而迅速实行合作化，进而在合作化中将私人生产资料公有化，虽然避免了两极分化，但实际上也阻碍了生产力的发展，表现了农民的平均主义思想。这种平均主义思想，把共同富裕片面理解为同等富裕，同时富裕，实质上就是要富大家一起富，要穷大家一起穷，不能有先有后，也不能你富我穷，其结果是大家共同贫困。

四、低水平窄覆盖，造成二元民生

新中国成立后，党和政府致力于国家的重建和经济的恢复，民生问题开始真正得到关注。通过确立社会主义生产资料公有制，奠定了改善民生的制度基础。它使广大人民群众从政治、经济、文化、社会生活各方面都翻身做了主人，获得了前所未有的发展和进步。在中国历史上第一次建立起覆盖人群较为广泛、福利内容比较丰富、福利手段相对完善、体系比较健全、结构较为合理、符合当时我国社会经济发展状况的社会福利制度和体系。通过城镇企事业单位职工社会保险和各单位福利保障、以集体经济为基础的农村社会保障和惠及特殊社会群体的福利救济政策，在社会主义中国基本实现了遍及全社会的社会福利制度安排。这种福利体系的广泛建立和制度安排，对当时的经济发展和社会稳定起到了积极的促进作用，使广大人民群众实实在在体会到了社会主义制度的优越性，更加坚定了对中国共产党和社会主义制度的信赖和拥护。

但新中国的发展是在特定的历史条件和社会环境下进行的，社会建设和经济发展承受着诸多因素的制约。首先，由于新中国成立初期处于国民经济恢复状态，生产力水平极低，加上抗美援朝战争的消耗，后来以重工业为重点的工业化战略需要大量投资，导致民生建设水平偏低。国内粮食紧张，又无法从国外大量进口的情况下，只能是“三个人的饭五个人匀着吃”。而在抗灾救灾过程中，提出了低得无法再低的生存极限救灾标准：“不让一个人饿死”，不要说衣食无虞，就连温饱都是奢望，可见当时的政府救灾能力有多低！这一切，说到底就是生产力水平之低、物资匮乏之严重的结果，而中国又是个自然灾害频发的国家，正常年景全国因自然灾害而需要救济的粮食数量大约在100亿斤，遇到大灾更是捉襟见肘，难以为继了。救灾救急尚且如此，还能要求更高水平的社会保障吗？

其次，社会化水平较低。受计划经济的制约，许多民生工程无法依靠社会力量来举办，社会问题也不能靠社会来解决。比如就业问题，长期以来，由于受传统社会主义制度优越性的影响，认为失业是资本主义制度的产物，国家有义务包办所有人的就业，但国民经济发展所能吸纳的就业人口非常有限，通过户籍制度虽然把农民约束在了土地上，而不断增加的城市人口又使城镇新生劳动力的就业成为国家难以承担的包袱，最后不得不通过知识青年上山下乡的办法暂时缓解这个矛盾，但实行的结果带来了严重的后遗症。当时的农村合作医疗也处于刚开始探索阶段，不具备全面推开的条件。无论是财政支出，还是医务人员配备上都难以保证。

再次，缺乏经验，照搬照抄了苏联全民保障的模式。由于我国的经济体制实行计划经济，与此相适应，社会保障制度也选择了类似苏联等社会主义国家所通行的“国家保险型”社会保障制度。但是没有更多地考虑到中国的实际情况与苏联的巨大差别。苏联实行全民社会保障有它有利的条件：新中国成立几十年，基本实现工业化，国民收入在世界上居于第二位，经济基础雄厚；而人口仅是中国的 1/3，当然其保障水平较高，保障内容全面，保障范围广泛；加上经过较长的时间有丰富的经验。面对着如此不同的社会经济现状，照搬苏联经验，必然会造成严重的后果。比如对城镇职工的医疗保障制度就存在一些缺陷：一是未能充分调动职工、社会的积极性，把国家、集体、个人三方承担的费用完全由国家和单位包办，造成国家财政和企业不堪重负。二是对医患双方缺乏有效的制约机制，造成医疗费用增长过快，其速度甚至大大超过财政收入的增长速度。

最后，社会保障覆盖面较窄，尤其是广大农村长期处于实际无保障的状态。城镇职工的劳动保险和机关单位的公费医疗制度，实际上是把广大农民排除在外。而长期以来，农民除了向国家交公粮外，还把剩余的粮食都以统购的形式卖给了国家，几乎没有任何多余的产品参与市场交换，而当时的农业生产水平较低，农民忙碌一年下来所得到的分红很少。如果自然条件恶劣的话，连返销粮都买不起。遇到天灾人祸能从国家那里获得的救济也极少，所以他们的社会保障程度最低，几乎是被排除在整个社会保障体系之外的。加上当时户籍制度约束严格，他们几乎没有可能通过进城打工、自由出售多余农副产品等方式，获得集体分配之外的任何收入。长期的城乡二元制度，造成了城乡差别的不断扩大。尽管毛泽东在新中国成立初期意识到了社会保障对人民生活的重要性，他也试图建立一个覆盖全体人民的高水平的社会保障体系，但鉴于当时国家生产力水平落后的现实，他只能将保障对象和范围做了严格的限定并且资金由国家和企业承担。这是当时经济文化落后造成的无奈之举。

总之，社会保障事业的发展有其自身的发展规律，更受一定阶段经济发展水平的制约。由于新中国成立初期，我国国民经济尚处于恢复阶段，社会保障事业的发展主要充当了国民经济恢复和政权巩固的手段。因此，新中国成立初期我国社会保险事业的发展与经济发展不是很相称，与广大人民群众不断增长的对公共事业的需求差距还比较大，因而使社会事业的发展表现出明显的不平衡性。同时，由于国家财政用于经济建设的投入远远高于社会文教卫生等公共事业的投入，把大量的社会资源用到民生改善上来是不现实的，所以有限的资源主要向国家基础工业构架、国防工业、重化工业倾斜，发展的战略重心有一些偏离民生建设的问题。这一切使社会保障事业的发展不能满足整个社会发展的需要。再加上新中国成立初期社会事业基本上是由国家包办，因而行政色彩、主观色彩较浓，导致在很长一段时间里，中国的社会保障事业停滞不前。

第三节　对新时期新阶段民生建设的启示

中国共产党在共和国初创这一特殊历史时期，从基本国情出发，在积极恢复发展生产的基础上，通过发动群众，充分利用有限的国际国内资源，积极采取灵活多样的各项方针政策，最大限度地恢复和发展了民生建设。这一时期初期民生建设的恢复与发展对今天的民生建设具有重大的理论和实践意义，它树立了共产党和人民政府在广大人民群众中的威望，巩固了新生的人民民主政权，与旧中国相比，人民生活发生了翻天覆地的变化，鼓舞了广大人民生产生活的积极性，并进而获得了广大人民的拥护与信任。在此过程中，中国共产党也逐渐掌握了处理和协调经济建设和民生建设关系的基本原则，稳定了社会秩序，提高了党的执政效能，为新中国此后的发展奠定了政治基础和经济基础。这些宝贵的历史遗产也为当今共产党继续执政，更好地解决民生问题奠定了物质基础和制度基础，提供了可资借鉴的经验启示。“以史为鉴，可以知兴替。”通过对 1949—1956 年新中国民生建设回顾分析，更加深刻地认识到民生问题的必要性和紧迫性，认识到民生问题在当今经济建设和社会建设中举足轻重的地位和作用。

一、改善民生是社会主义的本质要求和根本目的

在现代民主政治条件下，政党作为民众参与政治、利益表达和实现的综合工具，必须高度关注民生。人民的基本生活保障问题是政党执政和国家治理的关键所在，也是社会统治的底线。在西方社会，民生问题始终是党派斗争的中心问题和总统选举的激烈辩题，每个政党都密切关注民生，把解决民生问题视为赢得执政民意基础的重要途径。从这个意义上来说，民生问题是社会问题，也是经济问题，更是政治问题，涉及千家万户，不仅涉及执政党的地位，更是国家的发展、民族的昌盛和社会繁荣的重大问题。正如一位省委书记所言：“民生工作的成效，既是衡量执政党执政理念、执政能力和执政效果的标准，也是衡量执政党对人民群众是否真有感情的标准。”[①] 对中国共产党来讲，“为政之道，以顺民心为本，以厚民生为本，以安而不扰为本”。事实上，经济与政治本身就是相互关联、互为统一的。经济是基础，政治是经济的集中表现。民生问题表面上看来可能是经济问题或社会问题，但本质上是政治问题，是人民的经济问题和社会各类问题总

① 张春贤．在湖南省民生问题座谈会上的讲话．湖南日报，2009 年 7 月 25 日．

和。党和政府不把民生问题处理好，它的执政地位就难以保障，而把民生问题提升到政治高度，这说明我们国家执政者对民生问题的重视程度！从毛泽东提出“全心全意为人民服务”，到邓小平南方谈话阐述社会主义本质论时确立的共同富裕奋斗目标，从江泽民“三个代表”重要思想中代表广大人民群众的根本利益，到构建社会主义和谐社会的九大奋斗目标，再到习近平总书记提出的“保障和改善民生是一项长期工作，没有终点站，只有连续不断的新起点”。这些论述无不体现着党的几代领导人始终将人民群众的根本利益当做社会主义建设出发点和归宿的认识基础。民生问题不仅事关最广大人民群众的根本利益，而且也是社会进步和政权兴替的关键。中国自古以来就将“民生”与“国计”相提并论，民生问题一直与国家的稳定发展存在着不可分割的关系。民生决定民心，所以，民生问题是立国之本，改善民生是社会主义的本质要求和目的，必须始终从战略高度充分认识民生问题的重要性。如果执政党制定的制度、政策有利于民生，则政治稳定，社会和谐。相反，民生问题就可能演化为重大的社会问题，导致政治动荡、国家分裂。纵观历史，每个顺应民意的进步力量都以民生利益为重而得到人民的拥护，而每个社会的落后势力又都是在民不聊生、民生无着落中走向了衰败。一个地方的发展，不能简单地表现为几个经济数字，而应该让百姓尽可能多地从发展中得到实惠。就业是民生之本，教育是民生之基，分配是民生之源，社保是民生之依，稳定是民生之盾。构建和谐社会，需要把这些民生问题当做重大的政治问题来解决，让广大人民群众有活干、有学上、有饭吃、有衣穿、有屋住，病有所医、老有所养。只有在一个物质丰裕、精神充实、生态舒适、社会和谐、政治清明的社会，群众才能真正安居乐业，幸福指数才能提高。

二、发展生产力是解决民生问题的根本途径

民生问题是发展中的普遍性问题，必须在发展中解决。因此，要把解决民生问题与搞好经济建设、发展生产力结合起来辩证地来认识，同时民生问题也不会在经济发展中自发解决。既不能急于求成，也不能久拖不决，应在生产力发展的基础上逐步提高。不能盲目铺摊子，搞建设，挤占人民生活费用。新中国成立初期改善民生之所以力度有限，覆盖面也较狭窄，一个重要的原因就是经济文化落后，社会保障更是从零起点开始的。要想在较短的时间内实现民生的较大改善，没有经济基础做后盾是无法实现的。而当时发展经济过程中，也曾经出现过1953年和1955年两个“小冒进”阶段，紧接着形成两个“马鞍形”的低谷，主要表现就是为发展工业化而盲目扩大基本建设投资，导致物资供应、信贷平衡等

多方面紧张局势，这种情况引起了中央的关注。1956年10月23日，陈云在国务院常务会议上发言指出：“我国的建设规模究竟应该多大，是个根本性的问题。前三年的建设基本上按计划进行，今年规模大了。国家建设和人民生活的矛盾要很好解决，现在国内市场很紧张，人人都有意见。”[①] 陈云严厉批评了那种忽视国力、不惜民生，盲目扩大基建规模的错误倾向。他认为，在财政预算中，建设规模应该和物资供应相适应。为了兼顾民生和建设，应该在照顾必需的最低限度的民生条件下来搞建设。在物资的分配上，首先应该照顾到必需民生的生产，有余力再进行建设。这就是既要建设又要人民，这样的建设才能稳固。同年，12月27日，陈云主持国务院常务会议时再次指出：“首先考虑民生，基本建设就不至于摆得过大。现在马跑得太快，很危险，这样骑下去，后年、大后年更危险。……过去照顾基本建设多，照顾生产少。应该是先保证必需的生产，其中主要是保证最低限度的民生，有余力再搞基本建设。这样搞，基本建设就是冒也冒不了多少。”[②] 后来在改革开放后形成了：“一要吃饭，二要建设”的民生发展和经济建设相协调理念。周恩来也赞成这样的观点，认为“在我们的国家里，经济建设的发展和人民生活的改善不能不是互相一致的，因为社会主义经济的唯一目的，就在于满足人民的物质和文化的需要，而为了充分满足人民的物质和文化的需要，又必须不断发展社会主义经济”[③]。刘少奇也在八大上表示：“在发展生产的基础上逐步地改善职工生活，对于提高广大职工群众的积极性，具有重大的作用。”[④] 在1956年11月的中共八届二中全会上，毛泽东也强调：“国家预算要保证重点建设又要照顾人民生活”，“一九五六年的人民生活有所改善，就业有所增加，人民是高兴的。但是，人民生活的改善，必须是渐进的，支票不可开得过多。过高的要求和暂时办不到的事情，要向人民公开地反复地解释”。[⑤] 同样，如果经济不发展，生产力水平不能提高，在低水平层次上，寻求解决民生问题就是死路一条，是不可能让民生问题得到根本解决的，其结果只能导致低水平的平均，既不能调动人民积极性，也不能提高生产效率。毛泽东忽视了生产力在社会发展中作为最根本的决定性力量的作用，更多的注意变革上层建筑及生产关系的教训值得我们汲取。

改革开放之初，针对社会有些人羡慕一些国家的福利制度，邓小平指出：

---

① 朱佳木. 陈云年谱（中卷）. 中央文献出版社，2000年，第337—338页.

② 朱佳木. 陈云年谱（中卷）. 中央文献出版社，2000年，第356页.

③ 周恩来选集（下卷）. 人民出版社，1984年，第143页.

④ 刘少奇选集（下卷）. 人民出版社，1985年，第231页.

⑤ 毛泽东文集（第7卷）. 人民出版社，1999年，第159页.

“我们也反对现在要在中国实现所谓福利国家的观点，因为这不可能。我们只能在发展生产的基础上逐步改善生活。”① 要立足社会主义初级阶段这个最大国情。我国仍处于并将长期处于社会主义初级阶段，改善民生不能脱离这个最大的实际提出过高目标，只能根据经济发展和财力状况逐步提高人民生活水平。当前市场经济条件下，发展民生理念不断深入，以改善民生为重点的社会建设成为全社会的共识，并成为建立完善市场经济体制的重要组成部分。但民生建设应量力而行，保障和改善民生，必须在经济发展的基础上着力施行。拉美、中东以及一些欧洲国家的教训表明，不切实际的高承诺、高福利、高债务，要么是失信于民、政府垮台，要么是债务累累、财政危机。江泽民指出：“建立健全同经济发展水平相适应的社会保障体系，是社会稳定和国家长治久安的重要保证。”② 同时，我们也应看到民生建设不仅有利于当前社会稳定和经济发展，同时还对今后的经济社会发展有着重要意义。这就要求我们从市场经济发展的总体目标出发，高度重视民生建设，制定与市场经济发展相适应的社会保障、就业机制等长远规划，使民生建设与经济市场化进程相协调。

三、解决民生问题要靠切实的制度保障

制度建设是人类社会不断走向现代、走向文明的直接表现和基本要求。人类发展历史证明，无论多么完美的政策措施最终还需有制度的介入才能得到真正的落实和巩固。解决民生问题，靠“施善”是不能长久的，需要制度、法律来保证。有了制度，就不会因为政府的更替和领导人的变化而发生变化。对于制度的约束作用，正如邓小平在讲到政治体制改革时所指出的：“制度问题更带有根本性、全局性、稳定性和长期性”。“制度好可以使坏人无法任意横行，制度不好可以使好人无法充分做好事 ，甚至会走向反面。”③ 这个指导思想在改善民生的制度建设方面同样有着指导作用。国家的制度和法律不因领导人的改变而改变，不因领导人看法和注意力的改变而改变，减少随意性和盲目性，这正是依法治国的内在要求和必然结果。在十届全国人大五次会议记者招待会上，温家宝总理答中外记者问时也表达了同样的看法：“ 解决民生问题，要有制度的保障”。新中国成立初期，中国共产党在改善民生的过程中，有过一些正确的理念和措施，但有些好的做法没能坚持下来，其中重要的原因就是没有从制度上确立下来。而作为具

① 邓小平文选（第2卷）. 人民出版社，1994年，第257页.
② 江泽民文选（第3卷）. 人民出版社，2006年，第550—551页.
③ 邓小平文选（第2卷）. 人民出版社，1994年，第333页.

有普遍约束力的社会规范，法律具有警示作用、预防作用、强制作用、校正作用，具有扭转社会风气、净化人们的心灵、改善社会环境的社会性效益。在法治社会，法律是社会生活的重要组成部分，是推进民生建设的重要保障。

改革开放以来，我国经济社会取得长足发展和进步，2010 年我国已超过日本成为世界第二大经济体，但同时民生问题凸显，其原因可能是多方面的，但问题主要在于国家相关制度安排的缺失。因此，健全相关的制度，将是解决突出的民生问题的有效举措。虽说这些年民生建设的法律制度，从无到有，民生制度的创新和发展从教育体制改革、医疗卫生体制改革、养老保险制度改革、劳动就业与分配体制改革、住房体制改革等方面着手，逐渐构筑起立体的全方位的民生发展的安全保障网，但是与人民群众实际需求和期望还有一定的差距。这固然与民生问题的长期性和艰巨性有关，还与民生问题的发展性和复杂性密不可分。这是因为一方面，随着社会经济的发展，民生问题也在持续发展，解决了原有的民生问题，新的民生问题还会不断产生；经济社会越发展，民生问题的内涵就越缩小，外延越扩展。另一方面，在经济发展过程中，市场化和全球化也在牵制着现代国家的各种民生问题。市场化能够带来效率，但它不会自动实现社会公平。而市场机制失灵所导致的价值规律和竞争规律可能使各种民生问题叠加而走向极端，从而使生活中的风险剧增。最显著的风险就是失业风险，这是计划经济时代没有的，还有收入分配方式的变化造成的收入分配差距等，从而实际上是放大了个人和家庭的生存和就业风险。市场化带给我们效率的同时也带来了社会分配收入差距的扩大，全球化带给我们可能跻身世界先进国家机遇的同时，也给我们带来了难以掌控的全球风险。例如，2008 年的金融风暴不仅直接影响了国家经济的发展和企业利润收入，进而不同程度地影响到人们就业与收入及财富的积累。市场化和全球化是一把双刃剑，它对一个国家的影响可能是正面的，也可能是负面的。而负面效应的产生就可能放大一个国家的民生问题。因此，解决民生问题，迫切需要的是制度和法律。

随着改革开放的不断深入，关注民生问题不仅体现在具体的民生举措上，更要关注制度建设并注意制度安排的合理性问题。有必要通过体制改革与创新，推进政府职能转变，打造法治政府、民生政府，强化民生问题的制度安排。同时，随着人民群众民主法制意识的提高，各种社会利益群体的诉求开始通过法律层面不断呈现。依法处理民生纠纷，合理协调各方利益，也需要加强社会领域立法。只有这样，才能调整不同阶层的利益关系，真正打造和谐的小康社会。

四、善于吸收借鉴国外的成功经验和失败教训

新中国成立初期，中国共产党重视民生问题，把提高人民物质文化生活水平作为社会主义发展的最终目的，在实践中也确实取得了令人瞩目的成效。但是由于经济文化落后，片面理解社会主义制度的优越性，民生建设缺乏经验，因此照搬苏联的经验。对所有的民生建设实行国家包揽，因而民生建设未能达到其应有的高度。同时从意识形态对立的角度出发，极端排斥西方国家的社会福利制度，把它看做是资本主义收买笼络人心的手段，甚至罔顾事实，把在资本主义国家人们的生活想象成水深火热，这样就造成了在民生建设问题上的闭关自守，盲目自大，很难形成全面合理的民生建设制度和理论。

民生问题无国界，这个世界上所有的人，不是在为满足生存条件而挣扎，就是在为改善生活质量而努力。而解决民生问题也逐渐成为各国政府的一种公共服务，一种基本职责，一种施政的最高原则。其实，在民生发展和民生问题解决的历史上，西方国家的有些做法不仅时间上比我们早，而且其理论和实践经验也有不少值得我们借鉴的地方。“社会保障”一词虽然最早见于美国国会 1935 年的《社会保障法》，而现代意义上社会保障法则发端于德国“铁血首相”俾斯麦。他为了扑灭工人运动的熊熊烈火，认为“社会问题只有国家才能解决”。他希望通过对工人实行社会保障来解决其生活之忧，以此达到缓和与工人的阶级矛盾，延缓资本主义灭亡的目的。1883—1889 年，《疾病保险法》《意外伤害保险法》和《伤残老年保险法》相继出台。依据这些立法，工人如果在工作中生病、遭受工伤以及年老和残疾，分别可以获得某种保险。其所需保险费用，有的由雇主与工人双方承担，有的由雇主单独负责，也有的由雇主、工人和政府三方承担。这三项立法对德国以及世界上许多国家社会保障制度的发展产生了重大影响。之后英国也于 1834 年修订了《贫民法》。1906 年，在自由党政府推动下议会通过了一系列有关社会保障的立法，使社会保障进一步合理化和制度化。直到 1911 年，由财政大臣劳合·乔治提出的《国民保险法案》成为英国第一个系统的国家全民保险法案。这些社会保障制度囊括了教育、医疗、社会保险、儿童补助、就业等。它第一次把社会救助以立法形式确定了下来，规定社会救助既是公民应得的合法权利，更是政府应尽的义务。其目标是通过满足社会成员最低需要的生活费用，从制度上解决老百姓基本生活问题。由此可见，对人民基本生活的关注，是社会保障制度得以确立的原始动机，也是使其不断得到完善的动力。社会保障最初的功能便是保护劳动者的生存权益，对贫困阶层提供最基本的生活保障，即保

障全体社会公民，尤其是低收入者的基本生活。从19世纪80年代到20世纪20年代，世界主要资本主义国家，都不同程度地建立了社会保障制度。由于社会制度不同，以致各政党的立场和出发点不同，当年俾斯麦是为了扑灭工人运动的烈火，无奈之下才运用社会保障来缓解与工人阶级的矛盾，从本质上是为资产阶级长远利益打算；而中国共产党全心全意为人民服务的宗旨决定了其改善民生的必然性，然而在具体内容上却是差不多的。这种福利制度的广泛实施客观上缓解了工人与资产阶级之间的矛盾，使资本主义制度在发展生产力的同时，缓和了社会的阶级对立和贫富差距，一定程度上延缓了其衰落的趋势。

当然在实现民生发展的过程中，世界上也有一些失败的教训，如苏联和拉美一些国家。苏联作为第一个社会主义国家，在发展经济、巩固社会主义制度方面曾经是世界民主国家学习的典范。它通过大力发展工业，尤其是重工业，形成了强大的国防实力，打败了外敌的侵略，捍卫了国家的独立。经济发展使国民生产总值曾经雄踞欧洲第一、世界第二。但苏联在发展经济过程中忽视了轻工业和农业，尤其是与人民生活密切相关的日用工业的发展，导致农轻重比例严重失调，粮食产量长期达不到十月革命前的水平，人民生活的实际水平与其国力发展极不相称，人民的不满与日俱增。再加上权力过分集中，官僚主义严重，特权阶层脱离群众高高在上，国外敌对势力和平演变等诸多因素叠加的原因，最终导致了政党垮台，国家解体。作为与中国一样独立于第二次世界大战之后的拉美诸国，为振兴民族经济，在传统农业占很大比重的情况下，采取进口替代的工业化战略，优先发展重工业，一度经济发展迅速，颇有后来居上的架势。但在此过程中，政府片面追求经济发展速度，忽视社会公平和人民生活保障，最突出的是经济与社会发展不平衡，城乡差距不断扩大；分配不公，社会两极分化严重，大量的城市贫民和失去土地的农村移民面临严重的生存困境，从而导致社会动荡和政局不稳，加上失当的经济政策致使严重的国内经济危机和外债危机相叠加，这些民生问题使拉美国家经济增长速度急速下滑，20世纪80年代以后出现了持续的衰退。

上述正反两个方面的例子告诉我们：一方面，既然民生问题的出现是现代化进展中不可避免的一个阵痛阶段，只有采取正确的应对措施，才能走出困境，走向新的发展历程；另一方面，一个国家在发展经济的过程中，如果忽视与人民生活密切相关的民生发展和民生问题的解决，就会出现骚乱、动荡等社会和政治问题，更有甚者会威胁到政党的执政和社会的稳定。借鉴其他国家民生发展的经验教训，正视中国经济发展过程中的现实民生问题，采取适合中国国情的民生发展政策，才能使社会经济健康和谐发展，才能最终实现中华民族的伟大振兴。

结束语

1949—1956年是中国历史上一个巨大的变革时期，在这个历史转折时期，执政党民生思想的形成和发展必定有它独特之处。作为执政全国的马克思主义政党，中国共产党以全心全意为人民服务为其宗旨，继承和发展了古今中外的一切民生思想的精华，把发展生产力作为民生建设的根本途径，把民生建设作为党执政兴国的出发点和目的，在新中国百废待兴的战争废墟上，经过短短七年的努力，不仅使国民经济得到恢复发展，实现了从新民主主义到社会主义的制度转变，而且在民生建设方面取得了巨大的进步，党的执政地位也得到了极大的巩固。

在这个发展过程中，中国共产党吸取了国民党垮台的深刻教训，从人民最关心的民生问题入手，制定了由新民主主义社会向社会主义社会转变和由农业国向工业国转变的正确目标。通过解放和发展生产力，调动人民群众的积极性，统筹兼顾处理好经济社会发展过程中的重大关系，根据新中国成立初期中国的特殊国情，在确立优先发展重工业的工业化战略同时，仍然重视农业和轻工业的发展；正确协调国家、集体、个人三方面利益，把人民的长远利益、整体利益和眼前利益、局部利益有机地结合起来，在保证国防建设、经济发展的前提下，努力维持市场稳定，保证人民生活随着经济的发展逐年提高。

在新中国成立初期纷繁复杂的形势下，为了完成民主革命遗留任务，巩固人民民主专政的国家政权，中国共产党发动了多项政治运动和民主改革，这些运动无一不体现着中国共产党人的民生关怀。稳定物价、统一财经从根本上改变了国民党统治几十年都无法抑制的通货膨胀，不仅为有计划地实行社会主义建设奠定了基础，也为人民生活的改善消除了后顾之忧。治理失业、救济灾民为城乡人民的基本生活提供了保障。剿匪反霸、禁毒禁娼消除了旧社会的不安定因素，扫除了几千年的封建顽疾，有效地整肃了社会环境，形成了安定团结、积极向上的社会氛围。在此基础上，通过土地改革，废除封建土地所有制，使广大农民真正拥有了千百年来梦寐以求的土地，解放和发展了生产力；通过调整私营工商业，开展城乡物资交流，既调动了私营工商业者发展生产的积极性，又把他们逐渐纳入国家资本主义的轨道，为社会主义改造创造条件的同时也为民生建设提供了物质基础。此外，颁布新婚姻法、开展扫盲运动、实施社会保障等措施从社会生活、文化教育等领域把民生建设的政策措施落实到社会建设的各个方面。过渡时期总路线的提出和“一五”计划的实施，为全国人民指明了社会主义改造的具体途径和发展生产力的近期规划，通过三大改造把生产资料私人所有制改造成为社会主义公有制，确立了社会主义制度，解放了生产力，为民生建设提供了制度保障。“一五”计划的提前完成又从经济上为发展改善民生奠定了物质基础。八大前后对民生建设的新探索则成为中国特色社会主义民生建设的历史源头。

总之，1949—1956 年这七年间，中国共产党在一穷二白的基础上制定了民生建设的各项方针政策，实施了涵盖政治、经济、文化、社会各个方面的民生建设措施，不仅使全国人民在政治上做了国家的主人，从经济上翻了身，而且在物质文化生活上发生了翻天覆地的变化，其中的成就令世人瞩目，其成功经验也可圈可点。其不足和教训值得深思，这一切为当今民生建设提供了有益的启示和借鉴。

参考文献

（一）经典著作、文献档案与传记

1. 马克思，恩格斯. 马克思恩格斯选集（1—4 卷）[M]. 北京：人民出版社，1995.

2. 列宁. 列宁选集（1—4 卷）[M]. 北京：人民出版社，1995.

3. 毛泽东. 毛泽东选集（1—4 卷）[M]. 北京：人民出版社，1991.

4. 毛泽东. 毛泽东选集（第 5 卷）[M]. 北京：人民出版社，1977.

5. 毛泽东. 毛泽东著作选读（上、下册）[M]. 北京：人民出版社，1986.

6. 毛泽东. 毛泽东文集（1—8 卷）[M]. 北京：人民出版社，1993—1999.

7. 毛泽东. 建国以来毛泽东文稿（1—13 册）[M]. 北京：人民出版社，1987—1998.

8. 毛泽东. 毛泽东农村调查文集 [M]. 北京：人民出版社，1982.

9. 刘少奇. 刘少奇选集（上、下卷）[M]. 北京：人民出版社，1985.

10. 刘少奇. 建国以来刘少奇文稿（1—7 册）[M]. 北京：中央文献出版社，2005—2008.

11. 刘少奇. 刘少奇论新中国经济建设 [M]. 北京：中央文献出版社，1993.

12. 周恩来. 周恩来选集（上、下卷）[M]. 北京：人民出版社，1984.

13. 周恩来. 周恩来经济文选 [M]. 北京：中央文献出版社，1993.

14. 周恩来. 建国以来周恩来文稿（1—3 册）[M]. 北京：中央文献出版社，2008.

15. 邓小平. 邓小平文选（1—3 卷）[M]. 北京：人民出版社，1989—1994.

16. 陈云. 陈云文选（1949—1956）[M]. 北京：人民出版社，1984.

17. 陈云. 陈云文集（1—3 卷）[M]. 北京：中央文献出版社，2005.

18. 蔡和森. 蔡和森文集 [M]. 北京：人民出版社，1980.

19. 中华全国妇女联合会. 蔡畅、邓颖超、康克清妇女解放问题文选 [M]. 北京：人民出版社，1988.

20. 孙中山. 孙中山选集 [M]. 北京：人民出版社，1981.

21. 孙中山. 孙中山全集（1—10 卷）[M]. 北京：中华书局，1981—1986.

22. 康有为．大同书［M］．郑州：中州古籍出版社，1998.
23. 梁启超．梁启超全集（1、5、6 册）［M］．北京：北京出版社，1999.
24. 邹憬译注．论语译注［M］．上海：三联书店，2012.
25. 金良年撰．孟子译注［M］．上海：上海古籍出版社，2012.
26. 贾德永译注．老子译注［M］．上海：上海三联书店，2013.
27. 梁运华校点．管子［M］．沈阳：辽宁教育出版社，1997.
28. 王杰，唐镜注．荀子［M］．北京：华夏出版社，2001.
29. 孙中原撰．墨子解读［M］．北京：中国人民大学出版社，2013.
30. 北京市重要文献选编（1—9 卷）［M］．北京：中国档案出版社，2001.
31. 建国以来重要文献选编（1－10 册）［M］．北京：中央文献出版社，1992—1997.
32. 中央档案馆．中共中央文件选集（1—18）［M］．北京：中央党校出版社，1989—1992.
33. 江西省档案馆，中央江西省委党校党史教研室．中央革命根据地史料选编（下册）［M］．南昌：江西人民出版社，1983.
34. 林超．川陕革命根据地历史长编［M］．成都：四川人民出版社，1982.
35. 厦门大学法律系，福建省档案馆．中华苏维埃共和国法律文件选编［M］．南昌：江西人民出版社，1984.
36. 中央人民政府法制委员会．中央人民政府法令汇编（1949—1950）/（1951）/（1952）/（1953）/（1954）（1—9）［M］．北京：法律出版社，1982.
37. 中央文献研究室．《关于建国以来党的若干历史问题的决议》注释本（修订）［M］．北京：人民出版社，1985.
38. 薄一波．若干重大决策与事件的回顾（修订本）（上卷）［M］．北京：人民出版社，1997.
39. 顾龙生．毛泽东经济年谱［M］．北京：中共中央党校出版社，1993.
40. 力平、马芷孙．周恩来年谱（1949—1976）（上、中、下卷）［M］．北京：中央文献出版社，1997.
41. 朱佳木．陈云年谱［M］．北京：中央文献出版社，2005.
42. 杜润生．缅怀毛泽东（下册）［M］．北京：中央文献出版社，1993.
43. 刘国光．中国十个五年计划研究报告［M］．北京：人民出版社，2006.
44. 黄道霞．建国以来农业合作化史料汇编［C］．北京：中共党史出版社，1992.
45. 中华人民共和国三年来的伟大成就［C］．北京：人民出版社，1953.
46. 中国的国民经济和人民生活［C］．北京：中国统计出版社，1958.
47. 世界经济统计资料编辑委员会．1955 年世界经济统计资料汇编［C］．

北京：中国统计出版社，1957.

48. 国家统计局. 伟大的十年［C］. 北京：人民出版社，1959.

49. 中国社会科学院，中央档案馆. 中华人民共和国经济档案资料选编 1949—1952（1—12 卷）［C］. 北京：中国城市经济社会出版社，社会科学文献出版社，1989－1996.

50. 中国社会科学院，中央档案馆. 中华人民共和国经济档案资料选编 1953—1957（1—10 卷）［C］. 北京：中国物价出版社，1996－2000.

51. 公安部档案馆. 狂飙——建国初期打击反动会道门工作档案选编［M］. 北京：中国人民公安大学出版社，2002.

52. 国家统计局. 光辉的三十五年［C］. 北京：中国统计出版社，1984.

53. 国家统计局. 新中国五十年（1949—1999）［C］. 北京：中国统计出版社，1999.

54. 国家统计局. 建国三十年全国农业统计资料（1949—1979）［C］. 北京：中国统计出版社，1980.

55. 国家统计局. 中国统计年鉴（1981－1985）［C］. 北京：中国统计出版社，1982－1986.

56. 董志凯. 中国土地改革史料选编［C］. 北京：国防大学出版社，1988.

57. 史敬棠. 中国共产党农业合作化运动史料（上、下）［C］. 北京：三联书店，1957.

58. 中国共产党第八次全国代表大会文献［C］. 北京：人民出版社，1957.

59. 建国以来灾情和救灾工作史料［C］. 北京：法律出版社，1958.

60. 中共中央办公厅. 中国农村的社会主义高潮（上、中、下）［M］. 北京：人民出版社，1956.

61. 杜润生. 当代中国的农业合作制（上）［M］. 北京：当代中国出版社，2009.

62. 逄先知、金冲及. 毛泽东传（1949—1976）（上）［M］. 北京：中央文献出版社，2003.

63. 金冲及. 周恩来传（第 3 册）［M］. 北京：中央文献出版社，1998.

64. 建国初期取缔反动会道门、禁娼、禁毒斗争的文献选载［J］. 党的文献，1996（4）.

65. 建国初期社会救济文献选载［J］. 党的文献，2000（4）.

66. 新中国成立初期中共中央关于扫除文盲工作文献选载（1952.09－1956.03）［J］. 党的文献，2012（5）.

67. 新中国成立初期关于城乡物资交流和国内贸易文献选载（1950.01－1951.05）［J］. 党的文献，2012（6）.

（二）学术著作

1. 李泽厚. 中国近代思想史论［M］. 北京：生活·读书·新知三联书店，2008.

2. 王杰. 孙中山民生思想研究［M］. 北京：首都经济贸易大学出版社，2011.

3. 谭克绳. 中国革命根据地史（下册）［M］. 福州：福建人民出版社，2007.

4. 余伯流，凌步机. 中国共产党苏区执政的历史经验［M］. 北京：中共党史出版社，2010.

5. 星光等. 抗日战争时期陕甘宁边区财政经济史稿［M］. 西安：西北大学出版社，1988.

6. 王晋林，秦生. 新民主主义模型——陕甘宁革命根据地史［M］. 北京：中共党史出版社，2007.

7. 胡绳. 中国共产党的七十年［M］. 北京：中共党史出版社，1991.

8. 中共中央党史研究室. 中国共产党历史（上卷）［M］. 北京：人民出版社，1991.

9. 中共中央党史研究室. 中国共产党历史（1949—1978）第二卷（上册）［M］. 北京：中共党史出版社，2011.

10. 谢春涛. 历史的轨迹：中国共产党为什么能？［M］. 北京：新世界出版社，2011.

11. 李君如. 毛泽东与当代中国［M］. 福州：福建人民出版社，1997.

12. ［美］麦克·法夸尔，费正清. 剑桥中华人民共和国史：革命的中国的兴起（1949—1965）［M］. 北京：中国社会科学出版社，1998.

13. 张静如. 中华人民共和国发展史（第1卷）［M］. 青岛：青岛出版社，2009.

14. 周鸿. 北京社会主义革命与建设［M］. 北京：北京师范大学出版社，2000.

15. 林蕴晖，范守信，张弓. 1949—1976年的中国——凯歌行进的时期［M］. 北京：人民出版社，2009.

16. 范守信. 中华人民共和国国民经济恢复史（1949—1952）［M］. 北京：求实出版社，1988.

17. 孙业礼，熊亮华. 共和国经济风云中的陈云［M］. 北京：中央文献出版社，1996.

18. 武力. 中华人民共和国经济史（上、下）［M］. 北京：中国经济出版社，1999.

19. 郭德宏. 中华人民共和国专题史稿（1949—1956）[M]. 成都：四川人民出版社，2004.

20. 吴承明等. 中华人民共和国经济史（1949—1952）[M]. 北京：社会科学文献出版社，2010.

21. 董志凯等. 中华人民共和国经济史（1953－1957）（上、下）[M]. 北京：社会科学文献出版社，2011.

22. 萧国亮，隋福民. 中华人民共和国经济史（1949—2010）[M]. 北京：北京大学出版社，2011.

23. [美] 保罗·R. 格雷戈里，罗伯特·C. 斯图尔特. 比较经济体制学[M]. 上海：生活·读书·新知三联书店，1988.

24. [英] 亚当·斯密著. 道德情操论. 谢宗林译 [M]. 北京：中央编译出版社，2008.

25. 李立志. 变迁与重建 1949—1956 年的中国社会 [M]. 南昌：江西人民出版社，2002.

26. 张仁善. 1949 年中国社会 [M]. 北京：社会科学文献出版社，2005.

27. 柳礼泉. 新中国民生 60 年 [M]. 长沙：湖南大学出版社，2009.

28. [美] 韩丁，韩倞等译. 翻身——中国一个村庄的革命纪实 [M]. 北京：北京出版社，1980.

29. 何高潮. 地主农民共产党——社会博弈论分析 [M]. 伦敦：牛津大学出版社，1997

30. 杜润生. 中国的土地改革 [M]. 北京：当代中国出版社，1996.

31. 高化民. 农业合作化运动始末 [M]. 北京：中国青年出版社，1999.

32. 周志强. 中国共产党与中国农业发展道路 [M]. 北京：中共党史出版社，2003.

33. 罗平汉. 土地改革运动史 [M]. 福州：福建人民出版社，2005.

34. 胡穗. 中国共产党农村土地政策的演进 [M]. 北京：中国社会科学出版社，2007.

35. 尚明. 当代中国的金融事业 [M]. 北京：中国社会科学出版社，1989.

36. 罗国明. 大剿匪——1949—1953 [M]. 北京：东方出版中心，2008.

37. 马维纲. 禁毒禁娼 [M]. 北京：警官教育出版社，1993.

38. 苏智良. 中国毒品史 [M]. 上海：上海人民出版社，1997.

39. 诸羽. 割除毒瘤——共和国首次禁毒禁娼述实 [M]. 北京：中央文献出版社，1999.

40. 王金香. 中国禁毒史 [M]. 上海：上海人民出版社，2005.

41. 杨洁曾，贺宛男. 上海娼妓改造史话［M］. 上海：上海三联书店，1988.

42. 黄传会. 天下婚姻——共和国三部婚姻法纪事［M］. 上海：文汇出版社，2004.

43. 南辛. 大家来扫盲［M］. 北京：中国青年出版社，1956.

44. ［日］浅井加叶子. 当代中国扫盲考察［M］. 北京：当代中国出版社，1994.

45. 何东昌. 中华人民共和国重要教育文献（1949—1975）（第1册）［M］. 海口：海南出版社，1998.

46. 康沛竹. 中国共产党执政以来防灾救灾的思想与实践［M］. 北京：北京大学出版社，2005.

47. 郑功成. 中国社会保障制度变迁与评估［M］. 北京：中国人民大学出版社，2002.

48. 钱宁. 现代社会福利思想［M］. 北京：高等教育出版社，2006.

49. 郑功成. 中国社会保障论［M］. 北京：中国劳动社会保障出版社，2009.

50. 罗平汉，高志中. 新中国民生60年［M］. 福州：福建人民出版社，2009.

51. 严忠勤. 当代中国的职工工资福利和社会保险［M］. 北京，香港：当代中国出版社，香港祖国出版社，2009.

52. 唐晋. 大国策——通向大国之路的中国民生［M］. 北京：人民日报出版社，2009.

53. 崔乃夫. 当代中国的民政（上册）［M］. 北京，香港：当代中国出版社，香港祖国出版社，2009.

54. 胡晓义. 安国之策——实现人人享有基本社会保障［M］. 北京：中国劳动社会保障出版社，2011.

55. 张民省等. 继承与完善——中国社会保障理论与实践体系研究［M］. 北京：科学出版社，2012.

（三）期刊论文

1. 邬旭东. 当代中国民生问题理论研究述评［J］. 合肥师范学院学报，2011（1）.

2. 李晓红. 当前民生问题研究综述［J］. 南方论刊，2011（6）.

3. 李业杰. 关于民生概念内涵和外延的确认［J］. 山东科技大学学报：社会科学版，2008（2）.

4. 徐旭东. 民生概念政治范畴性质的确认 [J]. 山东科技大学学报：社会科学版，2008 (2).

5. 邓伟志，卜佳慧. 民生论 [J]. 上海大学学报：社会科学版，2008 (4).

6. 林祖华. 民生概念辨析 [J]. 经济研究导刊，2009 (22).

7. 郭华茹. 论人的需要与改善民生 [J]. 学术论坛，2008 (2).

8. 侯志武. 论民生问题的时代性 [J]. 理论导报，2008 (8).

9. 刘铁明. 论社会保障与民生问题的关系 [J]. 科技和产业，2009 (1).

10. 柳礼泉，黄艳，丁蕾. 我国民生问题的结构层面与关涉内容析论 [J]. 岭南学刊，2010 (1).

11. 洪斌. 论民生问题与执政为民的辩证关系 [J]. 福建省社会主义学院学报，2010 (2).

12. 瞿晓琳. 论政权兴亡的民生视角 [J]. 党史文苑，2010 (6).

13. 赫雅书，刘金福，李燕. 关注尊严层面的民生问题 [J]. 长白学刊，2011 (2).

14. 刘桂芬. 把握民生问题的特征是解决民生问题的关键 [J]. 学理论，2011 (3).

15. 马千里. 关注民生：走向当代的马克思主义民生思想 [J]. 皖西学院学报，2011 (6).

16. 姚才刚，樊兰兰. 先秦儒道墨的民生观及其当代价值 [J]. 湖北行政学院学报，2010 (5).

17. 程潮. 儒家民生思想的立论基础 [J]. 宁夏社会科学，2011 (2).

18. 单孝虹. 民主革命时期中国共产党对孙中山民生思想的批判、继承与超越 [J]. 毛泽东思想研究，2011 (5).

19. 张多来，黄子桐. 从孙中山的民生思想到中国共产党的民生工程 [J]. 大庆师范学院学报，2012 (1).

20. 刘义程，曾敏. 土地革命时期中国共产党的民生观 [J]. 湖南科技大学学报：哲学社会科学版，2010 (6).

21. 何旗. 中央苏区时期毛泽东的民生思想探源 [J]. 黄冈职业技术学院学报，2011 (2).

22. 罗雪松，戚桂祥. 中央苏区解决民生问题的基本历史经验 [J]. 福建党史月刊，2011 (8).

23. 王晓荣，朱雪平. 抗战时期陕甘宁边区的民生实践与社会和谐 [J]. 学术论坛，2008 (10).

24. 臧乃康. 中国特色社会主义民生思想的历史演进［J］. 理论导刊，2008（12）.

25. 陈兰芝. 论中国共产党的民生观［J］. 中共郑州市委党校学报，2009（1）.

26. 孙艺兵，孙志明. 新中国成立以来中国共产党改善民生的历史经验［J］. 苏州大学学报：哲学社会科学版，2009（5）.

27. 董永在. 新中国成立以来中国共产党的民生实践及基本经验［J］. 井冈山学院学报，2010（3）.

28. 张远新，庞超. 党领导我国民生建设的历史考察及经验启示［J］. 毛泽东邓小平理论研究，2010（4）.

29. 林祖华. 新中国成立以来中国共产党解决民生问题的历史考察［J］. 阅江学刊，2011（3）.

30. 王业兴. 从生存民生到幸福民生：中国共产党民生思想的演进［J］. 广州大学学报：哲学社会科学版，2012（2）.

31. 朱忠发. 论毛泽东民生观的历史性贡献和失误及对当代的启示［J］. 江汉大学学报，2008（5）.

32. 董一冰. 毛泽东民生思想与当代中国民生建设［J］. 湖南科技大学学报：社会科学版，2010（4）.

33. 瞿晓琳. 新中国成立初期毛泽东关于城市民生问题的理论与实践［J］. 中南民族大学学报：人文社会科学版，2011（1）.

34. 杨光辉. 关于毛泽东民生思想的几点看法［J］. 史学月刊，2011（4）.

35. 翁有为. 建国初期毛泽东对重要民生问题的处理和思考［J］. 东岳论丛，2011（10）.

36. 韩广富，张淇. 论陈云解决民生问题的思想及其现实意义［J］. 东北师大学报：社会科学版，2010（4）.

37. 欧阳雪梅. 试论陈云的民生思想［J］. 武陵学刊，2010（4）.

38. 董志铭. 八大前后陈云研究解决民生问题的思想和实践［J］. 中国浦东干部学院学报，2013（1）.

39. 启迪. 民生第一功——回顾中国共产党解决土地问题的历史经验［J］. 河南大学学报：社会科学版，1991（3）.

40. 赵德馨，苏少之. 两种思路的碰撞与历史的沉思：1950—1952 年关于农业合作化目标模式的选择［J］. 中国经济史研究，1992（4）.

41. 王瑞芳. 土改后的中国富农：从保存、限制到消灭［J］. 河南社会科学，2004（5）.

42. 叶明勇. 建国初期土地改革政策与“和平土改”问题评析——兼与何之光《土地改革法》的夭折一文商榷［J］. 当代中国史研究，2007（4）.

43. 范连生. 建国初期中国共产党解决“三农”问题的历史考察与启示——以土地改革为中心［J］. 大庆师范学院学报，2008（1）.

44. 王越芬. 以毛泽东为代表的中国共产党对解决农村民生问题的探索及启示［J］. 东北师范大学学报：社会科学版，2011（1）.

45. 杨奎松. 从“小仁政”到“大仁政”——新中国成立初期毛泽东与中央领导人在农民粮食问题上的态度异同与变化［J］. 开放时代，2013（6）.

46. 郭建宁. 统筹兼顾方法论探析［J］. 前线，2004（4）.

47. 武力，温锐. 1949 年以来中国工业化的“轻、重”之辨［J］. 经济研究，2006（9）.

48. 贺水金. 试论建国初期的通货膨胀及其成功治理［J］. 史林，2008（4）.

49. 侯德邻. 建国初期和谐社会建设的历史经验［J］. 中共四川省委省级机关党校学报，2007（3）.

50. 张瑞敏，荆幼阳. “一五”时期中国共产党对城市民生建设的初步探索［J］. 中南民族大学学报：人文社会科学版，2012（2）.

51. 刘奎. 建国初期灾害救济的措施与成效［J］. 党的文献，2008（3）.

52. 郑功成. 抗灾救灾：新中国 60 年的经验与教训［J］. 华中师范大学学报：人文社会科学版，2010（4）.

53. 施立业，刘长生. 建国初期（1949—1957）淮河流域水灾救治研究［J］. 安徽大学学报：哲学社会科学版，2008（6）.

54. 韩媛媛. 荆江分洪三部曲［J］. 中国档案，2010（9）.

55. 党旗飘扬，治水兴邦——透过文献看中国工厂的水利民生情怀［J］. 中国水利，2011（13）.

56. 王思梅. 新中国第一部《婚姻法》的颁布与实施［J］. 党的文献，2010（3）.

57. 宋洁. 建国初期农村扫盲运动的特点［J］. 党史文苑：学术版，2006（6）.

58. 成海军，陈晓丽. 计划经济时期中国共产党社会福利思想研究［J］. 中国浦东干部管理学院学报，2011（3）.

59. 吴必康. 英国执政党与民生问题：从济贫法到建立福利国家［J］. 江海学刊，2011（1）.

60. 夏燕. 国外解决民生问题的成功经验［J］. 观察与思考，2008（7）.

后　记

平生第一本独立完成的专著就要出版了，我的心情既激动又忐忑。激动是因为这本书凝聚了我二十余年教学生涯和五年博士学习的心血，现在终于要付梓出版了，就像十月怀胎的母亲期待自己的第一个孩子一样。忐忑的是仅凭自己的浅薄学识和这种书本挖掘式的研究能否为“中国民生建设”这个宏大课题提出些许独到的见解。就像一个将要面对考官的学生一样，不知道自己的研究能否得到专家学者的些许肯定、能否对该专题的研究有所裨益。

本书是在我博士学位论文的基础上修改完成的。我首先要感谢导师，北京大学康沛竹教授。从平常一点一滴的言传身教，到论文写作的悉心指导，再到关键时刻鼓励鞭策，使我最终坚持到了这一刻。在论文的写作过程中，我还得到了多位老师的指导和帮助，他们是北京大学的仝华教授、黄小寒教授、孙蚌珠教授、冯雅新副教授等。各位老师的真知灼见，为本书的写作增添了不少新的思路和想法，在此表示衷心感谢！另外，我的同学、同事、朋友，北京理工大学的祝猛昌、北京物资学院的张震环、北京化工大学的蔡永海、对外经济贸易大学的刘建萍、北京科技大学的张北根等对论文也提出了中肯的意见。尤其是祝猛昌在我论文的写作和修改过程中不顾自己工作繁忙，对我提供了无私的帮助和支持，在此表示诚挚的谢意！此外，诚挚感谢工作单位北京化工大学文法学院、马克思主义学院的各位领导和同仁，在我攻读博士学位期间为我一路开绿灯，正是你们的鼎力支持，才使我得以完成学业和顺利出书。此外，还要特别感谢我的硕士生导师，北京师范大学的周鸿教授，周教授虽然年事已高，但对我的学业仍特别关心，对我的论文写作从提纲到成文都提出了宝贵意见。

最后，我要感谢为我无私奉献的父母和家人，感谢父母多年来的关心和培养。感谢公婆不顾自己年老体弱，为我尽心尽力地照顾孩子。感谢我的丈夫范国平先生，全心全意支持我的学习和工作。感谢我的儿子，为了让妈妈完成学业，忍受了太多的孤独和思念。

本书在写作过程中参考了众多专家学者的研究成果，你们是我未曾谋面的师友，你们对民生建设不同的观点和视角给了我启发和思考，在此也表示衷心感谢！